입시전문가 최승후쌤의
의대 진로 진학 특강

입시전문가 최승후쌤의
의대 진로 진학 특강

1판 1쇄 2024년 7월 25일

지 은 이 최승후

발 행 인 주정관
발 행 처 북스토리㈜
주   소 서울특별시 영등포구 양산로91 리드원센터 1303호
대표전화 02-332-5281
팩시밀리 02-332-5283
출판등록 1999년 8월 18일 (제22-1610호)
홈페이지 www.ebookstory.co.kr
이 메 일 bookstory@naver.com

ISBN 979-11-5564-340-2 03370

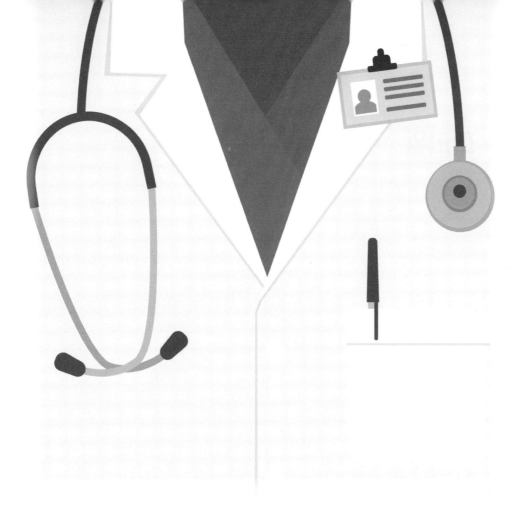

입 시 전 문 가   최 승 후 쌤 의

의대 진로 진학 특 강

최승후 지음

북스토리

머리말

코로나19 이후 의대 열풍에 2024년 정부의 의대 정원 확대 발표는 불을 지폈습니다. 하지만 직업적 안정성과 고소득만으로 의사 직업을 선택하지 않았으면 합니다. 생명보다 중요한 것은 세상에 없습니다. 생명윤리에 입각한 박애와 평등의 가치를 실현할 인재들이 의대에 지원하길 바라는 마음으로 이 책을 집필했습니다.

너 나 할 것 없이 의대 이야기가 넘쳐나지만, 빼곡한 숫자만 보이고 관점을 잡아줄 책은 보이지 않습니다. ChatGPT시대 의사의 의료 행위가 미래에 필요할까 싶다가도 의술(醫術)이 휴먼 케어(Human Care) 즉, 인술(仁術)은 사람을 대상으로 하는 '인술(人術)'이라는 비전을 읽고 용기를 냈습니다. 인공지능이 의학 지식을 더 갖출 수 있지만 교감을 나눌 수는 없습니다. 진단과 치료를 넘어 환자의 인생 전체를 케어하는 의사라면 기계 따위가 대체할 수는 없으니까요.

이 책은 의대의 진로·진학 자료와 정보를 저만의 안목으로 옷을 입혀 일목요연한 지식으로 정리하고 싶은 성장 욕구도 한몫했습니다. 또한 의학계열 시리즈를 야심 차게 기획하고, 약대·수의대·간호대 출간에 이어 미뤄왔던 의대를 보탠 값진 결과물입니다. 치대·한의대까지 박차를 가해 버킷리스트를 꼭 이루고 싶습니다.

책의 체재는 간단합니다. 파트 1은 의대 '진로', 파트 2는 '학생부종합전형', 파트 3은 '의사·의대생 인터뷰', 파트 4는 '면접', 파트 5는 '입학 결과', 파트 6은 '전형별 지원 전략'입니다. 이 위계에 맞게 읽으셔도 되지만 순서가 무슨 대수겠습니까.

도와주신 김소형 · 김호기 · 승지홍 · 신미경 · 유재성 · 임병훈 선생님, 성균관대 권영신 · 연세대(미래) 진성환 · 가톨릭대 문호식 책임입학사정관님, 대구가톨릭대 김무준 입학관리팀장님, DBpia 김영호 이사님 그리고 인터뷰에 응해주신 변희진 · 임병건 의사 선생님과 의대생 제자 김유진 · 양승찬 · 이승은 · 이현우 · 장민석 · 허가은 · 황하진, 교정 작업을 도와준 애제자 박연주 · 유지수 · 서지우 이분들이 아니었다면 이 책은 세상의 빛을 볼 수 없었습니다.

제가 누리는 모든 건 하늘에서 지켜보실 보고픈 아버지, 맨날 아들 걱정만 하시는 어머니, 든든한 조력자인 아내, 믿음직한 맏이 세영, 귀염둥이 막내 세린이 덕분입니다.

장기려 · 이태석 · 이국종 같은 의사를 꿈꾸는 제자들이 모쪼록 이 책 한 권을 들고 의대 진로 · 진학 둘레길을 산책할 수 있기를 희망합니다.

끝으로 독자분께 한 마디.

"진로 없는 진학은 맹목이며, 진학 없는 진로는 공허합니다."

2024년 6월
저자 최승후

목 차

목 차

05 입학 결과

06 전형별 특징 및 지원 전략

다음 용어는 처음 사용 후 그다음부터 계속 '줄임말'로 사용됨에 유의하세요.

- 의과대학 → 의대
- 입학 결과 → 입결
- 대학입시 → 대입
- 수시모집 → 수시
- 정시모집 → 정시
- 학교생활기록부 → 학생부
- 자기소개서 → 자소서
- 내신 성적 → 내신
- 학생부종합전형 → 종합전형
- 학생부교과전형 → 교과전형
- 논술위주전형 → 논술전형
- 수능위주전형 → 수능전형
- 수능 최저학력기준 → 수능 최저
- 대학수학능력시험 → 수능
- 과학탐구 → 과탐
- 사회탐구 → 사탐
- 재외국민특별전형 → 재외국민전형
- 지역인재특별전형 → 지역인재전형
- 농어촌학생특별전형 → 농어촌전형
- 한국대학교육협의회 → 대교협
- 지방대학 및 지역균형인재 육성에 관한 법률 시행령 → 지방대학육성법 시행령

※ 저자 E-MAIL : seunghuchoi@hanmail.net

※ 저자 BAND : https://band.us/n/aaa206Kau6P5w

01

진로

의대 톺아보기

● 의사(醫師, Doctor)

국어사전에서 '의사(醫師)'란 일정한 자격을 가지고 병을 고치는 것을 직업으로 하는 사람을 말한다. 옥스퍼드 사전에서 'Doctor'는 아프거나 다친 사람의 치료를 직업으로 하는 의학 학위를 가진 사람이라고 정의하고 있다. 한자 사전에서 '의(醫)'는 '활집 예(医)'와 '창 수(殳)' 그리고 술독을 형상화한 '닭 유(酉)'로 구성돼 있다. 즉, 화살을 맞은 병사에게 술을 먹여 날카로운 도구로 치료하고 있는 고대 의사의 모습을 형상화한 것이다. '사(師)'는 전문적인 기예를 닦은 사람을 말한다.

● 의예과(醫豫科, Department of Premedicine)

의예과 단어에서 '예(豫)'는 '미리, 예비'라는 뜻이다. 영어로 말하자면 'Premedicine' 과정을 말한다. 즉, 의과대학의 교과 과정 가운데, 예비지식을 익히기 위하여 설치한 2년의 예비 과정을 말한다.

● 의학과(醫學科, Department of Medicine)

의대의 교과 과정 가운데, 본격적으로 의학에 관한 이론과 실제를 전공하는 4년의 본과정을 말한다.

국내 소재 의대는 서울대(국립대학 법인)와 거점 국립대학인 강원대, 경북대, 경상국립대, 부산대, 전남대, 전북대, 제주대, 충남대, 충북대 9개교 그리고 30개 사립대학을 포함해서 총 40개 대학에 개설돼 있다. 수도권에 13개, 비수도권의 27개 대학에 의대가 있다. 단, 의학전문대학원 체제인 차의과대를 제외하면 수도권 12개 대학, 비수도권 27개 대학을 합해서 39개 대학이다. 이화여대는 국내 유일의 여자 의대다. 세종특별자치시와 전라남도에는 현재 설치된 의대가 없다. 전라북도 남원시에 있었던 서남대 의대는 2018년 폐

교됐다.

2024년 기준 차의과대를 제외한 모든 의학전문대학원은 의대로 회귀한 상황이다. 차의과대 1개 곳만 의학전문대학원을 운영하고 있으며, 4년제 대학 졸업자(또는 졸업 예정자)가 학사 편입학하여 본과에서 4년을 이수하는 학사 학위 취득 과정이다. 일반전형과 특별전형으로 구분하여 선발하며, 일반전형은 M-DEET, 공인 어학 성적, GPA, 서류(학업성취도, 이수 과목 적절성, 사회봉사 실적, 연구실적, 각종 수상·활동, 경력, 자격 등 평가) 평가로 뽑는다.

의사가 되려면 예과 2년과 본과 4년에서 총 6년의 교육과정을 이수한다. 예과는 의사로서 덕목과 역량을 갖추기 위한 교양과목 위주로 공부하고, 본과에서는 의사가 되기 위한 전문 과목을 배운다. 6년의 과정을 이수한 후 매년 시행하는 의사 국가고시에 합격해야 의사 면허가 주어진다.

이때부터 모두가 공통적으로 '일반의'라는 자격을 갖추게 되며, 병원을 개원하고 환자를 치료할 수 있다. 이후 '인턴(수련의)' 과정 1년, '레지던트(전공의)' 과정 3~4년의 수련을 거쳐 '전문의' 자격시험에 합격하면, 전공 분야별 전문의사가 될 수 있다.

남학생의 경우 군의관·공중보건의 또는 일반병으로 병역의무 이행 과정이 추가된다. 이런 긴 여정을 겪은 후에는 대학교수, 개원의, 기초의학 연구가가 되는 것이 일반적이다. 임상의학 외에도 인문사회의학이나 해부학, 병리학, 생리학, 생화학, 미생물학과 같은 기초의학을 연구하는 교수·연구원이 될 수 있으며, 변호사, 의학 전문기자, 보건행정전문가 등 다양한 분야로 진출할 수 있다.

● 인턴(Intern) = 수련의(修鍊醫)

의사 면허를 받은 사람으로서 전문의 자격을 얻기 위해 1년간 임상실습을 받는 의사

● 레지던트(Resident) = 전공의(專攻醫)

의사 면허를 받은 사람으로서 인턴 과정 1년 후 특정 진료 과목에 대한 전문의 자격을 취득하기 위하여 과를 정해서 대학병원에서 3년 또는 4년 동안 수련을 받는 의사

● 전문의(專門醫)

전공의 과정 3~4년을 마친 후 전문의 자격시험에 합격한 전공 분야별 자격을 인정받은 전문의사

● 펠로우(Fellow) = 전임의(專任醫)

전문의 이후 세부 분과(Sub-special)를 심화해서 배우는 의사. 펠로우 과정을 거친 후 조교수, 부교수 과정을 거쳐 정교수가 될 수 있음

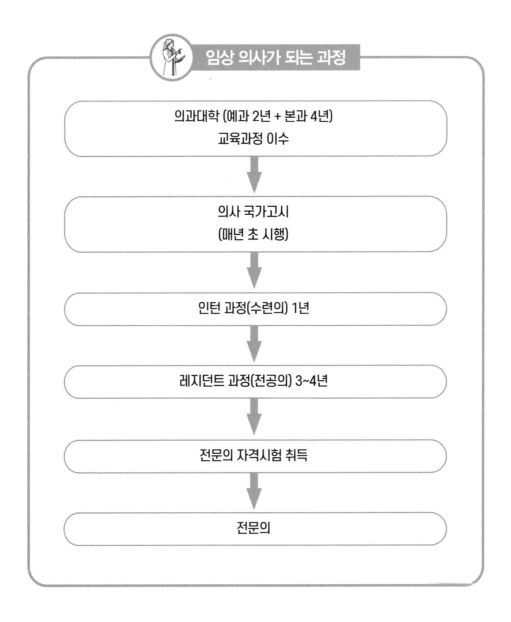

임상 의사가 되는 과정

의과대학 (예과 2년 + 본과 4년)
교육과정 이수

↓

의사 국가고시
(매년 초 시행)

↓

인턴 과정(수련의) 1년

↓

레지던트 과정(전공의) 3~4년

↓

전문의 자격시험 취득

↓

전문의

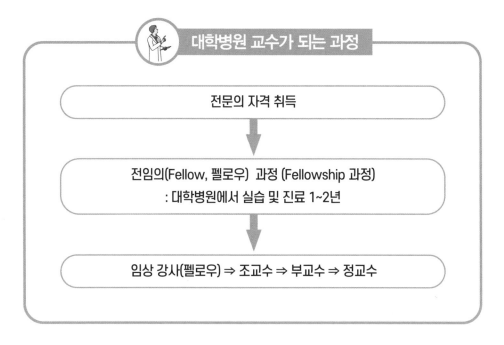

대학병원 교수가 되는 과정

전문의 자격 취득

↓

전임의(Fellow, 펠로우) 과정 (Fellowship 과정)
: 대학병원에서 실습 및 진료 1~2년

↓

임상 강사(펠로우) ⇒ 조교수 ⇒ 부교수 ⇒ 정교수

울산의대에게 필요한 5가지

- 사회와 인간에 대한 폭넓은 경험   59.0% ◄┈┈┈
- 자기관리 (스트레스, 체력)   46.8% ◄┈┈┈┈
- 자기주도 학습 능력   46.4% ◄┈┈┈┈
- 관심영역 확대의 기회   44.6% ◄┈┈┈┈┈
- 동료와의 협력   41.0% ◄┈┈┈┈┈┈┈

[출처: 울산 의대 졸업생 코호트 조사]

● **2024학년도 대입 기준. 총 40개교 정원 3,058명**

지역 (모집 대학/모집 인원)	대학명 (모집 인원)	분류
서울 (8개교 / 826명)	가톨릭대 (93명)	사립대학
	경희대 (110명)	사립대학
	고려대 (106명)	사립대학
	서울대 (135명)	국립대학법인
	연세대 (110명)	사립대학
	이화여대 (76명)	사립대학
	중앙대 (86명)	사립대학
	한양대 (110명)	사립대학
경기 (3개교 / 120명)	성균관대 (40명)	사립대학
	아주대 (40명)	사립대학
	차의과대 (40명) *의전원 설치 대학	사립대학
인천 (2개교 / 89명)	가천대 메디컬캠퍼스 (40명)	사립대학
	인하대 (49명)	사립대학
강원 (4개교 / 267명)	가톨릭관동대 (49명)	사립대학
	강원대 (49명)	거점국립대학
	연세대 미래캠퍼스 (93명)	사립대학
	한림대 (76명)	사립대학
충북 (2개교 / 89명)	건국대 글로컬캠퍼스 (40명)	사립대학
	충북대 (49명)	거점국립대학
충남 (3개교 / 182명)	건양대 (49명)	사립대학
	단국대 천안캠퍼스 (40명)	사립대학
	순천향대 (93명)	사립대학
대전 (2개교 / 150명)	을지대 (40명)	사립대학
	충남대 (110명)	거점국립대학
전북 (2개교 / 235명)	원광대 (93명)	사립대학
	전북대 (142명)	거점국립대학
광주 (2개교 / 250명)	전남대 (125명)	거점국립대학
	조선대 (125명)	사립대학
제주 (1개교 / 40명)	제주대 (40명)	거점국립대학
경북 (1개교 / 49명)	동국대 WISE캠퍼스 (49명)	사립대학
대구 (4개교 / 302명)	경북대 (110명)	거점국립대학
	계명대 (76명)	사립대학
	영남대 (76명)	사립대학
	대구가톨릭대 (40명)	사립대학
울산 (1개교 / 40명)	울산대 (40명)	사립대학
경남 (1개교 / 76명)	경상국립대 (76명)	거점국립대학
부산 (4개교 / 343명)	고신대 (76명)	사립대학
	동아대 (49명)	사립대학
	부산대 (125명)	거점국립대학
	인제대 (93명)	사립대학

지역	대학명	병원명
서울	가톨릭대(성의)	가톨릭대학교 서울성모병원(서울)
		가톨릭대학교 여의도성모병원(서울)
		가톨릭대학교 은평성모병원(서울)
		가톨릭대학교 의정부성모병원(의정부)
		가톨릭대학교 부천성모병원(부천)
		가톨릭대학교 성빈센트병원(수원)
		가톨릭대학교 대전성모병원(대전)
		가톨릭대학교 인천성모병원(인천)
	경희대	경희대학교병원(서울)
		강동경희대학교병원(서울)
	고려대	고려대학교 안암병원(서울)
		고려대학교 구로병원(서울)
		고려대학교 안산병원(안산)
	서울대	서울대학교병원(서울)
		분당서울대학교병원(성남)
	연세대	세브란스병원(서울)
		강남세브란스병원(서울)
		용인세브란스병원(용인)
		송도세브란스병원(인천) *2026년 개원 예정
	이화여대	이화여자대학교 목동병원(서울)
		이화여자대학교 서울병원(서울)
	중앙대	중앙대학교병원(서울)
		중앙대학교 광명병원(광명)
	한양대	한양대학교병원(서울)
		한양대학교 구리병원(구리)
경기	성균관대	삼성창원병원(창원)
		삼성서울병원(서울)
		강북서울병원(서울)
	아주대	아주대학교병원(수원)
		평택아주대학교병원(평택) *2029년 개원 예정
	차의과대 의학전문대학원	차의과대학교 부속 구미차병원(구미)
		차의과대학교 일산차병원(고양)
		차의과대학교 대구차여성병원(대구)
		차병원 서울역센터(용산)
		차의과대학교 분당차병원(성남)
		차의과대학교 분당차여성병원(성남)
		차의과대학교 강남차병원(서울)
		차의과대학교 강남차여성병원(서울)
		차움(청담동)

인천	가천대	가천대학교 부속 동인천길병원(인천)
		가천대학교 서울길병원(서울) *2027년 개원 예정
	인하대	인하대학교병원(인천)
강원	강원대	강원대학교병원(춘천)
	연세대(미래)	원주세브란스기독병원(원주)
	가톨릭관동대	가톨릭관동대학교 국제성모병원(인천)
	한림대	한림대학교 성심병원(안양)
		한림대학교 춘천성심병원(춘천)
		한림대학교 한강성심병원(서울)
		한림대학교 강남성심병원(서울)
		한림대학교 동탄성심병원(화성)
충남	단국대(천안)	단국대학교병원(천안)
	순천향대	순천향대학교 부속 서울병원(서울)
		순천향대학교 부속 구미병원(구미)
		순천향대학교 부속 천안병원(천안)
		순천향대학교 부속 부천병원(부천)
대전	건양대	건양대학교병원(대전)
	을지대	노원을지대학교병원(서울)
		대전을지대학교병원(대전)
		의정부을지대학교병원(의정부)
		강남을지대학교병원(서울)
	충남대	충남대학교병원(대전)
		세종충남대학교병원(세종)
충북	충북대	충북대학교병원(청주)
	건국대(글로컬)	건국대학교병원(서울)
		건국대학교 충주병원(충주)
부산	고신대	고신대학교 복음병원(부산)
	동아대	동아대학교병원(부산)
	부산대	부산대학교병원(부산)
		양산부산대학교병원(양산)
	인제대	인제대학교 부산백병원(부산)
		인제대학교 해운대백병원(부산)
		인제대학교 상계백병원(서울)
		인제대학교 일산백병원(고양)
		인제대학교 서울백병원(서울) *2023년 폐원
울산	울산대	울산대학교병원(울산)
		서울아산병원(서울)
		강릉아산병원(강릉)

대구	경북대	경북대학교병원(대구)
		칠곡경북대학교병원(대구)
	대구가톨릭대	대구가톨릭대학교병원(대구)
		대구가톨릭대학교 칠곡가톨릭병원(대구)
	계명대	계명대학교 동산의료원(대구)
	영남대	영남대학교병원(대구)
		영남대학교 영천병원(영천)
경북	동국대(WISE)	동국대학교 경주병원(경주)
		동국대학교 일산병원(고양)
경남	경상국립대	경상국립대학교병원(진주)
		창원경상국립대학교병원(창원)
광주	전남대	전남대학교병원(광주)
		화순전남대학교병원(화순)
		빛고을전남대학교병원(광주)
	조선대	조선대학교병원(광주)
전북	원광대	원광대학교병원(익산)
		원광대학교 산본병원(군포)
	전북대	전북대학교병원(전주)
제주	제주대	제주대학교병원(제주)

* 부속병원과 교육병원은 다르다. 부속병원의 운영 주체는 해당 대학이지만, 단순 교육병원은 그저 해당 대학과 협력관계에 있을 뿐, 해당 대학은 운영 주체가 아니다. 교육병원의 대표적인 예시로 성균관대 의대의 협력병원인 삼성서울병원이 있다.

2024년 국내 병원 순위

[출처: 뉴스위크 2024 국내 병원 순위]

순위	병원명	구분	관련 의대	소재지	2023 순위
1	서울아산병원	협력병원	울산대	서울시	1
2	삼성서울병원	협력병원	성균관대	서울시	2
3	세브란스병원	대학병원	연세대	서울시	4
4	서울대병원	대학병원	서울대	서울시	3
5	분당서울대병원	대학병원	서울대	성남시	6
6	강남세브란스병원	대학병원	연세대	서울시	8
7	가톨릭대서울성모병원	대학병원	가톨릭대	서울시	5
8	아주대병원	대학병원	아주대	수원시	7
9	인하대병원	대학병원	인하대	인천시	13
10	강북삼성병원	협력병원	성균관대	서울시	9
11	고려대안암병원	대학병원	고려대	서울시	11
12	가톨릭대여의도성모병원	대학병원	가톨릭대	서울시	10
13	경희대병원	대학병원	경희대	서울시	15
14	중앙대병원	대학병원	중앙대	서울시	12
15	건국대병원	대학병원	건국대	서울시	16
16	이화여대병원	대학병원	이화여대	서울시	14
17	대구가톨릭대병원	대학병원	대구가톨릭대	대구시	7
18	화순전남대병원	대학병원	전남대	화순군	41
19	충남대병원	대학병원	충남대	대전시	18
20	영남대병원	대학병원	영남대	대구시	19
21	계명대동산병원	대학병원	계명대	대구시	22
22	전남대병원	대학병원	전남대	광주시	20
23	고려대안산병원	대학병원	고려대	안산시	23
24	가톨릭대인천성모병원	대학병원	가톨릭대	인천시	21
25	강동경희대병원	대학병원	경희대	서울시	25
26	한림대성심병원	대학병원	한림대	안양시	24
27	한림대동탄성심병원	대학병원	한림대	화성시	26
28	순천향대부속서울병원	대학병원	순천향대	서울시	31
29	부산대병원	대학병원	부산대	부산시	27
30	경북대병원	대학병원	경북대	대구시	29
31	칠곡경북대병원	대학병원	경북대	대구시	30
32	보라매병원	위탁병원	서울대	서울시	33
33	고려대구로병원	대학병원	고려대	서울대	34
34	동아대병원	대학병원	동아대	부산시	28
35	전북대병원	대학병원	전북대	전주시	37
36	한양대구리병원	대학병원	한양대	구리시	39
37	인제대해운대백병원	대학병원	인제대	부산시	35

38	가천대길병원	협력병원	가천대	인천시	32
39	순천향대부속천안병원	대학병원	순천향대	천안시	36
40	양산부산대병원	대학병원	부산대	양산시	38
41	분당차병원	협력병원	차의과학대	성남시	44
42	한림대강남성심병원	대학병원	한림대	서울시	43
43	국민건강보험일산병원	공공병원	-	고양시	42
44	울산대병원	대학병원	울산대	울산시	40
45	단국대병원	대학병원	단국대	천안시	45
46	인제대일산백병원	대학병원	인제대	고양시	46
47	한양대병원	대학병원	한양대	서울시	51
48	인제대부산백병원	대학병원	인제대	부산시	47
49	가톨릭관동대국제성모병원	대학병원	가톨릭관동대	인천시	53
50	원주세브란스기독병원	대학병원	연세대(미래)	원주시	54
51	노원을지대병원	대학병원	을지대	서울시	50
52	충북대병원	대학병원	충북대	청주시	49
53	제주대병원	대학병원	제주대	제주시	55
54	경상국립대병원	대학병원	경상국립대	진주시	48
55	창원경상국립대병원	대학병원	경상국립대	창원시	52
56	인제대상계백병원	대학병원	인제대	서울시	58
57	가톨릭대부천성모병원	대학병원	가톨릭대	부천시	57
58	강동성심병원	대학병원	한림대	서울시	61
59	가톨릭대성빈센트병원	대학병원	가톨릭대	수원시	62
60	이대목동병원	대학병원	이화여대	서울시	진입
61	조선대병원	대학병원	조선대	광주시	60
62	고신대복음병원	대학병원	고신대	부산시	56
63	가톨릭대의정부성모병원	대학병원	가톨릭대	의정부시	65
64	한림대한강성심병원	대학병원	한림대	서울시	59
65	순천향대부속부천병원	대학병원	순천향대	부천시	70
66	서울병원	공공병원	-	서울시	69
67	한림대춘천성심병원	대학병원	한림대	춘천시	66
68	강원대병원	대학병원	강원대	춘천시	64
69	강릉아산병원	종합병원	-	강릉시	63
70	서울부민병원	종합병원	-	서울시	71
71	국립중앙의료원	국립병원	-	서울시	74
72	대구파티마병원	종합병원	-	대구시	73
73	원광대병원	대학병원	원광대	익산시	68
74	동국대일산병원	대학병원	동국대	고양시	72
75	삼성창원병원	대학병원	성균관대	창원시	79
76	김포우리병원	종합병원	-	김포시	80
77	예수병원	종합병원	-	전주시	75
78	분당제생병원	종합병원	-	성남시	76
79	가톨릭대은평성모병원	대학병원	가톨릭대	서울시	86
80	가톨릭대대전성모병원	대학병원	가톨릭대	대전시	78
81	창원파티마병원	종합병원	-	창원시	81
82	지샘병원	종합병원	-	군포시	84

83	강남차병원	협력병원	차의과학대	서울시	91
84	성애병원	종합병원	-	서울시	88
85	제주한라병원	종합병원	-	제주시	87
86	동국대경주병원	대학병원	동국대	경주시	92
87	근로복지공단인천병원	공공병원	-	인천시	82
88	한림병원	종합병원	-	인천시	93
89	삼육서울병원	종합병원	-	서울시	89
90	포항성모병원	종합병원	-	포항시	96
91	검단탑종합병원	종합병원	-	인천시	95
92	부산성모병원	종합병원	-	부산시	100
93	광주기독병원	종합병원	-	광주시	103
94	대전선병원	종합병원	-	대전시	90
95	청주병원	종합병원	-	청주시	98
96	유성선병원	종합병원	-	대전시	107
97	한일병원	종합병원	-	서울시	106
98	안동병원	종합병원	-	안동시	99
99	청주성모병원	종합병원	-	청주시	97
100	해운대부민병원	종합병원	-	부산시	109
101	굿모닝병원	종합병원	-	평택시	110
102	대림성모병원	종합병원	-	서울시	101
103	부산병원	종합병원	-	부산시	104
104	성가롤로병원	종합병원	-	순천시	108
105	좋은강안병원	종합병원	-	부산시	102
106	광명성애병원	종합병원	-	광명시	112
107	청주한국병원	종합병원	-	청주시	114
108	목포시의료원	종합병원	-	목포시	105
109	동의병원	대학병원	동의대	부산시	111
110	인천사랑병원	종합병원	-	인천시	117
111	용인세브란스병원	대학병원	연세대	용인시	119
112	나은병원	종합병원	-	인천시	115
113	순천향대부속구미병원	대학병원	순천향대	구미시	120
114	구미차병원	종합병원	-	구미시	121
115	천주성삼병원	종합병원	-	대구시	113
116	좋은삼선병원	종합병원	-	부산시	116
117	나사렛국제병원	종합병원	-	인천시	123
118	안양샘병원	종합병원	-	안양시	126
119	명지성모병원	종합병원	-	서울시	125
120	에스포항병원	종합병원	-	포항시	128
121	부산부민병원	종합병원	-	부산시	109
122	계명대대구동산병원	대학병원	계명대	대구시	진입
123	좋은선린병원	종합병원	-	포항시	132
124	대전보훈병원	보훈병원	-	대전시	진입
125	대구가톨릭대칠곡가톨릭병원	대학병원	대구가톨릭대	대구시	진입

126	혜인의료재단한국병원	종합병원	-	제주시	진입
127	세림병원	종합병원	-	인천시	진입
128	홍익병원	종합병원	-	서울시	진입
129	하나병원	종합병원	-	청주시	131
130	동강병원	종합병원	-	울산시	124
131	명지병원	대학병원	명지대	고양시	진입
132	목포기독병원	종합병원	-	목포시	105
133	광주한국병원	종합병원	-	광주시	진입

[출처: 2023년 9월 보건복지부병원 통계 자료]

순위	병원명	지역	의사 정원(단위: 명)
1	서울아산병원	서울	1,720
2	서울대학교병원	서울	1,608
3	연세대학교의과대학 세브란스병원	서울	1,477
4	삼성서울병원	서울	1,401
5	서울성모병원	서울	893
6	분당서울대학교병원	경기	807
7	아주대학교병원	경기	674
8	고려대학교의과대학 부속병원(안암병원)	서울	568
9	고려대학교의과대학 부속구로병원	서울	562
10	연세대학교의과대학 강남세브란스병원	서울	560
11	부산대학교병원	부산	546
12	의료법인 길의료재단 길병원	인천	529
13	전남대학교병원	광주	506
14	차의과대학교 분당차병원	경기	499
15	경북대학교병원	대구	498
16	충남대학교병원	대전	492
17	경희대학교병원	서울	476
18	양산부산대학교병원	경남	465
19	전북대학교병원	전북	430
20	인하대학교의과대학 부속병원	인천	424
21	계명대학교 동산병원	대구	423
22	강북삼성병원	서울	415
23	건국대학교병원	서울	414
24	연세대학교 원주세브란스기독병원	강원	408
25	한양대학교병원	서울	407
26	고려대학교의과대학 부속 안산병원	경기	401
27	중앙대학교병원	서울	401
28	한림대학교성심병원	경기	393
29	영남대학교병원	대구	387
30	이화여자대학교의과대학 부속 목동병원	서울	385
31	울산공업학원 울산대학교병원	울산	378
32	순천향대학교 부속 부천병원	경기	373
33	가톨릭대학교 성빈센트병원	경기	372
34	순천향대학교 부속 서울병원	서울	370
35	인제대학교 부산백병원	부산	363
36	가톨릭대학교 인천성모병원	인천	342
37	순천향대학교 부속 천안병원	충남	336
38	경상국립대학교병원	경남	334

39	조선대학교병원	광주	325
40	대구가톨릭대학교병원	대구	322
41	한국보훈복지의료공단 중앙보훈병원	서울	312
42	원광대학교병원	전북	297

5 | 2024년 뉴스위크 국내 병원 순위

● **2024년 뉴스위크 국내 병원 세계 톱 250 분포**

[출처: 뉴스위크 2024 국내 병원 순위]

순위	병원명	소재지	2023 순위
22	서울아산병원	서울시	29
34	삼성서울병원	서울시	40
40	세브란스병원	서울시	67
43	서울대병원	서울시	49
81	분당서울대병원	성남시	93
94	강남세브란스병원	서울시	133
104	가톨릭대서울성모병원	서울시	91
120	아주대병원	수원시	120
148	인하대병원	인천시	192
152	강북삼성병원	서울시	140
160	고려대안암병원	서울시	144
170	가톨릭대여의도성모병원	서울시	142
208	경희대병원	서울시	229
214	중앙대병원	서울시	190
222	건국대병원	서울시	233
225	이화여대병원	서울시	202
235	대구가톨릭대병원	대구시	243

* 250위까지 개별 순위 공개

● 2024년 뉴스위크 국내 병원 세계 병원 순위 톱 10

[출처: 뉴스위크 2024 국내 병원 순위]

순위	병원명	국가	도시	2023 순위
1	메이오클리닉	미국	로체스터	1
2	클리블랜드클리닉	미국	클리블랜드	2
3	토론토종합병원	캐나다	토론토	5
4	존스홉킨스병원	미국	볼티모어	4
5	매사추세츠병원	미국	보스턴	3
6	베를린대 부속 샤리테병원	독일	베를린	7
7	카롤린스카대학병원	스웨덴	스톡홀름	6
8	피티에살페트리에르병원	프랑스	파리	7
9	셰바메디컬센터	싱가포르	싱가포르	11
10	취리히대병원	스위스	취리히	12

6 | THE 세계 의대 순위

[THE: 영국의 대학평가기관인 타임즈 고등교육(Times Higher Education)]

● **THE 세계 의대 순위 (2024~2013)**

연도	1위		2위		3위	
	대학명	순위	대학명	순위	대학명	순위
2024	연세대	43	서울대	44	성균관대	69
2023	연세대	32	서울대	41	성균관대	82
2022	서울대	37	성균관대	46	연세대	52
2021	서울대	37	성균관대	41	연세대	61
2020	성균관대	37	서울대	47	연세대	68
2019	성균관대	41	서울대	49	연세대	101-125
2018	서울대	54	성균관대	57	연세대	151-175
2016-2017	서울대	52	성균관대	72	-	-
2015-2016	서울대	54	성균관대	88	-	-
2014-2015	서울대	58	연세대	87	-	-
2013-2014	서울대	45	연세대	77	-	-

● THE 세계 의대 국내 순위 (2023~2022)

2023 순위	대학명	2022 순위	추이
32	연세대	52	▲
41	서울대	37	▼
82	성균관대	46	▼
151-175	고려대	90	▼
251-300	경희대	251-300	-
301-400	아주대	301-400	-
401-500	울산대	301-400	▼
501-600	한양대	401-500	▼
601-800	가톨릭대	501-600	▼
	전남대	501-600	▼
	중앙대	601+	-
	충북대	501-600	▼
	충남대	601+	-
	이화여대	601+	-
	강원대	601+	-
	경북대	501-600	▼
	부산대	601+	-
	순천향대	601+	-
801+	조선대	진입	-
	경상대	601+	-
	한림대	601+	-
	인하대	601+	-
	제주대	601+	-
	전북대	601+	-
	영남대	601+	-

의대 진로 진학 특강

THE 세계 의대 국내 순위 (2024~2023)

2024 순위	대학명	2023 순위	추이
43	연세대	32	▼
44	서울대	41	▼
69	성균관대	82	▲
151-175	고려대	151-175	-
251-300	경희대	251-300	-
301-400	아주대	301-400	-
	가톨릭대	601-800	▲
	한양대	501-600	▲
	울산대	401-500	▲
401-500	전남대	601-800	▲
	중앙대	601-800	▲
	이화여대	601-800	▲
	경북대	601-800	▲
	부산대	601-800	▲
501-600	충남대	601-800	▲
	순천향대	601-800	▲
601-800	충북대	601-800	-
	경상국립대	801+	▲
	한림대	801+	▲
	인하대	801+	▲
	제주대	801+	▲
	전북대	801+	▲
	강원대	601-800	-
	영남대	801+	▲
801-1000	조선대	801+	-

7 | 의대 정원 확대, 입시 판도에 미치는 영향은?

의대 정원이 2026학년도까지 2,000명 증원된다면, 대입의 모든 이슈와 관심은 의대 입시에 묻힐 것 같다. 의대 정원 확대가 입시 판도에 미치는 영향을 살펴보자.

첫째, 의대 진학을 위한 N수생 증가다. 상위권 N수생 증가로 재학생의 수능 최저충족의 어려움이 예상된다. 의학계열 대학의 재학생마저도 심하게 들썩이고 있다. 의대 모집 인원 증가로 인해 N수, 반수생은 수시모집 여섯 장, 정시모집 세 장의 카드를 의학계열로 도전적인 지원을 할 것이다. 학원가에 직장인 특별반이 개설되는 실정이다. 수도권 이외의 지역 의대 그리고 치대, 한의대, 수의대, 약대를 지원했던 최상위권 지원자가 의대로 상향 분산될 가능성이 높다. 당연히 연쇄적으로 치대, 한의대, 수의대, 약대 합격선도 하락할 수 있다. 수도권은 정시모집 일반전형 문이 넓어졌으나 증가하는 N수생을 고려하면 합격선 하락은 크지 않을 전망이다. 또한, 의학계열 모집단위를 선발하는 대학의 학사 운영 파행도 걱정된다. 편입시장 확대도 쉽게 예측할 수 있다.

둘째, 최상위권 자연계 학생들의 의대 쏠림현상이 심화될 것이다. 즉, 첨단학과 및 계약학과 등 선호도가 높은 이공계 학과 지원자들이 의학계열로 몰릴 수 있다. 블랙홀처럼 자연계 최상위권 학생들이 의학계열로 빨려들면, 연쇄적으로 자연계열 학과의 경쟁률과 합격선은 하락할 것이다. 최상위권 의대 합격선은 변화가 적겠지만, 중하위권 의대의 경우 내신·수능 점수 합격선 하락이 예상된다. 특히, 지역인재전형의 합격선 하락 폭이 클 수 있다. 지역인재전형 교과 성적 합격선이 1.5등급 이내였다면, 2025학년도에는 2등급 이내도 합격이 가능할 것이다. 이 여파는 서울 상위권 공대인 성균관대, 서강대, 한양대 라인의 합격선 하락에도 영향을 미칠 것이다.

셋째, 지역인재전형 비율이 60% 이상으로 늘어난다면, 수도권 학생들과 지역 학생들의 유불리가 상충될 수밖에 없다. 의대 증원 배정 결과, 총 2,000명[1] 중 수도권 대학은 증원 인원의 18%에 해당하는 361명이 경인 지역에 신규로 배정됐으며, 비수도권 대학은 증원 인원의 82%에 해당하는 1,639명이 신규로 배정됐다. 따라서 지역 최우수 학생들이 의대

---

1   2025학년도 의대 학생 정원 배정 결과 (2025. 3. 20.) (출처: 교육부)

진학을 위해 비수도권 대학의 지역인재전형에 몰리는 경향은 더 강화될 수밖에 없다. 예컨대, 강원도의 경우 의대 정원이 267명에서 432명으로 165명 증원되어 증원율이 162%다. 지역인재전형의 최소 학생 비율이 기존 20%에서 60%로 40%p 늘어난다면, 경쟁률과 합격선은 하락할 것이다. 반면, 지역인재전형 비율이 늘어날수록 수도권 의대의 수시모집 경쟁률은 높아질 전망이다. 참고로, 고3 학생 수 대비 의대 모집 정원이 가장 많은 지역은 강원도고 그다음이 충청도다.

넷째, 의대 진학에 걸맞은 교과성적과 비교과활동이 수시모집 지원 수준에 미치지 못하는 지원자는 정시모집에 대거 도전할 것이다. 서울대 정시모집 과탐II 과목 가산점과 교과평가, 연세대 정시모집 교과평가(2026학년도), 고려대 정시모집 교과전형의 내신 성적 반영도 무시 못 할 변수다. 최상위권 의대의 정시 합격선은 변동이 미미할 것이다. 다만, 최상위권 정시모집 지원 증가가 반갑지는 않다. 고득점 경쟁을 위한 사교육 확대로 이어질 가능성이 높기 때문이다.

다섯째, 의대 정원이 증가한 만큼 종합전형의 모집 인원도 증가할 텐데, 학생부의 미기재·미반영 항목의 증가, 자소서 폐지, 면접전형 축소로 인해 종합전형의 객관성과 공정성이 합리적으로 의심되는 현실에서 최상위권 학생들의 학생부 변별력은 더욱 어려워질 전망이다.

8 | 2025학년도 의대 학생 정원 배정 결과

[출처: 교육부 2024.3.20.]

지역		대학명	24년 정원	신청	증원 인원	25년 정부 배정	증가율(24~25)
수도권	서울	서울대	135	365		135	0%
		경희대	110			110	0%
		연세대	110			110	0%
		한양대	110			110	0%
		고려대	106			106	0%
		가톨릭대	93			93	0%
		중앙대	86			86	0%
		이화여대	76			76	0%
	서울 소계		826	365	0	826	0%
	경기	성균관대	40	565	80	120	200%
		아주대	40		80	120	200%
		*차의과대(의전원)	40		40	80	100%
	인천	인하대	49		71	120	145%
		가천대	40		90	130	225%
	경기·인천 소계		209	565	361	570	173%
	수도권 소계		1,035	930	361	1,396	35%
비수도권	강원	강원대	49		83	132	169%
		연세대(미래)	93		7	100	8%
		한림대	76		24	100	32%
		가톨릭관동대	49		51	100	104%
	강원 소계		267		165	432	62%
	경북	동국대(WISE)	49		71	120	145%
	대구	경북대	110		90	200	82%
		계명대	76		44	120	58%
		영남대	76		44	120	58%
		대구가톨릭대	40		40	80	100%
	대구·경북 소계		351		289	640	82%
	경남	경상국립대	76		124	200	163%
	부산	부산대	125		75	200	60%
		인제대	93		7	100	8%
		고신대	76		24	100	32%
		동아대	49		51	100	104%
	울산	울산대	40		80	120	200%
	부·울·경 소계		459	2,471	361	820	79%

비수도권	전북	전북대	142		58	200	41%
		원광대	93		57	150	61%
	전북 소계		235		115	350	49%
	광주	전남대	125		75	200	60%
		조선대	125		25	150	20%
	광주 소계		250		100	350	40%
	제주	제주대	40		60	100	150%
	제주 소계		40		60	100	150%
	충남	순천향대	93		57	150	61%
		단국대(천안)	40		80	120	200%
	대전	충남대	110		90	200	82%
		건양대	49		51	100	104%
		을지대	40		60	100	150%
	대전·충남 소계		332		338	670	102%
	충북	충북대	49		151	200	308%
		건국대(글로컬)	40		60	100	150%
	충북 소계		89		211	300	237%
	비수도권 소계		2,023	2,471	1,639	3,662	81%
	합계		3,058	3,401	2,000	5,058	65%

[출처: 교육부 2024.5.30.]

* 정원 외 전형 포함 (단위: 명)

대학명	전체 모집 인원	학생부 교과전형	학생부 종합전형	논술전형	수능전형	기타
가천대학교	137	17	37	40	40	3
가톨릭관동대학교	115	72	5		33	5
가톨릭대학교	96	10	27	19	37	3
강원대학교	91	36	30		25	
건국대학교(글로컬)	110	23	40		42	5
건양대학교	102	88			14	
경북대학교	157	31	91	7	28	
경상국립대학교	142	78	18		46	
경희대학교	111	22	29	15	45	
계명대학교	125	55	25		45	
고려대학교	112	18	49		44	1
고신대학교	103	85			18	
단국대학교	82		42		40	
대구가톨릭대학교	82	52	12		18	
동국대학교(WISE)	124	71	35		16	2
동아대학교	102	27	35		40	
부산대학교	163	47	35	22	59	
서울대학교	137		95		42	
성균관대학교	112		50	10	50	2
순천향대학교	154	48	76		30	
아주대학교	113		40	20	51	2
연세대학교	112	15	48		49	
연세대학교(미래)	104	16	52	15	21	
영남대학교	103	63			40	
울산대학교	110	33	67		10	
원광대학교	157	48	87		22	
을지대학교	106	89			15	2
이화여자대학교	76		18		58	
인제대학교	104	64			40	
인하대학교	123	26	44	12	40	1
전남대학교	165	108	13		44	
전북대학교	171	98	5		68	
제주대학교	72	37			35	
조선대학교	152	88	12		52	
중앙대학교	87		25	18	42	2
충남대학교	158	61	57		40	
충북대학교	126	51	9		66	
한림대학교	104		68		35	1
한양대학교	110		58		52	
총합계	4,610	1,577	1,334	178	1,492	29

※ 2025학년도 자의선원 모집 인원(정원 내 80명, 징원 외 5명) 포함 시, 총 4,695명(정원 내 4,565명, 정원 외 130명)

2025학년도 의대 최종 지역인재전형 비율

[출처: 교육부 2024.5.30.]

(단위: 명)

대학명	전체 모집 인원	학생부 교과전형	학생부 종합전형	논술전형	수능전형	지역인재 전형합계	지역인재 전형비율
가톨릭관동대학교	115	40				40	34.8%
강원대학교	91	25	20		10	55	60.4%
건국대학교(글로컬)	110	18	26		22	66	60.0%
건양대학교	102	68				68	66.7%
경북대학교	157	31	58		6	95	60.5%
경상국립대학교	142	62	6		35	103	72.5%
계명대학교	125	32	20		20	72	57.6%
고신대학교	103	52			8	60	58.3%
대구가톨릭대학교	82	40	12			52	63.4%
동국대학교(WISE)	124	49	25		2	76	61.3%
동아대학교	102	27	23		20	70	68.6%
부산대학교	163	30	35	22	26	113	69.3%
순천향대학교	154	36	60			96	62.3%
연세대학교(미래)	104		30			30	28.8%
영남대학교	103	40			22	62	60.2%
울산대학교	110	33	33			66	60.0%
원광대학교	157	48	54			102	65.0%
을지대학교	106	65				65	61.3%
인제대학교	104	33			22	55	52.9%
전남대학교	165	106			24	130	78.8%
전북대학교	171	74			37	111	64.9%
제주대학교	72	21			14	35	48.6%
조선대학교	152	72			28	100	65.8%
충남대학교	158	41	25		27	93	58.9%
충북대학교	126	35			41	76	60.3%
한림대학교	104		22			22	21.2%
총합계	3,202	1,078	449	22	364	1,913	59.7%

● 일반의 과정

● 전문의 과정

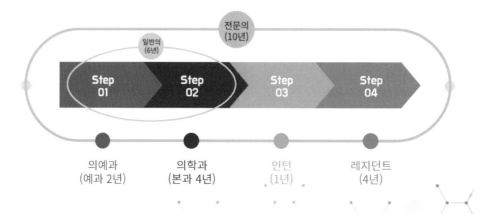

의대 졸업 후 진로

● 의학계열 대학 졸업 후 진로[2]

학과	졸업자 수 (명)	고용률 (%)	정규직 비율 (%)	300인 이상 규모 업체 취업 비율 (%)	월평균 소득 (만 원)	300인 이상 월평균 소득 (만 원)	주당 평균 근로시간 (시간)	자격증 보유 비율 (%)
의학	1,926	93.9	17.2	35.1	422.7	390.3	57.1	72.5
치의학	1,487	83.0	51.9	10.5	230.4	353.9	44.1	86.1
한의학	648	84.6	30.8	12.9	412.4	296.7	48.7	75.9
약학	1,872	80.6	60.5	18.7	460.1	388.6	40.8	65.6
간호	10,226	81.9	86.5	74.1	301.7	330.2	45.1	79.1
동물·수의학	633	71.2	43.8	15.1	239.1	219.1	43.1	75.7

의학계열(의학, 치의학, 한의학, 수의학, 약학, 간호) 총 여섯 개 학과 2020 대졸자 취업 통계를 보면, 의학과 졸업자의 월평균 소득은 422.7만 원, 주당 평균 근로시간은 57.1시간이었다.

2025년 의대 정원 증가로 인해 배출될 의사 수가 대폭 늘어나면, 의사의 평균 소득이 줄어들고 건강보험 재정이 악화될 것이라는 우려와 의료 시장의 파이가 커진다는 기대가 팽팽히 맞서 합의점에 이르지 못하고 있다. 의사를 꿈꾸는 학생에게는 딜레마적 상황인 것이다.

쉽게 정리하면, 의사 공급 증가로 의료서비스 시장은 인력을 확충할 수 있으며, 의사들이 전문성을 강화해서 신사업에 진출할 수 있는 도전의 기회가 늘어난다는 주장이 있다.

---

2   대졸자 취업 정보(한국고용정보원 2020년 통계)에서 발췌

반면, 의사 증원은 의료 시장 수요를 창출하지만 건강보험 재정 악화로 이어져 의료시스템이 붕괴될 수 있으므로 의사 정원 확대가 정답이 아니라는 주장이 있다. 따라서 의대를 지원하는 학생 입장에서는 양측의 의견을 두루두루 파악하고 균형 잡힌 시각을 갖는 것이 중요하다.

● 의대 취업률[3]

지역	대학명	졸업자		건강보험 직장가입자		입대자	취업률(%)
		남	여	남	여		
경기	가천대학교	24	13	23	12	0	97.2
강원	가톨릭관동대학교	41	17	34	15	3	90.9
서울	가톨릭대학교(서울)	55	34	52	34	0	96.6
대전	건양대학교	30	32	24	30	2	93.1
대구	경북대학교	67	30	55	29	7	95.6
경남	경상국립대학교	41	30	37	28	1	94.3
서울	경희대학교	64	44	58	43	5	99
대구	계명대학교	43	27	39	27	2	97.1
서울	고려대학교	68	41	63	37	2	95.3
부산	고신대학교	48	28	42	27	1	92
충남	단국대학교(천안)	27	13	22	9	2	91.2
경북	대구가톨릭대학교	36	9	34	9	0	95.6
경북	동국대학교(WISE)	1	0	1	0	0	100
부산	동아대학교	32	13	23	13	7	94.7
부산	부산대학교	68	58	58	54	4	93.4
서울	서울대학교	100	50	92	47	1	96.6
서울	성균관대학교	32	10	29	9	2	97.5
충남	순천향대학교	59	37	57	35	0	96.8
경기	아주대학교	29	11	24	11	5	100
서울	연세대학교	77	37	63	36	3	91.7
강원	연세대학교(미래)	81	34	73	32	4	95.5
경북	영남대학교	42	34	33	33	4	91.7
울산	울산대학교	36	5	34	5	2	100
전북	원광대학교	68	30	57	30	3	91.6
대전	을지대학교	36	13	35	12	0	97.9
서울	이화여자대학교	0	75	0	68	0	90.7
경남	인제대학교	58	41	51	40	3	94.8
인천	인하대학교	31	13	30	13	0	97.7

3 대학 알리미(기준연도 2022년)

광주	전남대학교	84	49	71	47	5	93.7
전북	전북대학교	88	50	78	48	5	95.5
광주	조선대학교	71	55	61	51	4	92.6
서울	중앙대학교	62	24	55	21	2	90.5
대전	충남대학교	66	49	56	47	7	95.4
충북	충북대학교	35	15	29	14	3	91.5
강원	한림대학교	51	29	45	28	1	92.4
서울	한양대학교	78	32	68	32	3	94.4
평균							95%

대학 알리미(기준연도 2022년 12월 31일 기준)가 공시한 '2023년 졸업생의 취업 현황'에 의하면, 전국 36개 의대의 평균 취업률은 95%다. 2022년 학부 졸업자를 배출한 36개 의대 기준의 통계다. 의학전문대학원 체제로 선발해 학부 졸업자가 없는 경우는 제외됐다. 취업률 100%인 대학은 아주대, 울산대, 동국대(WISE)다. 이 중 동국대(WISE)는 졸업자가 1명인 점이 눈에 띈다.

● 졸업 후 진로

의사 국가시험에 합격하면 그때부터 의사가 된다. 보통 대학병원에서 인턴 1년, 레지던트 3~4년의 수련을 받게 된다. 수련 후 임상의학을 하면 대학병원 소속 의사 겸 의대 교수나 개원의가 되는 것이 일반적이다. 임상의학 외에도 인문사회의학이나 해부학, 병리학, 생리학, 생화학, 미생물학과 같은 기초의학을 연구하는 교수가 될 수 있다. 인문의학이라고 해서 의학의 역사, 의료법윤리, 의학교육 등을 연구하는 분야도 있다. 의학 전문변호사, 의학 전문기자, 대기업 전문의사, 제약의사, 법의학자, 의학연구원, 보건행정 공무원, WHO 및 국제기구 직원 등 다양한 분야로 진출할 수 있다.

● 학과 관련 자격증

국내 의대를 졸업하면 의사 국가시험(실기 및 필기시험) 응시 기회가 주어지며, 필기 및 실기시험을 통과할 경우 국내 의사 면허를 취득할 수 있게 된다. 이후 전문의 수련 및 자격 인정 등에 대한 규정에 의하여 수련 과정을 이수하면 전문의 면허 취득 기회가 부여된다. 더불어 미국의 의사 면허 시험 USMLE(US. Medical Licensing Examination)에 응시할 기회가 부여되며, Step3까지 합격 시 미국 의사 면허를 취득할 수 있게 된다. 심폐소생술(BLS) 등 의학계열 자격증 취득도 가능하다.

● 2024년 전공의 전공학과 지원율

구분	2023년			순위	2024년			지원율 증감 (2023~2024)(%p)
	모집정원	지원	지원율(%)		모집정원	지원	지원율(%)	
정신건강의학과	134	213	159.0	1	142	254	178.9	▲19.9
안과	102	179	175.5	2	106	183	172.6	▼2.8
성형외과	72	116	161.1	3	73	121	165.8	▲4.6
재활의학과	102	165	161.8	4	102	162	158.8	▼2.9
정형외과	209	324	155.0	5	211	318	150.7	▼4.3
마취통증의학과	203	270	133.0	6	212	307	144.8	▲11.8
피부과	70	111	158.6	7	72	103	143.1	▼15.5
영상의학과	137	201	146.7	8	158	224	141.8	▼4.9
이비인후과	106	137	129.2	9	105	148	141.0	▲11.7
신경외과	104	134	128.8	10	106	140	132.1	▲3.2
비뇨의학과	52	59	113.5	11	64	78	121.9	▲8.4
신경과	98	111	113.3	12	110	118	107.3	▼6
내과	605	674	111.4	13	622	657	105.6	▼5.8
작업환경의학과	35	36	102.9	14	35	36	102.9	0.0
진단검사의학과	39	40	102.6	15	41	41	100.0	▼2.6
외과	212	138	65.1	16	195	163	83.6	▲18.5
응급의학과	183	156	85.2	17	191	152	79.6	▼5.7
산부인과	185	133	71.9	18	181	122	67.4	▼4.5
병리과	81	41	50.6	19	70	42	60.0	▲9.4
방사선종양학과	23	17	73.9	20	25	13	52.0	▼21.9
가정의학과	257	128	49.8	21	229	114	49.8	0.0
흉부외과	70	36	51.4	22	63	24	38.1	▼13.3
핵의학과	29	4	13.8	23	27	10	37.0	▲23.2
소아청소년과	203	33	16.3	24	205	53	25.9	▲9.6
결핵과	0	0	-		0	0	-	-
예방의학과	0	3	-		0	5	-	-

2024년 전공의 지원율 상위 10위 안에 전공학과의 지원율 변화를 살펴보면, 정신건강의학과가 178.9%로 제일 높은 지원율을 보였다. 2023년보다 19.90%p 증가를 기록했다. 반면 성형외과, 마취통증의학과, 이비인후과, 신경외과를 제외한 인기 학과인 안과, 재활의학과, 정형외과, 피부과, 영상의학과 지원율은 감소했다. 특히, 피부과가 15.5%p로 감소폭이 컸다. 최근 정부가 필수 의료 비인기과 지원 정책을 펼치고 있지만, 비인기학과 지원율은 매년 높지 않고, 심지어 미달 상황이 지속해서 발생하고 있다.

2024년 전공의 전공학과 지원 결과

1위
정신건강의학과
178.9% 지원율

2위
안과
172.6% 지원율

3위
성형외과
165.8% 지원율

4위
재활의학과
158.8% 지원율

산부인과
67% 충원율

159명 정원에
112명이 지원했어요.

가정의학과
49.8% 충원율

수련병원 59개중
37개 병원이 미달이에요.

흉부외과
38% 충원율

올해 기피과 중
가장 큰 하락폭을 기록했어요.

소아청소년과
26% 충원율

정원을 채운 곳은
서울아산병원과 강동성심병원
두 곳뿐이에요.

02

학생부종합전형

의대 추천 도서

의대 진로 진학 설계를 위한 독서 분야는 생명과학, 화학, 물리학, 수학, 영어 교과목이 큰 줄기며, 생명과학이 특히 중요하다. 그렇다고 대학 전공 수준의 어려운 책을 읽으라는 뜻은 결코 아니다. 자신의 수준에 맞는 책으로 시작해서 호기심을 점점 연계해나가라는 말이다. '몸이 어떻게 생겼는지 → 우리 몸이 무엇으로 구성되어 있는지 → 그 안에 있는 장기들은 무슨 역할을 하는지' 등 호기심과 질문이 꼬리에 꼬리는 무는 공부가 되어야 한다.

의대 추천 도서는 대학의 '학과 홈페이지'나 '학과 가이드북'에 자세히 안내가 돼 있다. 의대에 대한 전반적인 내용을 소개하는 책을 한두 권 읽는 것도 도움이 된다. 의사에 대한 장밋빛 비전만을 좇기보다는 자신만의 장점과 소명 의식을 갖춘 슈퍼비전이 있다면 금상첨화다.

2017년부터 학생부 '독서활동상황'란에는 읽은 책의 제목과 저자만 적기 때문에 독서가 약화됐다는 의견이 많았다. 아쉽긴 하지만 독서역량은 학생부 다른 영역과 자소서[1], 면접에도 드러나기 마련이다. 평가자는 지원자의 독서역량을 통해 학업역량, 공동체역량, 진로역량을 들여다보기 때문에 매우 중요한 영역이다. 독서는 교과 수업과 연계하는 것이 기본이다. 교과 시간에 생긴 호기심을 독서를 통해 심화된 학습경험으로 연계하는 방식이다. 학생이 제대로 독서활동을 수행했다면 의미 있는 기록이 될 수 있다. 학년별·교과별로 도서의 위계를 맞춰가면서 진로와 연계한 독서활동은 종합전형에 큰 도움이 된다. 학년별로 열 권 이상의 책 읽기를 권하고 싶다.

---

1   고등교육법에 의해 설치된 일반대학은 2024학년도 대입부터 자기소개서를 전형 요소로 반영하지 않는다.

독서활동상황의 평가는 첫째, 스스로 도서를 선별하여 읽었는지를 평가한다. 예컨대 세계사 시간에 몽골에 대해서 배운 후 몽골 역사를 알아보고자 책을 찾아서 읽었다면, '자기 주도적 도서 선별 능력'이 우수한 것이다. 둘째, '도서 위계 수준'도 독서역량 중 하나다. 1학년 때 읽어야 할 책을 3학년 때 읽고, 3학년 때 읽어야 할 책을 1학년 때 읽었다면 위계 수준이 어긋난 독서를 한 것이다. 생명과학 수업시간에 바이러스에 지적호기심을 갖고, 『하리하라의 생물학 카페』 독서로 연계하고, 『캠벨 생명과학』 발췌독으로 확장·심화한 후 진로 결정을 했다면 도서 위계를 지킨 것이다. 셋째, 4차 산업혁명·AI 시대 미래 인재의 핵심역량은 협업이다. 협업의 전제 조건은 자신의 전공뿐 아니라 파트너의 전공에 대한 이해가 파트너십의 시작이다. 전공에 대한 깊이 있는 독서도 중요하지만, 인문학적 상상력을 펼칠 수 있는 '창의융합적인 독서 경험'이 중요한 이유다.

독서활동은 특정 주제에 대한 지속적인 관심을 드러내는 것이 좋다. 2024학년도 대입(졸업생 포함)부터 상급학교 진학 시 '독서활동상황'이 미반영되기 때문에, 독서기록장에 읽었던 책의 내용과 느낀 점을 기록해두면 자소서와 면접을 준비할 때 유용하다. 교과 수업 내용과 연계한 독서활동이 '교과 세부 능력 및 특기사항'에 기재되면, 입학사정관이 지원자의 학업역량과 진로역량을 파악하는 데 용이하다.

또한, 진로와 연계한 인물, 사상, 주제, 쟁점 등을 비교·대조한 독서 관련 심화 주제 탐구활동을 학생부 자율활동, 동아리활동, 진로활동, 개인별 세부 능력 및 특기사항에 기재하면 좋다. 예컨대, 리처드 도킨스의 『이기적 유전자』를 읽고 연계해서 '확장된 표현형'을 비교해 읽을 수도 있고, 마이클 샌델의 『공정하다는 착각』을 읽고, 연계해서 『정의란 무엇인가는 틀렸다』를 대조해 읽을 수 있다. 의예과는 합격선과 경쟁률이 매우 높은 의학계열 모집 단위인 만큼 '논문, 저널, 잡지, 기사' 등 다양한 정보원을 활용하여 심화 주제 탐구활동을 수행할 것을 추천한다. 참고로 논문을 고등학생이 쓸 수는 없지만 레퍼런스 즉, 참조는 할 수 있다는 점 유의하자.

2024학년도 대입(졸업생 포함)부터 상급학교 진학 시 '독서활동상황'은 제공되지 않는다. 일부 대학에서는 학생들이 독서활동상황에 베스트셀러와 흔한 책만 기록하는 것을 지적하지만, 베스트셀러를 읽는 학생이 베스트셀러마저 읽지 않는 학생보다 낫다는 평범한 사실을 알았으면 한다. 대학에서 독서를 소홀히 여기는 것은 난센스다. 또한 교육부가 독서활동을 강화하기는커녕 2024학년도 독서활동을 대입 자료로 반영하지 않는 것은 시대

착오적 발상이다. 사교육 유발효과를 막기 위한 고육책이라고 하나 빈대 잡으려다 독서 교육을 잃은 격이다.

대입 자료로 미제공되기 때문에 왕성한 독서활동 동기가 한풀 꺾인 건 사실이지만, 2024 학년도 대입 이후에도 독서활동의 도서명과 내용을 '교과세특, 창의적 체험활동'에 입력 할 수 있다는 점을 절대 놓쳐서는 안 된다. 독서기록학생부 항목이 미반영(미제공)될 뿐 이지 풍선효과처럼 학생부의 다른 항목에 녹아 들어가 예전보다 더 눈에 띄는 기록이 될 것이다.

조선시대에는 인재를 양성하기 위해 젊은 문신들에게 휴가를 주어 책을 읽게 했던 '사가 독서(賜暇讀書)'제도가 있었다. 중국 송나라의 구양수는 글쓰기를 잘하기 위해선 삼다(三 多), 즉 다독(多讀), 다작(多作), 다상량(多商量)이 필요하다고 했다. 많이 읽고, 많이 쓰 고, 많이 생각하라는 뜻이다. 미국 시카고대학은 2학년 때까지 인문학 고전 100권을 읽어 야 하는 시카고 플랜으로 유명하다.

AI와 경쟁해야 하는 시대, 우리의 무기는 사고력, 창의력이다. 그 자양분은 독서다. 인간은 독서를 통해 닿을 수 없을 것 같은 우리의 깊은 내면에 도달하기 때문이다. 그렇다면 제도 적으로라도 책 읽기를 유도하는 것이 뭐가 그리 문제인지 되묻고 싶다.

● 학생부 독서활동 기재 변화

학생부 항목	2017학년도~2023학년도	2024학년도 이후
독서활동상황	도서명과 저자	미반영(미제공)

● 서울대학교 신입생들의 서재 중에서 발췌

독서는 힘이 셉니다. 우리는 독서를 통해 지식을 배우고 자신의 무지를 깨달을 수 있습니 다. 책은 우리를 새로운 세계로 나아가게 하며 동시에 겸손하게 합니다.

2024학년도 서류평가부터 학생부의 독서활동사항이 반영되지 않고 자소서가 폐지되어 지원자의 의미 있는 독서 경험에 대해 직접 들을 수 없게 되었습니다. 하지만 이 변화가 독서가 더 이상 중요하지 않다는 의미는 아닐 것입니다. 독서활동목록과 자소서가 없어도 지원자들이 독서를 통해 쌓아 올린 지적인 역량은 학생부 곳곳에서 드러납니다. 책은 여전히 중요한 배움의 도구이며 독서로 쌓아 올린 힘은 쉽게 사라지지 않습니다.

서울대학교에 입학한 새내기들의 서재를 통해 자신의 역량을 기르기 위해 노력했던 학생들의 지적인 여정을 확인해보시기 바랍니다. 책을 읽으며 수업시간에 배운 지식체계를 확장하고, 새로운 관점에서 사고하며, 타인의 목소리에 귀 기울여보는 모습 등을 통해 한 사람의 사유가 점점 더 풍성해지는 과정을 엿볼 수 있을 것입니다.

서울대학교는 여전히 독서를 통해 생각을 키워온 큰사람을 기다립니다.

"감히 이렇게 말해볼까요. 서울대학교는 어느 학교보다도 책 읽는 사람을 환대하고, 또 그런 사람을 놀랍도록 정확하게 선발하는 학교라고요. 어려서부터 고등학교 입학 직전까지 변변한 사교육도 받지 않았고, 지방 인문계 일반고를 다니며 일부 미비한 학교 커리큘럼이나 시스템에서 아쉬움을 느끼기도 했던 제가 서울대학교에서 공부할 수 있게 된 가장 큰 이유는 그것이라고 생각합니다. 여러분이 읽는 것들은 여러분으로 하여금 많이 생각하게 하고 여러분의 속도로 타자를 향하게 할 것입니다. 그리고 어쩌면 여러분에게 지금 가장 뜨겁고 절실할 '바로 그 목표'를 이루기 위한 실질적인 수단이자 도구가 되어줄 것입니다."

– 인문대학 새내기 H

의과대학 추천 도서

연번	도서명	저자	출판사
1	청년의사 장기려	손홍규	다산책방
2	친구가 되어 주실래요?	이태석	생활성서사
3	큰의사 노먼 베순	이원준	자음과모음
4	체 게바라: 20세기 최후의 게릴라	장 코르미에	시공사
5	의학의 법칙들: 생명의 최전선, 가장 인간적인 과학의 현장에서	싯타르타 무케르지	문학동네
6	의학, 인문으로 치유하다	예병일	한국문학사
7	나는 고백한다 현대의학을	아툴 가완디	동녘사이언스
8	사회적 지위가 건강과 수명을 결정한다	마이클 마멋	에코르브르
9	은유로서의 질병	수전 손택	이후
10	의학이야기	히포크라테스	서해문집
11	아직도 가야 할 길	M. 스캇 펙	율리시즈
12	아내를 모자로 착각한 남자	올리버 색스	알마
13	10대의 뇌	프랜시스 젠슨	웅진지식하우스
14	갈팡질팡 청년의사 성장기	허기영	푸른들녘
15	질병의 역사	프레더릭 F.카트라이트, 마이클 비디스	가람기획
16	의사를 꿈꾸는 10대가 알아야 할 미래 직업의 이동: 의료편	신지나, 김재남, 민준홍	한스미디어
17	닥터스 씽킹	제롬 그루프먼 역	해냄
18	개념의료 : 왜 병원에만 가면 화가 날까	박재영	청년의사
19	숨결이 바람 될 때 : 서른여섯 젊은 의사의 마지막 순간	폴 칼라니티	흐름출판
20	미움받을 용기	기시미 이치로, 고가 후미타케	인플루엔셜
21	의학 오디세이	황상익	역사비평사
22	아픔이 길이 되려면 : 정의로운 건강을 찾아 질병의 사회적 책임을 묻다	김승섭	동아시아
23	불량 의학	크리스토퍼 완제크	열대림
24	크리스퍼 베이비	전방욱	이상북스
25	의학의 법칙들: 생명의 최전선, 가장 인간적인 과학의 현장에서	싯다르타 무케르지	문학동네

26	공부란 무엇인가	한근태	샘터
27	시골의사의 아름다운 동행	박경철	리더스북
28	사피엔스	유발 하라리	김영사
29	인류를 구한 항균제들	예병일	살림출판사
30	세상에 대하여 우리가 더 잘 알아야 할 교양: 슈퍼박테리아, 과학으로 해결할 수 있을까	존 디콘실리오	내인생의책
31	콜레라균이 거리를 깨끗하게 만들었다고?	우미옥	가교
32	면역에 관하여	율라 비스	열린책들
33	면역의 힘	제나 마치오키	윌북
34	세상을 바꾼 전염병의 역사	클라라 프론탈리	봄나무
35	FDA vs 식약청	이형기	청년의사
36	없는 병도 만든다	외르크 블레흐	생각의나무
37	도시에서 죽는다는 것	김형숙	뜨인돌
38	인수공통 모든 전염병의 열쇠	데이비드 콤멘	꿈꿀자유
39	완벽한 보건의료제도를 찾아서	마크 브릿넬	청년의사
40	죽음의 수용소에서	빅터 프랭클	청아출판사
41	코로나 미스터리	김상수	에디터
42	만약은 없다	남궁인	문학동네
43	골든아워1, 2	이국종	흐름출판
44	죽음과 죽어감	엘리자베스 퀴블러 로스	청미
45	모리와 함께한 화요일	미치 앨봄, 모리 슈워츠	살림출판사
46	크리스퍼가 온다	제니퍼 다우드나, 새뮤얼 스턴버그	프시케의숲
47	크레이지 호르몬	랜디 허터 엡스타인	동녘사이언스
48	생명을 묻다	정우현	이른비
49	새로운 약은 어떻게 창조되나	교토대학대학원약학연구과	울대학교출판문화원
50	죽음의 밥상	피터 싱어	산책자
51	면역	필립 데트머	사이언스북스
52	어떻게 원하는 것을 얻는가	스튜어트 다이아몬드	세계사
53	정의란 무엇인가	마이크 샌델	와이즈베리
54	이기적 유전자	리처드 도킨스	을유문화사
55	왜 세계의 절반은 굶주리는가	장 지글러	갈라파고스
56	적정기술 그리고 하루 1달러 생활에서 벗어나는 법	폴 폴락	새잎
57	총 균 쇠	재레드 다이아몬드	김영사

58	누구 먼저 살려야 할까	제이콥 M. 애펠	한빛비즈
59	의사는 윤리적이어야 하는가	장동익	씨아이알
60	더 나은 세상	피터 싱어	예문아카이브
61	생명의료윤리	구영모, 피터 싱어, 김선혜, 윤지영, 최은경 등 저	동녘
62	유전자의 내밀한 역사	싯타르타 무케르지	까치
63	현대의학의 거의 모든 역사	제임스 르 파누	알마
64	의학의 역사	재컬린 더핀	사이언스북스
65	질병과 죽음에 맞선 50인의 의학 멘토	수전 엘드리지	책숲
66	반야심경, 마음공부	페이융	유노북스
67	잃어버린 치유의 본질에 대하여	버나드 라운	책과함께
68	어쩌다 정신과 의사	김지용	심심
69	4차 산업혁명과 병원의 미래	이종철	청년의사
70	우리는 다시 먼바다로 나갈 수 있을까	이주영	오늘산책
71	기술 의학 윤리	한스 요나스	솔
72	The Giver 기억전달자	로이스 라우리	롱테일북스
73	클라우스 슈밥의 제4차 산업혁명	클라우스 슈밥	메가스터디북스
74	페스트	알베르 카뮈	민음사
75	이방인	알베르 카뮈	민음사
76	시지프 신화	알베르 카뮈	민음사

● 생명과학 추천 도서

연번	도서명	저자	출판사
1	HIGH TOP 하이탑 고등학교 생명과학1, 2	배미정, 손희도, 나광석, 오현선	동아출판
2	캠벨 생명과학	닐 캠벨	(주)바이오사이언스출판
3	캠벨 생명과학 포커스	Lisa A. Urry	(주)바이오사이언스출판
4	생활 속의 생명과학	콜린 벨크, 버지니아 보든 마이어	(주)바이오사이언스출판
5	생물학 이야기	김웅진	행성B
6	하리하라의 생물학 카페	이은희	궁리
7	텔로미어	마이클 포셀 등 저	쌤앤파커스
8	이것이 생물학이다	에른스트 마이어	바다출판사
9	MT 생명공학	최강열	청어람(장서가)
10	자산어보	정약전, 이청	서해문집
11	아주 특별한 생물학 수업	장수철, 이재성	휴머니스트
12	호모 심비우스: 이기적 인간은 살아남을 수 있는가?	최재천	이음
13	생명의 떠오름: 세포는 어떻게 생명이 되는가?	존 메이너드 스미스	이음
14	생명과학 교과서는 살아있다	유영제, 김은기 등 저	동아시아
15	이기적 유전자	리처드 도킨스	을유문화사
16	확장된 표현형	리처드 도킨스	을유문화사
17	이타적 유전자	매트 리들리	사이언스북스
18	이타적 인간의 출현	최정규	뿌리와이파리
19	생물과 무생물 사이	후쿠오카 신이치	은행나무
20	동적 평형	후쿠오카 신이치	은행나무
21	모자란 남자들	후쿠오카 신이치	은행나무
22	나누고 쪼개도 알 수 없는 세상	후쿠오카 신이치	은행나무
23	마이크로 코스모스	린 마굴리스, 도리언 세이건	김영사
24	공생자 행성	린 마굴리스	사이언스북스
25	풀하우스	스티븐 제이 굴드	사이언스북스
26	플라밍고의 미소	스티븐 제이 굴드	현암사
27	눈의 탄생	앤드루 파커	뿌리와이파리
28	라마찬드란 박사의 두뇌 실험실	빌라야누르 라마찬드란	바다출판사

29	종의 기원	찰스 로버트 다윈	사이언스북스
30	다윈 지능	최재천	사이언스북스
31	침묵의 봄	레이첼 카슨	에코리브르
32	이중나선	제임스 왓슨	궁리출판
33	생물과 무생물 사이	후쿠오카 신이치	은행나무
34	생명의 수학	이언 스튜어트	사이언스북스

● 화학 추천 도서

연번	도서명	저자	출판사
1	HIGH TOP 하이탑 고등학교 화학1, 2	김봉래, 조향숙, 이희나	동아출판
2	줌달의 일반화학	스티븐 S. 줌달	센게이지러닝
3	줌달의 대학 기초화학	스티븐 S. 줌달	사이플러스
4	멘델레예프의 영재들을 위한 화학 강의	강성주, 백성혜 등 저	이치사이언스
5	화학으로 이루어진 세상	K. 메데페셀헤르만, F. 하마어, H.J. 크바드베크제거	에코르브르
6	화학 교과서는 살아있다	문상흡, 박태현 등 저	동아시아
7	화학, 알아두면 사는 데 도움이 됩니다	씨에지에양	지식너머
8	화학에서 인생을 배우다	황영애	더숲
9	미술관에 간 화학자	전창림	어바웃어북
10	재밌어서 밤새 읽는 화학이야기	사마키 다케오	더숲
11	역사를 바꾼 17가지 화학이야기1, 2	제이 버레슨, 페니 카메론 르 쿠터	사이언스북스
12	가볍게 읽는 유기화학	사이토 가쓰히로	북스힐
13	가볍게 읽는 기초화학	사마키 다케오, 테라다 미츠히오, 야마다 요이치	북스힐
14	사라진 스푼	샘 킨	해나무
15	크레이지 호르몬	랜디 허터 엡스타인	동녘사이언스
16	같기도 하고 아니 같기도 하고	로얼드 호프만	까치
17	MT 화학	이익모	청어람(장서가)
18	같기도 하고 아니 같기도 하고	로얼드 호프만	까치
19	화학혁명과 폴링	톰 헤이거	바다출판사
20	노벨상이 만든 세상 화학1, 2	이종호	나무의 꿈

● 물리학 추천 도서

연번	도서명	저자	출판사
1	엔트로피	제레미 리프킨	세종연구원
2	물리학이란 무엇인가	도모나가 신이치로	AK커뮤니케이션즈
3	파인만의 여섯가지 물리 이야기	리처드 파인만	송산
4	최무영 교수의 물리학 강의	최무영	책갈피
5	물리의 언어로 세상을 읽다	로빈 애리앤로드	해냄
6	1,2,3 그리고 무한	조지 가모프	김영사
7	미지의 세계로의 여행 : 톰킨스 씨의 물리학적 모험	조지 가모프	전파과학사
8	작은 우주, 아톰	아이작 아시모프	열린책들
9	불멸의 원자: 필멸의 물리학자가 좇는 불멸의 꿈	이강영	사이언스북스
10	HIGH TOP 하이탑 고등학교 물리학1, 2	김성진, 김대규, 김은경, 강태욱	동아출판
11	MT 물리학	이기진	청어람(장서가)
12	빛나는 지단쌤 임대환의 한눈에 사로잡는 물리 고전역학·시공간	임대환	들녘
13	빛나는 지단쌤 임대환의 한눈에 사로잡는 물리 전자기학·빛	임대환	들녘
14	코스모스	칼 세이건	사이언스북스
15	부분과 전체	베르너 하이젠베르크	서커스
16	물질의 세계	에드 콘웨이	인플루엔셜
17	손안의 브레인	크리스토퍼 M. 스트레인지	지브레인
18	더 브레인	데이비드 이글먼	해나무
19	내가 사랑한 물리학 이야기	요코가와 준	청어람e
20	세상을 바꾼 물리	원정현	㈜리베르스쿨
21	과학공화국 물리법정 3. 빛과 전기	정완상	㈜자음과 모음
22	과학공화국 물리법정 5. 여러 가지 힘	정완상	㈜자음과 모음
23	과학공화국 물리법정 6. 운동의 법칙	정완상	㈜자음과 모음
24	NEW 재미있는 물리 여행	루이스 캐럴 엡스타인	꿈결
25	파이먼 평전	제임스 글릭	동아시아
26	다정한 물리학	해리 클리프	다산사이언스
27	익스트림 물리학	옌보쥔	그린북

28	물리의 정석: 특수 상대성 이론과 고전 장론 편	레너드 서스킨드, 아트 프리드먼	사이언스북스
29	물리의 정석: 양자 역학 편	레너드 서스킨드, 아트 프리드먼	사이언스북스
30	물리의 정석: 고전 역학 편	레너스 서스킨드, 조지 라보프스키	사이언스북스
31	세상을 바꾼 물리학	원정현	리베르스쿨
32	퀀텀	로랑 셰페르	한빛비즈
33	패러데이 & 맥스웰: 공간에 펼쳐진 힘의 무대	정동욱	김영사
34	어메이징 그래비티	조진호	궁리
35	뉴턴의 프린키피아	정완상	과학정원
36	뉴턴의 프린키피아	안상현	동아시아
37	양자역학의 미래, 큐비즘이 슈뢰딩거의 고양이를 구하다	폴햏펀	플루트
38	일상적이지만 절대적인 양자역학 지식 50	한스 크리스천 폰 베이어	동아엠앤비
39	김상욱의 양자 공부	김상욱	사이언스북스
40	익숙한 것들의 마법, 물리	황인각	곰출판
41	물질의 재발견	정세영 등 저	김영사
42	물리학자의 시선	김기태	지성사
43	물리와 세상	토마스 뷔르케	에코리브르
44	떨림과 울림	김상욱	동아시아

● 수학 추천 도서

연번	도서명	저자	출판사
1	미적분으로 바라본 하루	오스카 E. 페르난데스	프리렉
2	미적분의 쓸모	한화택	더퀘스트
3	미적분학 갤러리	윌리엄 던햄	한승
4	통계학, 빅데이터를 잡다	조재근	한국문학사
5	통계의 거짓말	게르트 보스바흐, 옌스 위르겐 코르프	지브레인
6	새빨간 거짓말, 통계	대럴 허프	청년정신
7	빅데이터를 지배하는 통계의 힘	니시우치 히로무	비전코리아
8	생명의 수학	이언 스튜어트	사이언스북스
9	수학비타민 플러스UP	박경미	김영사
10	수학이 필요한 순간	김민형	인플루엔셜
11	다시, 수학이 필요한 순간	김민형	인플루엔셜
12	X의 즐거움	스티븐 스트로가츠	웅진지식하우스
13	페르마의 마지막 정리	사이먼 싱	영림카디널

● 인문·융합·천문학·과학철학 추천 도서

연번	도서명	저자	출판사
1	숲의 즐거움	우석영	에이도스
2	월든	헨리 데이비드 소로우	은행나무
3	열두 발자국	정재승	어크로스
4	정재승의 과학콘서트	정재승	어크로스
5	침묵의 봄	레이첼 카슨	에코리브르
6	푸른 요정을 찾아서	신상규	프로네시스
7	사피엔스	유발 하라리	김영사
8	밤으로의 긴 여로	유진 글래드스톤 오닐	민음사
9	진정일 교수가 풀어놓는 과학쌈지	진정일	궁리
10	총 균 쇠	재레드 다이아몬드	김영사
11	하리하라의 청소년을 위한 의학 이야기	이은희	살림Friends
12	통섭	에드워드 윌슨	사이언스북스
13	통섭의 식탁	최재천	움직이는서재
14	다윈의 식탁	장대익	바다출판사
15	가이아	제임스 러브록	갈라파고스

16	우주의 기원 빅뱅	사이먼 싱	영림카디널
17	코스모스	칼 세이건	사이언스북스
18	쿤 & 포퍼: 과학에는 뭔가 특별한 것이 있다	장대익	김영사
19	과학은 논쟁이다	이강영, 홍성욱 등 저	반니
20	축적의 길	이정동	지식노마드
21	축적의 시간	서울대학교 공과대학	지식노마드
22	구글 신은 모든 것을 알고 있다	이해웅, 정하웅, 김동섭	사이언스북스
23	한 번이라도 모든 걸 걸어본 적 있는가	전성민	센시오
24	문과 남자의 과학 공부	유시민	돌베개
25	만들어진 신	리처드 도킨스	김영사
26	랩걸 Lab Girl	호프 자런	알마
27	가지 않은 길	로버트 프로스트	창비
28	다른 방식으로 보기	존 버거	열화당
29	인공지능기술 활용 언어교육	김주혜 등 저	교육과학사
30	니코마코스 윤리학	아리스토텔레스	현대지성
31	코스모사피엔스	존 핸즈	소미미디어
32	캔터베리 이야기	제프리 초서	현대지성
33	로봇시대 인간의 일	구본권	어크로스
34	AI 혁명의 미래	정인섭, 최홍섭	이레미디어
35	내 안에 잠든 엔진을 깨워라	이현순	김영사on
36	마법에서 과학으로 : 자석과 스핀트로닉스	김갑진	이음
37	과학으로 세상보기	이창영	한승
38	과학사의 유쾌한 반란	하인리히 찬클	아침이슬

● 과학 고전소설 추천 도서

연번	도서명	저자	출판사
1	유년기의 끝	아서 C. 클라크	시공사
2	라마와의 랑데뷰	아서 C. 클라크	아작
3	2001 스페이스 오디세이	아서 C. 클라크	황금가지
4	신의 망치	아서 C. 클라크	아작
5	아서 클라크 단편 전집 1950~1953	아서 C. 클라크	황금가지
6	아서 클라크 단편 전집 1953~1960	아서 C. 클라크	황금가지
7	아서 클라크 단편 전집 1960~1999	아서 C. 클라크	황금가지
8	파운데이션	아이작 아시모프	황금가지
9	파운데이션과 제국	아이작 아시모프	황금가지
10	제2 파운데이션	아이작 아시모프	황금가지
11	파운데이션의 끝	아이작 아시모프	황금가지
12	파운데이션과 지구	아이작 아시모프	황금가지
13	파운데이션의 서막	아이작 아시모프	황금가지
14	파운데이션을 향하여	아이작 아시모프	황금가지
15	우주복 있음, 출장 가능	로버트 A. 하인라인	아작
16	여름으로 가는 문	로버트 A. 하인라인	아작
17	하인라인 판타지	로버트 A. 하인라인	시공사
18	낯선 땅 이방인	로버트 A. 하인라인	시공사
19	프라이데이	로버트 A. 하인라인	시공사
20	더블 스타	로버트 A. 하인라인	시공사
21	해저 2만리	쥘 베른	작가정신
22	신비의 섬 1권, 2권, 3권	쥘 베른	열림원

● 서울대 단과대학별 지원자들이 가장 많이 읽은 책 (2022~2021년)

단과대학	2022			2021		
	1위	2위	(공동) 3위	1위	2위	3위
인문대학	데미안	선량한 차별주의자	1984	사피엔스	정의란 무엇인가	데미안
사회과학대학	공정하다는 착각	팩트풀니스	선량한 차별주의자	정의란 무엇인가	왜 세계의 절반은 굶주리는가	아픔이 길이 되려면
자연과학대학	침묵의 봄	부분과 전체	페르마의 마지막 정리	이기적 유전자	부분과 전체	침묵의 봄
간호대학	아픔이 길이 되려면	페스트	아내를 모자로 착각한 남자	나는 간호사, 사람입니다	페스트	이기적 유전자
경영대학	넛지	파타고니아, 파도가 칠 때는 서핑을	팩트풀니스	돈으로 살 수 없는 것들	넛지	경영학 콘서트
공과대학	엔트로피	부분과 전체	공학이란 무엇인가/침묵의 봄	엔트로피	공학이란 무엇인가	침묵의 봄
농업생명과학대학	침묵의 봄	왜 세계의 절반은 굶주리는가	멋진 신세계/이기적 유전자	침묵의 봄	왜 세계의 절반은 굶주리는가	이기적 유전자
미술대학	변신	디자인 인문학	인간을 위한 디자인	디자인의 디자인	이것은 미술이 아니다	멋진 신세계
사범대학	죽은 시인의 사회	평균의 종말	수레바퀴 아래서	죽은 시인의 사회	에밀	수레바퀴 아래서
생활과학대학	이상한 정상가족	넛지	돈으로 살 수 없는 것들	왜 세계의 절반은 굶주리는가	돈으로 살 수 없는 것들	이상한 정상가족
수의과대학	의사와 수의사가 만나다	인수공통 모든 전염병의 열쇠	동물 해방	의사와 수의사가 만나다	인수공통 모든 전염병의 열쇠	수의사가 말하는 수의사
약학대학	새로운 약은 어떻게 창조되나	신약의 탄생	위대하고 위험한 약 이야기			
음악대학	하노버에서 온 음악 편지	젊은 음악가를 위한 슈만의 조언	미움받을 용기	하노버에서 온 음악 편지	미움받을 용기	자존감 수업
의과대학	숨결이 바람 될 때	아내를 모자로 착각한 남자	아픔이 길이 되려면	숨결이 바람 될 때	아내를 모자로 착각한 남자	아픔이 길이 되려면
자유전공학부	팩트풀니스	데미안	1984	정의란 무엇인가	팩트풀니스	왜 세계의 절반은 굶주리는가
치의학대학원	입속에서 시작하는 미생물 이야기	치과의사가 말하는 치과의사	아픔이 길이 되려면/치과의사는 입만 진료하지 않는다	치과의사가 말하는 치과의사	입속에서 시작하는 미생물 이야기	치과의사는 입만 진료하지 않는다

● 서울대 단과대학별 지원자들이 가장 많이 읽은 책 (2020~2019년)

단과대학	2020			2019		
	1위	2위	3위	1위	2위	3위
인문대학	1984	왜 세계의 절반은 굶주리는가	데미안	데미안	1984	정의란 무엇인가
사회과학대학	왜 세계의 절반은 굶주리는가	정의란 무엇인가	나쁜 사마리아인들	왜 세계의 절반은 굶주리는가	정의란 무엇인가	넛지
자연과학대학	부분과 전체	페르마의 마지막 정리	침묵의 봄	부분과 전체	이기적 유전자	침묵의 봄
간호대학	나는 간호사, 사람입니다	간호사가 말하는 간호사	아픔이 길이 되려면	나는 간호사, 사람입니다	간호사가 말하는 간호사	미스터, 나이팅게일
경영대학	넛지	왜 세계의 절반은 굶주리는가	경영학 콘서트	넛지	경영학 콘서트	죽은 경제학자의 살아있는 아이디어
공과대학	엔트로피	부분과 전체	공학이란 무엇인가	공학이란 무엇인가	엔트로피	미움받을 용기
농업생명과학대학	침묵의 봄	왜 세계의 절반은 굶주리는가	이기적 유전자	침묵의 봄	왜 세계의 절반은 굶주리는가	이기적 유전자
미술대학	데미안	디자인의 디자인	이것은 미술이 아니다	생각의 탄생	디자인의 디자인	데미안
사범대학	죽은 시인의 사회	수레바퀴 아래서	평균의 종말	죽은 시인의 사회	에밀	수레바퀴 아래서
생활과학대학	돈으로 살 수 없는 것들	딥스	이상한 정상가족	이상한 정상가족	왜 세계의 절반은 굶주리는가	넛지
수의과대학	의사와 수의사가 만나다	수의사가 말하는 수의사	인수공통 모든 전염병의 열쇠	수의사가 말하는 수의사	의사와 수의사가 만나다	동물 해방
음악대학	하노버에서 온 음악 편지	미움받을 용기	죽은 시인의 사회	미움받을 용기	하노버에서 온 음악 편지	국악은 젊다
의과대학	숨결이 바람 될 때	의사와 수의사가 만나다	아픔이 길이 되려면	숨결이 바람 될 때	의사와 수의사가 만나다	수의사가 말하는 수의사
자유전공학부	정의란 무엇인가	자유론	미움받을 용기	정의란 무엇인가	사피엔스	이기적 유전자
치의학대학원	치과의사가 말하는 치과의사	입속에서 시작하는 미생물 이야기	치과의사는 입만 진료하지 않는다	치과의사가 말하는 치과의사	의학, 인문으로 치유하다	내 입속에 사는 미생물

● 서울대 단과대학별 지원자들이 가장 많이 읽은 책 (2018~2017년)

단과대학	2018			2017		
	1위	2위	3위	1위	2위	3위
인문대학	사피엔스	미움받을 용기	1984	역사란 무엇인가	논어	정의란 무엇인가
사회과학대학	왜 세계의 절반은 굶주리는가	정의란 무엇인가	1984	왜 세계의 절반은 굶주리는가	정의란 무엇인가	미움받을 용기
자연과학대학	이기전 유전자	코스모스	페르마의 마지막 정리	페르마의 마지막 정리	이기적 유전자	미움받을 용기
간호대학	간호사라서 다행이야	간호사가 말하는 간호사	사랑의 돌봄은 기적을 만든다	간호사가 말하는 간호사	시골의사의 아름다운 동행	간호사, 너 자신이 되어라
경영대학	돈으로 살 수 없는 것들	넛지	경영학 콘서트	경영학 콘서트	돈으로 살 수 없는 것들	미움받을 용기
공과대학	엔트로피	미움받을 용기	로봇 다빈치, 꿈을 설계하다	엔트로피	공학이란 무엇인가	왜 세계의 절반은 굶주리는가
농업생명과학 대학	왜 세계의 절반은 굶주리는가	이기전 유전자	침묵의 봄	이기적 유전자	왜 세계의 절반은 굶주리는가	침묵의 봄
미술대학	데미안	미움받을 용기	디자인의 디자인	나는 3D다	광고천재 이제석	연금술사
사범대학	죽은 시인의 사회	에밀	수레바퀴 아래서	죽은 시인의 사회	에밀	수레바퀴 아래서
생활과학대학	왜 세계의 절반은 굶주리는가	미움받을 용기	오래된 미래	트렌드 코리아 2016	돈으로 살 수 없는 것들	소비의 사회
수의과대학	수의사가 말하는 수의사	이기적 유전자	의사와 수의사가 만나다	수의사가 말하는 수의사	생명이 있는 것은 다 아름답다	동물 해방
음악대학	미움받을 용기	하노버에서 온 음악 편지	자존감 수업	나는 내일을 기다리지 않는다	미움받을 용기	연금술사
의과대학	숨결이 바람 될 때	나는 고백한다 현대의학을	미움받을 용기	닥터스 씽킹	아내를 모자로 착각한 남자	이기적 유전자
자유전공학부	정의란 무엇인가	왜 세계의 절반은 굶주리는가	1984	정의란 무엇인가	미움받을 용기	돈으로 살 수 없는 것들
치의학대학원	치과의사가 말하는 치과의사	숨결이 바람 될 때	미움받을 용기	치과의사가 말하는 치과의사	닥터스 씽킹	이중나선

의대 진로 진학 특강

서울대 단과대학별 지원자들이 가장 많이 읽은 책 (2016~2014년)

단과대학	2016			2014		
	1위	2위	3위	1위	2위	3위
인문대학	데미안	역사란 무엇인가	1984	정의란 무엇인가	역사란 무엇인가	왜 세계의 절반은 굶주리는가
사회과학대학	왜 세계의 절반은 굶주리는가	정의란 무엇인가	돈으로 살 수 없는 것들	왜 세계의 절반은 굶주리는가	정의란 무엇인가	군주론
자연과학대학	이기적 유전자	페르마의 마지막 정리	코스모스	페르마의 마지막 정리	이기적 유전자	정의란 무엇인가
간호대학	간호사가 말하는 간호사	왜 세계의 절반은 굶주리는가	사랑의 돌봄은 기적을 만든다	간호사가 말하는 간호사	시골의사의 아름다운 동행	바보처럼 공부하고 천재처럼 꿈꿔라
경영대학	경영학 콘서트	왜 세계의 절반은 굶주리는가	1984	경영학 콘서트	정의란 무엇인가	어떻게 원하는 것을 얻는가
공과대학	엔트로피	공학이란 무엇인가	페르마의 마지막 정리	페르마의 마지막 정리	엔트로피	아프니까 청춘이다
농업생명과학대학	왜 세계의 절반은 굶주리는가	이기적 유전자	이중나선	이기적 유전자	왜 세계의 절반은 굶주리는가	침묵의 봄
미술대학	데미안	달과 6펜스	생각의 탄생	광고천재 이제석	연금술사	변신
사범대학	에밀	죽은 시인의 사회	왜 세계의 절반은 굶주리는가	죽은 시인의 사회	아프니까 청춘이다	교사와 학생 사이
생활과학대학	트렌드 코리아	왜 세계의 절반은 굶주리는가	돈으로 살 수 없는 것들	왜 세계의 절반은 굶주리는가	아프니까 청춘이다	이지성의 꿈꾸는 다락방
수의과대학	수의사가 말하는 수의사	이기적 유전자	동물원에서 프렌치 키스하기	수의사가 말하는 수의사	이기적 유전자	생명이 있는 것은 다 아름답다
음악대학	아프니까 청춘이다	나는 내일을 기다리지 않는다	바보처럼 공부하고 천재처럼 꿈꿔라	아프니까 청춘이다	이지성의 꿈꾸는 다락방	나는 내일을 기다리지 않는다
의과대학	닥터스 씽킹	이기적 유전자	명의	이기적 유전자	시골의사의 아름다운 동행	닥터스 씽킹
자유전공학부	왜 세계의 절반은 굶주리는가	데미안	정의란 무엇인가	아프니까 청춘이다	이기적 유전자	정의란 무엇인가
치의학대학원	치과의사가 말하는 치과의사	닥터스 씽킹	왜 세계의 절반은 굶주리는가	시골의사의 아름다운 동행	이기적 유전자	이중나선

● 가천대 의대 지원자들이 가장 많이 읽은 책

[출처: 가천대 의대 설명회에서 발췌]

[1] 가천대 의예과 지원 학생들의 독서 분야별 분포 (대 · 중 · 소 분류)

- 생명과학 – 심화생명 – 고급생명 분야 33%
- 수학 – 기초수학 – 심화수학 29%
- 과학 – 기초과학 – 화학/물리 18%
- 교양 – 사회과학 – 의학윤리 12%
- 공통 – 인문 – 교과인문 8%

[2] 가천대 의예과 지원 학생들의 독서활동 빈도수가 높은 상위 서적

연번	책 제목
1	미적분으로 바라본 하루
2	이기적 유전자
3	숨결이 바람 될 때
4	사라진 스푼
5	클라우스 슈밥의 제4차 산업혁명
6	이중나선
7	침묵의 봄
8	골든 아워
9	같기도 하고 아니 같기도 하고
10	엔트로피
11	X의 즐거움
12	페르마의 마지막 정리
13	통계학, 빅데이터를 잡다
14	닥터스 씽킹
15	가지 않은 길
16	미적분학 갤러리
17	생명의 수학
18	수학비타민 플러스
19	화학에서 인생을 배우다
20	화학 교과서는 살아있다
21	생물과 무생물 사이
22	역사를 바꾼 17가지 화학 이야기
23	수학이 필요한 순간
24	The Giver 기억전달자

CHAPTER 02

의학 분야 논문

논문명	간행물명
코로나바이러스감염증-19 대유행이 정신건강에 미치는 영향	보건교육건강증진학회지
근골격계 질환에서 통증 조절을 위한 마약성 진통제 및 항우울제	대한정형외과학회지
인공지능(AI : Artificial Intelligence)시대, 보건의료 미래 전망	의료정책포럼
청소년기 뇌 발달과 인지, 행동 특성	생물치료정신의학
수술실 CCTV설치 의무화 법 시행의 문제와 대책	의료정책포럼
생체파동치료의 원리	한국정신과학회 학술대회논문집
간호대학생의 사회적지지, 학업스트레스, 임상실습스트레스	스트레스硏究
보건의료정책의 관점에서 '간호법' 제정 논의	의료정책포럼
나노기술(NT)의 생명공학기술(BT)과 뇌과학으로의 응용 연구	한국정신과학학회지
간호법 제정 논의의 허실(虛實)	의료정책포럼
'수술실 CCTV 의무화'는 공공의 이익을 포기하는 것이다	의료정책포럼
투약오류 예방 시스템	대한외과학회 학술대회 초록집
교대근무 간호사의 직무스트레스, 수면의 질, 피로가 직무몰입에 미치는 영향	스트레스硏究
저출산 시대, 위기의 소아청소년과 지원 대책	의료정책포럼
알츠하이머 치매 환자에서 치료 전 중증도에 따른 약물의 장기 치료 효과	생물치료정신의학
노화의 개념	생물치료정신의학
살충제 계란, 발암 생리대 위해성 논란에서 배울 것들	보건학논집
5차원 시공간과 우주의 구조(1)	한국정신과학학회지
줄기세포치료 어디까지 왔나	의료정책포럼
대학생의 지각된 스트레스가 음주문제에 미치는 영향: 도피이론(Escape Theory)을 중심으로	스트레스硏究
원격의료 정책 현황과 대응방안 연구	대한의사협회 의료정책연구소 연구보고서
뇌 과학의 입장에서 본 마음의 연구	한국정신과학회 학술대회논문집
간호대학생의 MBTI 성격유형과 자기효능감 및 스트레스 대처방식	스트레스硏究
수술실 내 CCTV 설치 규제의 부작용 최소 방안	의료정책포럼
주의력결핍 과잉행동장애 진단 및 치료	소아청소년정신의학

이중항체 의약품의 연구개발 동향	대한의생명과학회지
4차 산업혁명-AI와 융복합의 시대, 의료는 어디로?	의료정책포럼
암의 생물학과 일주기 리듬의 교란	생물치료정신의학
생명의 탄생과 초기의 진화	한국정신과학회 학술대회논문집
"유전자와 생명현상"	한국정신과학회 학술대회논문집
흰쥐의 수면 및 뇌파에 대한 카페인의 효과	생물치료정신의학
병원간호사의 역할갈등 및 갈등관리 유형	스트레스硏究
스트레스와 면역	스트레스硏究
성인 ADHD 성향과 성인초기 우울 간의 관계에서 대인관계 유능성과 사회지지의 이중매개효과	스트레스硏究
가습기살균제 참사는 생활 속 화학제품 안전관리에 어떤 변화를 가져왔을까? - 정책과 제도의 측면에서 -	보건학논집
자살사망자의 연령과 성별에 따른 자살 방법과 원인	생물치료정신의학
누적된 생애 트라우마 경험이 건강에 미치는 영향	보건교육건강증진학회지
삼각함수 원리를 이용한 유방암환자의 모의치료	대한방사선치료학회 학술대회
미세먼지 노출의 인체영향	대한소아청소년정신의학회 학술대회논문집
성별에 따른 우울증 양상과 신경전달물질의 차이	생물치료정신의학
한국인 직무 스트레스 측정도구의 개발 및 표준화	대한직업환경의학회지
대학생의 자살사고 및 행동 경험에 대한 질적 연구	스트레스硏究
백신 접종 기피 현상의 분석과 집단면역의 달성을 위한 정책제언 - 게임이론을 중심으로-	보건학논집
비대면 진료, 무엇이 문제이고 무엇을 어떻게 대비해야 하나	의료정책포럼
서울시 학교 주변의 식품환경과 청소년 식생활 및 비만 관련성	보건교육건강증진학회지
도시 노인의 걷기실천과 건강증진에 관한 근거이론 연구	보건교육건강증진학회지
간호법안의 문제점과 개선방안 - 독일의 돌봄직업법과 연혁적 고찰을 중심으로 -	의료정책포럼
바이러스 감염에 대한 면역반응	Immune Network
운동이 기분 및 우울증에 미치는 영향 및 임상적 적용	생물치료정신의학
배액관의 종류와 올바른 관리	대한외과학회 학술대회 초록집
프리셉터 간호사의 직무 스트레스와 업무 부담에 관한 연구	스트레스硏究
제5차 국민건강증진종합계획(HP2030)에서의 '건강형평성' 목표: HP2020에 대한 평가와 국외 사례고찰을 바탕으로	보건교육건강증진학회지
암치료에서의 표적치료제의 현재 그리고 미래	KSCO News&Education
암 유전자 치료제의 개발 현황	Toxicological Research
코로나19 전후 다문화 청소년의 건강관리와 일상생활 변화: 혼합연구방법	보건교육건강증진학회지

필수의료 활성화를 위한 정책방안 연구	대한의사협회 의료정책연구소 연구보고서
급식조리노동자의 폐암	대한직업환경의학회 학술대회 논문집
고전 역학과 양자 역학의 상관성에 대한 연구	한국정신과학회 학술대회논문집
고령화 사회를 대비한 보건의료정책 평가	의료정책포럼
방사선과 인류의 건강	대한직업환경의학회 학술대회 논문집
청소년 비자살적 자해의 임상적 특성과 치료적 개입	생물치료정신의학
줄기세포 치료제 역사와 발전	한국간담췌외과학회 학술대회지
코로나 19 유행이 소아청소년 정신건강에 미치는 영향	대한소아청소년정신의학회 학술대회논문집
감염병 예방과 개인위생교육: 손 씻기 교육을 중심으로	보건교육건강증진학회지
주류광고 노출 채널에 따른 청소년의 음주 양상	보건교육건강증진학회지
CAR-T 세포 치료제	대한내과학회지
코로나바이러스 백신 및 치료제의 최신 지견	의료정책포럼
헬스리터러시와 디지털헬스리터러시에 대한 건강행동의 특성 분석	보건교육건강증진학회지
교대근무 간호사의 신체증상, 수면의 질, 피로와 건강증진행위가 직무만족에 미치는 영향	스트레스研究
선택적 세로토닌 재흡수 억제제의 약물상호작용	생물치료정신의학
한국인 직무 스트레스 측정도구(KOSS)	스트레스研究
필수의료의 개념과 공공의료	의료정책포럼
미디어음주장면 노출이 성인 음주문제수준에 미치는 영향: 긍정적 음주기대, 음주동기의 매개효과	보건교육건강증진학회지
음악에 의한 식물 생육 촉진 및 성분 함량의 변화	한국정신과학학회지
간호간병통합서비스병동 간호사와 일반병동 간호사의 업무스트레스, 소진 및 간호업무성과 비교	스트레스研究
우리나라 고혈압·당뇨병 예방관리사업 정책 동향과 분석 그리고 한국형 만성질환 예방관리 모형	농촌의학·지역보건
주거빈곤 청년 1인 가구가 인식하는 건강한 생활과 동네의 의미	보건교육건강증진학회지
대마의 정신의학적 영향	생물치료정신의학
성인 ADHD의 인지행동치료	대한소아청소년정신의학회 학술대회논문집
도수치료의 역사 및 개념	대한정형외과학회지
비대면진료, 의료계는 어떻게 대응할 것인가	의료정책포럼
청소년의 고카페인 음료 섭취와 우울증상 및 자살의 관계	정신신체의학
수용전념치료(ACT)가 취업스트레스, 자기효능감과 경험회피 및 우울, 불안에 미치는 효과	스트레스研究
운동을 통한 스트레스 극복	스트레스研究
반도체 웨이퍼 가공 공정 및 잠재적 유해인자에 대한 고찰	대한직업환경의학회지

코로나 시대의 은둔형 외톨이	대한소아청소년정신의학회 학술대회논문집
디지털헬스케어기술을 통한 자폐스펙트럼장애의 진단과 치료	대한소아청소년정신의학회 학술대회논문집
일개 대학 간호대학생의 성격특성, 스트레스 대처방식이 임상실습 스트레스에 미치는 영향	스트레스研究
인수공통전염병의 역학적 특성과 생태학적 이해	농촌의학·지역보건
항산화효소의 암 예방 효과 및 발암 억제 기전	한국환경성돌연변이·발암원학회지
인지 행동적 스트레스 관리 프로그램이 응급실 간호사의 사회 심리적 스트레스, 기분 상태, 스트레스 대처방식에 미치는 효과	스트레스研究
유전자변형생물체(GMO)의 인체위해성평가	한국보건교육건강증진학회 학술대회 발표논문집
웹툰 작가들의 노동 환경과 신체 및 정신 건강 실태 조사	대한직업환경의학회 학술대회 논문집
원헬스 기반 인수공통감염병의 미래 관리 전략	농촌의학·지역보건
대기오염이 자살, 우울증 및 정신질환에 미치는 영향	보건학논집
성인의 신체활동과 스트레스 인지정도: 2017년 국민건강영양조사자료를 이용한 단면연구	스트레스研究
우리나라 청소년의 학업성적과 우울감, 자살행동과의 연관성	보건교육건강증진학회지
대학생 취업스트레스와 영향요인	스트레스研究
비대면 진료 필수 조건 연구	대한의사협회 의료정책연구소 연구보고서
간호사의 감정노동, 직무스트레스, 사회적 지지가 직무만족에 미치는 영향	스트레스研究
근골격계 질환의 재생의학적 치료	대한정형외과학회지
청소년기 수면과 수면장애 (기분장애, 불안장애)	대한소아청소년정신의학회 학술대회논문집
은둔형 외톨이: 과거 현재 미래	대한소아청소년정신의학회 학술대회논문집
노인 신체활동 개선 모바일헬스(mHealth) 중재 효과에 대한 메타분석	보건교육건강증진학회지
비대면 진료(온라인 플랫폼) 현황과 개선방안	의료정책포럼
COVID-19 팬데믹 상황에서 지속가능한 금연 정책 고찰 및 제언 - 지역사회 금연 지원사업을 중심으로 -	보건학논집
병원간호사의 직무스트레스 영역에 따른 스트레스 정도	스트레스研究
내분비계 장애물질이란? (일명 환경호르몬)	한국독성학회보
한국어판 우울증 선별도구(Patient Health Questionnaire-9, PHQ-9)의 표준화 연구	생물치료정신의학
학교폭력 피해경험이 내재화 문제에 미치는 영향과 도움 구하기의 조절 효과	스트레스研究

암 바이오마커 개발 연구	KSCO News&Education
아동청소년 정신건강 인식개선을 위한 노력	대한소아청소년정신의학회 학술대회논문집
건강신념모형을 적용한 국내 대학생 코로나19 백신 접종 의도의 영향요인	보건교육건강증진학회지
어플리케이션 기반 섭식장애 자가 인지행동치료 프로그램의 효과: 예비연구	대한소아청소년정신의학회 학술대회논문집
호주의 보건의료체계 현황과 시사점	의료정책포럼
저출산 시대 극복을 위한 보건의료 대책	의료정책포럼
교대근무 간호사의 수면장애와 직무 스트레스가 이직의도에 미치는 영향	스트레스硏究
우리나라 헬스리터러시 측정 도구의 연구 동향 분석: 주제범위 문헌고찰(Scoping review)	보건교육건강증진학회지
원헬스 기반 인수공통감염병 감시체계로 발견한 브루셀라증 사례	농촌의학·지역보건
지역 응급의료센터 자살시도 내방 청소년 자료 분석으로 살펴 보는 코로나 시기 전후 청소년 자살위험 경향성 분석	대한소아청소년정신의학회 학술대회논문집
호주의 보건의료제도 고찰	대한의사협회 의료정책연구소 연구보고서
대학생의 에너지드링크 섭취실태 및 영향 요인 분석	보건교육건강증진학회지
일부 대학생들의 스트레스와 그 해소 방법	스트레스硏究
고려해야 할 비만의 원인	생물치료정신의학
의료민영화 논쟁의 동태성과 보건의료 전문가단체의 대처방안에 관한 연구	대한의사협회 의료정책연구소 연구보고서
간호대학생이 대학 생활 중 겪게 되는 스트레스와 우울과의 관련성	스트레스硏究
건강불평등과 지역사회 건강증진	보건교육건강증진학회지
디지털 헬스리터러시 증진을 위한 국외 동향과 시사점	보건교육건강증진학회지
지난 1년간 코로나 19유행이 소아청소년 정신건강에 미친 영향	대한소아청소년정신의학회 학술대회논문집
좌뇌 우뇌의 기능적 역할	한국정신과학회 학술대회논문집
자기자비, 대학생활스트레스, 스트레스 대처전략 간 관계	스트레스硏究
대학생의 지각된 스트레스, 부적절감, 자제력 및 Social Network Service (SNS) 중독경향성 간의 관계	스트레스硏究
근골격계 질환에 대한 체외충격파 치료	대한정형외과학회지
우리나라 가정방문간호의 현황과 향후 과제	농촌의학·지역보건
인터넷 건강정보활용능력(eHealth literacy)에 따른 디지털 헬스케어 이용경험: 서울시민을 대상으로	보건교육건강증진학회지
시설노인을 위한 음악치료프로그램 분석	한국재활음악치료학회지
레오나르도 다빈치의 해부학 업적과 사고	해부·생물인류학
암수술 후 사용하는 표적치료제 : A to Z	대한외과학회 학술대회 초록집

아동·청소년기 복합외상경험과 성인기 대인외상의 관계: 해리경험, 관계중독, 내면화된 수치심의 매개효과	스트레스硏究
발달적 관점에서 본 아동 및 청소년기 우울증상	소아청소년정신의학
카페인 투여 흰쥐의 뇌 부위별 GABA 함량 변화	스트레스硏究
일본 원격의료정책 현황과 시사점	의료정책포럼
신규간호사 Residency Program에 대한 고찰	대한외과학회 학술대회 초록집
경계선 지능 아이들의 학습지도	대한소아청소년정신의학회 학술대회논문집
COVID-19 이후 국내 청소년의 개인위생행태 변화: 2016년~2021년의 한국 청소년건강행태조사 손 씻기 행태를 중심으로	보건교육건강증진학회지
약물치료를 받는 우울증 환자에서 자살성 예측인자	생물치료정신의학
근대 보건간호의 역사적 고찰	농촌의학·지역보건
교사의 직무스트레스와 소진 간 관계에서 교사 마음챙김의 효과	스트레스硏究
다시 보는 알츠하이머병의 아밀로이드 가설	생물치료정신의학
ADHD 약물치료	대한소아청소년정신의학회 학술대회논문집
중국의 보건의료제도 및 최근 개혁동향	대한의사협회 의료정책연구소 연구보고서
한국청소년 및 청년층의 화병성격에 나타난 유전과 환경의 영향	스트레스硏究
성인 ADHD : 진단과 평가도구	대한소아청소년정신의학회 학술대회논문집
국내 일대학병원에서 강박장애 집단 기반 수용전념치료의 효과 검증	생물치료정신의학
COVID-19 팬데믹 재난 상황에서 간호사의 소진 영향 요인	스트레스硏究
한국 학생의 손씻기 실천과 감염병 이환과의 관련성	농촌의학·지역보건
초고령사회 대비 일차의료 중심의 의료돌봄 통합체계 연구	대한의사협회 의료정책연구소 연구보고서
20-50대 성인 코로나19 백신 접종자의 부스터샷 접종 의도 영향요인: 건강신념모델 중심으로	보건교육건강증진학회지
ADHD원인론	대한소아청소년정신의학회 학술대회논문집
한국 청소년의 우울증상과 부모자녀관계	소아청소년정신의학
치매환자의 음악치료에 대한 인식도 및 만족도 조사	한국재활음악치료학회지
전염성 프라이온의 특징 및 구조분석 연구동향	보건학논집
방광암 환자에서 방광 내 치료의 현재와 미래	대한비뇨기종양학회지
COVID-19 유행 동안 청소년의 스트레스와 불안의 관계에서 스마트폰 사용 시간의 매개효과	스트레스硏究
코로나19 이후 생활습관 변화에 따른 주관적 건강상태: 연령대 별 집단 차이	보건교육건강증진학회지
코로나19와 환경보건 - 당면한 과제와 전망	보건학논집
애착과 애착의 발달	소아청소년정신의학

AI시대의 정신과학적 통합심신치유	한국정신과학회 학술대회논문집
자살에 대한 태도 및 자살행동 연구	생물치료정신의학
수면 박탈에 의한 인지기능 장애에 대한 카페인의 효과	생물치료정신의학
ADHD의 원인론과 병태 생리	대한소아청소년정신의학회 학술대회논문집
의사의 권리와 의무에 관한 연구 -의료법 편-	대한의사협회 의료정책연구소 연구보고서
메타버스 시대의 학교폭력 : 사이버 세상의 부정적 영향들	대한소아청소년정신의학회
성인 ADHD 약물치료	대한소아청소년정신의학회 학술대회논문집
돌봄로봇이 지역사회 노인의 불안/우울 및 약물순응도 개선에 미치는 영향	생물치료정신의학
항체: 치료제로서의 부활	Immune Network
인공지능과 의료 전체 발전 과정 Overview	대한외과학회 학술대회 초록집
병원 근무 간호사를 위한 의사소통 역량향상 프로그램에 대한 체계적 고찰	스트레스硏究
사회에서 보는 필수의료 붕괴의 문제점	대한외과학회 학술대회 초록집
대리모와 난자매매에 대한 법적·윤리적 문제	의료정책포럼
음식중독의 진단 분류에 대한 연구현황과 과제	스트레스硏究
청소년의 일상적 스트레스와 SNS 중독경향성 간의 관계에서 자기통제력의 조절효과	스트레스硏究
대학생의 스트레스가 자살생각에 미치는 영향	스트레스硏究
코로나19 시대, 원격의료 반드시 필요한가	의료정책포럼
스모그와 건강피해 - 런던스모그참사의 재조명 - (Smog and Health Effects - A review of London Smog of December, 1952 -)	환경위생공학
소아청소년 비만	대한소아청소년정신의학회 학술대회논문집
청소년의 스트레스가 자살행동에 미치는 영향: 성향점수매칭을 이용한 청소년 건강행태온라인조사 자료 분석	스트레스硏究
코로나19 상황에서 미취학 자녀를 둔 한부모의 양육 스트레스가 우울에 미치는 영향: 주관적 건강상태의 조절효과를 중심으로	스트레스硏究
체벌과 훈육	대한소아청소년정신의학회 학술대회논문집
수술부위감염 상처관리 교육 방안	대한외과학회 학술대회 초록집
일본의 의료보험제도 및 진료비지불체계에 관한 연구	대한의사협회 의료정책연구소 연구보고서
부모의 부정적 양육태도가 청소년의 공격성에 미치는 영향: 자아존중감과 스마트폰 의존의 매개 효과	스트레스硏究
진단평가척도 K-AARS의 임상유용성 및 절단점 (성인ADHD 진단 및 평가에 관한 다기관 연구)	대한소아청소년정신의학회 학술대회논문집

담수 환경에서의 미세플라스틱 검출 및 위해성 평가에 관한 고찰	보건학논집
2019년 ~ 2020년 보건의료분야 주요 판례 분석	대한의사협회 의료정책연구소 연구보고서
전립선암에서 인체신경줄기세포를 이용한 Cystosine Deaminase 자살유전자 세포치료법 개발	대한비뇨기종양학회지
수면 박탈이 주간 졸음 및 피로감과 집중력에 미치는 영향	생물치료정신의학
레몬 및 유칼립투스 에센셜오일의 피부 상재균에 대한 항산화 및 항균 효과	대한화장품학회지
한국판 건강관리 자기효능감 척도 타당화	스트레스硏究
간호대학생과 일반 여자대학생의 스트레스, 우울, 자기효능감 비교	스트레스硏究
산화환원 반응을 이용한 화장품 분석에 관한 연구	대한화장품학회지
65세 이상 노인의 우울증에 영향을 미치는 요인-수면시간을 중심으로: 제 7기 국민건강영양조사를 중심으로	생물치료정신의학
5차원 시공간과 우주의 구조(2)	한국정신과학학회지
소아기 우울증	소아청소년정신의학
재활음악치료에 대한 재고찰	한국재활음악치료학회지
자가혈당측정 기반의 개별 맞춤형 프로그램이 당뇨병 및 당뇨병 전단계 환자의 건강행태와 당화혈색소에 미치는 영향	농촌의학·지역보건
자폐스펙트럼장애 문제행동치료 : 행동발달증진센터	대한소아청소년정신의학회 학술대회논문집
후성유전학과 에너지의학	한국정신과학회 학술대회논문집
아동학대 예방 프로그램의 효과: 체계적 문헌고찰 및 메타분석의 통합적 고찰	보건교육건강증진학회지
우리나라 헬스리터러시 국가정책 방향	보건교육건강증진학회지
알츠하이머병에서 아세틸콜린에스테라제 억제제에 대한 치료 반응과 관련된 요인	생물치료정신의학
사회경제적 취약계층의 건강불평등 해소를 위한 지역사회 건강증진 사업 평가	보건교육건강증진학회지
정형외과 병동 간호사의 통증관리 지식, 통증관리 자기효능감, 공감 역량이 통증관리 수행에 미치는 영향	스트레스硏究
스트레스와 수면부족이 평형기능에 미치는 영향	스트레스硏究
당뇨병 환자의 교육 경험에 따른 건강행태, 당뇨병 관리, 건강관련 삶의 질 비교	농촌의학·지역보건
저출산 극복을 위한 일본의 의료정책	의료정책포럼
핵발전의 이해	대한직업환경의학회 학술대회 논문집
국내외 재난의료체계 의료인 및 의료기관 재난대비/대응체계 운영 방안 비교 연구	대한의사협회 의료정책연구소 연구보고서
급성 일산화탄소 중독 사례 보고	대한직업환경의학회 학술대회 논문집

IRB 심사 통과를 위한 효율적인 연구계획서 작성법	대한외과학회 학술대회 초록집
UN 2030 의제 지속가능발전목표(SDGs) 달성과 세계수준의 건강증진 노력	보건교육건강증진학회지
한국형 지역사회 통합돌봄(커뮤니티케어)의 올바른 추진 방향을 위한 비판적 시각	의료정책포럼
지문의 의학적 의미와 지문형성 기전에 관한 고찰	해부·생물인류학
의사와 의료윤리	대한외과학회 학술대회 초록집
소아청소년 신경성 식욕부진증	대한소아청소년정신의학회 학술대회논문집
소아청소년 성장 및 사춘기	대한소아청소년정신의학회 학술대회논문집
노화의 기전과 예방	Immune Network
수면과 알츠하이머 치매의 관계	수면정신생리
코로나19에 따른 질병관리 분야 정부조직 개편의 탐색적 연구	보건학논집
The Characteristics of RNA Vaccine	JOURNAL OF BACTERIOLOGY AND VIROLOGY
대학생들의 수면의 질과 우울증상과의 관계	생물치료정신의학
유전성 유방암 진단과 치료의 최신지견	대한외과학회 학술대회 초록집
AI 시대의 의료환경변화	대한외과학회 학술대회 초록집
방광암 치료를 위한 나노의약품	대한비뇨기종양학회지
코로나 19 이후 소아청소년 정신건강에서의 변화는?	대한소아청소년정신의학회 학술대회논문집
대학생의 스트레스가 음주문제에 미치는 영향	스트레스研究
학교를 기반으로 한 청소년 우울증 인식개선교육 프로그램의 효과	보건교육건강증진학회지
유전자재조합식품의 탄생과 보건, 환경, 사회적의미	농촌의학·지역보건
일개 간호대학생의 임상실습 스트레스와 임상수행능력의 관계	스트레스研究
신경세포 신생과 패턴분리의 관점에서 본 우울증과 불안장애	생물치료정신의학
임상실습 대체 교내실습을 경험한 간호대학생의 학업성취도, 자기 효능감이 임상수행능력에 미치는 영향	한국간호연구학회지
한국형 성인 ADHD 평가척도 개발 연구	소아청소년정신의학
아로마테라피 족욕이 스트레스와 자율신경 활성도에 미치는 효과	스트레스研究
우울증 위험요인에 관한 다수준 분석: 전라북도 주민을 대상으로	농촌의학·지역보건
DEP, DBP 및 DOP의 기제별 피부흡수 투과 특성치에 관한 연구	대한직업환경의학회 학술대회 논문집
메타버스시대에서의 정체성 : SNS, 게임 속 아바타, 온라인 그루밍, 가스라이팅	대한소아청소년정신의학회 학술대회논문집
청소년의 비만과 관련된 다층적 요인: 2017-2019년 청소년건강행태조사 자료 분석	보건교육건강증진학회지

성인 ADHD 평가척도 : K-AARS를 중심으로 본 평가척도의 임상적 유용성	대한소아청소년정신의학회 학술대회논문집
비대면 진료 플랫폼의 현황과 문제점	의료정책포럼
간호학 전공 대학원생의 스트레스와 역할 갈등이 삶의 질에 미치는 영향	스트레스硏究
국내 대학생들의 카페인 섭취행태와 카페인의 관련 증상	Korean Journal of Family Medicine
임부의 사회적 지지, 임신 스트레스 및 불안이 건강관련 삶의 질에 미치는 영향	스트레스硏究
쉽게 행할 수 있는 스트레스 해소법을 중심으로	스트레스硏究
한국의 암환자에서의 마약성 진통제 최신 처방 경향 분석	Korean Journal of Family Practice
틱장애 혹은 뚜렛장애의 비약물치료	소아청소년정신의학
월경주기에서의 호르몬의 변화가 뇌에 미치는 영향: 구조 및 기능적 자기공명영상 연구를 중심으로	생물치료정신의학
제2형 당뇨병 노인환자의 식사의 질 - 인구학적 특성 및 우울을 중심으로 -	농촌의학·지역보건
경도 치매노인을 대상으로 한 디지털 집단 회상 프로그램의 효과	농촌의학·지역보건
청소년의 성교육	대한소아청소년정신의학회 학술대회논문집
중소병원 간호사를 위한 마음챙김 기반 스트레스 감소 프로그램의 적용 효과	스트레스硏究
전립선암 환자 대상 삶의 질 설문조사	대한비뇨기종양학회지
삼각함수 원리를 이용한 접선조사	대한방사선치료학회지
복잡계 이론의 기초	한국정신과학회 학술대회논문집
백색증에 관여하는 Tyrosinase 유전자에 대한 연구	해부·생물인류학
신규 간호사의 간호리더십 : 간호관리자의 경험을 중심으로	한국간호연구학회지
우리나라 건강보험제도의 문제점과 해결방안	의료정책포럼
[시론] 한국 코로나19 유행에서의 보건의료정책 이슈와 과제	보건교육건강증진학회지
상급종합병원 종사자의 코로나바이러스감염증-19 스트레스 영향요인	스트레스硏究
맥주의 방사선방어효과에 관한 연구	대한방사선치료학회지
한국, 일본, 대만의 건강보험제도 비교	의료정책포럼
스트레스 취약성이 스트레스 수준에 미치는 영향	스트레스硏究
지역사회 공동체의식이 건강 및 삶에 미치는 긍정적 효과	보건교육건강증진학회지
주당 근로시간 감소가 건강 생활 습관 변화에 미치는 영향	대한직업환경의학회 학술대회 논문집
필수의료 강화를 위한 실질적 지원방안	의료정책포럼
미제 살인사건 해결을 위한 체온하깅을 활용한 사후경과시간 추정	대한체질인류학회 학술대회 연제 초록
환경오염과 생물정화	한국정신과학회 학술대회논문집

기면증의 진단과 치료	대한소아청소년정신의학회 학술대회논문집
전문직 간 갈등관리 의사소통 시뮬레이션 교육 프로그램의 개발과 평가	스트레스硏究
3D Printing, AI, VR 을 이용한 수술 및 치료의 정밀 맞춤 의료 구현	대한외과학회 학술대회 초록집
사람 몸에서 황금비를 나타내는 구조에 대한 계측	대한체질인류학회 학술대회 연제 초록
부정정서에 대한 지시된 회피가 경계성 성격장애 경향자의 충동적 행위에 미치는 영향	스트레스硏究
인공지능(AI) 시스템을 활용한 낙상 위험 요인 예측모델 개발	대한외과학회 학술대회 초록집
법정감염병 분류체계 및 신고방법 안내	대한의사협회 의료정책연구소 정책자료집
환자 안전의 관점에서 바라본 비대면 진료의 문제점	의료정책포럼
국내 미혼모의 양육스트레스 관련 연구 분석	스트레스硏究
뉴로피드백 : ADHD 아동의 비약물적 대안치료의 가능성	생물치료정신의학
복지국가와 의료정책	대한의사협회 의료정책연구소 연구보고서
동기강화 재활음악치료 프로그램이 정신장애인의 자기효능감과 기능·증상에 미치는 효과	한국재활음악치료학회지
미세먼지의 정의와 발생원	대한직업환경의학회 학술대회 논문집
코로나바이러스감염증-19의 바이러스 (SARS-CoV-2) 특징, 전파 및 임상 양상	Pediatric Infection and Vaccine
스트레스관리 프로그램이 조현병 환자의 스트레스 지각, 대처방식, 자아존중감에 미치는 효과	스트레스硏究
의료전달체계에서 대학병원의 현황과 개선책	의료정책포럼
강박장애의 인지행동치료	생물치료정신의학
간호사의 에니어그램 성격 유형에 따른 직무 스트레스와 스트레스 대처방식	스트레스硏究
청년의 자살생각 결정요인에 관한 연구	보건학논집
대장/직장암 환자의 장루관리	대한외과학회 학술대회 초록집
우울장애 환자에서 항우울제 치료가 삶의 질에 미치는 영향	생물치료정신의학
약동학 및 약력학	대한외과학회 학술대회 초록집
학교 밖 청소년의 미래지향이 스마트폰 과의존에 미치는 영향: 부모의 정서적 지지에 의한 우울의 조절된 매개효과를 중심으로	스트레스硏究
대장암의 유전병인	Annals of Surgical Treatment and Research
우주에서의 외과수술	항공우주의학회지
식물의 미세먼지 및 공기정화 효과	환경독성보건학회 심포지엄 및 학술대회
방사능오염으로부터 국민건강보호를 위한 대책과 해결해야 될 과제	환경독성보건학회 심포지엄 및 학술대회
체르노빌 사고 : 유럽지역의 노출수준과 건강영향	환경독성보건학회 심포지엄 및 학술대회

발열과 호흡기 증상을 호소하는 아동 대상자 간호: COVID-19 팬데믹 상황에서	한국의료시뮬레이션학회지
국내 기후변화 관련 전염병의 취약성 및 기후요소와의 관련성 분석	환경독성보건학회 심포지엄 및 학술대회
방사능 바로 알기 - 방사선 피폭이 인체에 미치는 영향	헬스앤미션
마약중독 해독효과	최신고려인삼연구
COVID-19 감염증이 호흡기 알레르기 질환에 미치는 영향	항공우주의학회지
유전자편집기술의 윤리적 문제와 생명윤리법의 재검토	한국의료윤리학회지
코로나19와 호흡기질환	항공우주의학 학술대회
과불화화합물(PFAS) 화학 : 과거, 현재, 미래	환경독성보건학회 심포지엄 및 학술대회
AI 기반 신약개발 플랫폼을 활용한 독성 예측 연구	환경독성보건학회 심포지엄 및 학술대회
미세플라스틱의 해양환경 유해성 평가 및 기전 연구	환경독성보건학회 심포지엄 및 학술대회
위절제술 대상자의 수술 후 간호 시나리오 개발	한국의료시뮬레이션학회지
물벼룩을 이용한 미세플라스틱과 니켈의 복합독성	환경독성보건학회 심포지엄 및 학술대회
아스피린의 심혈관질환 및 암 예방효과	대한의사협회지
항공학과 학생들의 MBTI 성격 유형별 조직몰입 및 팀워크 역량 차이분석	항공우주의학회지
당뇨병발의 원인, 진단, 합병증 및 치료	대한의사협회지
항공 객실 승무원의 직무스트레스와 항공안전에 관한 연구	항공우주의학 학술대회
인공지능 기법을 이용한 질량분석 스펙트럼 해석과 신종 화학물질 스크리닝 기법	환경독성보건학회 심포지엄 및 학술대회
우주환경과 우주의학	항공우주의학회지
담배꽁초가 물환경에 미치는 영향	환경독성보건학회 심포지엄 및 학술대회
법의부검을 통해 진단된 코로나바이러스감염증-19: 증례보고	대한법의학회지
소통+섬기는 마음: 역사 속으로 - 항생제 시대의 태동, 페니실린 - 우연한 기회에 20세기 최고의 발견을 한 플레밍	건강소식
물벼룩과 대장균을 이용한 카페인, 아이부프로펜, 아스피린 그리고 테트라사이클린의 위해성 평가	환경독성보건학회 심포지엄 및 학술대회
다시 살펴보는 수술실 CCTV	한국의료윤리학회지
제브라피쉬 배아와 인간 줄기세포를 이용한 미세플라스틱의 신경발달독성 및 후생유전독성 연구	환경독성보건학회 심포지엄 및 학술대회
제산제의 중화 능력의 평가 연구	약학회지
항이뇨 호르몬 부적절 분비증후군으로 인한 저나트륨혈증 응급간호	한국의료시뮬레이션학회지
항공분야의 인공지능	항공우주의학회지
췌장암 조기진단을 위한 조건부 확률 기반 지능형 진단 방식	의공학회지
두개수술 후 뇌압상승 대상자 집중간호	한국의료시뮬레이션학회지
미세먼지가 영유아의 아토피 피부염에 미치는 영향	환경독성보건학회 심포지엄 및 학술대회
미세먼지 대기오염과 건강영향	환경독성보건학회 심포지엄 및 학술대회

미세중력이 면역계에 미치는 영향	항공우주의학회지
개인용 컴퓨터의 역사	항공우주의학회지
NaOCl 처리에 따른 하수처리장 방류수 미세플라스틱 바이오필름 내 항생제 내성 유전자 제거율 조사	환경독성보건학회 심포지엄 및 학술대회
올란도의 간호과정이론을 적용한 산후출혈 시뮬레이션 교육 시나리오 개발	한국의료시뮬레이션학회지
수혈간호 가상현실 시뮬레이션 교육에서 간호학생의 수행능력, 자신감, 실재감, 학습몰입 간의 상관관계 및 학습경험 분석	한국의료시뮬레이션학회지
인공지능 시대와 항공우주의학의 미래	항공우주의학 학술대회
가정용 살충제 중 모기 살충제 제품의 살충성분 함량 및 휘산율 조사	환경독성보건학회 심포지엄 및 학술대회
의료분야에서 인공지능 현황 및 의학교육의 방향	의학교육논단
유전자 편집에 근거한 유전자치료 연구의 윤리	한국의료윤리학회지
인공 중력 : 항공 우주 의학적 측면	항공우주의학회지
국내 주요 식품군 중 미세플라스틱 검출수준 및 식품섭취를 통한 미세플라스틱 노출량 평가	환경독성보건학회 심포지엄 및 학술대회
환경오염 취약지역 환경노출과 건강영향 바이오마커 탐색	환경독성보건학회 심포지엄 및 학술대회
실내 및 실외 부유공기 중 미세플라스틱 발생 특성	환경독성보건학회 심포지엄 및 학술대회
대학생들의 고카페인 에너지음료 소비실태 및 부작용 분석	약학회지
역사속으로 - 백신개발의 신호탄, 종두법 창시자 에드워드 제너	건강소식
우주생명과학의 이해	항공우주의학 학술대회
간호대학생을 위한 시뮬레이션기본실습 프로그램 개발 및 효과평가	한국의료시뮬레이션학회지
소비자 사용과정에서의 미세플라스틱 배출 특성 조사	환경독성보건학회 심포지엄 및 학술대회
토양 특성에 따른 중금속이 식물에 미치는 영향 연구	환경독성보건학회 심포지엄 및 학술대회
의대·간호대생을 위한 전문직 간 교육 시작 프로그램 개발 및 효과	한국의료시뮬레이션학회지
소아 청소년에서의 단기 미세먼지 노출과 천식, 아토피성피부염 발생: 서울,전북지역을 중심으로	환경독성보건학회 심포지엄 및 학술대회
녹조 발생 현황과 적정 관리 방안	환경독성보건학회 심포지엄 및 학술대회
복합적 증상을 갖는 비소세포성폐암 대상자 간호	한국의료시뮬레이션학회지
동물실험 교육과정에서 윤리교육 강화의 필요성에 관한 연구	한국의료윤리학회지
HS-GC/FID법을 이용한 손소독제 내의 알코올 함량 분석	환경독성보건학회 심포지엄 및 학술대회
간호대학생의 임상실습에서 가상 시뮬레이션(vSim®) 활용과 만족도	한국의료시뮬레이션학회지
내분비계 환경호르몬 노출과 사춘기 발달과의 연관성	환경독성보건학회 심포지엄 및 학술대회
저출산 및 고령화 사회의 문제점과 대응방안	대한병원협회지
의료환경과 의사의 약물 오남용: 현황 및 문제점	대한의사협회지
수질 내 미세플라스틱 분석 및 검출현황 조사	환경독성보건학회 심포지엄 및 학술대회

미세플라스틱: 정의, 측정, 자연계순환 차단 및 축산 유발 발생	환경독성보건학회 심포지엄 및 학술대회
중환자 인계 의사소통 향상을 위한 SBAR 시뮬레이션 교육 프로그램 개발 및 효과 분석	한국의료시뮬레이션학회지
스포츠 물리치료에서의 스트레칭의 개념 및 발달과정	대한물리치료학회지(JKPT)
항생제 내성: 얼마나 심각한 문제이고, 어떻게 해결할 수 있는가?	Laboratory Medicine Online
국내·외 ESG 평가 지표의 비교 분석 -환경(E)영역을 중심으로	환경독성보건학회 심포지엄 및 학술대회
소아병동 간호사를 위한 개념도 적용 심폐소생술 시뮬레이션 프로그램 개발과 효과	한국의료시뮬레이션학회지
약물 오남용의 신경생물학적 기전과 약동학 및 약력학	대한의사협회지
자가면역질환 소개	대한의사협회지
인공지능: 미래의사의 역할을 대체할 것인가	의학교육논단
특집/이종장기이식 및 줄기세포를 이용한 이식 연구의 현재와 미래	대한의사협회지
환경매체별 미세플라스틱의 시료채취 및 전처리 방법 정립에 대한 연구 : 5~20 ㎛ 크기를 중심으로	환경독성보건학회 심포지엄 및 학술대회
심근경색 사례 및 국내외 심근경색 판정기준	항공우주의학 학술대회
포물선비행을 이용한 항공우주의학분야의 무중력 실험	항공우주의학 학술대회
어린이 활동공간 유해화학물질 노출실태 및 인체위해성	환경독성보건학회 심포지엄 및 학술대회
간호사-대상자의 치료적 의사소통: 능동적 경청과 피드백	의료커뮤니케이션
화학제품 환경오염 부하 노출량 배출기여도 산정	환경독성보건학회 심포지엄 및 학술대회
국제우주정거장(ISS)에서 우주인의 건강관리	항공우주의학 학술대회
의사조력자살을 둘러싼 윤리적 쟁점 - '조력존엄사' 개정안을 중심으로 -	한국의료윤리학회지
마약성 진통제 사용과 부신기능부전	한국호스피스·완화의료학회지
토양 중 미세플라스틱이 지렁이에 미치는 영향	환경독성보건학회 심포지엄 및 학술대회
연중특별기획: 잘쓰면, 약이고 못쓰면 독이 되는 약! -약은 양날의 검, 약물 오남용이 건강을 망친다	건강소식
인간 신경줄기세포 및 배아줄기세포를 이용한 미세플라스틱의 발달독성 및 후생유전독성 연구	환경독성보건학회 심포지엄 및 학술대회
한국 초.중.고.대학생들에서 약물정보습득의 방법 및 약물오남용의 위험성에 대한 평가	약학회지
대한항공 운항승무원 수면 관리	항공우주의학 학술대회
제브라피쉬 배아단계의 폴리스티렌 미세플라스틱 노출이 성체시기의 화학물질 노출 민감성에 미치는 신경독성학적 영향 및 유전자 메틸화 변화	환경독성보건학회 심포지엄 및 학술대회
제브라피쉬 배아와 인간배아줄기세포를 이용한 미세/나노플라스틱의 발달독성 연구	환경독성보건학회 심포지엄 및 학술대회

역사속으로 - 4월의 인물, 세계 최초 DNA 구조 발견한 프랜시스 크릭 & 제임스 왓슨	건강소식
전문간호사의 역할과 발전 전략	항공우주의학 학술대회
기후변화로 인한 폭염의 질병부담	환경독성보건학회 심포지엄 및 학술대회
인삼의 마약중독 해독효과	Journal of Ginseng Research
곰팡이 균사체 기반 polystyrene foam 대체 소재 개발	환경독성보건학회 심포지엄 및 학술대회
수술실 CCTV법 시행을 앞둔 수련병원 의사들의 견해	한국의료윤리학회지
고려인삼의 주요 효능과 그 임상적 응용	Journal of Ginseng Research
우리나라의 녹색화학 현황	환경독성보건학회 심포지엄 및 학술대회
마약이 인체에 미치는 폐해	건강소식
입원 중 호흡곤란과 흉통을 호소하는 88세 할머니의 응급 간호	한국의료시뮬레이션학회지
간호대학생을 위한 가상 시뮬레이션 기반 협동학습 프로그램 운영	한국의료시뮬레이션학회지
역사 속으로 - ABO식 혈액형분류법을 발견한 카를 란트슈타이너	건강소식
우주여행과 건강	항공우주의학 학술대회
PCR이란 무엇인가	보건세계
종두법의 첫시행자 지석영선생	건강소식
담수 수계에서 미세플라스틱 분포 특성에 관한 연구	환경독성보건학회 심포지엄 및 학술대회
생활환경 내 인체 유해성을 갖는 세균 메타게놈 분석 및 오염 현황	환경독성보건학회 심포지엄 및 학술대회
인공지능 왓슨 기술과 보건의료의 적용	의학교육논단
문제중심학습을 연계한 온라인 시뮬레이션이 간호학생의 임상 추론, 간호수행자신감 및 학습만족도에 미치는 영향	한국의료시뮬레이션학회지
투약 오류 건에 대한 근본원인분석 시행	한국의료질향상학회지
갑상선암과 방사선	International Journal of Thyroidology
조종사 피로와 항공사고의 분석	항공우주의학 학술대회
치핵절제술 환자의 수혈간호	한국의료시뮬레이션학회지
수질 중 미세플라스틱 분석방법 연구	환경독성보건학회 심포지엄 및 학술대회
중력가속도 장비의 개발 및 활용	항공우주의학회지
조절되지 않는 고혈당 대상자 응급 간호	한국의료시뮬레이션학회지
미량의 착색물질 유입으로 변색된 정수필터의 무기성분 분석	환경독성보건학회 심포지엄 및 학술대회
코로나19 공중보건 위기 상황에서 백신접종 의무화 정책의 정당성 검토	한국의료윤리학회지
항공기 운항에서 두 조종사의 중요성: 안전 보장 및 위험 완화	항공우주의학 학술대회
소아청소년 제1형 당뇨병의 진단과 관리	대한의사협회지
소독과 멸균 수단으로서의 과산화수소	의료관련감염관리
미세먼지와 환경보건 : 호흡기부터 뇌질환까지	환경독성보건학회 심포지엄 및 학술대회

형태별 미세플라스틱 노출에 따른 지중해 담치(Mytilus gallo-provincialis) 생존율 및 체내 축적 변화	환경독성보건학회 심포지엄 및 학술대회
물리치료사 단독법안의 문제점	대한의사협회지
인공혈액의 개발에 관한 연구 진전과 전망	생체재료학회지
The Outcome-Present State Test (OPT) 모델을 활용한 응급상황 시뮬레이션 교육이 간호대학생의 응급상황대응 자기효능감과 임상추론역량에 미치는 효과	한국의료시뮬레이션학회지
가습기살균제 간질성 폐렴 역학 연구	환경독성보건학회 심포지엄 및 학술대회
간호대학생을 위한 가상 시뮬레이션 기반 교육 프로그램이 임상추론 능력과 학습 몰입 증진에 미치는 효과	한국의료시뮬레이션학회지
좋은 죽음에 대한 인식, 연명치료 중단 및 안락사에 대한 종합병원 간호사의 태도	한국호스피스·완화의료학회지
빅데이터 및 인공지능 시대 도래에 따른 생활화학제품 환경 배출량 산정 패러다임 전환	환경독성보건학회 심포지엄 및 학술대회
우주인 선발과 항공우주의학(Aerospace Medicine)	항공우주의학회지
수생생물 3종에 대한 아세트아미노펜의 급성독성시험	환경독성보건학회 심포지엄 및 학술대회
['우리 사회의 의사조력자살 법제화'에 대한 논평] 외국의 조력존엄사 현황을 통해 살펴본 국내 호스피스·완화의료의 개선점	한국의료윤리학회지
무엇이 과잉진료를 부추기는가?: 과잉진료의 원인 고찰과 대책	한국의료윤리학회지
공군조종사의 직업 피로에 영향을 미치는 요인	항공우주의학 학술대회
하·폐수에 포함되어 있는 미세플라스틱 분석	환경독성보건학회 심포지엄 및 학술대회
유전자 변형식품(Genetically Modified Organism : GMO)과 건강	대한병원협회지
20대 여성의 주관적 체형인식이 식이다이어트 및 정신건강에 미치는 영향	대한보건연구
인공중력(Artificial Gravity) : 항공우주의학적인 측면	항공우주의학 학술대회
청소년 마약 사용이 늘고 있다1	건강소식
중력 변화의 면역계에 대한 영향	항공우주의학회지
형태에 따른 미세플라스틱의 생체 축적과 독성평가	환경독성보건학회 심포지엄 및 학술대회
유산균을 이용한 발효인삼 제조 및 품질 특성	Journal of Ginseng Research
수술실 내 CCTV 설치·운영 의무화 법안에 대한 의사 인식 조사	대한의사협회지
환경호르몬 위해성에 관한 일반인과 전문가의 인식 영향 요인 비교	환경독성보건학회 심포지엄 및 학술대회
소수성화학물질의 생물축적과 기저독성	Environmental Analysis Health and Toxicology
수학적 모델을 이용한 신종인플루엔자 환자 예측 및 대응 전략 평가	예방의학회지
유전체빅데이터를 활용한 질병예측	환경독성보건학회 심포지엄 및 학술대회
의료종사자의 약물 오남용 치료와 재발방지를 위한 대책	대한의사협회지
살균소독제의 zebrafish embryos 발달 독성 및 갑상선호르몬 합성에 미치는 영향	환경독성보건학회 심포지엄 및 학술대회

페닐케톤뇨증의 효소 치료	고신대학교 의과대학 학술지
조기 위암의 위험인자: 헬리코박터 위염을 중심으로	대한의사협회지
환경 중 미세플라스틱 정량을 위한 이미지분석 기반 라만 분광분석의 적용	환경독성보건학회 심포지엄 및 학술대회
조종사의 목 통증과 경추 후만화, 운동치료에 대한 고찰	항공우주의학회지
장기이식 면역억제요법의 미래	대한의사협회지
'폐의약품 수거사업'을 통해 지역약국으로 회수된 폐의약품의 분석	약학회지
디스크확산법에 의한 Helicobacter pylori의 Clarithromycin과 Amoxicillin 항균제감수성 검사	Annals of Clinical Microbiology
미세플라스틱 노출에 의한 기수산 물벼룩 Diaphanosoma celebensis의 에너지 대사 영향	환경독성보건학회 심포지엄 및 학술대회
비스페놀류의 제브라피쉬 배아 노출에 의한 DNA 메틸화변화 및 독성영향 연구	환경독성보건학회 심포지엄 및 학술대회
분자구조 특징 및 화학물질-단백질 네트워크 정보를 활용한 딥러닝 기반 안드로겐 수용체 길항물질 예측 모델 개발	환경독성보건학회 심포지엄 및 학술대회
인체유래 폐세포주에서 염화 벤잘코늄에 의한 독성 영향	환경독성보건학회 심포지엄 및 학술대회
청년층의 우울증상 유병률과 관련 요인	보건의료산업학회지
장기이식의 역사와 주요 면역억제제의 발전	대한의사협회지
임상 간호사의 일반적 특성에 따른 의사소통 능력과 공감능력 조사 연구	의료커뮤니케이션
코로나바이러스감염증-19 후유증과 항공안전	항공우주의학회지
생활환경 유해화학물질 위해성평가 국내·외 연구동향 및 향후전망	환경독성보건학회 심포지엄 및 학술대회
대기오염 장기노출과 노인의 신기능 저하: 종단적 코호트 연구	환경독성보건학회 심포지엄 및 학술대회
우리나라 성인 고혈압의 유병 규모와 관리 수준	대한의사협회지
제브라피쉬 배아의 BPA, BPS, BPF 노출에 따른 후성유전체 변화 기반 독성 연구	환경독성보건학회 심포지엄 및 학술대회
종양 유전검사 결과 설명 및 결과지 작성 권고안: 차세대염기서열 분석법을 이용한 유전성 암 유전자검사	Laboratory Medicine Online
토양 내 미세플라스틱 분석을 위한 유기물 제거 및 밀도차 분리 최적화	환경독성보건학회 심포지엄 및 학술대회
담수환경에 잔류하는 미세플라스틱의 분포특성 – 한강의 사례	환경독성보건학회 심포지엄 및 학술대회
일반인의 방사선 노출 국제적 관리 기준	환경독성보건학회 심포지엄 및 학술대회
다제내성 그람음성균 치료제	대한의사협회지
화학사고 포름알데히드 흡입노출에 의한 건강 위해성평가 연구	환경독성보건학회 심포지엄 및 학술대회
의료사고의 근본원인 분석: 의료사고 판례문 이용	보건의료산업학회지
노화와 유전자 : 세포분열시계로서의 텔로미어 가설	[MEDRIC] 녹십자의보
간호대학생의 치료적 의사소통에 대한 개념분석	의료커뮤니케이션

간호학생의 시뮬레이션 간호역량과 술기자신감, 자기효능감, 비판적 사고성향, 전문직 가치관 간의 관계	한국의료시뮬레이션학회지
화장품 향료의 안전성 평가 방법론 고찰	환경독성보건학회 심포지엄 및 학술대회
친환경시대 따른 탄소 제로화와 항공산업 간의 연구	항공우주의학 학술대회
수환경 내 먹이사슬 단계별 국내 대표종의 환경호르몬 생태독성 평가	환경독성보건학회 심포지엄 및 학술대회
우리나라 공공의료 강화를 위해 공공의대는 꼭 필요한가?: 누가, 왜 공공의대를 만들려 하는가?	의학교육논단
인공혈액의 현재와 전망 - 적혈구 대용제제를 중심으로	대한의사협회지
마약성 진통제 사용과 Cortisol 및 DHEAS와의 관계	한국호스피스·완화의료학회지
국내 일차의료 및 공공보건의료 발전방향: 미국, 호주, 독일 그리고 쿠바 사례와의 비교	보건의료기술평가
COVID-19로 인한 항공 산업의 위기를 극복하기 위한 항공업계의 대응 방안	항공우주의학회지
유해물질의 저감을 위한 녹색화학 대체물질 검색 프로그램	환경독성보건학회 심포지엄 및 학술대회
암환자의 마약성 진통제에 대한 신체적 의존을 경피적 Buprenorphine 패취를 통해 성공적으로 치료한 증례보고	한국호스피스·완화의료학회지
소아청소년 제2형 당뇨병의 진단과 치료	대한의사협회지
물 환경 중 미세 및 나노 플라스틱의 생태독성 연구동향	환경독성보건학회 심포지엄 및 학술대회
미용업종 내 발생하는 유해화학물질(VOCs, aldehydes)에 대한 인체 위해성평가	환경독성보건학회 심포지엄 및 학술대회
정신건강이 청소년 흡연 및 음주행위에 미치는 영향 - 성별 차이를 중심으로 -	보건의료산업학회지
퇴적물 내 미세플라스틱 분석을 위한 전처리법 정립과 도심 소하천 퇴적물에서의 미세플라스틱 분석	환경독성보건학회 심포지엄 및 학술대회
장기이식 거부반응과 자가면역질환 치료제로서의 CAR Treg 세포치료제의 가능성: Treg 세포치료제 임상시험 현황과 CAR T 세포치료제 허가 정보를 바탕으로	Korean Journal of Transplantation
가습기살균제 피해의 특성과 피해 규모	환경독성보건학회 심포지엄 및 학술대회
일본의 원격의료 현황: 한국에의 시사점	대한의사협회지
한국인에서의 페닐케톤뇨증의 유전자변이에 대한 고찰	Journal of genetic medicine
의료현장에서 이루어지는 윤리적 소통 이면에 놓인세 사상에 대한 연구: 자연법, 공리주의, 칸트윤리를 중심으로	의료커뮤니케이션
미세플라스틱 측정분석 기술 동향 및 전망	환경독성보건학회 심포지엄 및 학술대회
건강기능식품의 시장현황 및 인삼시장의 전망	Journal of Ginseng Research
삶의 마지막에서 존엄성을 어떻게 고려할 것인가: 안락사와 의사조력자살의 논변 분석을 중심으로	한국의료윤리학회지
항공 분야에서의 사물인터넷 기술 현황	항공우주의학회지
흡연과 낮은 방사선 피폭량이 Lymphocyte DNA 손상에 미치는 영향	Environmental Analysis Health and Toxicology

우주여행과 건강문제	항공우주의학 학술대회
마약류 남용자의 일반적 증상은 어떨까요	건강소식
살생물제 살충제의 효과·효능 시험평가	환경독성보건학회 심포지엄 및 학술대회
낙동강 수계 내 미량오염물질 확인과 물버룩을 이용한 생태독성평가	환경독성보건학회 심포지엄 및 학술대회
합성세제 및 계면활성 성분의 독성학적 연구 (Toxicological Studies on Surfactants and Synthetic Detergents)	Environmental Analysis Health and Toxicology
후쿠시마 원전 사고, 우리 국민건강 과연 문제없나?	환경독성보건학회 심포지엄 및 학술대회
공중근무자의 우주방사선 및 자외선 노출 실측 분석	항공우주의학 학술대회
In vitro 및 In vivo 시스템을 활용한 가습기 살균제 독성 영향 평가	환경독성보건학회 심포지엄 및 학술대회
우리나라 여성에서 생식기 암으로 진단 받을 평생 확률 및 연령조건부 확률	고신대학교 의과대학 학술지
우리나라의 혁신의료기술 도입: 해외 사례 고찰을 중심으로	보건의료기술평가
시각, 청각 피드백을 이용한 디지털 페그보드 훈련 작업치료 프로그램이 뇌졸중 환자의 손 기능 및 시·지각에 미치는 영향	재활치료과학
파라벤 위해성 평가를 위한 국내외 바이오모니터링 연구	환경독성보건학회 심포지엄 및 학술대회
간호대학생의 의사소통능력, 대인관계, 정보활용역량이 문제해결능력에 미치는 영향	의료커뮤니케이션
생활화학제품 유래 화학물질의 수계 배출량 및 환경농도 예측 연구	환경독성보건학회 심포지엄 및 학술대회
물환경 의약물질 오염문제와 환경보건	환경독성보건학회 심포지엄 및 학술대회
한국인의 흡연 및 금연 현황	대한의사협회지
고려 홍삼의 마약 부작용 개선에 관한 연구	고려인삼학회 학술대회
탄소중립을 위한 LCA의 역할과 동향	환경독성보건학회 심포지엄 및 학술대회
한국여성의 임신 전 비만과 조산아 발생률의 상관관계: 전국 인구기반 연구	Perinatology
한국 내 공공보건의료 개념의 문제점과 재설정	의학교육논단
대장암 진단 및 치료의 발전 방향	대한의사협회지
성인 남성 흡연자의 대사증후군 질환과 금연의도와의 관련성	보건의료산업학회지
성별이 다른 쌍둥이에서 다운증후군의 1예	Perinatology
Covid-19 팬데믹에서의 간호윤리: 돌봄의 윤리적 관점에서	한국의료윤리학회지
어린이 생활환경 유해화학물질 노출 현황	환경독성보건학회 심포지엄 및 학술대회
미세플라스틱 첨가제의 물버룩 급성영향 평가	환경독성보건학회 심포지엄 및 학술대회
민간 우주인 선발 신체검사가 아니라 우주 여행 시대에 우주여행자의 건강과 안전	항공우주의학 학술대회
알테미아를 이용한 섬유형태의 PET 미세플라스틱 독성평가	환경독성보건학회 심포지엄 및 학술대회
관상동맥 스텐트를 삽입한 급성 심근경색 환자의 사망 관련 요인에 대한 다수준 분석	대한보건연구
의료기관에서의 수두 감염관리	의료관련감염관리

생활화학제품 및 제품 함유 향료 성분이 제브라피쉬 배아 발달에 미치는 독성 영향	환경독성보건학회 심포지엄 및 학술대회
아파트 실내 휘발성유기화합물(VOCs) 5종 노출로 인한 건강위해성 평가	환경독성보건학회 심포지엄 및 학술대회
중환자실 간호사가 경험한 심폐소생술금지 환자의 윤리적 문제에 대한 윤리적 의사결정	한국의료윤리학회지
급성심근경색증의 약물치료	대한의사협회지
한국산 양서·파충류의 기생충 질병 현황	환경독성보건학회 심포지엄 및 학술대회
인체 암의 DNA 메틸화 변화	Journal of genetic medicine
항공교통관제사 피로관리 현황과 성공적 정착 방안	항공우주의학 학술대회
fugacity 분석을 활용한 다환방향성탄화수소의 미세플라스틱과 해수 사이의 거동 평가	환경독성보건학회 심포지엄 및 학술대회
라오스 기후변화 관련 감염병과 기상요인간의 상관성	환경독성보건학회 심포지엄 및 학술대회
심근경색의 예방적 건강관리 방안	항공우주의학 학술대회
화학물질분야 동물대체시험 활성화 계획 및 지원 추진현황	환경독성보건학회 심포지엄 및 학술대회
소화제의 제형변경에 따른 전분소화력의 저하	[MEDRIC] 병원약사회지
알레르기 비염 치료의 최신지견	대한의사협회지
몸통 안정화 운동이 경직성 뇌성마비 아동의 대근육 운동기능, 기능적 독립성과 몸통 근육 활성도에 미치는 영향	한국보건기초의학회지
아세트아미노펜 중독의 해독제: 아세틸시스테인	대한의사협회지
항공교통관제사의 피로 및 스트레스 관련 인적요인	항공우주의학 학술대회
중추신경계에 대한 작용	최신고려인삼연구
미세플라스틱 조각과 첨가제(benzophenone-3)에 대한 물벼룩 복합 독성	환경독성보건학회 심포지엄 및 학술대회
항공승무원 방사선 검진의 시작	항공우주의학 학술대회
항히스타민제의 올바른 사용법	대한의사협회지
골다공증성 골절 예방을 위한 칼슘과 비타민D 보충제의 효과와 안전성	대한의사협회지
분자구조 유사도를 활용한 약물 효능 예측 알고리즘 연구	의공학회지
인공신장 기술의 발전 - 혈액투석	[MEDRIC] 녹십자의보
의료영상 분야를 위한 설명가능한 인공지능 기술 리뷰	의공학회지
다발성골수종 환자의 일차 치료제로서 탈리도마이드 병합요법의 임상적 효능	Blood Research
선호음악 감상이 항암화학요법을 받는 성인 유방암환자의 우울 및 수면에 미치는 효과	의료커뮤니케이션
소아 아토피부염의 약물치료	대한의사협회지
수학-통계적 모델을 이용한 실내라돈 농도 추정	환경독성보건학회 심포지엄 및 학술대회
항공산업의 불확실성과 포스트 코로나 회복 전망	항공우주의학 학술대회

혈액투석 중 생체 내 용질 이동 및 초 여과에 의한 삼투압 변화에 따른 심혈관계 응답에 관한 수치적 연구	순환기질환의공학회 학술대회
한강수계 중 과불화화합물 분포특성	환경독성보건학회 심포지엄 및 학술대회
판례를 통한 간호사 관련 의료사고의 과실책임 분석	대한법의학회지
청소년의 신체활동과 음주, 흡연이 주관적 건강상태에 미치는 영향	보건의료산업학회지
미세플라스틱 측정분석을 위한 표준물질 개발	환경독성보건학회 심포지엄 및 학술대회
화학사고 후 식물 장기 생태독성 영향 평가	환경독성보건학회 심포지엄 및 학술대회
Analysis of Polyfluoroalkyl substances (PFAS) in Cosmetics using LC-MS/MS	환경독성보건학회 심포지엄 및 학술대회
에너지 음료가 법랑질 부식에 미치는 영향	치위생과학회지
아데노바이러스 유전자치료제의 독성	Environmental Analysis Health and Toxicology
청소년의 비만 및 과체중에 영향을 주는 요인: COVID-19 이전과 이후 비교	대한보건연구
한국인의 흡연행태 측정 연구	환경독성보건학회 심포지엄 및 학술대회
전투조종사의 G-내성 관련 신체적 요인 분석을 통한 관리방안 제안	항공우주의학 학술대회
국내 만성폐쇄성폐질환 치료의 최신지견	대한의사협회지
특집 1 - 장기이식 - 장기이식의 현황 및 실태	헬스앤미션
장기이식에서의 RNA간섭 치료법의 전망	Korean Journal of Transplantation
면역증강·조절 효과	최신고려인삼연구
펜데믹 이후 항공사 운항 및 객실승무원 피로관리와 안전관리의 정책적 변화 고찰	항공우주의학 학술대회
EDCs (내분비계 장애물질/환경호르몬) 통합 위해성 평가 및 모델 개발	환경독성보건학회 심포지엄 및 학술대회
암의 발생원인	성인병 예방협회보
다제내성균: 시급히 해결해야 하는 국가적 과제	대한의사협회지
시그모이드 함수를 이용한 파리 종에 대한 성장곡선모형의 비교	대한법의학회지
인삼성분의 임상적 효능과 생화학적 작용기전	Journal of Ginseng Research
항공기 사고와 인적요인(Human Factors)	항공우주의학 학술대회
말기 암 환자에서 임상변수를 이용한 생존 기간 예측	한국호스피스·완화의료학회지
감염성 질염의 진단과 관련된 타 검사결과가 Papanicolaou 도말검사 및 그람염색 판독에 미치는 영향	Laboratory Medicine Online
중대재해처벌법 시행에 따른 항공분야 위험성 평가 기법 연구	항공우주의학회지
담수 중 미세플라스틱 고효율 분리 포집을 위한 전처리방법 개선	환경독성보건학회 심포지엄 및 학술대회
환경 중 잔류의약물질 분석방법 연구 및 오염실태	환경독성보건학회 심포지엄 및 학술대회
간호 임상실습과 문제중심학습을 적용한 간호시뮬레이션의 효과 비교	한국의료시뮬레이션학회지
살생물제품내 유효성분 함량 설정을 위한 효능 시험방법 개발 사례: 살충제 및 기피제	환경독성보건학회 심포지엄 및 학술대회

가습기살균제와 폐 외 손상 : 천식과 관련성	환경독성보건학회 심포지엄 및 학술대회
낙태죄 헌법불합치와 자기결정권: '비지배 자유' 담론을 중심으로	한국의료윤리학회지
생활화학제품 함유 혼합물질 유해성평가를 위한 AOP 구축 및 ITS/IATA 기술개발	환경독성보건학회 심포지엄 및 학술대회
환경보건의 새로운 과제	환경독성보건학회 심포지엄 및 학술대회
ESG 경영을 활용한 항공사 활성화 방안	항공우주의학 학술대회
가습기살균제 건강문제의 근거기반 독성연구	환경독성보건학회 심포지엄 및 학술대회

고등학교 교육과정

1 서울대학교

[출처: 아로리, '나도 입학사정관']

● 학교 소개 자료

일반고. 학교의 특색사업으로는 첫째, 과학중점학교 운영이다. 교과 교실 수학 5실, 과학 5실, 리소스룸 2실, 수학·과학 교사 연구실을 두고 있다. 교육과정 운영은 1학년에서는 창의적 체험활동 실시(수학·과학 60시간), 특별교과Ⅰ(과학교양) 이수, 융합형 과학 이수를 해야 하며, 2, 3학년에서는 수학 4과목, 과학 8과목 필수 이수, 특별교과Ⅱ(과학교양) 이수, 전문교과Ⅰ, Ⅱ(물리, 화학실험) 이수를 해야 한다. 과학중점과정의 내실을 기하기 위해 수학·과학 창의적 체험활동(단체프로그램과 R&E 등의 개별프로그램)을 활성화하고 있으며, 수학·과학 동아리 15개 단체를 활성화하고 있다. 둘째, OOO 명장제를 활용하여 인성 함양 및 학습 동기를 유발하여 OO인의 정체성을 확립하고 품격 있는 사회인, 진취적인 실력인을 육성하고 있다. 사랑장은 학교가 인정하는 사회봉사 기관에서 60시간 이상 봉사를 필수로 해야 하며, 선행 및 효행의 실적이 있는 자, 교내모범상 2회 이상 수상, 헌혈 누적 3회 이상인 자 중 두 가지 기준을 충족시킨 자에게 수여하며, 진리장은 교외 독후감대회 입상 또는 교내 독후감대회 2순위 이상 수상(동시에 누적 30권 이상 독서자로서 담임의 확인을 통과한 자)이 필수이며, 외국어 능력, 경시대회, 인증시험, 모의고사 성적 우수자 중 두 가지 기준을 충족시킨 자에게 수여하며, 정의장은 학생회 직책, 운동 유단자, 수련 및 체험활동 수상자, 학교행사 참여, 솔선수범 등의 실적이 있는 자 중에서 두 가지 기준을 충족시킨 자에게 수여한다. 세광인 명장 인증제의 활용으로 자신의 특기와 인성을 재확인함으로써 각 대학이 원하는 자질을 자연스럽게 갖추게 될 수 있다.

● 교내수상

과학경시대회(생명과학) 대상(1위)

수학경시대회 금상(2위)

과학경시대회(생명과학부문) 대상(1위)

수학경시대회 동상(4위)

과학경시대회(물리부문) 금상(2위)

과학경시대회(생명과학부문) 대상(1위)

심화영어경시대회 최우수(1위)

과학경시대회(화학부문) 금상(2위)

과학경시대회(생명과학부문) 대상(1위)

수학경시대회 금상(2위)

교내논술경시대회 시상 최우수(1위)

체험학습 보고대회 시상(소감문 부문) 최우수(1위)

● 학업 능력 향상 노력

1학년 때 저는 기초의학자가 되기를 원했고, 이는 온전히 생명과학을 좋아했기 때문이었습니다. 그만큼 생명과학에 관심이 많았고, 스스로 하이탑 등의 교재를 찾아보며 생명과학을 공부했습니다. 하지만 교과 내용만으로는 충분히 만족할 수 없는 부분들이 있었고, 더 자세히 알고 싶어 전공서적을 찾아보았지만 혼자서 공부하기엔 어려움이 있었습니다. 다행히도 올림피아드 통신교육에 대해 알게 되면서 저는 통신교육의 도움을 받을 수 있었습니다. 매주 주말 통신교육 과제 해결을 위해 지정 교재를 읽고 답안을 작성했습니다. 하지만 대부분 처음 접하는 내용이었기에 어렵게 느껴졌고, 지정 교재만으로는 내용을 이해할 수 없는 경우가 종종 있었습니다. 저는 모르는 내용을 이해하기 위해 끝까지 따져가며 고민했습니다. 시중에 있는 생명과학 교재를 모두 구해서, 완전히 이해될 때까지 그 내용을 되풀이하여 읽었습니다. 때로는 난관에 부딪혀 포기하고 싶을 때도 있었지만, 그럴 땐 선생님께 질문하고 영문 사이트도 검색하면서 차근차근 이해의 실마리를 찾아갔습니다. 우여곡절 끝에 결론에 도달하면서 성취감을 느낄 수 있었고, 이는 통신교육을 지속적으로 해나갈 수 있는 원동력이 되었습니다. 한 문제를 해결하기 위해 끝까지 노력했던 경험은 이후 모든 과목을 철저히 공부하는 태도를 갖게 해주었습니다. 단순히 암기했던 내용에도 원리가 숨어 있다는 것을 알게 되면서, 이해되지 않는 부분을 단순히 외우기보다는 의문이 해소될 때까지 학교 선생님께 질문하거나 전공서적을 찾아보는 자세를 가지게 되었습니다. 이러한 노력 덕분에 OO수학과학경시대회 생물 분야에서 두 차례 금상을 수상했고, OO학생과학탐구올림픽 과학탐구대회에서도 최우수상을 수상할 수 있었습니다. 하지만 이러한 수상 실적들보다도, 어려운 내용을 마주할 때마다 포기하지 않고 계속 노력하여 스스로 이해에 도달했다는 사실이 더 자랑스럽게 느껴졌습니다.

한편 저는 다양한 책을 읽어가며 고민하고 진로를 탐색하는 과정에서 기초의학자에서 국제구호활동가로 장래희망이 점차 변하게 되었습니다. 이러한 꿈을 이루기 위해서는 영어 실력을 더욱 늘려야했기에 저는 영어 공부에 더욱 분발하게 되었습니다. 비록 필요에 의해 시작한 공부였지만 점차 공부 자체에 흥미를 갖게 되었고, 나중에는 어떠한 목적이 있어서라기보다는 그저 영어가 좋아서 하루에도 5~6시간씩 영어를 공부하게 되었습니다. 저는 어렸을 때 캐나다에서 1년 반 동안 생활하면서 영어를 자주 접해 친숙해져야 실력이 향상된다는 것을 깨달았습니다. 그렇기에 저는 일상생활에서 영어를 자주 쓰려고 노력했습니다. 매일 영자신문을 읽으면서 새로운 표현이나 어휘를 접하면 그 유래나 어원을 찾아보았고, 의학이나 구호 분야에 대한 TED 강연을 들으며 진로를 탐색했습니다. 그리고 에세이 쓰기를 통해 문법, 어휘, 숙어 등의 지식을 정리했습니다. 이러한 노력 끝에 교내 영어경시대회에서 최우수상을 수상할 수 있었고, R&E나 KAIST-GMU Research Camp 등 과학 관련 활동을 할 때도 영어 자료를 활용할 수 있어 큰 도움이 되었습니다.

● 의미 있는 활동

소망원 봉사활동

저는 봉사활동을 모색하면서 피상적인 봉사가 아닌 진정한 봉사활동을 할 수 있는 곳을 원했고, 그리하여 OO맹학교 학생들의 기숙사인 소망원에서 복합장애를 지닌 친구들을 돕는 일을 시작하게 되었습니다. 친구들이 소리를 지르고 계속 손뼉을 치기에, 처음에는 그들이 저를 싫어하는 것으로 착각했습니다. 하지만 자폐 증상에 대해 공부하면서 이것이 저의 무지로 인한 오해였다는 것을 알게 되었고, 제가 먼저 마음의 장벽을 허물고 다가가자 친구들과도 금방 친해질 수 있었습니다. 봉사활동을 하면서 가장 크게 달라진 점은 상대방의 입장에서 생각하는 태도를 갖게 되었다는 것입니다. 모든 일을 대신 해주는 것은 친구들에게 도움이 되지 않았습니다. 학습이 더디기 때문에 옷을 대신 입혀주고, 밥을 떠먹여주면 평생 그렇게 살 수밖에 없다는 소망원 선생님의 말씀에, 저는 참된 봉사가 무엇인지 다시금 생각할 수 있었습니다. 진정한 배려는 다름 아닌 그들이 스스로 자립할 수 있게 돕는 것이었습니다. 그들을 진정으로 이해하고 싶어서, 저는 '장애인과 함께하는 삶'을 주제로 한 로스쿨 강연에도 참가하게 되었습니다. 그곳에서 장애인 시설의 실태와 관련 제도에 대해 배우고 관심이 비슷한 학생들과도 토론하면서 어떻게 하면 장애인들이 직면하는 문제에 도움을 줄 수 있을지 고민하게 되었고, 단순히 돕겠다는 마음만 앞서서는 실질적인 도움을 줄 수 없다는 것을 깨닫게 되었습니다.

생물 동아리 반장 활동

동아리를 창설하고 2년간 이끌면서 수많은 시행착오를 겪었습니다. 1학년 때는 논술 문제를 풀고 서로 토의하는 활동을 하다 2학년이 되면서 과학 도서를 읽고 토론하는 활동으로 바꾸었는데, 도서를 선정하는 과정에서 각자 의견이 달라 쉽게 도서를 정할 수 없었습니다. 저는 모두의 의견을 듣되, 선택의 폭을 좁히고 발언권을 정했고 그 결과 구성원들의 의견을 모을 수 있었습니다. 고등학생 권장도서 목록을 나누어주고, 그중에서 책을 선택하게 하여 각자 자신의 책을 선정해야 하는 이유와 다른 책이 부적합한 이유를 설명할 기회를 주었더니 친구들 스스로 합의에 도달할 수 있었습니다.

한편 동아리활동으로 실험을 원하는 친구들이 많았지만 실험 기구가 부족하여 진행이 어려웠습니다. 꾸준히 대안을 모색하던 중, 저는 OO대 생명과학 체험학습에 대해 알게 되었습니다. 하지만 저희 동아리로는 기준 인원수에 턱없이 부족했고, 체험학습이 평일에 이루어졌기에 학교의 허락을 받아야 했습니다. 여러 번의 노력 끝에 저는 타 동아리 친구들을 설득하여 기준 인원수를 맞추었고, 수업 결손을 최소화하고 과학중점학교 활동의 일환으로 진행하길 건의한 결과 학교 측의 동의도 얻어 기존의 목적을 달성할 수 있었습니다. 동아리를 이끌어나가면서, 반장으로서 저의 역할은 구성원들이 자신들의 능력을 최대한 발휘하여 문제를 해결하면서 스스로 성장할 수 있는 환경을 만들어주는 것임을 느끼게 되었습니다.

R&E 활동

1학년 때는 OO대 생화학과에서 '칼럼크로마토그래피와 분광광도계를 이용한 녹황색식물의 루테인 함량 측정'을 주제로, 2학년 때는 의과대학 생리학교실에서 '암순응과 마취 시간에 따른 ERG파형 분석'이라는 주제로 R&E 활동을 했습니다. 처음에는 배경지식이 부족해서 대학의 도움을 많이 받았지만, 2학년 때는 실험 설계, 보고서 작성에 이르기까지 거의 모든 과정을 저희 스스로 이끌어나갈 수 있었습니다. 대학에서는 자율연구를 보장하고자 거의 관여하지 않았고, 기기 사용법, 결과 분석법 등의 기본적인 내용만 알려주었습니다. 때문에 내용을 이해하기 위해 저희는 생리학 교재에서 기초지식부터 공부해야 했고, ERG의 측정 원리, 구성요소 등에 대해 더 자세히 알기 위해 관련 논문과 영문 사이트를 직접 찾아보아야 했습니다. 대학원 수준 이상의 어려운 내용이었지만, 연구 범위가 다소 한정되어 있었기에 그 부분에 집중하여 학습한 결과 해당 분야에서만큼은 전문적인 지식을 쌓을 수 있었습니다. 이는 스스로 이루어낸 것이었기에 더욱 값지고 보람차게 느껴졌고, 이러한 성취감은 의학에 대해 더욱 흥미를 갖는 계기가 되었습니다. 또한, 인공시각장치 개발을 위해 기초의학 분야에서 이루어지고 있는 노력들을 보면서, 의학이라는 분야가 환자 진료에 국한된 것이 아니라는 것을 깨닫게 되었고, 좀 더 폭넓은 시각을 가지고 과연 제가 의사로서 어떠한 역할을 할 수 있을지 고민하게 되었습니다.

● 도서 목록

왜 세계의 절반은 굶주리는가(장 지글러 저 / 유영미 역)

제 꿈은 막연했습니다. 그저 '기초의학자'가 되는 것이었습니다. 저는 구체적인 진로를 찾고자 고민했고, 그 과정에서 이 책의 내용을 접하게 되었습니다. 구호물자가 부족해 치료가 어려운 사람들을 포기해야 하고, 누구를 살리고 누구를 죽여야 할지 결정해야 하는 지구촌의 또 다른 모습을 보고 저는 큰 충격을 받았습니다. 하지만 이 책은 문제점을 지적하는 데 그칠 뿐, 그 해결책에 대한 논의는 다소 부족했습니다. 오히려 그 점이 단순히 이 책에서 끝나지 않고 관련 책을 찾아보며 제가 어떤 역할을 할 수 있을지 고민하게 해주었고, 개발도상국의 문제에 더욱 관심을 갖는 출발점을 마련해주었습니다. 많은 기초의학자들이 새 지식을 발견하고 기술의 혁신을 이끌고 있지만, 그러한 기술의 혜택을 받지 못하는 이들도 있었습니다. 첨단 의학도 필요하지만 그에 못지않게 소외된 이들을 위한 의학에 이바지하는 것도 가치 있다 생각하게 되었고, 개발도상국의 문제 해결에 기여하는 의사가 되리라 결심하게 되었습니다.

적정기술 그리고 하루 1달러 생활에서 벗어나는 법(폴 폴락 저 / 박슬기 역)

개발도상국의 문제 해결을 위해 어떤 역할을 할 수 있을지 고민하는 과정에서 저는 수많은 기부와 원조의 사례를 접했지만, 기부만으로는 문제를 해결하기에 부족하다는 것을 깨닫게 되었습니다. 기부 경제 자체가 지속가능하지 않고, 근본적으로 수혜자의 자립 능력을 길러주는 것이 아니기에 원조가 중단되면 대개 원상태로 돌아가버리기 때문입니다. 그보다는 근본적인 문제를 해결하고 그들이 자립할 수 있는 기반을 마련하는 것이 필요했고, 책에서는 그 대안으로 적정기술을 제안하고 있었습니다. 적정기술은 소외된 90%를 위한 기술로, 최첨단은 아니지만 그들의 상황에 적절한, 값싸며 고치기 쉽고 지속가능한 기술을 의미합니다. 저는 이 책을 읽으며 어떻게 하면 의료 분야에서 적정기술을 적용할 수 있을까 고민하게 되었고, TED 강연을 듣고 의학토론대회에 참가하여 개발도상국의 의료 환경과 원조 실태에 대해 알아나가며 점차 그 해답을 찾아나갈 수 있었습니다.

달과 6펜스(서머셋 몸 저 / 송무 역)

꿈이 현실의 벽에 부딪혔을 때, 현실과 타협하여 포기하지 않고 끊임없이 나아갈 수 있을까? 이러한 의문이 저를 괴롭힐 때마다, 말로는 포기하지 않을 수 있다 했지만 실제로 어려움에 직면했을 때도 그러할지 확신이 없었습니다. 그 때문이었는지 화가의 꿈을 이루기 위해 직장조차 그만두었던 고갱의 결단은 저의 흥미를 끌었고, 그를 모델로 한 이 책을 읽게 되었습니다. 소설 속엔 세상의 모든 안락을 버리고 고통스럽게 살면서도 예술에 대한 갈망을 버리지 않는 주인공이 있었습니다. 물에 빠진 사람이 헤엄칠 수밖에 없는 것처럼, 그림을 그리지 않고는 못 배기겠다는 그의 말은 읽을 때마다 매번 새로운 충격을 주었습니다. 세인들의 평가에 아랑곳하지 않고 자기만의 예술 세계를 추구하는 모습은, 자신에게조차 확신을 갖지 못하고 걱정만 하던 저 스스로를 반성케 했습니다. 힘들 때마다 이 책을 읽으며 의지를 다졌고, 이는 다른 사람들에 의해 쉽게 흔들리기보다 저 자신을 믿고 나아가는 원동력이 되었습니다.

● 주제 선택

저의 꿈은 의사가 되어 개발도상국에서 의료 활동을 하면서 의료 현장에 적정기술을 도입하는 것입니다. 적정기술은 주로 식수나 에너지, 농업 등의 분야에서 사용되어왔지만, 저는 의료 분야에 이를 적용하여 개발도상국의 의료 환경을 개선하고자 합니다. 많은 선진국에서 의료기기를 지원하고 있지만, 고장이 나도 고칠 수가 없어 현지에 방치되어 있는 것이 현실입니다. 의료기기는 대부분 개발도상국의 열악한 환경을 고려하지 않고 만들어지기 때문입니다. 그러나 간단한 조치만으로도 그들의 환경에 맞게 바꿀 수 있습니다. 일부 개발도상국에서는 의료용 산소를 구하기 어려워 마취기가 무용지물이지만, 산소발생기만 있어도 이를 쉽게 해결할 수 있습니다. 이것이 바로 적정기술입니다. 적정기술은 간단하지만 큰 변화를 가져올 수 있습니다. 적정기술은 사실 의료 분야에서보다 공학 분야에서 더 활발히 논의되고 있는 대상입니다. 의료 분야에서는 아직 이를 적용한 사례가 많지 않기에, 저는 한때 공학계열과 자유전공학부로의 전향을 고민하기도 했습니다. 하지만 길이 없다고 원치 않는 분야를 선택하기보다는, 제가 가장 좋아하는 의학 분야에서 새로운 길을 개척해나가는 것이 더 보람차리라 생각했기에 저는 의사의 꿈을 이어나갈 수 있었습니다. 의사들이 단기 의료봉사를 하려해도, 열악한 환경 때문에 수술 하나 제대로 할 수 없는 것이 현실입니다. 저는 이들이 효과적인 의료 활동을 펼칠 수 있도록 의료허브를 조성하고 싶습니다. 개발도상국 환경에 적합한 의료시설을 갖춰, 의사들이 각종 기기를 짊어지고 비행기를 오르내려야 하는 일 없이도 쉽게 의료봉사에 접근할 수 있도록 돕고 싶습니다. 물론 저 또한 감염, 특히 전염병의 치료와 예방에 대한 전문지식을 쌓아 현지에서 환자들을 치료하고 백신을 보급하는 일에 힘쓸 것입니다. 이후 현지에서의 경험을 토대로 국제기구에도 진출하여 개발도상국의 의료 기반을 조성하기 위해 정책을 마련하는 일에 힘쓰고 싶습니다.

● 서울대 의대 교수님 인터뷰

의대 교육과정은 어떻게 이루어져 있나요?

(윤현배 교수님, 이하 윤) 서울대학교 의과대학의 교육과정은 의예과 2년과 의학과 4년을 합해서 총 6년의 과정으로 이루어져 있어요. 의예과 2년은 관악캠퍼스에서, 의학과 4년은 연건캠퍼스에서 공부합니다. 먼저 의예과 2년은 자연과학 외에도 인문사회 지식을 함양하고 예술체육, 봉사활동 등을 충분히 경험하도록 교육과정을 운영하고 있어요. 이후 의학과 4년은 본격적으로 의학에 전념하는 시기로, 기초의학과 임상의학을 공부합니다. 기초의학이 임상의학의 기반인 자연과학에 가깝다면, 임상의학은 환자를 진료하는 데 직접적으로 필요한 내용으로 이루어져 있어요. 기초의학이 주로 강의실에서 수업을 듣고 실험을 한다면, 임상의학은 대개 병원 실습으로 채워지죠. 예전엔 의학과 4년 중에서 앞의 2년은 기초의학을, 뒤의 2년은 임상의학을 배웠는데, 근래에는 2학년부터 기초와 임상을 통합해서 배우는 통합의학이 1년 정도 있고, 3학년부터 본격적으로 실습을 하게 됩니다.

얼마 전에 교육과정이 바뀌었다고 들었습니다. 어떠한 차이점이 있나요?

(윤) 우선 과거에는 선택의 폭이 거의 없어 수강신청이 불필요할 정도로 모든 학생들이 거의 동일한 과목을 이수했습니다. 교실에 앉아 있으면 강의하는 교수님만 바뀌는 식이 었지요. 그런데 바뀐 교육과정에서는 주요 핵심사항은 모두 공통적으로 듣지만 일부 내용은 학생들이 골라서 수강할 수 있도록 했어요. 또 한 가지 달라진 점은, 기초의학과 임상의학의 통합입니다. 2학년 과정에서 기초의학과 임상의학을 융합해서 공부하고 있을 뿐더러, 1학년부터 모의 환자를 대상으로 실습하면서 임상의학의 기초를 다지고 있어요. 덧붙여 학생들이 의학 연구에 더욱 정진할 수 있도록 돕고 있어요. 과거에 학생들이 의학 연구를 수행하기 위해서는 개별적으로 방학 기간을 이용해 실험실을 활용해야 했는데, 지금은 정규 교육과정 2학년 2학기에 10주간 의학 연구만 집중적으로 수행하는 과정을 신설했어요.

학생들이 의대 생활을 어떻게 보내는 것이 좋을까요?

(윤) 의과대학 교육과정이 의예과 2년과 의학과 4년으로 나누어진 것은 아주 오래됐어요. 여기에는 다 이유가 있어요. 앞의 의예과 2년은 교양인으로서 기본적인 소양을 갖출 수 있도록 한 시기예요. 단순한 전문직업인이 되지 않고 지성인이 되기 위해선 전문지식 외에도 여러 인문사회 분야의 안목이 필요해요. 그래서 이 시기를 비교적 자유롭게 보낼 수 있도록 한 것이고 학생들이 이 시기를 잘 활용하길 바라고 있어요. 의학과에 진입해서는 본격적으로 의학을 배우며 나 자신만이 아닌 이 사회에 필요한 의사가 되어야 한다는 책임감이 수반된 공부를 하면 좋을 것 같아요. 쉽지 않겠지만 마음의 여유를 가지고 길게 보고 생활했으면 하는 바람이에요.

의대 진학에 앞서 염두에 두어야 할 것이 있을까요?

(손환철 교수님, 이하 손) 임상의학에 뜻을 둔 학생이 사람 만나는 게 부담스럽고 힘들다면 의과대학에 와서 적응하기가 힘들어요. 누군가 아프고 힘들 때 기꺼이 다가가 귀 기울여 돕는 사람과 그렇지 않은 사람이 영위하는 의사로서의 삶은 완전히 다를 거예요. 한 사람은 생동하고, 다른 한 사람은 어쩔 수 없이 끌려가겠지요. 본인의 적성에 맞는 직업을 택하는 것이 좋지 않을까 싶습니다.

의대 쏠림현상에 대해서 어떻게 생각하시나요?

(손) 의과대학에 상당한 쏠림이 있다는 말에 동의해요. 의대에 진학할 성적이 되면 누구나 의대에 입학해야만 할 것처럼 이야기한다는 것도 문제인 것 같아요. 그건 어떻게 보면 기성세대가 반성을 해야 할 부분입니다. 지금처럼 의대에 쏠릴 필요도 없고, 그래서는 안 되지 않을까 하는 생각이 들 정도예요. 세상에는 참 많은 분야가 있는데, 아직 잘 모르면서 의대가 좋다고 하니까 무조건 가겠다는 것은 바람직하지 않지요. 힘겹게 왔는데 적성에 맞지 않아 문제가 생겼을 때는 본인이 짊어지고 가야 할 무게가 너무 크기 때문에 진정 의학이 좋고, 환자를 치료하고 싶고, 마음에서 우러나는 열정이 본인에게 있는가를 충분히 성찰했으면 합니다.

의사가 되는 과정에서 힘드셨던 때는 언제였나요?

(손) 여러 가지가 있기는 한데 본과 1학년 때가 가장 힘들었던 것 같아요. 예과 때는 무척 자유롭고 시간도 많았는데 본과에 진입하자마자 그 방대한 학업량에 압도당하고 말았어요. 공부할 것이 너무나 많아서 '내가 이걸 계속 할 수 있을까?', '휴학을 해야 하는 것은 아닌가?' 여러 번 고민했어요. 그런데 동기들이랑 얘기해보니까 친구들도 저랑 똑같은 생각을 가지고 있더라고요. 우리끼리 농담처럼 '고등학생 때 이렇게 열심히 공부를 했으면 대입 시험에서 만점을 받지 않았을까'라고 말할 정도였어요. 가장 힘들었던 본과 1학년을 잘 넘기고 난 다음부터는 그럭저럭 잘 이겨낸 것 같아요.

의대 졸업 이후의 진로는 어떻게 되나요?

(윤) 의과대학을 졸업한 이후의 진로는 크게 기초의학과 임상의학으로 나누어져요. 대부분 임상의학을 택하는데, 이 경우 병원에서 1년의 인턴 과정과 3~4년의 레지던트 과정을 거쳐 각 진료과의 전문의가 됩니다. 반면에 기초의학은 여타 자연과학 대학원 과정과 비슷해요. 기초의학 안에는 생리학, 면역학, 의생명과학 등의 자연과학뿐만 아니라 법의학, 의사학, 의학교육학 같은 인문사회 분야도 있어요. 이상의 과정을 마치면 임상의학을 택한 학생들은 전문의로 취업하거나 개원을 하고, 아니면 대학병원의 교수로 남기 위해 전임의라고도 하는 펠로우 과정을 2~3년 정도 이수하기도 합니다. 기초의학을 하는 경우 연구소에 재직하기도 하지만 대부분 박사 후 과정을 거쳐 대학에 남게 됩니다.

(손) 물론 법조인, 전문경영인 등 의사 이외의 선택을 하는 사람들이 없는 것은 아닌데, 일단 의사라는 직업으로 한정한다면 기초의학과 임상의학으로 대별할 수 있을 것 같아요.

기초의학은 생물학과 비슷한 학문이라고 할 수 있고, 임상의학은 의과대학 고유의 학문이라고 할 수 있습니다. 임상의학을 다시 나누면, 실제로 환자를 돌보는 파트와 그렇지 않은 파트로 나누어져요. 이를테면 환자를 직접 대면하지 않고, 다른 의사들의 활동을 돕는 파트로는 영상의학과, 마취통증의학과, 진단검사의학과 등이 있어요. 직접적으로 환자를 보는 파트를 살펴보면, 크게 내과계와 외과계로 구분됩니다. 내과계에서 주로 환자를 문진 검사하고 약을 처방한다면, 외과계는 주지하다시피 수술을 시행하는 분야로 목숨과 직접적으로 연계된 메이저와 다소 거리가 있는 마이너로 세부 분야가 다시 나눠집니다.

의사로서 가장 기억에 남는 순간은 언제였나요?

(윤) 기초의학 연구자 입장에서는 새로운 의학적 발견에서 희열을 느끼고, 의과대학 교수 입장에서는 후배들을 가르치고 제자들을 키워내는 일이 보람차요.

(손) 어느 날 새벽이었어요. 환자가 위독했어요. 그 환자 옆을 떠나면 당직실에서 병실까지 5분 동안에 혹시나 무슨 문제가 생기지 않을까 싶어 아예 환자 옆 간이침대에서 밤을 보냈어요. 살짝 잠이 들었다가 깼더니 시간이 조금 지나 있었어요. 이 말은 그동안 알람이 안 울리고 환자의 상태가 괜찮았다는 거죠. 이 환자가 안정을 찾고 서너 시간이 지나 어느 정도 안심이 되었을 때 창가가 밝아왔습니다. 그때가 의사를 하면서 가장 기억에 남는 순간 중 하나예요. 물론 몸은 고단했고, 잠시 눈을 붙였지만 사람의 생명을 지켜냈다는 뿌듯함은 아직도 잊을 수 없어요.

학생들에게 추천해주고 싶으신 책이 있으신 가요?

(손) 대학생 때 읽었던 가장 감명 깊은 책은 앨빈 토플러의 『미래의 충격』입니다. 왜 새로운 문화나 시스템이 도입되었을 때 그것이 상당히 좋고 괜찮은데도 반대하는지 아주 명쾌하게 설명한 책이었어요. 『어떻게 원하는 것을 얻는가』, 『정의란 무엇인가』 같은 책도 읽어보면 상당히 생각할 것이 많습니다. 책은 많이 읽으면 읽을수록 좋은 것 같아요. 어떤 분들은 고전과 신간을 7:3 정도로 읽으면 좋다고 하시던데 고전에 흥미가 없다면 그 반대가 되어도 상관없을 것 같아요.

마지막으로 의대 진학을 꿈꾸는 학생들에게 전하고 싶은 말씀이 있다면요?

(윤) 의과대학 공부가 쉽지 않아서 들어오면 고생도 많이 하지만 그만큼 보람이 있는 길이기도 해요. 의과대학 진학을 희망하는 학생들은 내가 왜 의과대학에 들어오고 싶은지 내가 왜 의사가 되고 싶은지 충분히 고민해봤으면 좋겠어요. 이런 것에 대한 소신, 도와주는 것에 대한 보람이 있지 않으면 굉장히 힘든 길이 될 수도 있어요. 의과대학 교육과정도 힘들지만 수련 과정도 만만치 않거든요.

(손) 다른 직업도 어느 정도 비슷하겠지만 의사는 모르는 게 허용되지 않는 직업입니다. 일단 의과대학에 들어와서 의사가 되고 싶다면 당연히 공부를 열심히 해야 합니다. 모르는 의사는 환자를 살리지 못할 테고, 환자를 살리지 못한다는 건 의사에게 죄에 가깝기 때문에 일단은 공부를 열심히 해야 합니다. 수월성을 확보하는 것이 중요해요. 그건 의사가 생명을 다루는 직업이기 때문에 어쩔 수 없어요. 그런데 그것만으로 의과대학을 생각할 수 있는 것은 아니에요. '반드시 이 환자를 치료해야겠다'는 마음이 없으면 그런 의사를 만나는 환자도 불행하고, 환자를 기계적으로 처방하고 수술해야 하는 의사도 무척 불행할 거예요. 환자를 진심으로 따뜻하게 맞을 수 있는 사람인가를 잘 숙고해서 진로를 선택하면 좋을 것 같아요.

● 서울대 전공 연계 교과 이수 과목

• 핵심 권장 과목: 학과(부)에서 공부하기 위해 필수적으로 이수를 권장하는 과목
• 권장 과목: 학과(부)에서 공부하기 위해 이수를 권장하는 과목
• 권장 과목을 제시하지 않은 모집 단위는 학생의 진로 · 적성에 따른 적극적인 선택과목 이수를 권장함

모집 단위		핵심 권장 과목	권장 과목
인문대학	전학과	-	
사회과학대학	경제학부	-	미적분, 확률과 통계
	기타학과	-	
자연과학대학	수리과학부 통계학과	미적분, 확률과 통계, 기하	-
	물리천문학(물리학)	물리학II, 미적분, 기하	확률과 통계
	물리천문학(천문학)	지구과학 I, 미적분, 기하	지구과학II, 물리학II, 확률과 통계
	화학부	화학II, 미적분	확률과 통계, 기하
	생명과학부	생명과학II, 미적분	화학II, 확률과 통계, 기하
	지구환경과학부	물리학II 또는 화학II 또는 지구과학II, 미적분	확률과 통계, 기하
간호대학		-	생명과학 I, 생명과학II
경영대학		-	
공과대학	광역	미적분, 확률과 통계	기하
	건설환경	미적분, 기하	확률과 통계
	기계공학부 에너지자원공학과 조선해양공학과	물리학II, 미적분, 기하	확률과 통계
	재료공학부	미적분, 기하	물리학II, 화학II, 확률과 통계
	전기·정보공학부	물리학II, 미적분	확률과 통계, 기하
	컴퓨터공학부	미적분, 확률과 통계	
	화학생물공학부	물리학II, 미적분, 기하	화학II 또는 생명과학II
	건축학과	-	미적분
	산업공학과	미적분	확률과 통계
	원자핵공학과	물리학II, 미적분	
	항공우주공학과	물리학II, 미적분, 기하	지구과학II, 확률과 통계
농업생명과학대학	농경제사회학부		미적분, 확률과 통계
	식물생산과학부	생명과학II	화학II, 미적분, 확률과 통계, 기하
	식품·동물생명공학부	화학II, 생명과학II	
	응용생물화학부	화학II, 생명과학II	미적분, 확률과 통계, 기하
	조경·지역시스템공학부	미적분, 기하	물리학II, 확률과 통계
	바이오시스템·소재학부	미적분, 기하	물리학II 또는 화학II
	스마트시스템과학과	미적분	물리학 I, 화학 I, 생명과학 I
사범대학	지리교육과		한국지리, 세계지리, 여행지리
	수학교육과	미적분, 확률과 통계, 기하	
	물리교육과	물리학II	미적분, 확률과 통계, 기하
	화학교육과	화학II	미적분, 확률과 통계, 기하
	생물교육과	생명과학II	화학II, 미적분, 확률과 통계
	지구과학교육과	지구과학 I	지구과학II, 미적분, 확률과 통계, 기하
생활과학대학	식품영양학과	화학II, 생명과학II	
	의류학과	-	화학II, 생명과학II 또는 확률과 통계
수의과대학	수의예과	생명과학II	미적분, 확률과 통계
약학대학	약학계열	화학II, 생명과학II	미적분, 확률과 통계
의과대학	의예과	생명과학 I	생명과학II, 미적분, 확률과 통계, 기하

의대 진로 진학 특강

2 강원대학교

● 학생부종합전형 준비 가이드

[출처: 강원대학교 2025 학생부종합전형 안내]

인재상	• 왕성한 지적호기심과 끈기를 바탕으로 탐구에 몰입하는 학생 • 실패와 좌절에도 쉽게 굴하지 않는 회복탄력성을 갖춘 학생 • 봉사와 선행, 자기희생을 통해 공동체에 헌신하는 학생 • 배려와 공감, 적극적 의사소통으로 타인과 협동하는 학생
이런 역량이 필요해요	• 폭넓은 지적 경험을 통한 통합적 사고력: 의학의 토대를 쌓기 위해 자연과학과 인문학적 소양을 균형 있게 배양하는 것이 필요함 • 자기 주도적 학습 능력과 자기조절 능력: 의대 교과 과정을 성공적으로 소화하기 위해서는 자기관리 역량이 필요함 • 지역사회에 대한 관심과 이해 능력: 지역의 보건 의료문제 해결에 기여하는 의사로서 발돋움하기 위한 역량이 필요함
전공 연계 교과 권장 과목	• 권장 교과군: 국어, 수학, 영어, 과학 • 핵심 과목: 생명과학 I · II, 화학 I · II, 미적분, 확률과 통계
이런 활동이 좋은 평가를 받아요!	• 봉사활동: 실적을 위한 봉사 시간을 채우기보다는, 나와 가까운 주변에서 소소하고 작은 도움을 필요로 하는 이웃들을 진정한 마음으로 돕는 경험을 권장함 • 동아리활동: 논술, 토론, 과학실험 등 탐구와 지적 성취를 목적으로 하는 동아리 이외에도 스포츠, 예술, 사회활동 등 다채로운 경험을 얻고 열정을 배양할 수 있는 모든 활동을 권장함
추천 도서	• 의학의 역사(사이언스북스/재컬린 더핀) • 인수공통 모든 전염병의 열쇠(꿈꿀자유/데이비드 쾀멘) • 유전자의 내밀한 역사(까치/싯타르타 무케르지) • 나는 고백한다 현대의학을(동녘사이언스/아툴 가완디) • 현대의학의 거의 모든 역사(알마/제임스 르 파누)

● 아주대 종합전형 ACE전형 '의학과' 과목 선택 분석 결과 (2024학년도)

<수학>

교과목	미적분		기하		확률과 통계	
구분	지원자	등록자	지원자	등록자	지원자	등록자
의학과	92.8%	100.0%	83.7%	100.0%	58.8%	60.0%

<과학>

교과목	물리학II		생명과학II		화학II		지구과학II	
구분	지원자	등록자	지원자	등록자	지원자	등록자	지원자	등록자
의학과	37.7%	40.0%	89.9%	100.0%	83.0%	100%	15.7%	10.0%

4 | 경희대·고려대·성균관대·연세대·중앙대

● 자연계열 전공 학문 분야의 교과 이수 권장 과목

[출처: 경희대·고려대·성균관대·연세대·중앙대 공동연구 (2022년)]

- 핵심 과목: 학과(부)에서 수학(修學)하기 위해 '필수' 이수를 권장하는 과목
- 권장 과목: 학과(부)에서 수학(修學)하기 위해 '가급적' 이수를 권장하는 과목

학문 분야	모집 단위 (5개 대학)	핵심 과목		권장 과목	
		수학 교과	과학 교과	수학 교과	과학 교과
의학	〈경희대〉 의예과, 한의예과, 치의예과 〈고려대〉 의학과 〈성균관대〉 의예과 〈연세대〉 의예과, 치의예과 〈중앙대〉 의학부	수학 I 수학 II 미적분	화학 I 생명과학 I 생명과학 II	확률과 통계	물리학 I 화학 II

5 | 고려대학교

● 고려대 자연계열 이수 권장 과목 (2025학년도)

모집 단위	이수 권장 과목	
	기하	과학(I, II)
의과대학	-	화학, 생명과학

6 | 의대 연계 고등학교 교과목

허망한 이야기를 하자면, 의대 공부가 방대한 양의 지식을 암기해야 하기 때문에 고등학교 특정 교과목이 곧바로 연계되지는 않는다. 현재 의대 교육과정을 이수하는 데 핵심역량은 사실 암기 능력이다. 그렇지만 고등학교 때 배우는 모든 교과목은 의사의 역량을 함양하는 자양분이다.

첫 번째, 보호자, 동료 의사·간호사와 소통하고 협력해야 하므로 국어 교과는 중요하다. AI가 보조 역할을 해줄 수 있지만, 의사는 사람을 만나는 직업이어서 언어역량 함양은 필수다. 의대 공부의 본질은 고등학교 때와 별반 다르지 않다. '읽고 쓰고 말하는' 능력이 뛰어난 학생이 의대 공부를 효율적으로 잘한다. 수능 국어 영역의 독서 지문처럼 글을 읽고 내용을 파악하는 것이 의대 공부의 핵심이다. 따라서 국어 공부는 의대 공부뿐 아니라 의사 생활에도 큰 도움이 된다.

두 번째, 영어 교과는 영어로 된 의학 전공과목 공부에 도움이 된다. 전공과목의 교재와 의학 용어가 영어로 된 경우가 많고, 영어 원서 수업도 있기 때문에 영어를 못하는 학생이라면 낭패를 볼 수 있다. 의대생들에게 물어보면, 이구동성으로 가장 도움이 되는 과목은 영어라고 한다. 영어 문장을 읽고 어려움 없이 직독 직해가 가능할 정도로 영어 실력을 착실히 향상할 것을 권한다. 전문교과 I 심화영어 과목도 이수하면 좋다.

세 번째, 의대의 기본 학문이 수학과 과학이기 때문에 수학은 당연히 중요하며, 질병 치료 시 다양한 상황 판단을 하는 의사에게 수학에서 길러지는 논리적 사고력은 필수다. 수학 이수 단위를 늘리고 내신 성적을 올려야 하는 이유다. 의대 학생부종합전형을 지원한다면, 수학은 미적분, 확률과 통계 두 과목 모두 이수해야 한다. 특히, 고등학교와 대학 때 연구 보고서를 작성하려면 확률과 통계 과목도 도움이 된다. 그런데 자연계열 학생 중에서 확률과 통계 과목을 선택하지 않는 경우가 있는데 이는 매우 어리석은 결정이다. 그리고 전문교과 I 심화수학 I, 심화수학 II, 고급 수학 I, 고급수학 II도 한두 과목 이상 이수하길 권한다.

네 번째, 과학은 일반선택 Ⅰ 과목의 물리학 Ⅰ, 화학 Ⅰ, 생명과학 Ⅰ을, 진로선택 Ⅱ 과목의 물리학 Ⅱ, 화학 Ⅱ, 생명과학 Ⅱ 이수를 권한다. 그중에서 화학과 생명과학은 꼭 이수해야 할 교과목이다. 그러므로 생명과학, 화학 교과목의 일반선택, 진로선택, 전문교과 Ⅰ 과목을 위계에 맞게 많이 이수해야 하며, 당연히 내신 성적도 좋아야 한다. 그리고 나서 관련 연계 활동을 넓혀가도 늦지 않다. 전문교과 Ⅰ 과목인 고급생명과학, 고급화학, 생명과학 실험, 화학실험도 한두 과목 이상 이수하길 권한다. Ⅱ과목 이외의 진로선택 과목은 '생활과 과학', '융합과학'이 적합하다. 아울러 교양과목 '보건'도 의학계열 진로와 연계가 되니 추천하고 싶다.

다섯 번째, 졸업 후 병원을 개원하는 경우가 많기 때문에 경영학, 경제학, 법학 등 사회과학 교과목과 생명을 다루는 직업이기 때문에 의료윤리, 생명윤리를 고찰해 볼 철학, 윤리학 등 인문학 교과목 공부에도 관심을 두길 바란다. 일반선택 과목인 '생활과 윤리' 과목에서는 직업윤리와 생명윤리를 배우기 때문에 사회탐구 한 과목만을 이수해야 한다면, 당연히 생활과 윤리를 강력히 추천한다.

끝으로, 의사는 사람의 삶과 죽음을 함께하는 직업이다. 따라서 의사가 되면, 선택과 판단이 필요한 윤리적 딜레마 상황에서 인문학적 소양과 통합적 사고 능력이 교과 지식보다 중요할 때가 많다. 인류애와 윤리·철학적 사고가 필요한 이유다.

● 공통과목

- 국어: 국어
- 수학: 수학
- 영어: 영어
- 한국사
- 사회: 통합사회
- 과학: 통합과학, 과학탐구실험

● 일반선택 과목

- 국어: 화법과 작문, 언어와 매체, 독서, 문학
- 수학: 수학Ⅰ, 수학Ⅱ, 미적분, 확률과 통계
- 영어: 영어회화, 영어 독해와 작문, 영어Ⅰ, 영어Ⅱ
- 사회: 한국지리, 세계지리, 세계사, 동아시아사, 경제, 정치와 법, 사회·문화, 생활과 윤리, 윤리와 사상
- 과학: 생명과학Ⅰ, 화학Ⅰ, 물리학Ⅰ, 지구과학Ⅰ
- 체육: 체육, 운동과 건강
- 예술: 음악, 미술, 연극
- 기술·가정: 기술·가정, 정보
- 제2외국어: 독일어Ⅰ, 일본어Ⅰ, 프랑스어Ⅰ, 러시아어Ⅰ, 스페인어Ⅰ, 아랍어Ⅰ, 중국어 Ⅰ, 베트남어Ⅰ
- 한문: 한문Ⅰ
- 교양: 철학, 논리학, 심리학, 교육학, 종교학, 진로와 직업, 보건, 환경, 실용경제, 논술, 민주시민, 평화시민, 세계시민

● 진로선택 과목

- 국어: 실용국어, 심화국어, 고전읽기
- 수학: 기본수학, 실용수학, 인공지능수학, 기하, 경제수학, 수학과제탐구
- 영어: 기본영어, 실용영어, 진로영어, 영어권문화, 영미문학읽기
- 사회: 여행지리, 사회문제탐구, 고전과 윤리
- 과학: 생명과학II, 화학II, 물리학II, 지구과학II, 과학사, 생활과 과학, 융합과학
- 체육: 스포츠생활, 체육탐구
- 기술 · 가정: 농업생명과학, 공학일반, 창의경영, 해양문화와 기술, 가정과학, 지식재산일반, 인공지능기초
- 제2외국어: 독일어II, 일본어II, 프랑스어II, 러시아아어II, 스페인어II, 아랍어II, 중국어II, 베트남어II
- 한문: 한문II

● 전문교과 I 과목 (일부 과목)

- 영어: 심화영어 I, 심화영어회화 I, 심화영어독해 I, 심화영어작문 I
- 수학: 심화수학 I, 심화수학 II, 고급수학 I, 고급수학 II
- 과학: 고급생명과학, 고급화학, 고급물리학, 고급지구과학, 생명과학실험, 화학실험, 물리학실험, 지구과학실험, 융합과학탐구

● 2015 개정 교육과정 고등학교 보통교과 교과목 구성

교과 영역	교과(군)	공통과목	선택과목	
			일반선택	진로선택
기초	국어	국어	화법과 작문, 독서, 언어와 매체, 문학	실용국어, 심화국어, 고전읽기
	수학	수학	수학Ⅰ, 수학Ⅱ, 미적분, 확률과 통계	기본수학, 실용수학, 인공지능수학, 기하, 경제수학, 수학과제탐구
	영어	영어	영어회화, 영어Ⅰ, 영어독해와 작문, 영어Ⅱ	기본영어, 실용영어, 영어권문화, 진로영어, 영미문학읽기
	한국사	한국사		
탐구	사회 (역사/ 도덕 포함)	통합사회	한국지리, 세계지리, 세계사, 동아시아사, 경제, 정치와 법, 사회·문화, 생활과 윤리, 윤리와 사상	여행지리, 사회문제탐구, 고전과 윤리
	과학	통합과학 과학탐구실험	물리학Ⅰ, 화학Ⅰ, 생명과학Ⅰ, 지구과학Ⅰ	물리학Ⅱ, 화학Ⅱ, 생명과학Ⅱ, 지구과학Ⅱ, 과학사, 생활과 과학, 융합과학
체육 · 예술	체육		체육, 운동과 건강	스포츠생활, 체육탐구
	예술		음악, 미술, 연극	음악연주, 음악감상과 비평 미술창작, 미술감상과 비평
생활 · 교양	기술· 가정		기술·가정, 정보	농업생명과학, 공학일반, 창의경영, 해양문화와 기술, 가정과학, 지식재산일반, 인공지능기초
	제2 외국어		독일어Ⅰ 일본어Ⅰ 프랑스어Ⅰ 러시아어Ⅰ 스페인어Ⅰ 아랍어Ⅰ 중국어Ⅰ 베트남어Ⅰ	독일어Ⅱ 일본어Ⅱ 프랑스어Ⅱ 러시아어Ⅱ 스페인어Ⅱ 아랍어Ⅱ 중국어Ⅱ 베트남어Ⅱ
	한문		한문Ⅰ	한문Ⅱ
	교양		철학, 논리학, 심리학, 교육학, 종교학, 진로와 직업, 보건, 환경, 실용경제, 논술	

● 2015 개정 교육과정 고등학교 전문교과 I 과목 (과학계열)

과목	내용
심화수학 I	'수학'을 학습한 후에 선택할 수 있는 전문교과 과목으로 '수학 I', '수학II', '미적분'의 주요 내용을 압축하고 심화한 과목이다. 자연과학, 공학, 의학 및 이들의 응용 분야를 전공하는 데 학문적 기초가 되며, 창의융합인재로 자라나기 위한 지식 이해 및 습득, 문제해결력, 추론, 창의·융합, 의사소통, 정보처리, 태도 및 실천 역량을 함양할 수 있다.
심화수학II	'수학'과 '심화수학 I'을 학습한 후에 선택할 수 있는 전문교과 과목으로 '미적분', '기하', '확률과 통계'의 주요 내용을 압축하고 심화한 과목이다. 자연과학, 공학, 의학 및 이들의 응용 분야를 전공하는 데 학문적 기초가 되며, 창의융합인재로 성장하기 위한 지식 이해 및 습득, 문제해결력, 추론, 창의·융합, 의사소통, 정보처리, 태도 및 실천의 역량을 함양할 수 있다.
고급수학 I	전문교과 I 인 '심화수학 I '과 '심화수학II'를 학습하거나 이들 과목에 포함된 내용을 다루는 수학의 일반선택과 진로선택 과목을 학습한 후에 선택할 수 있는 과목으로 '심화수학 I ', '심화수학II'의 내용을 심화·발전시킨 것이다. 자연과학, 공학, 의학 및 이들의 응용 분야를 전공하는 데 학문적 기초가 되며, 창의융합인재로서 자라나기 위한 지식 이해 및 습득, 문제해결력, 추론, 창의·융합, 의사소통, 정보처리, 태도 및 실천의 역량을 함양하는 과목이다.
고급수학II	전문교과 I 인 '고급수학 I '을 학습한 후 선택할 수 있는 전문교과 과목으로, '심화수학 I ', '심화수학II', '고급수학 I '의 내용을 심화·발전시킨 것이다. 자연과학, 공학, 의학 및 이들의 응용 분야를 전공하는 데 학문적 기초가 되며, 창의융합인재로서 성장하기 위한 지식 이해 및 습득, 문제해결력, 추론, 창의·융합, 의사소통, 정보처리, 태도 및 실천의 역량을 함양하는 과목이다.
고급물리학	과학기술과 관련된 전공 분야로 진출하는 데 필요한 물리학의 내용을 체계적으로 이해하며 '물리학II'에서 심화한 물리학의 학문적 체계 및 내용을 학습하기 위한 과목이다.
고급화학	심화한 화학 개념과 탐구 원리를 통해 물질의 구조, 성질, 변화에 대한 체계적 이해를 도모하여 일상생활의 문제뿐만 아니라 장차 자연과학과 공학 분야에서 물질에 대한 탐구를 과학적으로 수행하는 능력을 기르기 위한 과목이다.
고급생명과학	'생명과학 I ', '생명과학II'를 통하여 생명현상 전반에 대한 기초 개념을 습득한 후에 선택할 수 있는 과목이다. 더욱 전문적인 생명과학 개념을 분자적 수준에서 통합적으로 이해하며, 앞으로의 연구 분야에 생명과학의 지식을 활용할 수 있도록 준비하는 과목이다.
고급지구과학	시공간적으로 밀접한 관련이 있는 지구와 우주에 대한 심화 개념과 탐구 방법을 이해하고, 주제별 탐구를 직·간접적으로 해봄으로써 이공계로 진학하였을 때 필요한 융합적 문제해결력과 탐구역량을 기르기 위한 과목이다.
물리학실험	'물리학 I ' 또는 '물리학II'를 이수한 학생들이 심화한 수준으로 물리학실험탐구를 해봄으로써 이공계로 진학하였을 때 필요한 실험 및 탐구역량을 기르기 위한 과목이다.
화학실험	심화한 화학실험의 원리와 기능을 익혀 물질현상을 체계적으로 탐구함으로써 화학 개념의 깊이 있는 이해를 도모하고 장차 자연과학과 공학 분야에서 물질에 관한 탐구를 과학적으로 수행하는 능력을 기르기 위한 과목이다.

생명과학실험	실험 기법을 익히고, 관심 있는 생명과학의 주제에 대해 과학적으로 탐구하는 능력을 길러 앞으로의 연구 분야에 생명과학의 지식을 활용할 수 있도록 준비하는 과목이다.
지구과학실험	시공간 스케일의 범위가 큰 지구와 우주에 대한 이해와 심화 개념을 바탕으로 지구과학적 탐구 방법의 특성을 활용하여 다양한 탐구와 실험을 수행함으로써 관련 연구 분야에서 필요한 창의적 탐구역량을 함양하기 위한 과목이다.
융합과학탐구	토론과 조사를 거쳐 융합과학 소재의 과제를 선정하여 실험 실습을 수행하고 결론을 도출하여 보고서를 작성하는 일련의 연구 과정을 경험함으로써 과학자 혹은 일반 시민으로서 갖추어야 할 창의성과 문제해결 능력을 기를 수 있는 과목이다.
과학과제연구	과학계열 고등학교 학생 또는 일반고등학교에서 과목 중점 과정을 이수하는 학생을 대상으로 하여, 토론과 조사를 거쳐 특정 과학 과제를 선정하여 실험 실습을 수행하고 결론을 도출하여 보고서를 작성하는 일련의 연구 과정을 통해 과학자가 갖추어야 할 연구 수행 능력을 기를 수 있는 과목이다.
생태와 환경	생태와 환경에 관심이 있는 미래의 과학 인재들이 생태와 환경에 대한 과학적 소양을 함양하도록 하여, 개인적인 실천뿐만 아니라 진로를 결정하는 데 필요한 지식을 제공하는 과목이다.
정보과학	컴퓨터과학의 기본 개념과 원리 및 기술을 바탕으로 창의적이고 효율적으로 다양한 분야의 문제를 해결하는 역량을 기르기 위한 과목이다.

● 2015 개정 교육과정 고등학교 전문교과 I 과목 (외국어계열)

과목	특성
심화영어회화 I	일반적 주제에 관해 영어로 듣거나 말하는 능력을 기르는 과목으로 '심화영어회화 II'를 이수하는 데 필요한 준비를 할 수 있는 과목이다. 학습자의 수준을 고려하여 발표, 토의·토론 등의 활동뿐 아니라, 창의성과 인성 계발에도 도움이 되는 학습자 참여 및 협동 학습 중심의 활동이 많은 과목이다.
심화영어회화 II	다양한 분야에 관해 영어로 듣거나 말하는 능력을 기르는 데 목적이 있다. 의사소통 전략을 효과적으로 구사하여 다양한 상황에서 정확하게 듣고 비교적 유창하게 말하는 능력을 배양하도록 하는 과목이다.
심화영어 I	실생활에 필요한 의사소통 능력을 향상하고 장차 전공 분야와 관련된 영어 이해 능력과 표현 능력을 기르는 과목으로 '심화영어 II'를 이수하는 데 필요한 준비를 할 수 있는 과목이다.
심화영어 II	'심화영어 I'을 학습한 후 학습자들의 전공에 따른 다양한 요구를 최대한 충족시키기 위해 일반적 주제의 정보뿐만 아니라 기초학문 영역의 정보를 다루기 위한 언어 능력을 개발하도록 한다. 또한 언어 및 문화적 다양성에 대한 이해와 포용 능력을 길러 세계 공동체 구성원으로서의 역량을 키울 수 있는 과목이다.
심화영어독해 I	다양한 주제와 장르의 글을 읽고 이해하는 능력을 기르는 데 목적을 두어 '심화영어독해 II'를 이수하는 데 필요한 준비를 할 수 있는 과목이다. 적절한 읽기 전략을 활용하여 인문, 사회, 과학, 문화, 예술 등에 관련된 다양한 소재의 글을 읽고 올바르게 이해하는 능력을 기를 수 있는 과목이다.
심화영어독해 II	기초 학술 자료 및 다양한 주제와 장르의 글을 읽고 이해하는 능력을 기르는 과목이다. 효과적인 읽기 전략을 활용하여 인문, 사회, 과학, 문화, 예술 등에 관련된 다양한 소재의 글을 읽고 정확하게 이해하는 능력을 기른다. 지식 정보 사회에서 영어로 표현된 다양한 정보를 수집·분석하고 비판적인 영어 독해 능력을 키울 수 있는 과목이다.
심화영어작문 I	친숙한 일반적 주제에 관련된 글을 조리 있게 쓰는 능력을 기르는 과목이다. '심화영어작문 II'를 이수하는 데 필요한 준비를 할 수 있는 과목이다.
심화영어작문 II	다양한 일반적 주제에 관련된 글을 조리 있게 쓸 수 있는 능력을 기르는 과목이다. 다양한 문화적 배경을 가진 사람들 간의 효과적인 의사소통을 위한 영어 쓰기 능력을 기를 수 있는 과목이다.
전공기초외국어	일상생활에 사용되는 기본적인 의사소통 표현을 이해하고 상황에 맞게 활용하며, 해당 외국어권 문화를 이해하고 문화의 다양성을 수용함으로써 세계시민으로서의 소양을 기르는 과목이다.
외국어회화 I	일상생활의 기본적인 의사소통에 사용되는 다양한 표현을 듣고 이해하며 말할 수 있고, 이를 바탕으로 해당 외국어로 의사소통하려는 적극적인 태도를 기르는 것을 목표로 하는 과목이다.
외국어회화 II	'외국어회화 I'의 학습 내용을 바탕으로 일상생활의 다양한 상황에서 사용되는 의사소통 표현을 이해하고 말할 수 있으며, 이를 바탕으로 해당 외국어로 의사소통하려는 적극적인 태도를 기르는 것을 목표로 하는 과목이다.

외국어 독해와 작문 I	해당 외국어 텍스트를 읽고 이해하며, 자기 생각을 해당 외국어로 작성하는 능력을 배양하고, 이를 적극적으로 활용하려는 태도를 기르는 과목이다.
외국어 독해와 작문 II	'외국어 독해와 작문 I'의 학습 내용을 바탕으로 해당 외국어 텍스트를 읽고 이해하며, 자기의 생각을 외국어로 작성하는 능력을 배양하는 과목이다.
외국어권문화	해당 외국어권의 일상생활, 지역 사정 및 사회 전반에 걸쳐 축적된 문화적 가치를 이해하며, 타 문화를 배려하고 존중하는 태도를 기르는 과목이다.

8 | 2022 개정 교육과정

● 2022 개정 교육과정 고등학교 보통교과

교과(군)	공통과목 (기초소양)	선택과목		
		일반선택 (학문별 주요 내용)	진로선택 (심화과목)	융합선택 (교과융합, 실생활 응용)
국어	공통국어1 공통국어2	화법과 언어, 독서와 작문, 문학	주제탐구독서, 문학과 영상, 직무의사소통	독서토론과 글쓰기, 매체의사소통, 언어생활탐구
수학	공통수학1 공통수학2 기본수학1 기본수학2	대수, 미적분 I, 확률과 통계	기하, 미적분 II, 경제수학, 인공지능수학, 직무수학	수학과 문화, 실용통계, 수학과제탐구
영어	공통영어1 공통영어2	영어 I , 영어 II	영미문학읽기, 영어발표와 토론, 심화영어, 심화영어 독해와 작문, 직무영어	실생활영어회화, 미디어영어, 세계문화와 영어
	기본영어1 기본영어2	영어독해와 작문		
사회 (역사/ 도덕 포함)	한국사1 한국사2	세계시민과 지리, 세계사, 사회와 문화, 현대사회와 윤리	한국지리탐구 / 도시의 미래 탐구	여행지리
			동아시아역사기행	역사로 탐구하는 현대세계
	통합사회1 통합사회2		정치, 법과 사회, 경제	사회문제탐구, 금융과 경제생활
			윤리와 사상 / 인문학과 윤리	윤리문제탐구
			국제 관계의 이해	기후변화와 지속가능한 세계

과학	통합과학1 통합과학2 과학탐구실험1 과학탐구실험2	물리학, 화학, 생명과학, 지구과학	역학과 에너지	전자기와 양자	과학의 역사와 문화, 기후변화와 환경생태, 융합과학탐구
			물질과 에너지	화학 반응의 세계	
			세포와 물질대사	생물의 유전	
			지구시스템과학	행성우주과학	
기술·가정 /정보		기술·가정	로봇과 공학세계, 생활과학탐구		창의공학설계, 지식재산일반, 생애설계와 자립, 아동발달과 부모
		정보	인공지능기초, 데이터과학		소프트웨어와 생활
제2외국어 /한문		독일어, 프랑스어, 스페인어, 중국어, 일본어, 러시아어, 아랍어, 베트남어	독일어회화, 프랑스어회화, (…) 베트남어회화		독일어권문화, (…) 베트남문화
			심화독일어, 심화프랑스어, (…) 심화베트남어		* 8개 언어 모두 각각의 회화/심화/문화 과목 포함
		한문	한문고전읽기		언어생활과 한자
체육		체육1, 체육2	운동과 건강, 스포츠문화, 스포츠과학		스포츠생활1, 스포츠생활2
예술		음악, 미술, 연극	음악연주와 창작, 음악감상과 비평, 미술창작, 미술감상과 비평		음악과 미디어, 미술과 매체
교양		진로와 직업, 생태와 환경	인간과 철학, 논리와 사고, 인간과 심리, 교육의 이해, 삶과 종교, 보건		인간과 경제활동, 논술

대학교 교육과정

1 │ 서울대학교

● 서울대 의과대학 교육과정

[출처: 아로리, '나도 입학사정관']

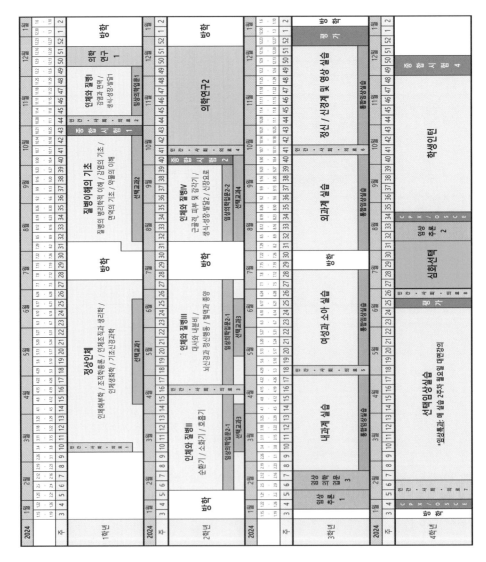

[출처: 연세대학교, '전공 안내']

● 의학과에서는 무엇을 배우나요?

의대는 의사가 되고 싶은 사람들이 가는 곳입니다. 변호사가 되기 위해서 꼭 법대를 나올 필요는 없지만, 의사가 되려면 꼭 의대를 나와야 합니다. 그렇기 때문에 의대에서는 의사가 되기 위해 필요한 것들을 배우게 됩니다. 사실 정확히 말하자면 의과대학은 단과대학의 이름이고 여러분이 입학하게 될 과는 의예과입니다. 의대에 입학하면 의예과 2년과 의학과 4년으로 총 6년 동안 학교를 다니게 됩니다. 의예과(예과)에서는 의학과(본과)에서 배우기 위해 필요한 기본적인 것들을 공부하게 됩니다. 기초적인 수학과 과학, 그리고 영어와 교양 등의 과목들을 배우며 2년을 보내게 됩니다. 본과에 오기 위해 필요한 과목들을 다 들으면 이제 본과에 오게 되는데, 본과 1학년 때는 기초의학을, 2학년 때는 임상의학을 배우게 됩니다. 임상의학이 여러분들이 흔히 알고 있는 무슨 무슨 과라고 하는 것들이에요. 내과, 외과, 소아과 같은 과목들이 있지요. 기초의학은 이 임상의학을 배우기 위해 필요한 해부학, 조직학, 생리학, 약리학 등의 과목을 말합니다. 본과 3학년부터는 병원에서 실습을 돌게 됩니다. 의사라는 직업이 단순히 지식만을 가지고 있어서 되는 직업이 아니고 실제로 환자를 진찰하고 치료해야 하는 직업이기 때문에 실습은 매우 중요합니다. 본과 3학년 때는 내과, 외과, 소아과, 산부인과, 정신과, 그리고 기타 다른 과 일부를 돌게 되고, 본과 4학년 때 나머지 중에서 몇 개를 선택해서 돌게 됩니다. 간단히 정리해보면 의대에서는 사람의 몸의 정상구조, 이상구조와 그 치료 방법을 배우고 실습한다고 할 수 있습니다.

● 전공과목

예과에서는 다른 이학계열 학생들과 비슷하게 수업을 듣습니다. 물리, 화학, 생물, 미적 등의 전공 기초과목과 세포 생물학, 유전학, 유기화학 등의 전공과목들을 듣게 됩니다. 본과에 오면 우선 몸의 정상에 대해 배웁니다. 몸의 구조에 대해 배우는 해부학, 우리 몸의 조직들이 어떻게 생겼고 어떤 기능을 하는지 배우는 조직학, 우리 몸의 각 기능이 어떤 과정을 통해 일어나는지 배우는 생리학 등을 기본으로 약이 어떤 과정을 통해 작용하는지 배우는 약리학, 우리 몸에 이상이 생기면 어떻게 되는지를 배우는 병리학 등을 공부하게 됩니다. 본과 2학년이 되면 몸의 비정상에 대해 배웁니다. 내과, 외과, 산부인과, 소아과, 정신과 등 각 임상과목별로 소화계, 호흡계, 순환계 등의 계통별로 나타나는 질환과 그 치료 방법 등에 대해 배우게 됩니다.

2021학년도 의학과 교과과정 구조

월: 1 2 3 4 5 6 7 8 9 10 11 12 2022-1
주: 1 2 3 ... 51 1 2 3

1학년
- 1분기 학과목: 세포대사, 분자생물, 세포신구조와 기능, 인체발생학
- 학생연구 / DMH / 일반선택과목
- 겨울방학 / 평가
- 2분기 학과목: 근육골격계통, 비뇨/생식계통, 내분비계통, 순환계통, 호흡계통
- 학생연구 / DMH / 일반선택과목
- 평가 / 여름방학
- 3분기 학과목: 소화계통, 비뇨/생식계통, 내분비계통, 약리학개론, 기초연역학
- 학생연구 / DMH(선택과목) / 일반선택과목
- 4분기 학과목: 감염학총론, 임상역학
- 학생연구 / DMH / 일반선택과목
- 평가 / 겨울방학 / 통합역량

2학년
- 1분기 학과목: 정신과학, 병리학개론, 기초생약의학, 의과학개론, 임상진염학, 역학
- 학생연구 / DMH / 일반선택과목
- 겨울방학 / 평가
- 2분기 학과목: 소화기학, 심장과 순환, 신경비뇨의학, 종양학, 환경과 산업보건
- 학생연구 / DMH / 일반선택과목
- 평가 / 여름방학
- 3분기 학과목: 호흡기학, 내분비학, 혈액학, 생식의학과 여성질환, 보건관리
- PBL / 학생연구 / DMH(선택과목) / 일반선택과목
- 4분기 학과목: 야간, 신생아 및 노인학, 응급의학과, 중환자의학, 임상신경과학, 감기기학, 피부학, 근골격의학, 생활습관과 건강
- PBL / 학생연구 / DMH
- 평가 / 겨울방학 / 통합역량

3학년
- 필수 임상실습 / 필수 임상실습 및 선택심화실습
- 학생연구 / DMH / 통합역량
- 여름방학 / 종합평가 / 학생인턴

4학년
- 특성화, 연구심화(선택) / 연구심화(선택)
- 공통슬기 / DMH / 통합역량
- 종합평가 / 여름방학
- 임상종합추론
- 통합역량 및 종합포트폴리오
- 특성화(4학년) / 겨울방학

3 | 성균관대학교

[출처: 성균관대학교, '전공 안내']

● 탁월한 연구와 혁신적인 교육으로 트렌드를 선도하는 의예과

의예과는 의학을 교육하고 연구하는 분야로 진료, 연구, 교육을 통해 인류 사회에 공헌하는 의사를 양성하는 데 그 목적을 두고 있습니다. 성균관대학교 의과대학에서는 6년의 교육과정을 통해 의사로서 갖추어야 할 윤리관과 가치관을 바탕으로 의학의 과학적인 지식과 술기뿐만 아니라 과학적 의학의 중심 속에서 소외되고 고립되는 인간에 대한 성찰과 이해를 바탕으로 끝까지 인간의 존엄을 존중하고 지키는 의사로서 성장할 수 있도록 최선을 다하고 있습니다. 성균관대의 의과대학의 역사는 20년이 채 안 되지만 짧은 시간 내에 국내 최고 수준의 의과대로 도약했습니다. 가장 든든한 배경은 삼성서울병원입니다. 삼성서울병원은 성균관대학교 의과대학 교육병원으로 대부분의 졸업생이 삼성서울병원에서 인턴, 레지던트 등 수련의 과정을 밟고 있습니다. 삼성창원병원, 강북삼성병원 등 다양한 의료기관도 성균관대 의과대학생이 임상실습을 진행하고 교육받을 수 있는 임상교육장입니다.

전공 영역	설명	과목
의료인문학	의학의 근간은 인간을 대상으로 하기 때문에 의과학적 관점뿐만 아니라 다양한 인문학적 관점과 함께 통합적으로 바라보기 위한 교육과정이다.	인문과 나, 인문과 인간, 인문과 삶, 인문과 사회, 의료윤리
기초의학	질병들을 이해하는 데 필요한 지식과 임상의학을 학습하는 데 필요한 인체구조와 기능에 관한 내용을 배우는 교육과정이다.	해부학, 생리학, 병리학, 조직학, 약리학, 미생물학, 면역학 등
실습 전 임상교육	질병의 생리를 이해하고 이를 진단하고 치료하는 데 필요한 지식과 기술 내용을 배우는 교육과정이다.	다양한 기본적 임상 사례들을 PBL(문제 기반 학습)을 통해 실제적 문제해결을 통해 능동적으로 참여하는 학습자 중심의 수업
임상실습	지난 과정 중 배운 의학 지식과 기초임상술기를 바탕으로 실제 임상 현장에서 다양한 임상 실습 경험을 쌓게 된다.	내과, 외과, 정신건강의학과, 소아청소년과, 응급의학과 등

● 성균관대 의과대학 교육과정

의예과

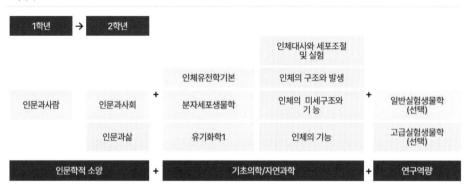

1학년	→	2학년			
				인체대사와 세포조절 및 실험	
		인체유전학기본	인체의 구조와 발생		
인문과사람	인문과사회	+ 분자세포생물학	인체의 미세구조와 기능	+ 일반실험생물학 (선택)	
	인문과삶	유기화학1	인체의 기능	고급실험생물학 (선택)	

인문학적 소양	+	기초의학/자연과학	+	연구역량

의학과

	1학년	→	2학년	→	3학년	→	4학년
	기초의학+PBL+의료인문학+연구역량				임상실습+의료인문학+연구역량		
	인체방어기전		핵심과정2:내분비대사학, 소화기학, 혈액종양학		필수학생연구2		외과학실습2
	의학통계		핵심과정3:감각신경학, 정신과학,노인의학		임상실습입문		응급의학실습
	약리의 이해		환자와 의사2		내과학실습		가정의학실습
1학기	질병의 병리기전		의료윤리2		외과학실습1		선택실습1(안과)
	감염체의 이해		필수학생연구1		산부인과학실습		선택실습1(이비인후과)
	신경과학				소아청소년과학실습		선택실습2(마취통증의학과, 재활의학과)
	신경계구조				정신과학실습		선택실습2(내과, 피부과)
	기초시기역량평가				신경과학실습		선택실습3(성형외과,비뇨의학과,신경외과)
					통합실습		선택실습3(정형외과,흉부외과)

2학기	임상기초의학	핵심과정4: 알레르기학, 감염학	영상의학실습	심화실습
	핵심과정1 : 호흡기,순환기학,신장학	핵심과정5: 운동기학, 류마티스학, 피부과학	Patient Experience1	Patient Experience2
	환자와 의사1	핵심과정6: 산부인과학, 소아청소년과학	사회와의사:의료관리	Elective Program
	의료윤리1	인체유전심화	사회와의사:환경의학	의사의 길
	사회와 의사:역학	환자와 의사3	임상의학종합평가	지역사회의학
	기초의학종합평가	사회와 의사:건강증진		의료정보학
		핵심과정평가		의학컴퓨팅
				Patient Experience3
				임상종합실습

＊ 3학년은 연단위
교육과정으로 운영

4 | 가톨릭대학교

[출처: 가톨릭대학교, '전공 안내']

● 교과 상세 설명

의예과 1학년~2학년 1학기

의예과는 본격적으로 의학에 대해 공부하기 이전에 그 기초가 되는 과목들을 학습하고, 의사로서 갖춰야 하는 기본적인 인문학적 소양을 공부하는 과정입니다. 의예과 1학년 때 일반생물, 일반화학, 일반물리, 의학통계학 등의 기초 전공과목을 학습하고, 이를 의예과 2학년 때는 분자세포생물학, 유기화학, 연구방법론 등의 보다 심화된 과목에 대한 공부로 이어나갑니다. 동시에 지성사, 고전강독, 생명과 윤리, 비판적 사고와 글쓰기 등의 OMNIBUS 과목을 통해 의사가 갖추어야 하는 인문학적인 소양에 대해서 고찰하는 기회를 갖습니다.

의예과 2학년 2학기~의학과 2학년

의예과 2학년 2학기부터 2.5년의 기간 동안에는 의학이라는 이론적 과목에 대해 공부합니다. 해부학, 발생조직총론 수업을 통해서 해부를 진행하며 신체의 물리적 특성에 대해 학습하고, 신경계, 호흡기계, 소화기계 등의 각각의 기관계에 대해 심도 있게 공부하는 기간입니다. 또한 Problem Based Learning(PBL)과 임상의학입문 ICM 수업 등을 통해 이론을 실전에 적용하는 능력 역시 함양할 수 있습니다.

의학과 3~4학년

의학과 3학년부터는 가톨릭대학교 8개 부속병원에서 병원 실습을 진행하게 됩니다. 실습 수업을 통해서 병원의 다양한 과를 돌아다니면서, 각각의 분야에서 어떤 의학적 치료가 행해지는지를 현장에서 보고 느낄 수 있습니다. 또한 다양한 사례를 접하면서 의사로서 자신이 어떤 일을 하고 싶은지에 대해서도 고민하고 결정하는 기간입니다.

● 가톨릭대 의과대학 교육과정

의예과 1학년	공동체교육 I(비전과 미션), 일반생물 I, 일반화학, 일반물리 I, 실험의학 I, 치유자 리더십, 커뮤니케이션, 통합예체능 I, 확률 및 통계, 지성사 I, 비움과 채움 I, 자기계발과 포트폴리오 I, 사랑과 생명, 의료와 문학, 데이터과학, 공동체교육 II(리더십 트레이닝), 일반생물 II, 유기화학 I, 일반물리 II, 실험의학 II, 지성사 II, 통합예체능 II, 의학통계학, 생명과 윤리, 고전강독, 비움과 채움 II, 자기계발과 포트폴리오 II, 정치와 경제, 사회학
의예과 2학년	의학사, 유기화학 II, 의과학발달사, 연구방법론, 비판적 사고와 글쓰기, 개인맞춤선택 프로그램, 의료현장체험 프로그램, 분자세포생물학, 유전학, 인간행동, 건강과 사회, 자기계발과 포트폴리오 III, 빅데이터 분석을 위한 프로그래밍, OMNIBUS 1: Foundation, 해부학 I, 해부학 II, 발생조직총론, 신경과학 I, 생화학, 분자세포의학
의학과 1학년	생리학총론, 순환 및 호흡 계통, 소화 및 배설 계통, 내분비 및 생식 계통, 신경과학 II, 면역학, OMNIBUS 3: 의료와 사회 I, 지역사회 보건의료, 미생물학 I, 기생충학, 병리학총론, 미생물학 II, 질병과 치료의 원리, 약리학, 역학, 진료현장체험, 수술환자관리, 성장과 발달, 감염과 면역, 영상의학기초, 악구강계의 구조와 질환, EBM I, OMNIBUS 4: 사회체험실습, OMNIBUS 2A: 인간의 길, 임상의학입문(ICM) I, 문제바탕학습(PBL) I
의학과 2학년	신경계, 정신, 심혈관계, 진단검사의학, 건강증진, 호흡기계, 내분비 및 대사, 신장 및 요로, OMNIBUS 5: 의료와 인간 I, 임상의학입문(ICM) II, 문제바탕학습(PBL) II, 소화기계, 근골격계, OMNIBUS 6: 의료와 사회 II, 직업환경의학, 생식 및 여성, 감각기, 응급·중환자, 혈액 및 종양, 총괄평가, OMNIBUS 7: 의료와 사회 II, OMNIBUS 2B: 인간의 길, 임상의학입문(ICM) III, 문제 바탕학습(PBL) III
의학과 3학년	OMNIBUS 9: Medical Professionlism의 기초, OMNIBUS 10: 의료현장의 리더십, EBM II, 임상의학 입문(ICM) IV, 핵심필수기본실습(영상의학과), 핵심필수기본실습(진단검사의학), 임상약리, SBP(Symptom Based Practice), 소화기내과 실습, 순환기내과 실습, 호흡기내과 실습, 내분비내과 실습, 신장내과 실습, 혈액내과 실습, 종양내과 실습, 감염내과 실습, 류마티스내과 실습, 핵의학과 실습, 병리과 실습, 응급의학과 실습, 외과 실습, 산부인과 실습, 소아과 실습, 정신과 실습, OMNIBUS 8-A: 의료인의 삶과 여가활동, OMNIBUS 11: 의료윤리와 연구윤리, 맞춤의학, CPC, 임상종합평가(1,2차 임종평), 임상수행능력평가 I
의학과 4학년	학생 인턴, 선택심화, OMNIBUS 12: 의료와 사회 II(의료정책 및 법), 법의학, 노인의학, 신경과 실습, 마취통증 의학과 실습, 영상의학과 실습, 가정의학과 실습, 정형외과 실습, 신경외과 실습, 흉부외과 실습, 성형외과 실습, 안과 실습, 이비인후과 실습, 피부과 실습, 비뇨기과 실습, 방사선종양학과 실습, 재활의학과 실습, 완화의학 실습, 직업환경의학 실습, 법의학 실습, OMNIBUS 8-B: 의료인의 삶과 여가활동, OMNIBUS 13: 진로 및 관심 분야 설계 발표제, 임상수행능력평가 II, 종합평가(1, 2차 임종평+종합평가)

합격자 고교 유형

2024학년도 경희대 종합전형 의예과 지원자와 등록자 출신 고교 유형별 현황 표 2를 보면, 일반고·자공고 지원자는 69.7%, 자사고 지원자는 12.0%, 특목고 지원자는 16.0%였다. 반면, 일반고·자공고 등록자는 48.5%, 자사고 등록자는 21.2%, 특목고 등록자는 30.3%로 자사고와 특목고 등록자 즉 합격자가 늘어난 것이 눈에 띈다. 대학마다 일관성이 있는 것도 아니고 경향성이 바뀌기도 하지만 수도권 의예과의 종합전형 출신 고교 유형은 일반고·자공고와 자사고·특목고 비율은 5:5나 6:4 정도로 자사고·특목고 학생들의 합격 비율이 높은 추세다.

〈표 1〉의 2023년 교육기본통계를 살펴보면, 일반고는 1,666개교임에 반하여, 특목고와 자율고는 합해서 226개교에 불과하다. 이 통계로 미루어 고등학교 유형별 의예과 종합전형 합격 비율을 따져본다면 자사고·특목고 출신 학생의 합격 비율이 현저히 높다는 것을 알 수 있다.

그 이유는 특목고와 자율고 지원자의 수학·과학 이수 단위가 일반고보다 많고, 수학·과학 전문교과 I 등 다양하고 심화된 교육과정 개설이 가능하며, 종합전형 대비를 위한 실험·실습 등 학교프로그램이 잘 구비돼 있기 때문이다. 평범한 일반고 학생들이 의대 종합전형 지원을 망설이는 이유다. 실례로, 일반고 학생 합격률이 높은 중앙대 CAU융합형인재전형의 합격자 등급 평균은 1.4이었다. 반면, 특목고 학생 합격률이 높은 CAU탐구형인재전형의 합격자 등급 평균은 1.7로 CAU융합형인재전형보다 내신 합격선이 더 넓게 분포한다.

하지만 일반고도 2022 개정 교육과정과 고교학점제가 실시되면 다양한 교과목 개설이 가능하고 종합전형에 진심인 일반고 수가 늘고 있으므로, 의대도 일반고 학생부를 편견 없이 꼼꼼히 들여다보길 바란다. 자사·특목고라는 이유로 역차별이 있어서는 안 되지만,

자사·특목고 후광효과로 인해 일반고 최고 우등생들이 차별받아도 결코 안 되기 때문이다.

〈표 1〉 유·초·중등 학교 수

(단위: 개교)

연도	전체	유치원	초등학교	중학교	고등학교					기타
					전체	일반고	특성화고	특목고	자율고	
2023년	20,605	8,441	6,175	3,265	2,379	1,666	487	162	64	345
2022년	20,696	8,562	6,163	3,258	2,373	1,645	487	161	80	340
2021년	20,772	8,660	6,157	3,245	2,375	1,616	488	161	110	335

[출처: 교육부. 2023. 8. '2023년 교육기본통계 주요 내용']

주 1) 학교 수에는 신설 학교, 기존 학교, 휴교가 포함됨(폐교, 분교는 제외함)
주 2) 기타에는 특수학교, 고등공민학교, 고등기술학교, 각종 학교, 방송통신중·고등학교가 포함됨
주 3) 2023년 고등학교 유형별 현황
   - 특성화고: 특성화고(직업) 462개교, 특성화고(대안) 25개교
   - 특목고: 과학고 20개교, 영재학교 8개교, 예술고 26개교, 외국어고 30개교, 체육고 17개교, 국제고 8개교, 산업수요맞춤형고 53개교(공국항공과학고등학교는 국방, 치안 등의 사유로 조사 대상에서 제외)
   - 자율고: 자율형 공립고 31개교, 자율형 사립고 33개교
주 4) 2011년부터 고등학교 유형이 2가지 유형(일반고, 전문계고)에서 4가지 유형(일반고, 특성화고, 특목고, 자율고)으로 변경됨

〈표 2〉 2024학년도 경희대 종합전형 의예과 지원자 · 등록자 출신 고교 유형별 현황

[출처: 경희대 의 · 약학계열 설명회]

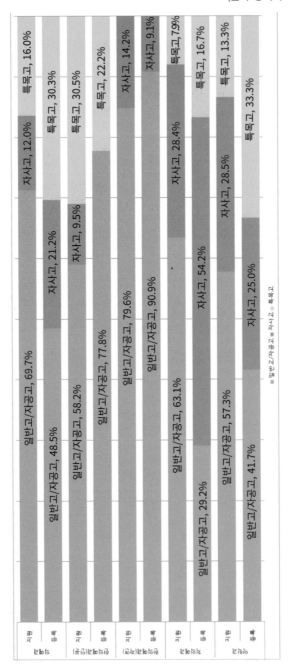

<표 3> 2024학년도 아주대 ACE전형 의학과 입시 결과

모집 단위	최고	평균	최저	모집 인원	경쟁률	충원배수	최저충족률
의학과	1.07	1.68	2.49	20	44.20	1.70	52.7%

<표 4> 2024학년도 아주대 ACE전형 의학과 고교 유형별 합격자 내신 등급

모집 단위	일반고			자공고			자사고		
	최고	평균	최저	최고	평균	최저	최고	평균	최저
의학과	1.04	1.27	2.01	1.04	1.27	1.53	1.12	1.95	2.49

<표 5> 2024학년도 아주대 ACE전형 의학과 고교 유형별 지원자 비율

모집 단위	일반고	자사고	특목고
의학과	62.3%	31.5%	6.1%

<표 6> 2024학년도 아주대 ACE전형 의학과 고교 유형별 1단계 합격자 비율

모집 단위	일반고	자사고	특목고
의학과	63.3%	30.0%	6.7%

<표 7> 2024학년도 아주대 ACE전형 의학과 고교 유형별 최초합격자 비율

모집 단위	일반고	자사고	특목고
의학과	60.0%	30.0%	10.0%

<표 8> 2024학년도 아주대 ACE전형 의학과 고교 유형별 최종등록자 비율

모집 단위	일반고	자사고	특목고
의학과	50.0%	50.0%	0.0%

[출처: 2024년 아주대 입학전형 컨퍼런스]

CHAPTER 06
수능 최저충족률

의대의 수능 최저 기준은 모든 전형 및 모집 단위에서 단연 높다. 그렇다면 슈퍼 수능 최저를 통과할 경우 의대에 합격할 수 있을까?

먼저, 수능 최저를 통과한 실질경쟁률을 살펴보자. 2024학년도 가톨릭대 의예과의 교과전형인 '지역균형전형'은 모집 인원 10명에 94명이 지원해서 경쟁률은 9.40:1이었다. 이때 수능 최저를 충족한 인원은 46명으로 실질경쟁률[지원자 중 수능 최저 통과 인원 대비 총합격자(미등록자 포함) 비율]은 2.88:1이었다. 논술전형은 19명 모집에 4,308명이 몰려서 경쟁률은 226.74:1이었다. 실질경쟁률은 94.2:1이었다. 즉, 수능 최저를 통과하면 실질경쟁률은 대폭 내려가서 합격에 가까워진다는 사실은 확실하다. 다만, 수능 최저충족이 의대 합격의 필요조건이 될지언정 필요·충분조건을 모두 갖춘 것은 아니다. 교과전형은 내신 성적, 종합전형은 내신 성적·서류평가·면접, 논술전형은 논술 성적에서 마지막 승부가 남아 있기 때문이다.

첫 번째, 가톨릭대 의예과의 학생부종합전형 '학교장추천전형'과 학생부교과전형 '지역균형전형' 수능 최저충족률을 살펴보면, 3개 영역 등급 합 4 이내의 수능 최저 기준을 통과해야 하는 종합전형 '학교장추천전형'은 2024학년도 64.6%, 2023학년도 70.4%, 2022학년도 57.7% 수능 최저충족률을 보였다. 2023학년도 수능 최저충족률이 눈에 띈다. 이는 영어 1등급 비율이 7.83%로 높아서, 최상위권 학생들이 수능 최저 기준을 충족하기 용이했기 때문이다. 2023학년도의 튀는 통계를 제외하더라도 수능 최저충족률은 높아지는 추세다. 즉, 2024학년도에 수능 최저를 통과한 64.7% 지원자는 여기서 끝난 것이 아니라 학생부 서류와 면접에서 진검 승부가 기다리고 있다.

4개 영역 등급 합 5 이내의 수능 최저 기준을 통과해야 하는 학생부교과전형 '지역균형전형'은 2024학년도 48.96%, 2023학년도 45.3%, 2022학년도 40.0% 수능 최저충족률을 보였다. 학교장추천전형에 비해 높은 수능 최저 기준으로 인해 충족률은 더 낮다. 즉, 2024학년도에 수능 최저를 통과한 48.9% 지원자는 그다음 내신을 소수점 단위로 줄을 세워 우열을 가린다. 내신 성적 우등생이 지원하기 때문에 수능 최저충족률이 더 낮아질 경우 내신에서 변별하지 못하고 동점자 처리 기준까지 갈 수 있다.

결론적으로, 수능 최저충족률은 해당 연도의 수능 난이도, 수능 최저 기준의 곤란도, 모집 인원, 지원 인원, 경쟁률, 면접 등 여러 요소와 연동해서 작용하므로 명쾌하게 설명하기 어렵다. 요컨대, 의대 입시에서 수능 최저충족률이 30% 이하로 낮아지더라도 합격을 반드시 보장하는 건 아니다. 매년 높은 슈퍼 내신 합격선이 형성되기 때문이다. 따라서 입학 결과를 고려하지 않고 수능 최저충족률만 따져보는 건 현명한 지원 전략이 아니다. 이건 종합전형도 마찬가지다. 합격자 평균에 근접한 내신 성적대가 아니라면 수능 최저를 통과했어도 합격은 난망한 일이다. 즉, 지원 여부를 결정할 때 수능 최저 통과 여부를 면밀히 판단해야 한다. 수능 최저를 통과했을 경우 실질경쟁률이 대폭 낮아지는 것은 맞다. 하지만 수능 최저충족률까지 굳이 따져볼 시간에 내신과 수능 공부를 착실히 할 것을 권한다.

〈표 1〉 가톨릭대 2024학년도 종합전형 '학교장추천전형' 의예과 수능 최저충족률

2024학년도 지원 인원	2024학년도 모집 인원	경쟁률	지원자 중 수능 최저충족률	1단계 합격자 중 수능 최저 통과 (결시자 제외한 면접 응시자)
410명	25명	16.4	64.6% (265명)	80.0%(80명) / 83.3%(70명)

전형 방법

• 1단계: 서류 100%(4배수), 2단계: 1단계 70%+면접 30%(수능 이후 면접)

• 고교별 추천 인원 1명

수능 최저

국어, 수학, 영어, 과탐(2과목 평균, 절사) 중 <u>3개 영역 등급 합 4 이내</u> 및 한국사 4등급 이내

〈표 2〉 가톨릭대 2022~2024학년도 종합전형 '학교장추천전형' 의예과 수능 최저충족률

2022학년도 지원자 중 수능 최저충족률	2023학년도 지원자 중 수능 최저충족률	2024학년도 지원자 중 수능 최저충족률
57.7% (240명)	70.4% (281명)	64.6% (265명)

〈표 3〉 가톨릭대 2024학년도 교과전형 '지역균형전형' 의예과 수능 최저충족률

2024학년도 지원 인원	2024학년도 모집 인원	경쟁률	지원자 중 수능 최저충족률	수능 최저 통과자 경쟁률
10명	94명	9.40	48.9% (46명)	4.6

전형 방법

• 교과 100%

수능 최저

국어, 수학, 영어, 과탐(2과목 평균, 절사) 중 <u>4개 영역 등급 합 5 이내</u> 및 한국사 4등급 이내

〈표 4〉 가톨릭대 2022~2024학년도 교과전형 '지역균형전형' 의예과 수능 최저충족률

2022학년도 지원자 중 수능 최저충족률	2023학년도 지원자 중 수능 최저충족률	2024학년도 지원자 중 수능 최저충족률
40.0% (101명)	45.3% (82명)	48.9% (46명)

두 번째, 아주대 의예과의 대표 전형인 종합전형 'ACE전형'의 수능 최저충족률을 살펴보면, 2022학년도 45.5%, 2023학년도 55.7%, 2024학년도 52.7%로 비교적 높은 수능 최저충족률을 보였다. 지원자의 절반은 수능 최저를 통과했지만 이를 통과했어도 합격이 보장되는 것은 아니다. 종합전형이므로 서류평가와 면접에서 촘촘한 승부가 기다리고 있다. 최종등록자 내신 평균 등급은 2022학년도 2.13, 2023학년도 1.94, 2024학년도 1.68로 매년 상승하고 있지만 교과전형보다는 내신 합격선의 폭이 넓다는 것을 알 수 있다. 그렇다고 2, 3등급대 합격자 학생들이 일반고 출신이라고 단언하기는 어렵다. 종합전형의 특성상 특목고 출신 학생으로 분석하는 게 일반적이다.

〈표 5〉 아주대 2022~2024학년도 종합전형 'ACE전형' 의학과 수능 최저충족률

2022학년도 수능 최저충족률	2023학년도 수능 최저충족률	2024학년도 수능 최저충족률
45.5%	55.7%	52.7%

2025학년도 ACE전형 전형 방법
• 1단계: 서류 100%(3배수), 2단계: 1단계 70%+면접 30%

수능 최저
국어, 수학, 영어, 탐구(2과목 평균) 중 <u>4개 영역 등급 합 6 이내</u>

〈표 6〉 아주대 2022~2024학년도 종합전형 'ACE전형' 의학과 최종등록자 내신 등급

2022학년도			2023학년도			2024학년도		
최고	평균	최저	최고	평균	최저	최고	평균	최저
1.15	2.13	3.29	1.17	1.94	3.50	1.07	1.68	2.49

세 번째, 대구가톨릭대 의예과의 '교과전형, 지역교과전형, 지역종합전형' 수능 최저충족률을 살펴보면, 교과전형인 교과전형과 지역교과전형은 수능 3개 영역 등급 합 4 이내를 충족해야 한다. 탐구 영역은 과학탐구 2과목 평균을 반영(소수점 절사)한다. 수능 최저충족률은 교과전형(전국 단위 선발) 28.95%, 지역교과전형(지역인재전형) 37.30%였다. 학생부종합전형인 지역종합전형은 수능 3개 영역 등급 합 5 이내를 충족해야 한다. 탐구 영

역은 과학탐구 2과목 평균을 반영(소수점 절사)한다. 수능 최저충족률은 66.67%였다.

교과전형의 수능 최저충족률이 28.9%였다. 이 통계는 면접 결시자를 수능 최저 미충족자로 추정한 수치다. 하지만 이 면접 결시자 중 일부는 다른 대학에 합격했거나 다른 전형에 응시했을 수도 있다. 그렇다면 수능 최저충족률은 더 높아질 수 있다. 종합전형은 지역종합전형으로 3합 5 이내로 수능 최저 기준이 교과전형보다 낮기 때문에 수능 최저충족률이 66.67%로 높다.

그렇다면, 수능 최저충족률이 교과전형 28.9%, 지역교과전형 37.30%로 높지 않았기 때문에 수능 최저가 통과한다면 합격을 보장할까? 반드시 그렇지는 않다. 수능 최저를 통과했어도 MMI(다면 인적성 면접)을 치러야 하며, 조밀하게 분포한 높은 슈퍼 내신의 지원자들과 최후의 한판 승부가 남아 있다. 실제로 2024학년도 교과전형 50%CUT 합격선은 1.17, 지역교과전형은 1.28, 지역종합전형은 1.48이었다.

다시 한번 강조한다. 수능 최저충족률은 해당 연도의 수능 난이도, 수능 최저 기준의 수준, 모집 인원, 지원 인원, 경쟁률, 면접 등 여러 요소와 연동해서 작용하므로 명쾌하게 설명하기 어렵다. 합격자 평균에 근접한 내신 성적대가 아니라면 수능 최저를 통과했어도 합격은 난망한 일이다. 즉, 지원 여부를 결정할 때 수능 최저 통과 여부를 면밀히 판단해야겠지만 수능 최저충족률까지 굳이 따져볼 시간에 내신과 수능 공부를 착실히 할 것을 권한다.

〈표 7〉 대구가톨릭대 2024학년도 의예과 수능 최저충족률

전형명	수능 최저	전형 방법	모집 인원	지원 인원	경쟁률	1단계 통과	최저 충족률
교과	3합 4	1단계: 학생부교과 100% (7배수 선발)	5	94	18.8	38	28.95%
지역교과		2단계: 1단계 성적 80% +면접 20%	18	138	7.7	126	37.30%
지역종합	3합 5	1단계: 학생부종합 100% (7배수 선발) 2단계: 1단계 성적 80% +면접 20%	3	124	41.3	21	66.67%

교과서에서 활동 연계하기

의학계열 열풍과 대졸 취업난으로 인해 의예과 종합전형 내신 합격선과 경쟁률은 매년 높아지는 추세다. 하지만 종합전형을 잘못 이해하고 일회성 활동을 많이 나열하기보다는 실험 하나라도 진득하게 매조지하길 권한다. 활동의 양보다는 진정성 있는 활동 하나가 고만고만한 학생부 사이에서 더욱 빛날 것이기 때문이다. 깊이가 없이 소재로만 존재하는 학교활동은 좋은 평가를 받기 어렵다. 예컨대 '생활과 과학' 과목에서 항생제의 역사를 배운 후 지적호기심이 생겼다면, 거기서 머물지 말자. '항생제를 비롯한 약물의 오남용 사례와 그것이 건강에 미치는 영향'이 무엇인지 조사해보자. 그리고 심화 보고서를 작성하고 발표하는 일련의 심화 주제 탐구활동을 통해 지적호기심을 해결했다면 또는 해결하려고 노력했다면, 이 학생은 학업역량, 진로역량 그리고 발전가능성이 우수하다고 평가자는 판단할 것이다.

어렵게 생각할 필요 없다. 간단한 활동부터 시작해보자. '과학사' 과목에서 백신의 역사를 배웠다면, 국가별 코로나19 예방 포스터와 대응을 비교하는 보고서를 작성하고 발표하자. 대학 진학 후에도 평가는 보고서 제출과 프레젠테이션이 그 핵심이기 때문이다. 자연계 학생들에게도 요구되는 중요한 학업역량은 쓰기와 말하기다. 또한 쓰기와 말하기의 자양분은 독서다.

예컨대, 『니코마코스 윤리학(아리스토텔레스)』과 『기술 의학 윤리(한나 요나스)』를 읽은 후, 전통 윤리학과 현대 윤리학을 비교해서 인간의 행복에 대한 의미를 파악했다면, 지원자의 의료윤리 및 생명윤리를 중요하게 평가하는 의예과 종합전형 서류평가와 면접에 도움을 줄 것이다. 이렇듯 공통점과 차이점을 찾는 비교·대조의 탐구 방법은 모든 과학자가 수행하는 연구방법론이다. 의예과와 관련 있는 사상·실험·인물·주제가 있다면 관련 책들을 읽고 비교하고 대조해보자.

동아리도 괜찮은 활동이다. 동아리 구성원들과 공통 주제를 정한 후, 각각 자신의 의견을 보고서를 작성하고 세미나를 열어서 토론해보자. 그리고 토론에서 모아진 심화 내용으로 동아리 활동집을 만들어보자. 의대 전공 공부가 고등학교 생명과학이나 화학 교과목과 밀접한 관련이 있기 때문에 과학실험 활동은 괜찮은 심화 주제 탐구활동이다. 예컨대, 동아리활동, 자율활동, 진로활동, 학교 자율 교육과정 시간에 심화 실험을 할 기회가 생긴다면 아세트아미노펜의 간독성 실험, 단백질 정량 분석 실험, 아스피린 합성 실험 등 대학에서 진행하는 실험들을 해보는 것도 추천하고 싶다. 아스피린 합성 실험은 키트를 구입해 간단히 해볼 수 있다. 먼저 '아스피린 키트'를 구입해 아스피린 합성 실험을 한 후 그 작용기전을 알아보는 그룹 프로젝트를 진행해 보자. 아스피린이 아니어도 자신의 관심 있는 약을 하나 정해 직접 어떤 성분이 있고 어떤 작용으로 병을 치료하는지 조사하여 보고서를 작성하고 발표하면 된다. 이때도 마지막은 심화 보고서 제출과 프레젠테이션임을 잊지 말자.

또한, 현대의학은 사람 그리고 환경의 유기적인 건강의 가치를 추구하는 학문이므로 수학, 과목 교과뿐 아니라 '윤리와 사상, 생활과 윤리, 철학, 논리학, 심리학, 보건, 융합과학탐구' 등 교과목 관련 활동도 권하고 싶다.

그럼 이제 의대 전공을 이해하는 데 도움이 되는 교과 연계 활동을 '통합과학, 과학탐구실험, 과학사, 생활과과학, 화학, 생명과학, 융합과학' 고등학교 교과서 내용과 탐구활동에서 실마리를 찾아보자.

● 교과서 탐구생활

산화를 막아라

1. 문제 인식

과일이나 채소에 많이 포함된 바이타민 C는 항산화제로 알려져 있다. 항산화제란 다른 물질이 산화되는 것을 막아주는 물질을 말한다. 바이타민 C는 우리 몸속에서 어떻게 항산화제로 작용할 수 있는 것일까?

2. 활동하기

바이타민 C가 항산화제로 작용할 수 있는 원리를 알아보고, 여러 가지 음료 속에 바이타민 C가 얼마나 들어 있는지 검출해보자.

〈준비물〉
- 아이오딘–녹말 용액 ■ 바이타민 C 용액 ■ 여러 가지 음료(녹차, 레몬주스, 탄산음료 등)
- 비커 ■ 시험관 ■ 시험관대 ■ 스포이트 ■ 유리 막대 ■ 보안경 ■ 실험용 고무장갑
- 실험복

❶ 시험관에 아이오딘–녹말 용액을 5mL를 넣자.

❷ 스포이트를 사용하여 과정 ❶의 시험관에 바이타민 C 용액을 한 방울씩 계속 넣으면서 잘 젓고, 색깔 변화를 관찰해보자.

❸ 바이타민 C 용액 대신 여러 가지 음료를 넣으면서 위의 과정을 반복해보자.

3. 정리하기

❶ 아이오딘–녹말 용액의 색이 사라지는 까닭을 조사해보고, 이것으로부터 바이타민 C가 우리 몸속에서 어떤 역할을 하는지 토의해보자.

❷ 깎아놓은 사과의 표면에 바이타민 C 용액을 뿌려놓으면 어떤 효과가 있을지 예상해보고, 그 까닭을 설명해보자.

---

2   미래N에서 펴낸 『통합과학』 교과서에서 발췌

■ **다음은 속이 쓰릴 때 복용하는 제산제를 설명한 것이다.**

위액 속에는 산성 물질인 위산이 들어 있는데, 위산의 주성분은 강산인 염산(HCl 수용액)이다.
따라서 위산이 과다하게 분비되면 위벽이 헐어 속 쓰림을 느끼게 된다. 이때 복용하는 것이 제산
제인데, 제산제는 염산과 반응하여 산성의 세기를 줄여준다. 제산제에는 주로 약한 염기성 성분
인 탄산수소나트륨($NaHCO_3$), 수산화 마그네슘($Mg(OH)_2$) 등이 들어 있다.

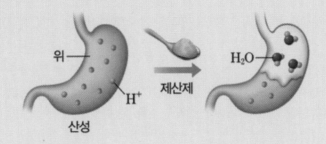

❶ 제산제 성분인 수산화 마그네슘과 염산의 반응을 화학 반응식으로 써보자.

❷ ❶의 화학 반응식을 참고하여 중화 반응이 산화 환원 반응인지 아닌지를 추론해보고,
   그 까닭을 설명해보자.

● **교과서 탐구생활**

소화제의 효과 확인하기

1. 목표

소화제의 종류에 따른 영양소 분해 정도를 비교하여 소화제에 적용되는 과학 원리를 파악할 수 있다.

2. 준비물

두 종류의 소화제, 아이오딘−아이오딘화 칼륨 용액, 1% 녹말 용액, 5% 수산화나트륨 수용액, 1% 황산구리 수용액, 1% 알부민 용액, 증류수, 시험관, 스포이트, 비커, 온도계, 유리 막대, 막자, 막자사발, 시험관대, 보안경, 면장갑, 실험용 고무장갑, 실험복

3. 실험하기

소화제(소화 효소제)의 종류에 따른 영양소 분해 정도를 알 수 있는 실험을 다음과 같이 해보자.

❶ 두 종류의 소화제를 각각 한 알씩 막자사발에 갈아서 20mL의 증류수에 섞어 소화제 용액 A 와 B를 만들자.

❷ 6개의 시험관에 다음과 같이 물질을 넣은 후 색깔 변화를 관찰해보자.

시험관	넣은 물질
1~3	1% 녹말 용액 5mL, 아이오딘−아이오딘화 칼륨 용액 1방울
4~6	1% 알부민 용액 5mL, 뷰렛 용액 1방울

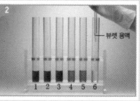

❸ 각각의 시험관에 소화제 용액 A와 B, 증류수를 다음과 같이 넣으려고 한다. 빈칸에 들어갈
알맞은 용액의 양을 쓰자.

(단위: mL)

시험관	1	2	3	4	5	6
소화제 용액 A		0				
소화제 용액 B	0				5	
증류수			5	0		5

❹ 각각의 시험관에 과정 ❸과 같이 용액을 넣은 후 유리 막대로 잘 섞자.

❺ 6개의 시험관을 37℃ 정도의 물이 들어 있는 비커 속에 약 10분 동안 넣어두자.

❻ 각 시험관 속 용액의 색깔 변화를 관찰해보자.

4. 결과 및 정리하기

❶ 과정 ❷와 ❻에서 나타난 각 시험관 속 용액의 색깔 변화를 표에 기록해보자.

시험관		1	2	3	4	5	6
색깔 변화	과정 ❷						
	과정 ❻						

❷ 소화제 용액을 넣은 후 색깔이 변한 시험관과 그 까닭을 서술해보자.

구분	색깔이 변한 시험관	까닭
소화제 용액 A		
소화제 용액 B		

❸ 대조군과 실험군에 해당하는 시험관을 각각 서술해보자.

- 대조군 : _____
- 실험군 : _____

❹ 실험 결과를 근거로 소화제 용액 A와 B에 들어 있는 소화 효소를 각각 서술해보자.

❺ 소화제의 종류에 따라 영양소의 분해 정도는 어떻게 다른지 실험 결과를 근거로 토의하여 정리해보자.

❻ 소화제의 종류에 따라 영양소의 분해 정도를 비교한 실험에서 개선할 점을 서술해보고, 새로운 실험 방법을 제안해보자.

개선할 점		
새로운 실험 방법		

❼ 소화 불량으로 안전 상비 의약품에 속하는 소화제를 먹으려는 친구에게 어떤 소화제를 먹으면 좋을지 조언하는 글을 실험 결과를 근거로 서술해보자.

5. 활동하기

소화제 대신 무나 엿기름을 먹어도 소화 불량 증상을 개선할 수 있다. 무와 엿기름에는 어떤 영양소의 분해를 촉진하는 소화 효소가 들어 있는지 확인하는 실험을 설계해보자.

식물 추출물에 항생 물질이 들어가 있는지 확인하기

1. 목표

탐구 대상 식물에서 추출물을 얻고, 이 추출물에 항생 물질이 들어 있는지 확인할 수 있다.

2. 준비물

탐구 대상 식물, 식빵, 증류수, 에탄올, 전열 기구, 전자저울, 거름종이, 비커, 깔때기, 핀셋, 수조, 페트리 접시, 칼, 초시계, 네임펜, 보안경, 면장갑, 실험용 고무장갑, 실험복

3. 실험하기

❶ 탐구 대상 식물에서 추출물을 얻을 부위(재료)를 각각 5g과 10g씩 준비해두자.

❷ 증류수 50mL가 들어 있는 비커 2개에 재료 5g과 10g을 각각 넣고 같은 시간 동안 가열하여 추출물 A와 B를 얻자.

〈재료의 양을 서로 다르게 하여 추출물 A와 B를 얻는 까닭을 서술해보자〉

❸ 추출물 A와 B를 식힌 후 거름종이로 재료를 걸러내자.

❹ 같은 크기로 자른 식빵 조각 3개를 준비해두자.

❺ 같은 양의 증류수, 추출물 A, 추출물 B가 들어 있는 페트리 접시에 식빵 조각을 각각 5초 동안 담갔다가 꺼내자.

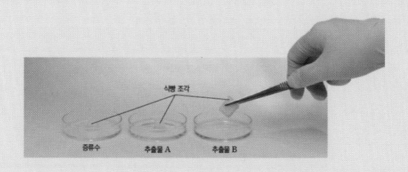

〈식빵 조각을 증류수에 담그는 까닭을 서술해보자〉

❻ 과정 ❺의 식빵 조각 3개를 각각 새로운 페트리 접시에 담아 동일한 곳에 두고 시간이 지날수록 어떤 변화가 일어나는지 관찰해보자.

〈추출물에 항생 물질이 들어 있다면 시간이 지날수록 식빵 조각에서 어떤 차이가 생길지 예상해보자〉

❼ 증류수 대신 유기 용매를 사용하여 과정 ❶~❻에서와 동일하게 실험을 한 번 더 수행해보자.

4. 결과 및 정리하기

❶ 식빵 조각에서 일어난 변화를 쓰고, 사진을 찍어 붙여보자.

❷ 선정한 식물 재료에 천연 항생 물질이 들어 있는가? 그렇게 생각한 까닭을 서술해보자.

❸ 이 실험에서 보완하거나 개선해야 할 사항이 있으면 서술해보자.

❹ 식물 추출물에 항생 물질이 들어 있는지 확인하는 과정에서 연구 윤리와 실험 안전 사항을 어떻게 지켰는지 발표해보자.

디스크 확산법

1. 목표

디스크 확산법을 이용하여 항생 물질로서의 효과를 측정하는 원리를 설명할 수 있다.

2. 자료 해석하기

❶ 어떤 물질이 항생 물질로서 효과가 있는지를 객관적으로 확인하기 위해 디스크 확산법을 이용한다. 디스크 확산법이 무엇이며, 항생 물질의 효과를 어떻게 측정하는지 알아보자.

> 디스크 확산법에서는 고체 배지에 세균 등의 미생물을 골고루 도포한 후, 항생 물질로서의 효과를 측정하고자 하는 시험 물질을 처리한 원형 여과지를 배지 위에 올려놓는다. 그리고 이 배지를 세균 배양기에서 일정 기간 동안 배양한다. 배양하는 동안 여과지에 처리된 시험 물질은 배지 주변으로 확산되며, 만약 시험 물질이 항생 물질로 작용한다면 여과지 주변에는 세균이 자라지 못하는 생장 저해 구역이 형성된다. 확산된 시험 물질의 농도는 여과지에서 멀어질수록 낮아지므로 생장 저해 구역의 지름을 통해 항생 물질로서 효과가 얼마나 큰지 측정할 수 있다.

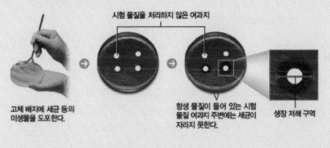

시험 물질을 처리하지 않은 여과지

고체 배지에 세균 등의
미생물을 도포한다.

항생 물질이 들어 있는 시험
물질 여과지 주변에는 세균이
자라지 못한다.

생장 저해 구역

■ 효과가 큰 항생 물질일수록 생장 저해 구역의 지름이 클까, 작을까, 혹은 차이가 없을까? 그렇게 생각한 까닭을 서술해보자.

❷ 그림은 디스크 확산법 결과를 나타낸 것이다. 여과지 A∼F에는 표와 같이 물질의 종류와 농도를 다르게 처리하였다. (단, 물질 (가)∼(라)는 모두 증류수를 이용해 녹였다.)

여과지	A	B	C	D	E	F
처리한 물질	?	(가)	(나)	(다)	(라)	(라)
용액의 농도(%)	?	1	1	1	1	?

- 여과지 A가 대조군이 되려면 물질과 용액을 어떻게 처리해야 할까?

- (가)~(라) 중 항생 물질로서 효과가 가장 큰 것은 무엇일까? 그렇게 생각한 까닭을 서술해보자.

- F에 처리한 (라)의 농도는 1%보다 높은가, 낮은가? 그렇게 생각한 까닭을 서술해보자.

3. 실험 설계하기

탐구 3에서 찾은 식물 추출물에 항생 물질이 들어 있는지 디스크 확산법으로 확인하는 실험을 설계해보자.

준비물	
실험 과정	
예상되는 실험 결과	

● 교과서 읽기 자료

독일의 화학 산업과 제약의 발전

근현대 제약 산업의 발전은 화학의 역사와 궤를 같이한다고 해도 과언이 아닐 만큼 인간의 생명을 구하기 위한 약의 탐색과 제조는 화학연구의 중요한 동력이었다. 인류 문명이 시작된 이래 경험적으로 얻은 지식들을 축적하여 이룩한 민속의학적이고 본초학적인 자료들을 통해 인류는 생약에 대한 효능을 알고 있었다. 그러나 이들에 대한 화학적 인공합성과 대량생산에의 도전은 당시로서는 어려운 과제였고, 같은 효능을 낼 수 있는지에 대해서도 의심스러운 점들이 남아 있는 상태였다. 뵐러의 연구를 통하여 생명체에서의 신비주의가 걷혀나가고 생명체의 부산물인 생약 역시 화학적 구조가 존재하며 이것에 대해서 화학자들에 의한 연구실의 인공합성이 가능하다는 희망을 가지게 되었고, 이것은 바로 신약연구의 동력이 되었다.

유럽에서의 제약 산업에는 두 지류의 뿌리가 있는데 하나는 모르핀이나 퀴닌과 같은 생약을 취급하던 지역 약국들이 확장되어 나간 경우와, 1800년대 후반 독일의 염료 생산자들에 의해 콜타르와 같은 석유 화학을 통해 유기 물질을 정제하는 데 성공하고 유기 합성법을 이용하여 이것으로 공업적 제약을 시작한 경우이다. 물론 기원전 시기부터 인류는 나무껍질이나 식물의 열매를 채집하여 만든 침출액과 같은 생물학적 방식을 통해 병을 치료해왔다. 그러나 대규모 사상자가 발생하는 세계대전을 경험하면서 인근지역에서 채집한 생약만으로는 넘쳐나는 야전병원의 환자들을 감당할 수 없는 안타까움을 느끼게 된다. 뿐만 아니라 14세기 흑사병과 함께 1918년~1919년 사이 전 인류의 6%나 되는 사망자를 낸 스페인 독감과 같은 대규모 감염병을 겪으면서 의약품의 신속한 대량 공급의 필요성을 절감하게 된다. 초기의 신약 개발은 화학적으로 유기 합성되는 방식으로 이루어지기보다는 생체에서 활성물질을 포함한 추출물을 정제하는 방식으로 약품을 개발하였다. 대표적인 예가 1890년대에 부신 호르몬 에피네프린과 관련된 역사이다. 1886년 5월 윌리엄 베이츠가 이 물질의 발견을 보고한 이래 계속 생체 추출물 형태로 이용되고 연구되다가 1904년 독일의 화학자 프리드리히 스톨츠(Friedrich Stolz)가 인공적으로 합성함으로써 비로소 대량생산될 수 있는 약으로서의 길이 열렸다. 이후 에피네프린은 우리가 잘 알고 있는 '아드레날린'이라는 상품명으로 시판되게 된다.

---

4 씨마스에서 펴낸 『과학사』 교과서에서 발췌

아들의 따뜻한 마음이 담긴 약 아스피린

아스피린은 연간 40,000톤 이상이 생산되는 중요한 약이며, 수천 년 전부터 인류역사와 함께 해온 약품이다. 기원전 500년경 히포크라테스가 버드나무 껍질을 달여서 통증의 경감에 사용한 기록이 있고 이 성분이 살리실산(Salicylic acid)임을 후대의 학자들이 알게 된다. 1828년 요한 안드레아스 뷰흐너가 버드나무에서 쓴맛 나는 노란 결정을 찾았고, 버드나무의 라틴어 학명인 Salix의 이름을 따서 살리신(Salicin)이라는 이름을 붙이게 되었다. 1897년 살리신산의 부작용을 경감시키고자 독일의 화학자 펠릭스 호프만(Felix Hoffmann, 1868~1946)이 바이엘 제약회사에 근무하던 중 개발한 것이 우리가 잘 알고 있는 '아스피린'이다. 펠릭스는 살리실산이 특유의 쓴맛과 섭취 시 위장 점막을 손상시키는 것을 막고자 아세틸살리실산을 개발했고 이것이 오늘날의 아스피린이 된다. 펠릭스의 아스피린 개발에는 아버지를 향한 효심이 숨어 있었다. 펠릭스의 아버지는 류머티스 관절염으로 고생을 하고 계셨는데, 진통제로 살리실산을 먹던 아버지는 늘 소화불량으로 고생을 했다. 펠릭스는 아버지의 소화불량이 조팝나무 껍질의 나트륨염 때문임을 알아내고 이것을 대체할 물질의 합성에 성공하게 된 것이다.

화학적 합성을 통한 인슐린의 대량생산

발병기전에 대한 연구는 생물과 의학이 해냈을지 모르지만, 약리적 기전과 생약의 화학성분을 동정하고 이를 복제하여 대량생산한 화학자들의 노력이 없었다면 오늘날 우리가 일상생활에서 만나는 수많은 의약품들은 볼 수 없었을 것이다. 이러한 사례는 현대 화학이 자리를 잡아가던 시기에 많이 나타났는데 당뇨병과 관련된 연구에서도 찾아볼 수 있다.

1800년대 후반부터 1900년대 초반까지 일련의 실험들을 통해서 당뇨병은 췌장이 일상적으로 만드는 물질의 부족 때문에 발병한다는 것이 밝혀졌다. 1869년 오스카 민코스프키(Oscar Minkowski)와 요제프 폰 메링(Joseph von Mering)은 외과 수술을 통해 개의 췌장을 제거하면 당뇨병을 일으킬 수 있다는 것을 발견했다. 1921년 캐나다 교수 프레더릭 밴팅(Frederick Banting)과 그의 학생 찰스 베스트(Charles Best)는 이 연구를 반복했고, 췌장 제거로 나타난 증상은 췌장 추출물의 주사를 통해 반전된다는 것을 발견했다. 그 췌장 추출물이 사람에서도 작용한다는 것이 곧바로 증명되었지만, 일상적인 의료 절차로서 인슐린 요법의 개발은 지연되었다. 충분한 양과 재현할 수 있는 순도를 가진 인슐린을 생산하는 것이 어려웠기 때문이다. 일라이릴리앤컴퍼니(Eti Lilly and Company)의 화학자 조지 왈든(George Walden)은 추출물 pH의 조심스러운 조정을 통해서 상대적으로 순수한 인슐린을 생산할 수 있다는 것을 발견했다. 이때 인슐린 정제 및 합성에 대해 알게 된 다양한 나라의 과학자들과 기업들은 비독점적 인슐린 생산에 합의하게 되고, 오늘날과 같은 인슐린의 대량생산에 첫발을 내딛게 된다. 인슐린 요법이 개발되고 널리 퍼지기 이전에는 당뇨병 환자의 기대수명은 단지 몇 개월이었다는 측면에서 화학연구를 통한 약물의 대량생산이 주는 효과는 엄청나다.

항생제들의 조상님 페니실린이 우리 곁에 오기까지

1928년 알렉산더 플레밍(Alexander Fleming)은 페니실린(penicillin)의 항 박테리아 작용을 발견했지만, 사람 질병의 치료를 위한 개발은 페니실린의 대량생산과 정제 방법을 개발할 때까지 기다려야 했다. 이 방법들은 미국과 영국 정부 주도로 의약품 회사들의 협력단에 의해 2차 대전 중에 개발되었다. 특히 이 과정에서 워터 플로리와 언스트 체인의 물질분리와 화학적 합성이 없었다면 제2차 세계대전에서 수많은 병사들은 항생제의 도움을 받을 수 없었을 것이다. 이러한 공로를 인정받아 이들은 1945년에 노벨 생리-의학상을 공동수상하게 된다.

그러나 우리가 플레밍이 페니실린을 단독 발견하고 개발한 것으로 잘못 알게 된 것은 전기작가들이 허구로 만들어낸 내용들 때문이다. 플레밍은 페니실린을 '발견'한 것이고 사실상 페니실린계 항생제를 만들어 사람들을 구한 것은 플로리와 체인이 있었기 때문이다. 덧붙여 제2차 세계대전에서 처칠이 페니실린 덕분에 목숨을 구한 일화 역시 사실이 아니며, 실제로는 설폰아미드 계열의 다른 항생제였다.

이와 같이 화학자들의 끝없는 연구를 통해 인류를 질병에서 구할 약물들을 대량생산할 수 있게 되고, 오늘날까지도 신약 개발은 화학연구의 중요한 축을 이루고 있다.

4차 산업혁명과 신약 개발

과거 신약의 발견은 페니실린과 같은 우연한 발견(serendipity), 전염병에 의한 무작위 검사(random screening), 천연물로부터 추출(extraction from natural resources), 기존 약물의 변형(molecular modification) 등에 의존했지만 현대의 신약개발은 합리적 설계(rational drug design)를 기반으로 하고 있다. 신약개발에는 최소 10~15년의 시간이 소요되며, 비용만도 5억 달러 이상이 든다.

최근에는 컴퓨터의 데이터베이스를 이용한 인 실리코(in silico) 접근을 통해 신약 개발을 하기도 한다. 이 과정에서 AI(인공지능)를 활용하여 기존의 신약개발 방식이 혁신되고 있다. 기존 신약개발에는 막대한 비용과 시간이 필요했다. 대략 5,000~1만 개의 신약 후보 물질을 탐색하면 10~250개 물질이 세포나 동물을 이용한 비임상시험 단계에 진입하고, 여기서 10개 미만의 물질이 실제 사람에게 투여하는 임상 시험에 돌입해 3단계에 걸친 시험을 거쳐 하나의 신약이 탄생하게 된다. 이 과정에 걸리는 시간만 평균 10~15년에 달하고, 1조 원이 넘는 자금이 투입된다.

신약 개발에 AI를 적용하면 기존 과정에 투입되던 시간과 비용을 크게 줄일 수 있을 것으로 기대된다. 기존 2~3년이 걸리던 신약 후보 탐색 기간을 대폭 단축할 수 있고, 부작용 우려가 있는 후보 물질을 걸러 신약 개발 성공률을 높일 수 있다. 또 고액의 약품과 효과가 같은 저렴한 물질을 찾거나 기존에 신약으로 개발에 실패한 물질에서 새로운 효능을 찾아내는 일도 가능하다.

● 교과서 탐구생활

1. 정리하기

현대 화학이 새로운 소재의 개발에 나설 수 있게 된 것은 어떤 생각과 연구 결과물들이 뒷받침되었기 때문인지 한두 줄로 정리해보자.

2. 확인하기

항생제 페니실린이 전장(戰場)에 공급되고 세계대전의 부상자들을 사선에서 구할 수 있었던 결정적 이유는 무엇인가?

3. 생각 넓히기

오래전에 미국화학회(ACS) 회장인 브레슬로 교수는 이 세상에 존재하는 분자 중에 화학 물질이 아닌 것을 찾아서 가져오면 상금을 주겠다는 광고를 냈고, 이에 많은 사람들이 열광적으로 응모했다. 결과는 어떻게 되었는지 알아보자. 그리고 화학 물질을 쓰지 않고 하루를 살기가 가능한지 시험해보자.

● 교과서 읽기 자료

질병은 왜 걸리는 것일까?

파스퇴르는 1861년에 미생물이 배양 배지에서 저절로 생기는 것이 아니라 기존에 존재하던 미생물의 번식으로 생긴다는 것을 증명하기 위해 백조의 목처럼 가늘고 길게 구부러진 관을 단 플라스크를 사용했다. 공기는 플라스크에 들어갈 수 있으나 먼지 입자는 플라스크의 아랫부분까지 도달할 수 없었다.

파스퇴르는 이미 존재하고 있던 모든 미생물이 죽도록 플라스크와 그 안에 든 액체를 충분히 가열한 후 배양이 일어나도록 플라스크를 방치했다. 그러나 플라스크 안에는 미생물의 성장이 나타나지 않았다. 이어 파스퇴르는 플라스크를 기울여 멸균된 고기 스프가 플라스크의 구부러진 부분에 닿게 했다. 그러자 미생물의 성장이 곧 일어났다. 이를 통해 파스퇴르는 아무리 작은 미생물이라도 저절로 생겨나지 않는다는 사실을 증명했다.

1873년 당시 양계장에서 콜레라가 유행하여 닭 90%가 죽는 바람에 농민들은 파산 위기에 놓였다. 파스퇴르는 병에 걸린 수평아리의 피에서 닭 콜레라균을 채취하여 인공적으로 배양함으로써 병의 원인을 밝혀냈다. 파스퇴르는 콜레라균을 금방 채취한 것을 사용하지 않고 오래된 것을 닭에게 감염시켰는데 증상이 나타나는 듯하다 원래대로 정상적인 상태가 되었다. 이를 통해 파스퇴르는 제너의 종두법의 원리가 다른 상황에서도 적용된다는 것을 확인하게 됐다.

---

5   대구광역시 교육청이 펴낸 『생활과 과학』 교과서에서 발췌

전염병의 원인은 무엇일까?

1900년대 초까지만 해도 선진국의 평균 수명은 40세 정도에 불과했다. 당시에는 전염병으로 많은 사람이 죽었고 그에 대한 원인도 잘 몰라 적절한 대처를 하지 못했다. 코흐(Robert Koch, 1843~1910)는 질병의 원인이 세균이라는 것을 밝혀내고 많은 병원균을 분리해냈다. 코흐의 첫 연구 주제는 탄저병이었다. 당시 유럽의 여러 지역에서는 탄저병이 크게 유행하여 양과 소는 물론 사람도 죽는 경우가 발생했다. 코흐는 탄저병에 걸린 동물의 혈액을 쥐에게 주사했는데, 쥐는 다음 날 죽었다. 죽은 쥐의 혈액을 현미경으로 관찰했더니 세균이 다수 발견되었다. 이어서 세균을 직접 배양하여 그것을 다른 동물에 주입했더니 탄저병이 발생했다.

두 번째 동물에서 채취한 혈액을 세 번째 동물에 주입해도 역시 탄저병이 발생하였다. 결국 코흐는 몇 백 번에 걸친 실험 끝에 탄저병의 원인이 특정한 세균이라는 점을 밝혀냈다. 이러한 연구 결과를 통해 1876년 코흐는 현재 세균학의 기초적인 원리가 되는 '코흐의 공리'를 확립했다. 특정한 세균이 질병을 일으킨다는 사실을 증명하기 위해서는 4가지 단계가 필요하다는 것이다. 즉, 병든 동물의 조직에서 모두 같은 균이 인정될 것, 의심이 되는 균을 분리하고 순수 배양하는 것이 가능할 것, 균을 건강한 동물에 주사하면 같은 증상을 일으킬 수 있을 것, 병에 걸린 동물에서 같은 균을 분리할 수 있을 것이다.

코흐의 공리는 많은 의학 연구자에게 훌륭한 지침이 되었다. 탄저균은 탄저병만 일으킬 뿐 다른 병을 일으키지 않는다. 이와 마찬가지로 전염병에도 각기 다른 원인이 되는 세균이 있을 것으로 생각할 수 있었다. 이에 따라 다양한 병원균이 발견되었고 코흐 이론의 가치와 코흐의 재능이 인정받기 시작했다. 이후에 코흐는 디프테리아균, 파상풍균, 폐렴균, 뇌척수막염균, 이질균, 결핵균, 콜레라균 등을 발견했다.

1. 천연두는 어떻게 예방할 수 있을까?
① 18세기 말 영국의 제너 : 소의 천연두인 <u>우두</u>의 부스럼에서 액체를 채취하여 핍스의 오른팔에 접종함.
→ 핍스는 <u>천연두</u> 증세가 전혀 나타나지 않았음. → 핍스의 몸에는 천연두에 대한 <u>면역</u>이 생김.

소젖을 짜는 사라 넬메스는 우두에 감염됨.

넬메스의 우두 고름을 핍스에게 주사함.

핍스는 우두를 약하게 앓음.

천연두 환자로부터 부스럼을 수집함.

핍스에게 천연두의 부스럼을 주사함.

핍스는 감염되지 않음.

〈우두 접종 과정〉

② 종두법 : 우두를 사람의 피부에 접종하여 천연두에 면역이 생기게 하는 방법.
　→ 1807년 독일의 바이에른 주가 세계 최초로 의무화.
　→ 1879년 우리나라 지석영이 <u>종두법</u>을 처음으로 실시함.

③ 병원성 미생물 침입에 대한 인간의 면역 반응.
　• <u>선천성</u> 면역 : 태어나면서 가지고 있는 면역, 신속히 감염을 막음. 기억 작용 없음.
　• <u>후천성</u> 면역 : 항원 1차 침입 시 감염체에 대한 항체 만들 때까지 반응 더딤.
　　　　　　　　항원 2차 침입 시 기억 작용으로 같은 항원 감염 시 빠르게 반응.

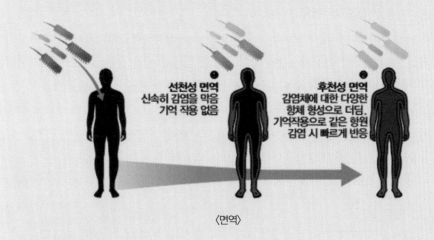

〈면역〉

〈 2차 면역과 백신 〉
백신은 약화된 병원체를 이용하는 것.
이렇게 약화된 병원체를 예방 주사로 접종하면 체내에 기억 세포가 형성되어 동일 항원이 재침입
하였을 때 신속하게 2차 면역 반응이 일어나 병에 걸리지 않음.

2. 질병은 왜 걸리는 것일까?
1) 파스퇴르 : 의사보다 더 많은 사람을 살린 과학자.
① 백조목 플라스크 실험 : 당시 사람들은 '생물은 축축한 진흙에 햇빛이 비칠 때 우연히 발생한
　다'고 믿고 있었는데 파스퇴르는 백조목 플라스크 실험을 통해 이를 반박함.

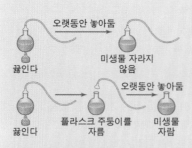

〈파스퇴르의 백조목 플라스크 실험〉

오랫동안 놓아둠 → 미생물 자라지 않음
끓인다

끓인다 → 플라스크 주둥이를 자름 → 오랫동안 놓아둠 → 미생물 자람

• 고대 과학자들이 믿어온 학설
: 비생물적 요소에서 저절로 생물이 발생한다.
• 파스퇴르의 주장
: 미생물은 기존의 미생물의 번식으로 생긴다.
• 미생물 실험의 조작변인(다르게 해주는 실험조건)
: 한 플라스크는 공기의 먼지입자(고기 수프)와 접촉시킨다.
• 실험 결과
: 끓인 플라스크–미생물X 공기와 반응–미생물 생김
• 파스퇴르가 증명해낸 사실
: 미생물은 저절로 생겨나지 않는다.

② 파스퇴르의 닭 콜레라 연구
  • 콜레라에 걸린 수평아리의 피에서 콜레라균을 채취. → 인공적으로 배양.
  • 오래된 콜레라균. → 닭에게 감염. → 증상이 나타나다 정상적 상태가 됨.
  • 제너의 종두법이 다른 상황에서도 적용된다는 것을 확인함.

③ 탄저병 백신 발견 : 프랑스에서 탄저병으로 많은 양과 소가 떼죽음을 당하자 파스퇴르는 탄저병의 원인이 되는 세균을 분류하고 예방 백신을 개발함.
  • 탄저병의 원인이 되는 세균 분류 → 탄저병 예방할 수 있는 백신을 개발.
  • 백신을 투여한 동물은 건강하게 살아남았으나, 그렇지 않은 동물은 죽었음.

〈파스퇴르의 탄저병 백신 접종〉

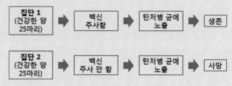

집단 1 (건강한 양 25마리) ➡ 백신 주사함 ➡ 탄저병 균에 노출 ➡ 생존

집단 2 (건강한 양 25마리) ➡ 백신 주사 안 함 ➡ 탄저병 균에 노출 ➡ 사망

〈탄저병 실험〉

3. 전염병의 원인은 무엇일까?
① 코흐(1843~1910) → 질병의 원인이 세균이라는 것을 밝혀내고 많은 병원균을 분리함.
② 코흐의 탄저병 연구
  • 탄저병에 걸린 동물의 혈액을 쥐에게 주사 → 쥐 죽음, 죽은 쥐에게 다수의 세균 발견.
    세균을 배양하여 다른 동물에게 주입했더니 → 탄저병 발생.

- 두 번째 동물에서 채취한 혈액을 세 번째 동물에게 주입 → 탄저병 발생.
- 탄저병의 원인: <u>특정한 세균</u>
- 세균학의 기초적인 원리 '코흐의 원리' 4단계

1) 병든 동물의 조직에서 모두 같은 균이 인정될 것
2) 의심이 되는 균을 분리하고 순수 배양하는 것이 가능할 것
3) 균을 건강한 동물에 주사하면 같은 증상을 일으킬 수 있는 것
4) 병에 걸린 동물에서 같은 균을 분리할 수 있을 것

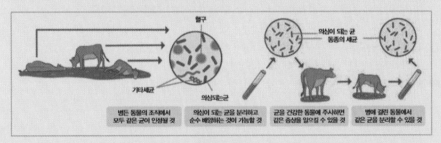

〈코흐의 공리〉

③ 각 전염병에는 각기 다른 원인이 되는 <u>세균</u>이 있을 것으로 생각할 수 있었음.
- 디프테리아균, 파상풍균, <u>폐렴균</u>, 뇌척수막염균, 이질균, <u>결핵균</u>, 콜레라균 등 발견.

4. 질병 퇴치를 위해 자신을 실험 대상으로 한 사람들은?
① 1980년대까지 과학자들은 위산 때문에 위에서는 박테리아가 살 수 없다고 생각함.
배리 마샬 → 배양 중인 헬리코박터균을 직접 마셔서 헬리코박터균이 <u>위장병</u>의 주원인임을 증명함.
　　　　→ <u>항생제</u>로 치료가 가능함을 증명함.
② 월터 리드 → <u>모기</u>가 황열병을 옮긴다는 사실을 발견: 동료들과 군인들에게 인체 실험을 함.
③ 아우구스토 오도네 → '유전성 희귀 신경 질병 부신백질이영양증'에 걸린 아들을 위해 의학 · 과학 공부에 매진하여 올리브 오일 등에서 추출한 성분으로 '<u>로렌조 오일</u>'을 만들어 아들 로렌조는 30세까지 살 수 있었음.

교과서 탐구활동

백신의 역사

■ **다음을 읽고 물음에 답하시오.**

메리 몬태규는 아름다운 여성이었다. 이 여성은 1715년 천연두에 걸렸다가 나았지만 그 흉터가 겉에 남아 있었다. 메리가 1717년 터키에서 살고 있을 때 그녀는 그곳에서 흔히 사용하는 종두법을 목격하게 되었다. 이 치료법은 젊고 건강한 사람에게 경미한 천연두균을 피부를 긁어 주입시켜, 병을 앓게 하는 과정을 포함하고 있었다. 그러나 대부분 경우에 가볍게 병을 앓았다. 메리는 이러한 종두법의 안전성을 확신하였으므로 자신의 아들과 딸에게 접종받도록 하였다.

❶ 사람들이 백신 접종을 받을 수 있는 질병이 무엇인지 제시해보자.

❷ 메리의 종두법은 어떤 치료의 원리를 이용한 것인지 설명해보시오.

전염병의 예방과 위생

❶ 파스퇴르의 백조목 실험은 무엇을 증명하기 위한 것이었나?

❷ 코흐의 공리를 설명해보시오.

❸ 질병 치료를 연구할 때 인체 실험을 해야 하는 이유는 무엇인가?

● 교과서 읽기 자료

항생제에 대한 내성은 어떻게 생기는 것일까?

파스퇴르와 코흐의 연구 덕분에 20세기에 들어와서는 감염성 질병이 종말을 고하는 것처럼 보였다. 그러나 감염성 질병이 줄어들면서 많은 나라의 정부에서는 공중 보건 기금을 삭감하면서 백신 접종을 하지 않는 일이 생겼다.

20세기 중반에 사라졌던 박테리아성 질병들이 다시 발생했을 뿐만 아니라 항생제에 대한 박테리아의 저항성이 더 높아졌다. 과학자들은 내성을 보이는 박테리아를 제거하기 위해 새로운 항생 물질을 약 8,000가지 정도를 찾아냈다. 그러나 모든 경우에 박테리아는 그에 대한 내성을 가지게 되었다. 이러한 각종 항생제에 대한 내성을 지닌 세균들이 등장했기 때문에 슈퍼박테리아가 발생하게 되었다.

항생 물질은 미생물을 전부 죽이는 것이 아니라 저항성이 약한 것만 죽인다. 즉, 저항성 있는 소수가 살아남을 수 있다. 이들이 번식하여 세력을 키우게 되면 기존에 쓰던 항생 물질은 영향력이 없어진다. 페니실린을 사용한 후 3년이 지난 1946년에 포도상구균 박테리아가 내성을 보이기 시작했다.

다양한 감염증을 치료하기 위한 약물을 세계적으로 대량 공급함으로써 내성이 증가한 것이다. 1952년에는 모든 포도상구균의 60%가 페니실린에 대한 내성을 나타냈다. 현재는 95%에 달한다. 메티실린은 페니실린에 내성을 나타내는 박테리아에 대한 감염증을 치료하기 위해 1960년대에 사용되었다. 다음 해에 곧 메티실린에 대한 저항성 있는 박테리아가 발견되었다.

페니실린과 세균

1952년 러더버그는 대장균을 이용하여 다음과 같은 실험을 하였다.

가. 페니실린이 없는 배지에 대장균을 배양하여 콜로니를 얻었다.

나. 배지를 멸균한 천 조각을 덮은 용기 위에 그 배지를 뒤집어 덮어 대장균의 콜로니가 천 조각에 붙게 하였다.

다. 이것을 페니실린이 든 배지로 덮어서 대장균이 새 배지에 옮겨지게 하였다.

라. 항온기 속에서 2~3일간 배양한 배지에는 대부분의 대장균이 죽었으나 맨 오른쪽 배지와 같이 살아 번식하는 대장균도 있었다.

❶ 기존의 대장균 콜로니들과 A 대장균의 차이점은 무엇인가?

❷ 페니실린과 같은 항생제를 많이 사용하면 어떤 결과가 나타날지 토의해보자.

❸ 항생제를 비롯한 약물의 오남용 사례를 조사하고, 그것이 건강에 미치는 영향이 무엇인지 조사해 발표해보자.

〈생각 넓히기〉

페니실린 이외에 현재 판매되고 있는 항생제의 종류에는 어떤 것이 있는지 조사해보자.

● 교과서 탐구활동

탄소화합물 의약품

우리 몸은 탄소 화합물로 이루어져 있으며, 우리가 먹는 음식도 탄소 화합물이다. 또, 우리 주위에는 탄소 화합물로 이루어진 물질이 많다. 탄소 화합물이란 무엇일까? 탄소 화합물은 탄소(C) 원자가 수소(H), 산소(O), 질소(N), 황(S), 할로젠(F, Cl, Br, I) 등의 원자와 결합하여 만들어진 화합물이다. C 원자는 최대 4개의 다른 원자와 공유 결합을 하는데, 다른 C 원자뿐만 아니라 H, O, N 등의 원자와도 결합을 하므로 무수히 많은 종류의 탄소 화합물을 만들 수 있다. 현재까지 알려진 탄소 화합물의 종류는 수천만 가지에 이르며, 매년 수만 가지의 새로운 탄소 화합물이 발견되거나 합성된다.

19세기 중반 45세에 불과하던 인간의 평균 수명은 오늘날 대부분의 선진국에서 80세를 넘어서고 있다. 이와 같이 인간의 수명이 연장된 데에도 탄소 화합물이 크게 기여하였다. 질병을 치료하거나 예방하는 데 사용하는 의약품들이 대부분 탄소 화합물이기 때문이다.

전 세계에서 가장 많이 팔린 의약품인 아스피린은 독일의 과학자 호프만(Hoffmann, F., 1868~1946)이 처음으로 합성하였다. 호프만은 버드나무 껍질에서 분리한 살리실산으로 아세틸살리실산이라는 탄소 화합물을 합성하였는데, 이것이 바로 해열제나 진통제로 사용하는 아스피린이다. 아스피린 이외에도 백신, 항생제, 항암제 등 질병으로 인한 인간의 고통을 덜어주는 데 큰 역할을 하는 다양한 의약품들은 대부분 탄소 화합물이다. 플라스틱과 의약품 이외에도 우리가 자주 사용하는 섬유, 비누, 합성 세제, 화장품 등이 모두 탄소 화합물로 이루어져 있다. 이와 같이 탄소 화합물은 일상생활에서 유용하게 사용될 뿐만 아니라, 우리의 생명을 유지하고 삶을 건강하며 풍요롭게 하는 데 이용된다.

6   비상에서 펴낸 『화학Ⅰ』 교과서에서 발췌

● 교과서 탐구활동

아스피린 합성 실험 [1]

1. 목표
아스피린 합성 과정을 설명할 수 있고, 살리실산의 에스테르화 반응 생성물을 관찰하고 아스피린의 순도를 측정할 수 있으며, 에스테르화 반응을 이용한 다른 유용한 화합물의 합성에 관심을 가질 수 있다.

2. 과정 및 방법
가. 살리실산 2.0g을 바이알 병에 넣고, 아세트산 무수물 5mL를 가한다.
나. 여기에 인산 5방울 정도를 넣은 후, 100℃의 물 중탕에서 10분간 가열한다.
다. 반응 용기를 실온에서 식을 때까지 방치한다. 이때 아스피린의 결정이 석출된다.
라. 침전이 생기기 시작하면 반응 용기를 얼음물에 넣어 아스피린이 모두 석출되게 한다.
마. 20~30mL의 얼음물을 반응 용기에 넣고 잘 저은 후, 다시 얼음물에 넣어 침전이 완전히 생기게 한다.
바. 거름종이로 아스피린을 걸러내고 소량의 얼음물로 아스피린 결정을 씻는다.
사. 걸러낸 결정을 여러 겹의 거름종이로 싸서, 꼭 눌러 물기가 빠지게 한다.
아. 결정을 공기 중에서 건조하거나 전기 건조기 속에서 건조한 후, 무게를 달아 수득률[7]을 계산하고 녹는점을 측정한다.
자. 건조한 결정, 시판용 아스피린, 살리실산을 각각 시험관에 약간씩 넣은 후 약 3mL의 물을 가하여 녹인 다음, 1% $FeCl_3$ 수용액을 몇 방울 떨어뜨리고 흔들면서 색깔의 변화를 관찰한다.

3. 결과 및 해석
가. 아스피린 합성의 화학 반응식은?
나. 인산의 역할은?
다. 아세트산 대신 아세트산 무수물을 사용하는 이유는?
라. 반응을 진행시키기 위하여 가열하는 이유는?
마. 결정이 잘 생기도록 얼음물에 담그는 이유는?
바. 아스피린은 $FeCl_3$ 수용액과 반응하는가? 그 이유는?

〈생각 넓히기〉
현재 판매하고 있는 해열제의 성분과 효능을 조사해보자.

---

7 화학 반응을 통해 실제로 얻는 생성물의 양과 화학 반응식에 따른 이론상의 양에 대한 비율

아스피린 합성 실험 [2]

1. 목표

아스피린은 오늘날 세계적으로 많이 팔리는 약품 중의 하나이다. 살리실산과 아세트산 무수물로 아스피린을 합성해보자.

2. 과정 및 방법

❶ 비커에 살리실산 2.0g, 아세트산 무수물 4mL, 진한 황산 0.5mL를 넣고 용액이 들어 있는 비커를 80도 정도의 물에 약 10분간 담가둔다.

❷ 과정 ❶의 비커에 증류수 10mL를 약 5분간 조금씩 넣으면서 섞는다.

❸ 얼음물이 들어 있는 비커에 과정 ❷의 비커를 담가 냉각한 후 찬 증류수 20~30mL를 천천히 넣어준다.

❹ 침전이 충분히 생기면 깔때기를 이용하여 거름종이로 거른다.

❺ 거름종이 위의 고체를 소량의 찬물을 흘려 씻어준 다음 건조한다.

❻ 거름종이 위의 건조된 고체의 질량을 측정한다.

3. 결과 및 해석

❶ 과정 ❸에서 비커를 얼음물에 담그는 이유를 설명해보자.

❷ 건조된 고체의 무게로부터 수득률을 계산해보자.

〈생각 넓히기〉

아세트산 무수물 대신 아세트산을 사용할 경우 아스피린의 수득율은 어떻게 될지 예상해보자.

● 교과서 읽기 자료

신약 개발 연구원[8]

1. 어떤 일을 할까?

신약 개발 연구원은 특정 질병의 치료에 효과가 나타나는 물질을 찾고, 이러한 물질을 합성할 수 있는 방법을 설계한다. 또한 합성한 화합물에서 우수한 약효가 나타나면 동물 실험을 진행하며, 이 과정을 거치면 임상 실험을 진행하여 인체에 미치는 효과와 부작용 등을 연구한다.

2. 어떻게 준비할까?

신약 개발 연구원이 되려면 물질의 성질을 이해하고, 물질을 합성하거나 분해할 수 있는 화학의 전문적인 지식, 인체의 반응을 다루는 생명 과학에 대한 지식이 있어야 한다. 따라서 화학, 생명 공학, 화학공학 등의 이해와 이를 응용할 수 있는 능력이 필요하다. 또한 새로운 약품을 개발하는 일을 하므로 탐구 정신과 호기심, 오랜 시간의 실험과 분석을 견딜 수 있는 인내심과 세밀함을 지녀야 한다. 신약 개발과 관련된 분야의 전문 지식을 갖추면 제약 회사에서 새로운 약품을 연구하고 개발하는 일을 할 수 있다.

---

8   비상에서 펴낸 「화학II」 교과서에서 발췌

생체 내 완충 용액의 역할 조사하기

1. 문제 인식

생체 내에서 완충 용액은 어떤 역할을 하고 있을까?

2. 자료 수집과 논의

❶ 모둠을 구성하고, 생체 내 완충 용액의 종류와 역할을 조사해보자.

기관	완충 용액	역할
입	침	음식을 먹으면 화학 반응으로 입안에 산이 생성되며, 이 산은 치아의 에나멜을 녹여 충치를 유발한다. 그러나 입안의 침에 들어 있는 탄산계(H_2CO_3/HCO_3^-), 인산계(H_2PO_4-/HPO_4^{2-}) 등이 주요하게 완충 작용을 하여 충치 발생을 억제한다.
폐	혈액	운동이나 다른 요인 등에 의해 혈액의 pH가 정상 범위에서 약간만 벗어나도 세포막의 안정도, 단백질의 구조, 효소의 활성도 등에 매우 심각한 영향을 미친다. 그러나 혈액 속 탄산계(H_2CO_3/HCO_3^-), 인산계($H_3PO_4-/H_2PO_4^{2-}$), 단백질계 등이 완충 작용을 하여 pH 값을 일정하게 유지한다.
신장	혈액	신장을 소변으로 H+을 배설하고 혈액에서 재흡수할 수 있도록 HCO_3^- 농도를 조절하여 혈장 pH를 조절하며, 인산계와 암모니아계 등이 완충 작용을 한다.

❷ 모둠별로 조사한 내용을 발표해보자.

---

3. 결과 정리

다른 모둠의 발표를 듣고 생체 내 완충 용액의 역할을 정리해보자.

우리 몸은 크게 다음과 같은 세 가지 완충 작용을 통해서 몸의 균형을 유지하고 있다.

❶ 혈액 완충 체계: 세포 외액(조직액, 혈장, 척수액, 안액, 장액 등)의 H^+ 농도 변화에 대해 가장 먼저 일어나는 반응으로 즉각적으로 신체를 보호하는 역할을 한다.

   ① 탄산 완충 체계: 세포 외액 내 가장 중요한 완충계로 세포 외액 내 90%의 H^+을 완충한다.

   ② 인 완충 체계: 세포 내에 많으므로 세포 내액의 주요 완충계로 작용한다. 특히 신세뇨관 세포에서 중요하게 기능을 하며, H^+이 인산염(Na_2HPO_4)과 결합되어 소변으로 배설된다.

   ③ 단백질 완충 체계: 체액의 화학적 완충 작용의 3/4을 세포 내 단백질이 담당한다. 대부분의 단백질 완충 작용은 세포 내에서 이루어지고 세포 외액의 완충 작용에도 도움을 준다.

❷ 폐 완충 체계: 호흡에 의한 완충 작용을 하는데, $H_2CO_3(CO_2)$ 농도에 의해 pH를 조절한다.

   ① pH가 감소하면 호흡수와 깊이가 증가하여 폐를 통해 CO_2가 다량 배출된다. 이에 따라 CO_2가 적어지면 H_2CO_3 생성이 감소하여 pH가 증가하게 된다.

   ② pH가 증가하면 호흡 중추가 억제되어 CO_2가 증가하므로 H_2CO_3 생성이 증가하고 pH가 감소하게 된다.

❸ 신장 완충 체계: 신세뇨관에서 H^+의 분비를 변화시켜서 혈장 내의 HCO_3^- 농도를 조절하며 휘발성인 인산, 황산, 젖산, 케톤산 등의 산성 물질을 소변으로 배설하여 pH를 조절한다. 이 때 인산계와 암모니아계가 완충 작용을 한다.

생체 내의 완충 작용은 매우 중요하다. 예를 들어 이산화탄소(CO2)가 혈액에 녹으면서 생성된 탄산(H_2CO_3)과 탄산수소 이온(HCO_3^-)은 혈액 내에서 평형을 이루면서 완충 작용을 한다.

$$H_2CO_3(aq) + H_2O(l) \Leftrightarrow HCO_3^-(aq) + H_3O^+(aq)$$

심한 운동으로 우리 몸에 젖산이 생성되면 혈액에 H^+이 늘어나지만 HCO_3^-이 H^+과 반응하여 H_2CO_3을 생성하므로 혈액의 pH는 거의 일정하게 유지된다. 또한 혈액에 OH^-이 늘어나면 H_2CO_3과 중화 반응을 하여 혈액의 pH는 거의 일정하게 유지된다.

〈생각 넓히기〉

아세트산(CH_3COOH)과 아세트산 나트륨(CH_3COONa)이 녹아 있는 완충 용액에 소량의 염산($HCl(aq)$)을 첨가할 때 완충 작용을 일으키는 주된 화학 반응식을 써보자.

$$CH_3COO^-(aq) + H^+(aq) \rightarrow CH_3COOH(aq)$$

〈생각 넓히기〉

우리 몸의 혈액은 pH 7.3~7.4를 유지한다. 혈액이 이 pH 범위를 벗어날 경우 어떤 일이 일어날 수 있는지 조사해보자.

▶ pH가 정상 범위보다 작아지는 것을 산성 혈증, 커지는 것을 염기성 혈증이라고 한다. 산성 혈증은 피로, 구역질, 구토 같은 증상이 나타나며, 급성 산성 혈증은 호흡수가 빨라지고 두통을 일으키며, 발작, 혼수, 심지어는 사망까지 초래할 수 있다. 염기성 혈증 증상은 종종 칼륨 손실과 관련이 있으며 증상으로는 과민성, 쇠약, 경련 등이 있다.

● 교과서 읽기 자료

면역 반응과 백신

항원이 우리 몸에 처음 침입하면 B 림프구가 활성화되어 형질 세포와 기억 세포로 분화하고 형질 세포가 항체를 생성하는데, 이를 1차 면역 반응이라고 한다. 1차 면역 반응은 항원의 종류를 인식하고 B 림프구가 활성화되어 항체가 생성되기까지 시간이 걸린다. 1차 면역 반응 후 체내에서 항원이 사라진 뒤에도 그 항원에 대한 기억 세포는 남는다. 이후 동일한 항원이 다시 침입하면 기억 세포가 빠르게 증식하고 분화하여 만들어진 형질 세포가 많은 항체를 생성하는 것을 2차 면역 반응이라고 한다.

2차 면역 반응은 1차 면역 반응보다 빠르게 많은 양의 항체를 생성하여 항원을 효과적으로 제거한다. 예방 접종은 우리 몸의 면역 반응을 이용하여 인위적으로 1차 면역 반응을 일으켜 기억 세포를 형성하게 한다. 그 후 병원체가 체내에 침입하면 2차 면역 반응이 일어나 많은 양의 항체가 효과적으로 병원체를 제거함으로써 질병을 예방한다. 이때 1차 면역 반응을 일으키기 위해 체내에 주입하는 항원을 포함하는 물질을 '백신'이라고 한다. 백신으로는 병원성을 제거하거나 약하게 한 병원체 등이 사용된다. 사람들은 한 번 걸렸던 병에 다시 걸리지 않는 것은 한번 생긴 항체가 그대로 남아 있기 때문이라고 잘못 알고 있는 경우가 있다. 일단 병원체가 제거되면 항체와 형질 세포는 점차 줄어들지만, 기억 세포가 남아 병원체의 재침입 시 형질 세포로 분화하여 항체를 생산한다.

〈독감 백신의 제조 방법〉

❶ 다양한 독감 바이러스를 수집하여 유정란에 넣고 배양한다.
❷ 증식된 바이러스를 모아 농축하고 정제한다.
❸ 바이러스의 단백질 껍질을 분쇄한 후 특이 항원만 순수 분리하여 백신으로 사용한다.

---

10 비상에서 펴낸 『생명과학 I』 교과서에서 발췌

백신을 이용한 질병의 예방

1. 문제 인식

인류는 백신을 이용하여 많은 질병을 극복하였다. 그러나 감기나 말라리아, 후천성 면역 결핍증 (AIDS) 같은 질병에 대한 백신은 여전히 개발하지 못하고 있다. 백신으로 예방할 수 있는 질병과 예방하기 힘든 질병에는 어떤 것이 있으며, 그 차이는 무엇일까?

2. 탐구 과정

가. 백신의 종류와 제조 방법을 모둠별로 조사해보자.
- 생백신과 사백신으로 구분된다. 생백신에는 홍역 백신, BCG 백신이 있고, 사백신에는 독감 백신, A형 간염 백신, B형 간염 백신, 파상풍 백신이 있다.

나. 백신으로 예방하는 질병과 백신으로 예방하기 힘든 질병을 조사해보자.
- 체내에서 정상적인 면역 반응을 유발하는 대부분의 병원체는 백신으로 예방이 가능하다. 그러나 감기처럼 병원체가 다양하거나, 독감처럼 병원체의 항원 부위의 변이가 빠르게 일어나거나, 후천성 면역 결핍증(AIDS)처럼 병원체가 우리 몸의 면역계에 침투하거나, 발병 기작이 완전히 연구되지 않은 질병은 백신으로 예방하기 힘들다.

다. 백신으로 예방하기 힘든 질병은 어떤 특성 때문에 백신의 개발이 어려운지 토의해보자.
- **감기** : 감기는 리노바이러스와 아데노바이러스 등 매우 다양한 종류의 바이러스가 원인이 되어 발병하기 때문에 특정한 백신을 만들기 어렵다.
- **독감** : 독감의 원인인 인플루엔자바이러스는 지속적으로 변이를 일으키기 때문에 독감이 유행하는 시기의 6개월 정도 이전에 그 해에 유행할 인플루엔자바이러스의 유형을 예측하고 백신을 제조하여 접종을 해야 예방할 수 있다.
- **후천성 면역 결핍증(AIDS)** : 후천성 면역 결핍증은 인간 면역 결핍 바이러스(HIV)가 원인이 되어 발병하는데, 이 바이러스는 변이가 매우 빠르게 일어나며, 면역 과정에서 핵심적인 세포인 T 림프구에 침입하여 인체의 방어 작용을 피하기 때문에 백신을 만들기 어렵다.

● 교과서 탐구활동

약물이 인체에 미치는 영향 조사하기

1. 문제 인식

약물 중에는 신경계에 작용하여 인체에 영향을 미치는 것들이 많다. 이러한 약물은 그 영향에 따라 진정제, 각성제, 환각제 등으로 구분된다. 진정제, 각성제, 환각제에는 어떤 것이 있으며, 이 약물들은 인체에 어떤 영향을 미칠까?

2. 탐구과정

❶ 진정제, 각성제, 환각제 중 하나를 선택하여 모둠별로 조사해보자.

조사 내용	• 약물의 종류 • 약물이 시냅스에서의 흥분 전달에 미치는 영향 • 약물이 인체에 미치는 영향

❷ 조사한 내용을 보고서로 만들어 발표해보자.

참고) www.drugfree.or.kr는 한국 마약 퇴치 운동 본부 누리집으로, 약물의 종류, 약물이 인체에 미치는 영향, 약물에 관한 법률 등의 정보를 찾을 수 있다.

3. 정리

❶ 모둠별 발표를 듣고 약물이 인체에 미치는 영향을 표로 정리해보자.

구분	종류	약물이 시냅스에서의 흥분 전달에 미치는 영향	약물이 인체에 미치는 영향
진정제	알코올, 수면제, 진통제, 아편	(아편) 시냅스에서 도파민의 재흡수 통로를 막아 도파민이 과잉 상태가 되고, 그 결과 환각 증상을 일으키게 된다.	중추 신경을 억제하여 호흡운동과 심장박동을 느리게 하고 긴장을 완화시키는 진정 효과가 있다. 또한 통증을 완화시키는 진통 효과도 있다.
각성제	카페인, 니코틴, 코카인, 암페타민 (필로폰)	(암페타민) 시냅스에서 노르에피네프린의 재흡수를 억제하거나 분해 효소의 작용을 억제하여 시냅스 후 뉴런을 계속 자극한다.	중추 신경과 말초 신경을 흥분시켜 호흡 운동과 심장 박동을 빠르게 하고 긴장 상태를 유지시키는 각성 효과가 있다.
환각제	대마초, LSD, 마리화나	(마리화나) 흥분성 중추인 세로토닌 회로에 작용해 세로토닌이 재흡수되는 것을 방해하여 계속적인 흥분 상태를 유지하거나, 도파민의 방출을 증가시킨다.	인지 작용과 의식을 변화시켜 감각 왜곡, 공포, 불안 등을 증가시킨다. 또한 조현증(정신분열증)과 환각 작용을 일으키다

❷ 약물을 사용해야 할 때, 인체가 입는 피해를 최소화하는 방법을 토의해보자.

약물은 사용할 때마다 내성이 생겨 같은 효과를 얻기 위해서는 사용량을 계속 늘려야 하고, 약물 사용을 중지하면 불안, 수면 장애, 발작 등의 금단 증상이 나타나기도 한다. 또한 약물을 지속적 · 주기적으로 사용하면 의존성이나 중독성이 생겨 약물 사용의 중단이나 조절이 어렵게 된다. 심하면 뇌를 비롯하여 심장 박동 이상, 폐기종 같은 질병을 유발하기도 한다. 이와 같은 약물에 의한 인체의 피해를 최소화하기 위해서는 약물을 오남용하지 않고 의사의 처방에 따라 바르게 사용해야 한다.

리포솜의 활용 사례 조사하기

1. 문제 인식

리포솜은 세포막의 주성분인 인지질로 만든 인공 구조물로, 우리 생활 곳곳에서 활용되고 있다. 리포솜의 특성은 무엇이며, 리포솜은 어떤 분야에서 활용되고 있을까?

2. 탐구과정

❶ 리포솜이 우리 생활에서 활용되는 사례를 조사해보자.

조사 내용	• 리포솜의 특성 • 리포솜이 활용되는 사례 • 리포솜을 활용하는 것의 차이점
리포솜의 특성	• 인지질 2중층으로 만든 공 모양의 인공 구조물로, 리포솜의 막은 세포막과 융합할 수 있다. • 안이 비어 있어 원하는 물질을 담을 수 있다.
리포솜이 활용되는 사례	• 리포솜은 세포막과 융합할 수 있으므로 리포솜의 내부 공간에 항암제, 비타민 등의 영양소, 화장품 등을 담아 피부를 통해 흡수시킬 수 있다. • 병세가 나빠져 약물을 복용하거나 주사하기 어려운 환자에게 리포솜을 이용해 약물을 투여한다. • 리포솜을 이용해 피부 속으로 화장품을 효과적으로 전달한다. • 리포솜을 이용해 암세포에 직접적이고 효과적으로 약물을 전달한다.
리포솜을 활용하는 것의 이점	• 리포솜을 이용하면 물질을 세포 속으로 쉽게 흡수시킬 수 있으며, 약물 등을 복용할 때 생기는 부작용도 최소화할 수 있다.

❷ 조사한 리포솜의 활용 사례를 중심으로 리포솜 활용의 실용성과 타당성을 토의해보자.

리포솜은 인지질 2중층의 막으로 된 인공 구조물로, 내부 공간에 저분자 물질, 핵산이나 단백질 등 여러 가지 물질을 담을 수 있어 현재 화장품, 유전 정보를 지닌 핵산의 전달, 항암제와 항균제 같은 약물 투여 등에 활용되고 있다. 특히 리포솜을 이용한 화장품은 물질을 직접 피부를 통해 흡수시킬 수 있어 매우 실용적이다. 반면, 유전자 치료나 종양 치료를 목적으로 특정 조직이나 기관으로 수송하기 위해 정맥으로 투여하는 리포솜의 경우에는 간이나 지라 등에서 많이 걸러지고, 대식 세포에 의해 빠르게 소멸되어 효과가 떨어지는 단점이 있다. 이러한 단점을 극복하기 위해서는 반복 투여하여도 안전하고, 대식 세포를 피하면서 오랫동안 혈액에 머물 수 있으며, 표적 세포나 조직에 특이적으로 융합하여 효과를 극대화할 수 있는 리포솜을 개발하기 위한 연구가 진행되어야 할 것이다.

● 교과서 읽기 자료

A. 유전자 재조합 기술에 의해 만들어진 유전자 변형 생물에 관해서…

유전자 재조합 기술에는 아그로박테리아법이나 전자총을 이용하여 대상 식물의 배양 조직에 넣고, 이 유전자가 들어간 형질 전환 세포를 선발하여 재분화시킨 다음 전통적인 육종법에 따라 새로운 품종을 만든다. 아그로박테리아는 흙과 식물에 기생하는 토양 세균의 하나로 다양한 식물에 기생하면서 식물의 병을 일으키는 병원균이다. 하지만 아그로박테리아는 Ti 플라스미드라는 핵산 단백질 형태의 자기 DNA를 다른 식물 세포에 쉽게 전이시키는 능력을 가지고 있다. 따라서 이 박테리아의 플라스미드에 식물의 유용한 DNA를 재조합하여 만든 재조합 플러스미드를 다시 박테리아 세포에 넣어주면 재조합 박테리아를 대량 생성하게 된다. 재조합 박테리아를 조직 배양한 식물 세포에 감염시켜 주면 해당 유전자를 안전하게 빠르게 식물 세포에 재조합하여 유전자 변형 생물(GMO)을 만들어낸다. 이러한 유전자 재조합의 연구는 특정 유전자를 대량 생산하여 식물체 내의 병충해 저항성을 강화시키거나 단백질 유전자를 박테리아에 재조합하여 많은 양의 단백질을 생산하는 데 이용된다.

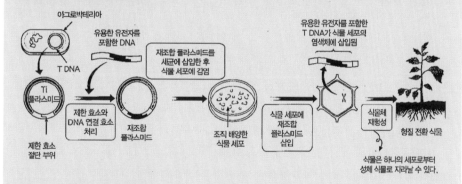

B. 항균 제품 사용에 대하여

요즘에는 비누와 세제는 물론 칫솔, 장난감, 이불, 벽지에 이르기까지 '항균' 표시가 된 제품을 흔히 볼 수 있다. 이런 제품들은 기존 제품에 세균을 죽이는 성분을 첨가하여 만드는 경우가 대부분인데, 소비자는 업체의 말만 믿고 안심해도 될까? 최근 가습기 물통에 넣어 세균이나 곰팡이가 번식하지 못하게 하려고 사용한 제품이 오히려 사람에게 큰 피해를 준 사건이 있었다. 항균 제품을 사용하는 것이 옳은 선택인지 토론해보자.

● 교과서 탐구활동

앞의 주제 A, B 중에서 하나를 골라서 찬성과 반대 입장에 대해 토의해보자.

A. 유전자 재조합 기술에 의해 만들어진 유전자 변형 생물에 관한 토론

찬성 입장	반대 입장
1. 기아를 해결하기 위해 필요하다.	1. 인체에 해가 없다는 사실이 검증되지 않았다.
2. 분배 정의를 기다리기에는 시간이 급하다.	2. 기아는 식량 생산량의 문제가 아니라 분배의 문제다.
3. 과거 품종 개량으로 얻은 생물도 넓은 의미에서는 유전자 변형 생물이다.	3. 세계 시장을 지배하는 곡물 기업의 돈벌이 수단에 불과하다.
	4. 생물 다양성을 파괴한다.

① 2~4명씩 짝을 지어 찬성하는 입장과 반대하는 입장으로 나누어 자신의 입장을 이야기해보자.
② 각자 자신의 입장을 정리하여 반 전체가 찬반 토론을 해보자.
③ 토론이 진행되는 동안 유전자 변형 생물에 대한 자신의 입장에 변화가 있었는지 이야기해보자.

03

의사·의대생
인터뷰

의사 인터뷰

● **마이디피부과 이촌점 피부과 변희진 원장**

1. 의사에게 필요한 역량은 무엇이 있을까요?
의학 지식을 탐구하는 과학자적 열정과 환자에 대한 '측은지심'이 필요하다고 생각합니다.

2. 의대를 졸업하면 구체적인 진로가 어떻게 되나요?
다양한 진로가 가능합니다. 환자를 진료하는 임상 의사뿐 아니라, 기초의학 분야를 연구하는 연구자, 제약사, 의료기기 회사 등 회사 취업이나 창업, 의료행정 공무원 등이 가능합니다.

3. 의사 생활을 하는 동안 실질적으로 도움이 됐던 고등학교 교과목은 무엇이 있을까요?
생명과학, 화학 교과목이 도움 됐습니다.

4. 의사를 희망하는 학생들에게 도움이 될 만한 도서 한 권을 추천해주시고, 그 이유는 무엇인가요?
『질병과 죽음에 맞선 50인의 의학 멘토』(수전 앨드리지, 책숲)
의학의 역사에 큰 발자취를 남긴 의사들에 관한 책으로 의학의 존재 이유와 의학을 공부하는 기본자세를 배울 수 있는 책입니다.

5. 남학생의 경우 군대를 군의관·공중보건의로 병역의무를 이행하는 것이 일반적입니다. 하지만 일반병의 복무기간이 짧아지고, 월급이 대폭 오르면서 의대생들도 일반병으로 지원하는 경우가 늘고 있는데 어떻게 생각하시나요?

가장 열심히 일하고 공부할 수 있는 나이에 군의관 또는 공중보건의로 3년이나 병역에 묶여 있는 것은 국가적으로도 매우 큰 손해라고 생각합니다. 일반 병사의 1년 6개월 복무와 형평성에 크게 어긋나지 않게 군의관과 공중보건의의 복무기간을 줄일 필요가 있다고 생각하며, 그 전까지는 의대생의 일반병 지원이 늘어나는 것이 매우 당연하고 권해야 할 일이라고까지 생각합니다.

6. 정부의 의대 정원 2,000명 증원에 대해 어떻게 생각하시나요? 해결책은 무엇이 있을까요?

기존에 3,000명이던 정원에서 2,000명을 한꺼번에 증원하는 것은 매우 비상식적이고 말도 안 되는 정책입니다. 당장 내년에 늘어난 학생들을 가르칠 강의실도 없고 교수진도 없습니다. 정부는 필수 의료 활성화를 목적으로 증원하는 것이라고 주장하고 있으나, 늘어난 정원이 필수 의료에 종사할 것이라는 생각은 전혀 근거가 없습니다. 의사들이 필수 의료를 꺼리는 이유는 세계 어디에서도 볼 수 없는 초저수가뿐 아니라 강도 높은 민·형사적 처벌과 의사를 '생명을 구하는 사람'이 아닌 '잠재적 범죄자'로 생각하는 사회적 분위기 때문입니다. 요즘은 환자가 병원에서 죽으면 경찰에 신고를 합니다. 의사는 신이 아니기 때문에 위중한 환자를 모두 다 살릴 수는 없는 것인데, 요즘은 조금 부족한 부분이라도 있으면 법정에서 사소한 부분까지 철저히 추궁을 당하고 조금이라도 빌미가 될 것이 있으면 십수억 원에 이르는 배상금과 구속, 금고형까지도 흔히 받고 있습니다. 동물 병원 분만 비용보다 훨씬 싼 분만 수가, 발 마사지 비용보다 저렴한 내시경 수가를 받으면서 십수억 원의 배상 비용과 감옥행까지 각오해야 하는 일을 누가 하려고 할까요? 정부의 어이없는 대폭 증원과 의사 범죄인화 정책이 안 그래도 고사 중이던 필수 의료를 무덤 속에 넣고 밀봉한 격입니다. 사직 시 법정 최고형을 각오하라며 사직 금지 명령 등 각종 강압 행정을 휘두르는 정부 때문에 마지막 남은 자존감까지 다 잃어버린 필수 의료 전공의들이 다시 돌아오게 할 해결책이 있을지 절망스러울 따름입니다.

7. 2024년 현재 의과대학은 전국에 40개 대학이 있습니다. 의사 입장에서 의대가 더 필요하다고 생각하시나요?

인구가 급격히 줄고 있는 우리나라에 의대가 더 필요할 이유가 없습니다. 하나의 의과대학이 양질의 교육기관으로 자리 잡기에는 오랜 시간이 걸립니다. 정치적 목적으로 이 지역 저 지역에 신생 의대를 세워줄 것이 아니라 기존의 의과대학을 충분히 지원하여 교육과 실습의 질을 높이는 것이 맞습니다.

8. AI시대·ChatGPT시대 의사의 의료 행위가 필요할까요? 의대의 비전은 무엇이 있을까요?

의료는 사람을 대상으로 하는 일종의 '예술'이기도 하여 '인술'이라고 부릅니다. 인공지능은 의학 지식은 갖출 수는 있으나 인간 대 인간의 교감을 나눌 수는 없습니다. 그리고 질환의 대부분이 아직도 그 원인을 모르는 등 인체의 생명 활동은 고도로 복잡하고 신비롭기까지 한 대상이므로, 인공지능이 그 모든 비밀을 밝히기까지는 아직 많은 시간이 남았다고 생각합니다. 최소한 그때까지는 인간 의사의 물리적 검진과 직관이 역할을 할 부분이 있을 것입니다.

● 고려대학교 구로병원 마취과장 임병건

1. 의사에게 필요한 역량은 무엇이 있을까요?

윤리의식, 전문성, 리더십을 갖춘 의사 인재를 양성하는 것이 의대 교육의 가장 중요한 목표라고 생각합니다. 예시로써 고려대학교 의과대학 교육목표가 이를 잘 반영해주고 있어서 아래 3가지 교육목표를 통해 세부 역량을 제시해드리고 싶습니다.

〈교육목표〉

- 성숙한 윤리의식에 기초하여 생명의 존엄성과 건강을 수호하는 의사
- 최선의 진료와 창의적 연구를 수행하는 전문가
- 세계시민정신을 갖추고 보건의료와 사회발전에 기여하는 지도자

〈핵심교육역량〉

핵심교육역량 (졸업성과)	핵심교육역량(졸업성과) 상세
가. 과학 지식의 이해와 적용	1-1. 신체의 형태, 작동기전 및 건강문제의 병태생리를 설명할 수 있다.
	1-2. 과학 원리에 근거한 치료 계획을 수립할 수 있다.
	1-3. 치료 과정에 대한 성과를 평가하고, 치료법의 부작용에 대해 설명할 수 있다.
	1-4. 의학 연구의 다양한 방법을 습득하여 연구 계획을 수립할수 있다.
나. 진료 능력	2-1. 환자와 효과적으로 면담할 수 있다.
	2-2. 증상별, 기관별 신체 진찰을 할 수 있다.
	2-3. 임상 추론(Clinical Reasoning)을 이용하여 감별진단 및 진단에 따른 치료 계획을 수립할 수 있다.
	2-4. 응급상황에 대한 판단과 결정을 할 수 있다.
	2-5. 기본 임상술기를 능숙하게 시행할 수 있다.
	2-6. 질병에 대한 예방적접근을 할 수 있다.
	2-7. 환자 안전사고의 예방과 대처 방법을 숙지하여 행동할 수 있다.
다. 자기 주도 학습 및 비판 능력	3-1. 스스로 학습 계획을 수립하고 학습을 이행 및 평가할 수 있다.
	3-2. 학습 근거자료를 검색, 선별 및 종합할 수 있다.
라. 의사소통 능력	4-1. 환자, 보호자 및 환자 가족의 감정을 존중하고 원활한 의사소통을 할 수 있다.
	4-2. 의료 관련 분야의 동료와 협조적으로 의사소통을 할 수 있다.
	4-3. 일반 대중과 효과적으로 의사소통을 하고 교육할 수 있다. (선택역량)

마. 윤리와 법규의 이해와 적용	5-1. 의사로서 올바른 직업 가치관을 정립한다.
	5-2. 인권을 존중하고 다양성을 포용할 수 있다.
	5-3. 생명·의료윤리 문제와 관련 법규를 이해하고 적용할 수 있다.
	5-4. 연구윤리 문제를 이해하고 적용할 수 있다. (선택역량)
바. 성찰 및 자기관리 능력	6-1. 자기 성찰과 타인의 평가 결과를 활용하여 자신의 문제를 해결할 수 있다.
	6-2. 자신의 신체 및 정신 건강을 관리하고 유지할 수 있다.
사. 리더십	7-1. 팀 구성원으로서의 역할과 리더십을 실천한다.
	7-2. 건강과 질병에 대한 정치·사회·문화적 요소를 파악한다.
	7-3. 글로벌 의사에게 필요한 역량과 역할에 대하여 탐색한다. (선택역량)
7개	25개

2. 의대를 졸업하면 구체적인 진로가 어떻게 되나요?

의대를 졸업한 후 의사 국가고시에 합격하면 의사로서 일하게 됩니다. 대개 인턴 1년의 과정을 거쳐서 전문의가 되기 위해 26개 전문 과목 중 하나를 선택하여 전공의에 지원합니다. 3~4년의 수련 과정을 거쳐서 전문의 시험에 응시하고 합격하면 전문의가 됩니다. 인턴 및 전공의 수련은 전문의가 되기 위한 필수 과정이나, 이러한 수련 과정을 거치지 않고 일반의로서 봉직의 또는 개원의로서 일할 수도 있습니다. 전문의는 대개 개원의와 봉직의로 나뉘고, 봉직의는 대학병원을 포함한 상급종합병원부터 종합병원, 전문병원, 개인병원 등에 다양한 형태로 취직하여 일할 수 있습니다. 군미필 남성의 경우 군의관 또는 공중보건의로서 병역의 의무를 다하게 됩니다. 대학병원에서의 진로는 전문의가 된 후 전임의, 촉탁의, 임상교수, 전임교수 등 다양한 진로가 있습니다.

3. 의사 생활을 하는 동안 실질적으로 도움이 됐던 고등학교 교과목은 무엇이 있을까요?

의대 공부를 위해서 실제적으로 도움이 되는 교과목은 생물, 화학을 포함한 과학 과목들이 우선적이라고 볼 수 있습니다. 약리학이나 예방의학 등에서는 수학도 많이 도움이 되며, 의학 공부는 그 양이 매우 방대하고 넓어서 암기 능력이 차지하는 비중도 매우 높음을 감안하면 사회, 역사 등의 암기 과목들에 대한 공부도 중요하다고 생각합니다. 의사 생활을 하는 데 있어서도 위 과목들이 도움이 되겠고, 특히 의대 교수의 길을 가기 위해서는 영어 및 과학(실험 능력 포함)이 매우 도움이 되고 필수적인 교과목입니다. 외국 의사들과 교류 및 소통하기 위해서 외국의 문화를 이해하고 소통할 수 있는 언어 능력을 키우는 것도 매우 중요합니다. 또한, 윤리 및 도덕 등은 윤리의식을 갖춘 의사가 되기 위해서 매우 중요한 과목이라고 생각합니다.

4. 의사를 희망하는 학생들에게 도움이 될 만한 도서 한 권을 추천해주시고, 그 이유는 무엇인가요?

『우리는 다시 먼 바다로 나갈 수 있을까』(이주영, 오늘산책)

어느 소아청소년과 의사의 당직 일지로 소아청소년과와 같은 필수 의료를 걷고 있는 의사들의 고뇌와 사명감, 좌절, 보람, 희망을 담백하게 기술한 도서입니다. 현재 우리나라에서 필수 의료의 현실이 얼마나 어렵고 잘못되어 있는지를 직간접적으로 보여주는 좋은 책이라고 생각하여 추천합니다. 이 책을 통해 우리나라 필수 의료 체계에 대한 개선이 매우 시급하고, 이를 위해서는 환자와 의사가 모두 공감할 수 있는 체계적이고 구체적인 개선안을 마련하기 위한 총제적인 노력이 시급함을 느낄 수 있을 것입니다.

5. 남학생의 경우 군대를 군의관·공중보건의로 병역의무를 이행하는 것이 일반적입니다. 하지만 일반병의 복무기간이 짧아지고, 월급이 대폭 오르면서 의대생들도 일반병으로 지원하는 경우가 늘고 있는데 어떻게 생각하시나요?

당연한 결과라고 생각합니다. 군의관·공중보건의의 군 복무기간은 무려 38개월로 우리나라 군 창설 이래로 단 하루도 줄지 않은 것으로 알고 있습니다. 이는 매우 부당한 일이며, MZ세대 의대생들은 점점 더 일반병으로 지원하여 군복무를 빠르고 쉽게 마치기를 바랄 것입니다. 더욱이 현 의료 사태와 같이 정부가 의대생 및 의사들을 마치 공공재처럼 여기고 대하는 현실에서는 더욱 그러할 것입니다.

6. 정부의 의대 정원 2,000명 증원에 대해 어떻게 생각하시나요? 해결책은 무엇이 있을까요?

해결책은 없습니다. 정부가 조건 없이 2,000명 증원안을 철회하는 것이 유일한 해결책입니다. 이후에 의–정–전공의–의대생 협의체를 구성해서 백년대계를 위해 차근차근 논의를 시작해야 합니다. 근거 없이 일방적으로 밀어붙이는 정책은 절대 성공할 수도, 성공해서도 안 됩니다.

7. 2024년 현재 의과대학은 전국에 40개 대학이 있습니다. 의사 입장에서 의대가 더 필요하다고 생각하시나요?

현재로서 의대가 더 필요하지는 않다고 생각합니다. 증원에 대해서는 그 규모에 있어서 신중하고 조심스럽게 충분한 논의를 통해서 결정해야 한다고 생각합니다.

8. AI시대·ChatGPT시대 의사의 의료 행위가 필요할까요? 그렇다면 의대의 비전은 무엇이 있을까요?

AI시대 · ChatGPT시대에도 당연히 의사의 의료 행위는 필요하며, 의사 고유의 의료 행위는 다른 직역(職域) 종사자나 AI 등이 대체할 수 없다고 생각합니다. 특히 환자에게 가해지는 침습적인 의료 행위는 더욱 그렇습니다. AI시대 · ChatGPT는 의료 행위의 보조로서 도움이 될 수 있는 부분이 있겠으나 이를 논의하기에 아직 시기가 이르다고 생각하며, 이역시 신중하게 접근해야 합니다.

의대 재학생 인터뷰

● **계명대학교 의과대학 의학과 재학생 ○○○**

1. 의대는 어떤 학생이 지원하면 좋고, 의대생에게 필요한 역량은 무엇이 있을까요?

의대 공부는 암기가 전부라고들 하지만 개인적으로 암기에 앞서 독해 및 이해력이 필수라고 생각합니다. 같은 수업을 듣고도 두 번, 세 번 복습해야 이해하고 암기를 시작할 수 있는 학생이 있는 반면, 한 번에 이해하고 바로 암기에 돌입하는 학생도 있습니다. 텍스트를 읽을 때도 마찬가지입니다. 공부량이 매우 많은 의대에서는 두 학생의 경우가 크게 차이가 납니다. 단순 암기력이 뛰어나다고 해도 수백 장의 자료를 암기하려면 맥락을 파악하는 과정이 필요합니다. 따라서 저는 수학 성적도 중요하지만 국어, 특히 비문학(독서 영역) 성적이 학생이 의대에 얼마나 적합한지를 나타낸다고 생각합니다. 독해력을 가장 강조했지만 모두가 말하듯이 암기도 매우 중요합니다. 그러나 암기는 의대 입시를 준비하는 고등학생이나 수험생 시기부터 갖추어야 할 역량은 아니며, 의대 입학 후 공부를 해가면서 자신만의 방법과 페이스를 찾아야 하는 분야라고 생각합니다. 대신 입시를 준비하는 기간에는 스스로가 6년 이상의 시간 동안 방대한 양을 꾸준히 공부할 준비가 된 사람인지 파악해야 합니다. 자신이 의학에 관한 흥미가 있고, 의사가 되고 말겠다는 포부가 있어야 공부가 힘들어도 중간에 놓아버리지 않을 수 있습니다. 앞서 언급한 독해력이 받쳐주면서, 오랜 시간을 공부에 투자할 수 있는 체력과 집중력, 참을성을 갖추어야 합니다. 의대를 3년 다니며 느낀, 의대생에게 의외로 필요한 자질은 소통 능력입니다. 의사는 절대 혼자 일하는 사람이 아닙니다. 동료 의사와 간호사를 더불어 병원에서 종사하는 사람과 매일 협력해서 일해야 하고, 가장 중요하게는 환자와 소통해야 합니다. 따라서 의대에서는 학생의 소통 능력을 기르기 위해 조별로 학습 및 실습하는 커리큘럼이 준비되어 있으며 본과 3~4학년에 시행하는 병원 실습도 조별로 돌게 됩니다. 이때 동료와 소통하지 못하는 학생은 의사가 되어서도 동료 및 환자와 소통하기 어렵다는 뜻입니다. 중고등학생 시기부터 공동체에서 자신의 소임을 다하는 자세를 가지고, 주변 사람들과 소통하고 협력할 기회에 최선을 다하며 능력을 기른 학생이 의대 학생으로서, 의사로서 살아남을 수 있다고 생각합니다.

2. 의대 교육과정은 무엇이 있을까요?

의과대학은 '예과2년+본과4년'으로 이루어져 있고 일반적으로 예과 기간 동안은 일반학과와 이후 공부할 내용의 바탕이 되는 기초 및 교양과목을 배웁니다. 본과 1~2학년은 본격적으로 기초 및 임상의학을 공부합니다. 그리고 본과 3~4학년은 PK(학생의사)라고 불리는 병원 실습 과정을 거칩니다. 의대 교육과정은 다른 학과와는 차이가 있으며, 크게 쿼터제와 블록제로 나뉩니다. 의과대학을 제외한 대부분 학과가 채택하는 학기제는 1년을 2학기로 나누어 학기마다 중간·기말고사를 치르지만, 블록제 및 쿼터제는 이를 더 잘게 쪼갭니다. 일반적으로 예과 1년 또는 1~2년을 학기제 과정으로 보낸 뒤 예과 2학년부터 혹은 본과 1학년부터 쿼터제 또는 블록제로 진입하게 됩니다. 기본적으로 1년을 1학기·2학기로 구분하지만, 세부적으로 쿼터제는 1년을 4쿼터로 나누어 한 쿼터마다 중간·기말고사를 치르며, 블록제는 몇 주의 쿼터로 더 잘게 쪼개어 중간·기말고사를 치릅니다. 각 쿼터 및 블록 기간은 관련성이 높은 소수의 과목 또는 중요도가 큰 하나의 과목을 집중적으로 학습하기 때문에 학기제보다 학습 효율이 높고 시험에 대한 부담이 적다는 장점이 있습니다. 커리큘럼은 학교마다 차이가 있습니다. 저희 학교의 경우 블록제를 채택하여 예과 2학년부터 본과 2학년까지 1~3주마다 한 번씩 시험을 치르고, 1~3회의 시험을 통해 한 과목을 이수하고 있습니다. 한 번에 한 과목씩 시험을 보기 때문에 시험 당 공부량에 대한 부담은 적지만 시험 자체가 잦기 때문에 이에 대한 피로가 있기도 합니다. 대신에 저희 학교는 한 학기 가운데에 4~5일의 짧은 방학이 주어집니다.

3. 의대 학과활동에는 무엇이 있을까요?

동아리활동, 봉사활동, 학생회활동 등이 있습니다. 의대마다 긴 전통을 가진 동아리들이 있습니다. 주로 운동 및 공연 동아리가 있는데, 동아리활동에 들어가는 시간이 적지는 않지만, 활동을 통해 동기 및 선후배와의 친목을 도모할 수 있을 뿐만 아니라 자신이 좋아하는 분야 혹은 시도해보지 못했던 분야에서 성과를 이루며 뿌듯함을 느낄 수 있습니다. 의과대학 공부를 하며 취미를 찾는다면 동아리가 좋은 선택이 될 것입니다. 가입하기 전에 동아리활동이 자신의 성향에 맞을지 고민해보고, 활동이 학기 중 또는 방학 중 중에서 언제 이루어지는지 알아보고 자신에게 맞는 동아리로 선택하면 좋습니다. 봉사활동의 경우 의과대학 생활 내내 필수적인 부분은 아니지만, 학교마다 졸업요건에 포함되어 있기도 하며, 졸업 후 취업을 위해 필요한 경우도 있습니다. 저희 학교의 경우에는 장학금 수여 조건에 포함되어 있습니다. 자신이 속한 학교나 목표로 하는 병원의 봉사 조건을 미리 살펴보는 것이 중요합니다. 학교의 봉사 동아리 혹은 봉사단에 소속되어 있으면 의료봉사를 다닐 기회가 있는데, 이때 다양한 경험을 하는 것도 좋다고 생각합니다.

4. 의대 진학을 희망하는 학생이 열심히 공부해야 하는 교과목은 무엇이 있을까요?

수능 과탐에서 중점적으로 다루는 킬러문항과 같은 내용은 교과목 전반적으로 다루는 내용과는 약간의 괴리가 있다고 생각해 수능보다는 고등학교 교육과정의 내용을 기준으로 설명하겠습니다. 의대 진학에 앞서 과학 선택과목으로 고민을 하는 학생이 많을 것이라고 생각합니다. 그러나 과학탐구는 배경지식이 없더라도 예과 초반에 열심히 진도를 따라가면 '지식을 습득'할 수 있으며, 대부분 예과 과목에 관련되어 있기 때문에 성적에 치명적인 영향을 미치지는 않으므로 크게 연연해하지 않아도 된다고 생각합니다. 그래도 관련이 있는 내용을 언급하자면, 생명과학과 화학은 예과 커리큘럼에 등장하고, 물리와 미적분은 일부 의과대학에서만 가르칩니다. 생명과학 I · II에서 배우는 내용은 80% 이상 의대에서 다시 배우게 됩니다. 이때 고등학생 때 배웠던 기초가 있으면 도움이 됩니다. 그러나 필수라고는 생각하지 않습니다. 생명과학 배경지식이 없는 학생과 있는 학생이 섞여 있기 때문에 입학 직후 배우는 과목에서 기초를 빠르게 짚고 넘어갑니다. 의대에 입학할 정도의 학생이면 배경지식이 없더라도 습득에 큰 어려움이 있지는 않을 것 같습니다. 화학의 경우에는 생명과학보다는 따라가기 어려울 수 있습니다. 생명과학과 똑같이 기초부터 시작하더라도, 개념 숙지 및 문제풀이에 시간이 좀 더 필요합니다. 특히 문과에서 교차지원한 경우 예과 시기 기초화학, 일반화학이 고비가 되는 경우가 많았습니다. 화학 I 및 II의 내용이 일반화학으로 그대로 이어지므로 화학 II까지 배웠다면 기초화학, 일반화학 과목은 쉽게 지나갈 수 있습니다. 물리는 저희 학교에서는 선택과목으로, 물리 배경지식이 있는 학생들은 쉽게 진도를 따라갔습니다. 일반물리 혹은 미적분이 교육과정에 포함된다면, 이 두 과목은 화학과 같이 쉽게 따라잡을 수 있는 과목은 아니지만 예과 커리큘럼인 만큼 크게 부담을 가질 필요는 없다고 생각합니다. 의대 공부는 암기와 더불어 교과서 및 논문 등의 많은 텍스트를 읽고, 받아들이고, 해석하여 활용하는 능력이 반드시 필요합니다. 또한 공부의 깊이가 깊어질수록 텍스트가 영어인 경우가 많아집니다. 처음 배우는 의학 용어부터 늘 손에 쥐고 있는 교재, 그리고 언젠가 읽고 쓸지도 모르는 논문까지 의대 공부에서 영어를 뗄 수 없습니다. 졸업 및 취업 조건으로 토익이 필요한 경우도 있으므로 영어 공부도 소홀히 하지 않아야 합니다.

5. 의대 '학생부교과전형'을 준비하는 학생이 내신 성적을 올리는 방법은 무엇이 있을까요?

내신 성적에 있어 가장 중요한 마음가짐은 수업을 열심히 듣는 것이라고 생각합니다. 눈앞에서 수업하시는 선생님이 내 성적을 결정지을 시험의 출제자임을 잊지 않고, 내가 이미 알고 있는 내용이더라도 선생님께서 어떤 내용을 강조하고 무엇을 예시로 드는지, 교과서와 학습지 외에 또 어떤 설명을 추가로 하시는지 등을 귀담아듣는 자세가 필요합니다. 수업시간에 선생님이 준비하신 자료로 수업에 참여하며 경청하는 50분이 독서실에서 혼자 자습서에 밑줄 치며 공부하는 3시간보다 소중하다는 것을 많은 학생들이 알았으면 좋겠습니다.

6. 의대 '학생부종합전형'을 준비하는 학생은 어떤 활동을 하면 좋을까요?

학생 본인이 흥미를 가지고 참여해야 그 태도가 활동 내용에 묻어나고 본인의 기억에 더 남습니다. 일단 의대 진학을 목표로 하고 있다면, 의학과 관련된 책이나 뉴스 기사, 영상 매체 등 여러 방법으로 정보를 접하고 간단하게나마 배경지식을 쌓아둔다면 활동을 할 기회가 생겼을 때 다양한 방향으로 접근할 수 있습니다. 처음부터 특정 학과를 겨냥하고 활동을 준비할 필요까지는 없는 것 같습니다. 초반에는 시간을 갖고 여러 분야를 넓게 탐구하다 학생이 끌리는 한 분야를 찾아가는 것도 좋다고 생각합니다. 활동의 모든 과정에서 학생의 진정성이 있어야 기억에도 잘 남고, 이후 자소서 및 면접에서도 유리합니다.

7. 의대 진로와 의대생에게 도움이 되는 책은 무엇이 있을까요?

너무 시대에 뒤처졌거나(고전은 예외), 학생 수준을 (낮거나 높게) 벗어난 책은 오히려 독이 된다고 생각합니다. 처음에는 신간 및 베스트셀러 위주로 자신이 흥미를 갖고 읽을 수 있는 책을 선택하는 것이 좋습니다. 학교활동과 관련이 있는 책도 좋습니다. 이후 구체적인 진로가 정해진다면 해당 분야에 대해 좀 더 깊이 있는 책을 찾아보면 좋습니다.

8. 정부의 의대 정원 2,000명 증원에 대해 어떻게 생각하시나요?

의료서비스의 질을 위해서는 증원이 아니라 현재 의학 교육환경의 유지 및 보강이 필요합니다. 증원은 단기적인 해결책으로 보일 수 있으나 장기적으로는 학생 및 의료서비스 수요자들에게 더 큰 문제를 야기합니다. 양질의 수업과 자료가 학습 성과에 있어 얼마나 중요한지는 당장 학교에 다니는 학생과 학부모님들이 가장 잘 알고 있을 것입니다. 실습실 공간과 카데바(연구 목적을 위해 기증된 해부용 시신)가 부족해 해부학 지식도 제대로 습득하지 못하고, 임상실습 공간과 모형이 부족해 처치 경험과 능력이 미숙한 학생들이 의사가 되는 것이 가장 경계해야 할 상황입니다. 사람의 생명을 다루는 분야에서 '질보다 양'은 있을 수 없습니다.

9. AI시대·ChatGPT시대 의사의 의료 행위가 필요할까요?

손기술을 필요로 하는 직업군은 인공지능으로 대체하기 어렵습니다. 과에 따라 대체될 수 있는 업무가 있기는 하나 의학이 생명을 다루는 문제인 만큼, 결과에 따른 책임 소재와 같은 윤리 문제가 있어 인공지능을 본격적으로 도입하기는 어렵습니다. 이러한 의사 직업군의 특성을 생각했을 때 소프트웨어인 AI뿐만 아니라 하드웨어인 로봇 역시 의사를 대체하는 것이 아니라 의사의 의료 행위를 보조하고 수준을 향상시키는 방향으로 의학 기술 및 의료서비스가 발전될 것이라고 예상합니다.

● 계명대학교 의과대학 의예과 재학생 ○○○

1. 의대는 어떤 학생이 지원하면 좋고, 의대생에게 필요한 역량은 무엇이 있을까요?

당연한 말일 수 있겠지만 의대는 의학을 교육하고 연구하는 학과인 만큼 그래도 어느 정도는 의학에 관심이 있는 학생이 지원하는 게 좋습니다. 최근 대학입시 특성상 '최상위권=의대'가 거의 공식처럼 세워져 간혹 동기들 중에도 성적이 아까워서, 또는 미래의 보수 측면을 고려하여 의학 자체에 대한 관심은 별로 없이 입학한 경우가 종종 있습니다. 오랫동안 의사를 꿈꾸며 입학한 동기, 선배들도 지쳐 하는 모습을 보며 6년이나 되는 빼곡한 교육과정은 의학에 관심이 전혀 없이는 순탄치 않을 것이라는 생각이 들었습니다.

의대 공부 자체에 대한 필요 역량은 사실 '암기력'과 '성실함'이 전부라고 해도 과언이 아닙니다. 의대에 입학할 정도의 성적을 갖춘 학생이라면 중·고등학교 생활 동안 이미 전반적인 사고 능력과 추론 능력은 충분히 길러져 있을 것이기에, 점점 많아지는 강의록의 양과 처음 접하는 의학 용어, 표현들을 빠르게 익히고 지치지 않고 꾸준히 공부할 수 있는 학생들이 의대에서도 좋은 성적을 거두는 것 같습니다. 또 개인적으로는 고등학교 시절 내신 관리를 잘했던 학생들이 일반적으로 의대 성적 관리도 잘하는 것 같습니다. 실제로 저희 학교 행정실에서 추적 관찰한 데이터에서도 정시전형 학생들보다 내신 관리가 필요한 전형으로 입학한 학생들의 의대 성적이 더 높았다고 합니다. 의대에서도 단순히 중간, 기말고사만으로 성적을 내는 것이 아니라 실습이나 발표 과제 등 마치 고등학교에서의 수행평가같이 세세하게 신경 써야 할 부분도 많고, 팀플로 해야 하는 활동도 많기에 여러 가지에 시간 배분을 효율적으로 하며 생활할 줄 아는 학생들이 성적을 잘 받기엔 유리합니다. 당연히 누가 봐도 머리가 좋은 학생들도 많이 있지만, 그들이 무조건 의대 성적이 최상위권을 유지하는 것은 아닙니다.

성적보다 전반적인 학교생활을 기준으로 생각해보면, '자기관리 능력'이 정말 중요한 것 같습니다. 의대 공부는 시험이 정말 자주 있고 범위도 많은 만큼 많은 학생들이 생활 패턴이나 건강을 신경 쓰지 못하고 중간에 무너지는 모습들을 많이 봤습니다. 성적도, 생활도 잘 관리하는 선배들의 특징을 보면 모두 꾸준히 하고 있는 운동이 하나씩은 꼭 있고, 자신이 정말 몰두해서 즐겁게 할 수 있는 취미활동을 갖고 있습니다. 또 의대 특성상 본가에서 멀리 떨어져 혼자 생활하는 학생들이 많은 만큼, 자기관리 능력은 필수적으로 갖추어야 할 역량인 것 같습니다.

2. 의대 교육과정은 무엇이 있을까요?

의대는 예과 2년, 본과 4년으로 총 6년의 과정으로 구성되는데, 학교마다 각 시기에 짜인 커리큘럼은 조금씩 다 달라서, 세부적인 내용은 본인이 관심 있는 학교의 커리큘럼을 찾아보면 좋을 것 같습니다. 일반적으로 4년 내내 교양을 들을 수 있는 타과와는 달리 의예과는 예과 2년 동안 수강해야 할 교양과목 학점을 무조건 다 채워야 한다는 특징이 있습니다. 본과생이 되면 시간표도 직접 짜는 것이 아니라 전공과목들로만 이루어진 시간표가 학교에서 짜여 나오므로 혹여나 예과 기간에 들은 교양과목을 재수강해야 한다면 본과 학기 동안은 들을 수 없으므로 어쩔 수 없이 계절학기를 들어야 합니다. 예과 성적은 의과대학 졸업 성적에는 합산되지 않으므로 많은 학생들이 이 기간을 '재수강·재시·유급만 피하자'는 마음으로 놀며 보내기도 하는데, 이렇게 경쟁이 낮은 기간을 기회 삼아 장학금에 도전해보는 것도 좋다고 생각합니다. 실제로 저도 예과 1학년 첫 학기 때 선배들과 동기들의 달콤한 속삭임(?)에 넘어가 정말 최소한의 공부만 하고 시험을 쳤었는데, 지금껏 모든 시험에 최선을 다해왔던 스스로의 모습과 괴리감이 느껴지면서 공허한 마음이 크게 들어, 2학기에는 늘 해왔던 것처럼 성실하게 준비하여 장학금도 받았으며, 지금도 노력했던 것에 대해서 후회는 없습니다. 개개인에게 중요한 가치가 다른 만큼 본인이 원하는 방향을 잘 설정해서 시간을 헛되이 쓰지 않았으면 좋겠습니다.

3. 의대 학과활동은 무엇이 있을까요?

의대는 다른 과에 비해서 다소 폐쇄적이고 독립적인 경향이 있습니다. 애초에 타과와 함께 듣는 교양과목은 예과 기간, 짧으면 예과 1학년으로 끝나기에 이후의 4~5년의 시간은 같은 과 동기들과 전공수업을 공통으로 수강하며 어찌 보면 고등학교 같은 느낌이 들기도 합니다. 저희 학교의 경우 강의실도 지정좌석제이고, 한 강의실에 여러 교수님들이 번갈아 들어오셔서 강의하십니다. 그리고 개강과 방학의 시기나 기간이 타과와 다르기 때문에 동아리활동과 같은 학과활동도 의대 내에서 자체적으로 많이 활성화되어 있습니다. 간혹 중앙동아리(본대 전체에서 하는 동아리)에서 활동하는 학생들도 있긴 하지만, 학년이 올라가면서 학교생활이 바빠지면 자연스레 소홀해지는 것 같습니다. 학과 자체에 독립적인 특성이 있는 만큼 동기, 선후배와의 관계가 중요한데, 이런 동아리활동을 통해 주로 관계가 형성되는 경우가 많아서 많은 동기들이 적어도 1개 이상의 관심 있는 동아리에 들어 활동하는 것 같습니다.

또 물론 본대에서 진행하는 축제나 활동들에도 참여할 수 있지만, 저희 학교의 경우 의대, 간호대, 약대 의료계열 학과끼리 함께하는 '메디컬 축제'를 즐기거나 의대 내에서 스포츠컵 같은 운동 경기를 열어 참여하기도 합니다.

공부를 열심히 해야 하는 시기에는 공부에만 온 힘을 다해 몰두하는 만큼, 의대에서도 그렇지 않은 시기에는 여러 동아리활동과 축제를 통해 스트레스도 풀고 나름의 대학 생활을 충분히 즐길 수 있다고 생각합니다. 특히나 무엇이든 최선을 다해본 경험이 있는 학생들이 모여 있는 만큼 대부분 학생들이 참여한 것에 열정을 갖고 노력하기 때문에 공연 동아리 무대를 보면 연습도 정말 열심히 한 것이 느껴지고, 퀄리티도 정말 높아 신기하고 대단하다는 생각이 듭니다. (보통 저런 동아리들의 에이스들은 성적도 좋습니다. '저 선배는 왜 다 잘해…?'의 '저 선배'가 정말 많습니다.)

4. 의대 진학을 희망하는 학생이 열심히 공부해야 하는 교과목은 무엇이 있을까요?

(입시 측면에서 공부해야 할 과목은 선생님께서 훨씬 더 잘 아실 것이라 생각하므로 저는 이후 의대에서 그나마 도움이 될 만한 과목들 위주로 설명하겠습니다.) 고등학교 때 공부한 내용을 기억해서 의대 공부에 도움이 되는 경우는 부분적으로 있을 수 있겠지만 사실 그렇게 크지는 않다고 생각합니다. 위에 언급했듯 예과 기간에 기초과목을 수강하는 과정에서, 고등학교에서 기본적으로 배우는 화학이나 생명과학 I, II의 과목 내용이 기초로 쓰이기 때문에 그 내용이 숙지되어 있다면 공부를 하는 데 도움은 될 수 있지만(의대에서는 화학 I, 생명과학 I과 같이 일반적인 고등학교 기준 1년 분량의 내용을 2시간 정도의 강의로 끝내버리기 때문입니다.) 이미 알고 있는 내용보다는 새롭게 배우는 내용이 훨씬 많으므로 그 내용을 아는지 모르는지가 의대 공부에 크게 영향을 미치지는 않습니다. 그러므로 (이런 학생은 극히 드물겠지만) 의대 공부 할 것을 생각해 수능 과학 선택과목을 고르는 등의 일은 하지 않았으면 좋겠습니다. 문과였지만 수능을 다시 봐서 입학한 동기의 경우에도 고등학교 과학탐구 과목에 대한 공부가 부족했지만 문제없이 성적을 잘 받았습니다. 저 또한 고등학교 때 물리학 과목을 선택하지 않았었지만 의대 전공 선택과목에서 물리학 관련 과목을 선택했고, 큰 무리 없이 공부했습니다.

저는 이후의 의대 공부에서는 과거 어떤 과목을 공부했는지보다 어떤 방식으로 공부했는지가 더 중요하다고 생각합니다. 어차피 대부분 학생들이 새롭고 방대한 양의 내용을 배우게 되기 때문에, 고등학교 시절 과목 특성별로 스스로 공부하는 방식을 정립해두고 그를 지켜 전략적으로 공부를 잘했던 학생들이 의대 공부에도 그를 잘 적용하여 쉽게 적응하는 것 같습니다. 최상위권 의대 입시 특성상 아마 내신을 챙기는 학생이라면 거의 모든 과목에 최선을 다해야 할 텐데, '이 내용이 나중에 도움이 될까'의 마음보다는 '이 내용을 어떻게 하면 효율적으로 익히고 기억할 수 있을까'에 중점을 두어 스스로를 훈련시킨다는 마음으로 공부하면 좋을 것 같습니다. 저 또한 정말 하기 싫었던 암기 과목 시험공부를 하며 울면서 쓰고 외웠던 시간이 뜻밖에 의대 암기식 공부를 하는 끈기와 인내의 힘이 되어준 것 같기도 합니다.

5. 의대 '학생부교과전형'을 준비하는 학생이 내신 성적을 올리는 방법은 무엇이 있을까요?

저는 고등학교 2학년 때까지 의예과가 아닌 다른 과를 지망했기에 저의 학생부 내용은 의예과와 관련 없는 내용들로 채워져 있어서 의대를 가기 위해서는 학생부교과전형의 선택지밖에 없었습니다. 그리고 갑작스레 지망 학과가 상향으로 조정된 만큼 그 전에는 넉넉하다고 생각했던 내신 성적도 모자라다는 느낌이 크게 들었습니다. 이런 상황에서 저는 선택과 집중이 다른 어떤 학생들보다도 더욱 중요했습니다. 우선 교과전형 특성상 내신 점수는 당연히 높을수록 좋기 때문에 내신 공부는 모든 과목에서 1등급을 받겠다는 마음으로 정해진 시간 내에 효율적이고 밀도 높게 공부하려고 노력했습니다. 저는 적어도 내신을 대하는 마음가짐에 있어서는 다시 돌아오지 않으니 무조건 최선을 다해야 한다는 주의입니다. 밤을 새며 생활 패턴을 망가뜨리는 건 좋지 않다고 주장하는 학생들도 많이 있고, 또 일부 학생들에게는 밤을 새우는 것이 오히려 악영향을 줄 수도 있지만, 저는 내신 기간만큼은 밤을 새워서 공부해도 괜찮다고 생각합니다. (물론 벼락치기 밤샘이 아니라, 시험 보기 전까지 하나라도 더 보고 들어가겠다는 마음인 밤샘 공부를 말하는 것입니다.) 물론 내신 성적이 한 번 낮게 나왔다고 수시를 포기하는 극단적인 태도는 옳지 않지만, 어떻게 보면 내신 점수는 한 번 나온 점수가 평생 내 생기부에 남는 것이기에, 할 수 있는 모든 방법을 동원해서 최대한 높은 점수를 받겠다는 마음이 중요한 것 같습니다.

내신 공부법에 대한 조언은 여기저기에 다양하게 많지만, 제가 가장 중요하게 생각하는 것은 '학교 선생님'께서 관심 있는 것이 무엇인가를 파악하는 것입니다. 학교 선생님의 필기와 자료, 학교 선생님께서 중요하게 생각하시는 포인트, 그리고 각 선생님별 출제 스타일을 철저히 파악하고 그를 기반으로 공부해야 합니다. 당연한 말이지만 생각보다 많은 학생들이 학원 수업이나 인강에만 의지해 내신 공부를 하는 모습들을 봐왔고, 들인 노력과 시간에 비해 만족스럽지 못한 점수를 받는 것을 봤습니다. 헷갈리는 부분, 애매한 부분들이 있다면 무조건 수업하신 선생님의 접근은 어땠는지 질문하여 해결하길 바랍니다. 출제자에게 직접 질문할 수 있는 엄청난 기회를 현명하게 누렸으면 좋겠습니다.

● 고려대학교 의과대학 재학생 ○○○

1. 의대는 어떤 학생이 지원하면 좋고, 의대생에게 필요한 역량은 무엇이 있을까요?

이전에는 근거 중심 의학, 즉 진단 및 치료에 대한 의사의 정확에 지식의 중요성이 강조되었지만, 현재 AI가 발전하고 진료 가이드라인을 쉽게 찾을 수 있는 환경에서는 환자와 의사소통하고 환자에게 공감하는 능력이 중요한 자질로 강조되는 것 같습니다.

2. 의대를 졸업하면 구체적인 진로가 어떻게 되나요?

제 경우에는 인턴(1년)과 전공의(4년) 수련을 마치고, 대학병원에 전임의로 남아 추가 수련을 하고 싶습니다. 이후 대학병원에 교수로 재직하고 싶습니다. 의대 졸업 후 인턴 수련을 하지 않고 일반 의사로 페이 닥터 및 개원을 하는 경우도 있습니다. 인턴과 전공의 수련을 마치고 외부 페이 닥터로 일하거나 개원을 하는 경우가 가장 흔한 것 같습니다.

3. 의사 생활을 하는 동안 실질적으로 도움이 됐던 고등학교 교과목은 무엇이 있을까요?

기본적으로 생명과학 I, II에 나오는 내용이 본과 때 배우는 생리학, 해부학, 신경과학, 생화학, 조직학, 미생물학 등 여러 과목에 기초가 되므로 도움이 됩니다. 영어 원서를 읽거나 영어로 발표 자료 등을 작성할 일이 생기므로 영어를 잘하면 도움이 많이 됩니다. 또한 저의 경우에는 연구 논문 및 연구 보고서 작성할 때 수학의 통계 부분이 도움이 되었습니다.

4. 의사를 희망하는 학생들에게 도움이 될 만한 도서 한 권을 추천해 주시고, 그 이유는 무엇인가요?

『시골 의사의 아름다운 동행』(박경철, 리더스북)

의사라는 직업에 대한 매력을 느끼게 해주었던 책입니다. 환자의 삶에 개입하면서 의사가 느끼게 되는 인생의 희로애락을 잘 담은 책이라고 생각하며, 더불어 의사가 된다면 실제로 어떤 일을 경험하게 될지 미리 생각해볼 수 있었습니다.

5. 남학생의 경우 군대를 군의관, 공중보건의로 병역의무를 이행하는 것이 일반적입니다. 하지만 일반병의 복무기간이 짧아지고, 월급이 대폭 오르면서 의대생들도 일반병으로 지원하는 경우가 늘고 있는데 어떻게 생각하시나요?

아무래도 학과 특성상 동기들과 함께 수련을 하고 싶은 생각이 있어 군의관 및 공보의를 선택하는 경우가 아직은 대다수이지만 일반병 선택이 늘어나는 것은 어쩔 수 없다고 생각합니다. 군의관 및 공보의도 꼭 필요한 인력이니 우려되는 점도 있지만, 기간적인 측면에서 일반병의 근무 기간이 1년 6개월로 3년인 군의관보다 상당히 짧으니 일반병을 선택하는 경우도 개인의 입장에서는 충분히 가능한 선택이라고 생각합니다.

6. 정부의 의대 정원 2,000명 증원에 대해 어떻게 생각하시나요?

현재 의대 정원이 3,000명가량 되는 상황인데 의대생 교육 및 전공의 수련병원과 TO 등에서 충분한 인프라를 갖추기 전에 2,000명 증원부터 하는 것은 상당히 섣부른 판단이라고 생각하며 이로 인한 의료계의 혼란이 많이 우려됩니다. 또한 2,000명이라는 숫자의 근거를 좀 더 명확히 밝혀준다면 전공의 입장에서도 좀 더 납득할 수 있지 않을까 생각합니다. 사실 2,000명이라는 숫자가 자극적이어서 이 숫자를 위주로 기사 보도가 되곤 하지만, 그 아래 있는 '필수 의료 패키지' 정책이 더 우려되기도 합니다. 일반 국민들이 이런 부분을 잘 알지 못하고 2,000명이라는 숫자만 알고 있는 것이 안타깝기도 합니다.

7. 2024년 현재 의과대학은 전국에 40여개 대학이 있습니다. 의사 입장에서 의대가 더 필요하다고 생각하시나요?

이 부분은 잘 모르겠으나, 최근에 폐교된 의대가 있기도 한 상황인데 의대가 더 필요한지, 더 생긴다면 유지될 수 있을지 의문이기는 합니다.

8. AI시대·ChatGPT시대 의사의 의료 행위가 필요할까요? 그렇다면 의대의 비전은 무엇이 있을까요?

의사의 의료 행위란 환자에게 진단 및 치료를 하는 것 그 이상입니다. 실제로 진단 및 치료는 상당 부분 인공지능의 도움을 받을 수 있을 것이라고 생각하지만, 그 외에 환자의 경제적인 환경, 환자의 선호 및 환자가 느끼는 어려운 점 등을 잘 듣고 포괄적으로 고려하여 선택을 내리는 것이 의사의 역할입니다. 실제로 의료 현장에서 보면 정확한 진단과 치료를 결정하는 현명함은 당연히 갖추고 있어야 하는 중요한 자질이지만, 환자에게 얼마나 신뢰할 수 있는 태도를 보여주는지, 또 환자와 얼마나 의사소통하고 공감해줄 수 있는 의사인지에 따라 환자들의 치료 경과와 만족도가 상당히 달라지는 것을 볼 수 있었습니다. 이런 부분에서 환자-의사 관계, 소위 PPI(Physician-patient Relationship)라고 부르는 부분과 환자를 고려한 포괄적인 결정 능력 등이 AI가 대체할 수 없는 인간으로서 의사의 역할이라고 생각합니다.

● 고신대학교 의과대학 의학과 재학생 ○○○

1. 의대는 어떤 학생이 지원하면 좋고, 의대생에게 필요한 역량은 무엇이 있을까요?

의대는 의료 분야에 명확한 희망 진로가 있는 학생이 지원하면 좋습니다. 뚜렷한 꿈 없이 무작정 의대에 왔다가 본과 1, 2학년 때 쏟아지는 학습량을 감당하지 못하고 자퇴하는 경우도 적지 않기 때문입니다. 그렇기에 분명한 목표의식과 끈기, 학습 의지, 그리고 미래의 생명을 살리는 의료인으로서 책임감과 윤리가 꼭 필요합니다.

2. 의대 교육과정은 무엇이 있을까요?

의대는 의예과(예과) 2년, 의학과(본과) 4년으로 이루어져 있습니다. 예과에서는 물리, 화학, 생물 등의 전공 기초과목과 세포생물학, 유전학, 유기화학 등의 전공과목들을 배우며 2년을 보내게 됩니다. 본과 1,2학년 때는 조직학, 생리학 등을 기본으로 약리학, 병리학 등을 배우고 내과, 외과, 산부인과, 소아과, 정신과 등 각 임상과목별 질환 및 소화계, 호흡계, 순환계 등의 계통별 질환과 그 치료 방법에 대해 배웁니다.

3. 의대 학과활동은 무엇이 있을까요?

예과 때 기초의학 실습을 하면서 기초적인 생명, 화학 관련 실험을 수행합니다. 또 해부학을 배우면서 실제로 카데바를 해부하기도 합니다. 본과 3학년 때부터는 병원 실습, 흔히 말하는 'PK'를 돕니다. 교실에서 공부하는 것이 아닌, 실제 병원의 여러 과들을 돌아가면서 경험해보고 실무능력을 쌓는 과정입니다.

4. 의대 진학을 희망하는 학생이 열심히 공부해야 하는 교과목은 무엇이 있을까요?

의대에서 요구하는 인재는 모든 분야에서 완벽한 육각형 인재입니다. 따라서 진학하기 위해서 가장 중요한 것은 전 과목 성적입니다. 모든 교과목을 다 열심히 해야 한다는 것입니다. 굳이 중요한 순서를 따지자면 수학, 화학, 생명과학 〉 국어, 영어 〉 기타 과목인 것 같습니다.

5. 의대 '학생부교과전형'을 준비하는 학생이 내신 성적을 올리는 방법은 무엇이 있을까요?

교과전형을 준비하고 있다면 활동을 과감하게 포기하고 주요 과목 위주로 열심히 공부하는 게 방법일 것 같습니다. 본인의 학습 성향 즉, 자기 주도 학습이 잘되는지, 아니라면 학원이랑 잘 맞는지, 과외랑 잘 맞는지 등을 잘 파악하는 게 중요합니다.

6. 의대 '학생부종합전형'을 준비하는 학생은 어떤 활동을 하면 좋을까요?

화학, 생명과학과 연계하여 의료 분야 관련 활동을 하는 것이 좋습니다. 이때 막연히 의료 분야를 주제로 잡는 것보다 본인이 어떤 과의 의사가 되고 싶은지 즉, 신경외과의사, 안과의사, 심혈관내과의사 등 생각해보고 그 과를 주제로 삼아 관련 활동을 하시는 걸 추천드립니다.

7. 의대 '정시모집 수능전형'을 준비하는 학생이 수능 성적을 올리는 방법은 무엇이 있을까요?

정시모집 공부는 사실 할 수 있는 것들이 정해져 있습니다. 기출문제집 풀기, EBS 수능특강과 수능완성 풀기, 모의고사 풀기 등입니다. 본인이 열심히 공부했다면 공부한 양과 실력은 다른 수험생들과 비슷한 수준일 겁니다. 그러나 정시전형은 수능 날 하루의 컨디션이 비슷했던 수준의 차이를 만들기 때문에 그 수능 날을 위한 준비가 완벽히 되어 있어야 합니다. 수능 당일 너무 긴장해서 평소엔 없던 긴장성 장 트러블로 고생한 친구를 본 적이 있는데 이러한 컨디션 차이가 수험 생활 1, 2년을 연장시킬 수도 있습니다. 늦어도 수능 한 달 전부터는 매일 수능 시간표에 맞추어 모의고사를 풀고 쉬는 시간과 점심 식사하는 것까지도 연습을 하시는 걸 추천드립니다.

8. 의대 진로와 의대생에게 도움이 되는 책은 무엇이 있을까요?

인터넷에 조금만 검색하셔도 의대 관련 도서가 굉장히 많이 나올 겁니다. 책 제목보다는 주제가 중요할 것 같은데요, 추천하는 주제는 '의료 및 생명윤리, 의학의 발달, 현대의학의 한계, 전·현직 의사분들의 에세이'입니다.

9. 정부의 의대 정원 2,000명 증원에 대해 어떻게 생각하시나요?

이 주제에 대해서는 할 이야기가 굉장히 많지만 동맹 휴학 중인 의대생 입장에서 길게 말하지는 못할 것 같습니다. 다만 짧게 말씀드리자면, 의대 정원 증원을 포함한 필수 의료 패키지 자체가 현재 대한민국이 겪고 있는 의료계의 문제점에 대한 현실적이고 즉각적인 해결 방안이 아니라고 말씀드리고 싶습니다.

10. AI시대·ChatGPT시대 의사의 의료 행위가 필요할까요?

네, 그렇습니다. 의사의 존재는 단순히 병명을 진단하고 치료하는 전문직에 그치는 것이 아닙니다. 환자와의 유대관계(라포)를 쌓으면서 정보를 최대한 이끌어내고 환자의 아픔과 불편함을 최대한 줄여주기 위해 노력하는, 환자와 같은 한 명의 '사람'이지요. 이러한 존재는 빅 데이터와 AI가 발전해도 대체 불가할 것 같습니다.

● 단국대학교 의과대학 의예과 재학생 ○○○

1. 의대는 어떤 학생이 지원하면 좋고, 의대생에게 필요한 역량은 무엇이 있을까요?

천재성이 두드러지는 학생보다는 오래 앉아 있을 수 있는 학생이 필요하다고 생각합니다. 저는 N수를 해서 의대에 입학했기 때문에 공대와 의대 둘 다 경험해본 결과 공부의 성격이 많이 다르다고 생각합니다. 공대는 천재성, 비범성이 요구되는 곳이라면 의대는, 다시 말해 의학 공부는 꾸준함과 성실성이 매우 중요하다고 생각합니다.

2. 의대 진학을 희망하는 학생이 열심히 공부해야 하는 교과목은 무엇이 있을까요?

사실 모든 과목을 다 열심히 해야 한다고 생각합니다. 공부를 하면서 가장 신기하게 느껴졌던 것은 우리나라 교육과정에 있는 교과목들이 때로는 두드러지게 때로는 은은하게 연결되어 있다는 점입니다. 아직 저는 의학 과정을 전부 수료하지 않아서 확실하게 말씀을 드리지는 못하겠지만 본인이 공부했던 내용들은 언제든 다시 본인 스스로에게 도움을 줄 수 있다고 생각합니다.

3. 의대 '정시모집 수능전형'을 준비하는 학생이 수능 성적을 올리는 방법은 무엇이 있을까요?

일단 수능의 성격과 본질을 아는 것이 우선이라 생각합니다. 제가 봤을 때 대부분 학생들은 학교 또는 학원의 정해진 진도에 맞춰 따라가는 공부를 하고 있다고 생각합니다. 이러한 공부 방식은 스스로 문제의 본질을 파악하는 힘을 길러주기 어려우며 굉장히 수동적인 방식이라고 생각합니다. 하지만 저의 경험에 비추어 보았을 때 수능은 수동적인 문제 풀이가 아닌 능동적으로 문제의 본질을 찾아가는 능력 즉, '왜 이러한 문제가 나왔을까'라는 의문이 중요하다고 생각합니다. 이러한 본질을 신경 쓰면서 공부를 하시면 정시 성적을 올리는 데 도움이 될 것이라 생각합니다. 초반에는 공부를 할 수 있는 몸의 상태를 맞추는 것을 추천드립니다. 오래 앉아 있는 것은 겉으로 보기에는 쉽다고 생각할 수 있지만 앉아 있으면서 꾸준하게 뇌를 사용하는 것은 체력적으로도 그리고 정신적으로도 노력이 요구되는 작업입니다. 따라서 오래 앉아 있는 습관을 만드는 것이 중요합니다. 그러면서 최대한 많은 활자들을 익히는 것을 추천드립니다. 우리가 풀 시험지는 활자로 모든 상황을 설명하기 때문입니다. 그리고 수능 영역별 사고 방법을 익히고 그 사고 과정을 다른 문제에 적용하는 연습을 많이 해야 합니다. 공부 방법과 방향성은 학교 수업, 학원 수업,

혹은 인터넷 강의로 잡으면 됩니다. 학원이나 인터넷 강의 수업에만 의존하지 말고 스스로 생각하는 시간을 가져야 합니다. 저는 수업을 듣는 시간은 순수 공부 시간에 넣지 않았습니다. 본인 스스로 원리와 개념을 깨닫는 자기 주도 학습 시간이 매우 중요하기 때문입니다.

4. 정부의 의대 정원 2,000명 증원에 대해 어떻게 생각하시나요?

합리적인 정책은 아니라고 생각합니다. 지금 대한민국 의료 현실에 필요한 것은 저수가를 효율적으로 살리는 방법이지 과도한 증원이 아니라고 생각하기 때문입니다.

5. AI시대·ChatGPT시대 의사의 의료 행위가 필요할까요?

이 부분에서는 사실 저는 관심이 없어 전문적인 지식이 없지만 아직은 필요하다고 생각합니다. 제가 아는 상식선에서는 그러한 프로그램들이 아직 생명을 구할 만큼 발달되지 않았다고 알고 있기 때문입니다.

● ○○대학교 의과대학 의예과 재학생 ○○○

1. '국어' 내신 및 수능 공부 방법에 대해서 설명해주세요.

• 내신 국어 교과목은 일단 수행평가와 지필 시험에서 감점당하지 않도록 준비했습니다. 특히 난이도가 높지 않았던 저희 학교 내신시험 특성상 수행평가에서 단 1점이라도 감점당하지 않도록 노력해야했습니다. 남학생인 경우 의외로 아주 가벼운 실수(실력이라고 볼 수 없는 미미한 차이)로 수행평가에 감점되어 1등급에서 밀려나는 경우가 종종 있습니다. 저 또한 그런 경우에 해당된 적이 있어 국어 내신 2등급을 문 연 적이 있습니다. 다시 뒤돌아보지 않아도 좋을 만큼의 암기력과 꼼꼼함이 국어 내신의 승부를 가린다고 할 수 있습니다.

• 수능 국어 영역의 경우 저는 언어와 매체를 선택했습니다. 언어와 매체는 휘발력이 강하기 때문에 고등학교 시절 꾸준히 공부했고, 문학은 내신 공부를 하며 상당 부분 문학에 대한 기본지식을 체화했었던 것 같습니다. 비문학은 경제 분야가 약하다는 판단이 들어 모의고사를 통해 상당 부분 연습했습니다. 결국 수능이 가까운 시점이 되어서는 자신감이 많이 향상됐습니다. 국어 모의고사의 경우 본인이 문제를 풀 때 시간이 모자란다면, 지문 이해도에 관한 자신의 실력이 모자란 것임을 겸허히 인정하고, 국어도 수학만큼 실력 향상을 위해 투자가 필요하다는 것을 인정해야 합니다. 국어 과목은 문학, 비문학, 언어와 매체 어느 하나도 놓치면 안 됩니다. 그 어느 과목의 공부량보다 상당한 시간의 투자와 노력이 있어야 실력 향상이 수반된다는 것을 후배들에게 조언드립니다.

2. '수학' 내신 및 수능 공부 방법에 대해서 설명해주세요.

• 내신 수학 교과목은 특별히 공부하지 않았고, 기존에 학습했던 문제집을 다시 풀어보고 시험기간이 가까워지는 시점에는 문제량을 늘려 풀어봤습니다.

• 수능 수학 영역은 의대 정시에 있어 완벽함을 장착해야 하기 때문에, 수능 수학에 나오는 전 범위에 대한 본인의 이해도, 자신감이 있어야 합니다. 본인이 가장 잘 알 것입니다. 미적분 선택자라면 특히 적분 파트 고난이도 문제에 철저히 대비해야 합니다.

3. '영어' 내신 및 수능 공부 방법에 대해서 설명해주세요.

• 내신 영어 교과목은 오로지 철저한 암기와 반복, 그리고 등급을 가르는 논술형 문제에 대한 영어의 기본 실력 장착이 1등급의 비결입니다. 저는 영어 암기를 하는 데 상당히 오랜 시간을 투자했습니다. 미리부터 암기를 해놓고 다른 과목에 투자할 시간을 벌어 놓는 것이 중요합니다.

• 수능 영어 영역은 중학교 때까지 영어 원서를 다량으로 읽었던 것이 큰 도움이 됐습니다. 범위가 있는 학교 내신시험과는 달리, 원서를 많이 읽었던 덕분에 어휘력도 풍부해 지고 빠른 독해가 가능했습니다. 수능 영어에 큰 어려움이 없었고 기출 풀이 시 안 틀리거나 한 개 정도 틀렸기에 가끔 모의고사를 사이트에서 출력하여 풀어보는 정도로 준비했습니다.

4. '과학' 내신 및 수능 공부 방법에 대해서 설명해주세요.

• 내신 과학 교과목은 지엽적인 문제가 많이 나오기 때문에 중요 단원 외에도 구석구석 빠짐없이 공부해야 합니다. 내신 시험기간에 집요하고 꼼꼼하게 공부해야 함은 다들 아실 겁니다. 과학 교과도 마찬가지입니다. 과학 어느 과목이든 교과서 외에 수업시간 해당 과목 선생님이 말씀하신 대로 참고하여 공부하기를 권합니다.

• 수능 과학탐구 영역은 지구과학 I 과 화학 II 과목을 선택했습니다. 지구과학은 오답노트를 만들어 꼼꼼히 공부하였습니다. 지구과학은 어떻게 공부하여도 이 정도면 되었다는 느낌이 없는 과목이었습니다. 계속 새롭게 나오는 유형의 지구과학 문제에 대비하여 개념을 확실히 하는 데 주력했습니다. 화학 II 는 기본부터 착실히 공부하여 마더텅 문제집을 풀며 개념을 다지고 개념이 다 정리된 이후에는 수능 직전까지 모의고사 문제를 일주일에 4개씩 풀었습니다.

● 순천향대학교 의과대학 의학과 재학생 ○○○

1. 의대는 어떤 학생이 지원하면 좋고, 의대생에게 필요한 역량은 무엇이 있을까요?

의대 공부 자체는 '주어진 지식을 아무런 의심 없이 그대로 받아들일 수 있는 학생'에게 가장 적합한 것 같습니다. 어떻게 보면 주입식 교육에 특화된 사람들이지요. 항상 '왜 그럴까?' 궁금해하는 호기심은 아쉽게도 의대 공부에는 도움이 되지 않습니다. 원리를 이해한다고 시험 점수가 잘 나오는 것은 아니며, 오히려 이해가 되지 않는 부분을 적당히 넘어가는 융통성이 없다면 방대한 양의 공부를 끝마칠 수 없습니다. 애석하게도 현행 의대 커리큘럼하에서 가장 필요한 역량은 암기 능력입니다.

2. 의대 교육과정은 무엇이 있을까요?

의대 교육과정은 예과 2년과 본과 4년 총 6년으로 이루어져 있습니다. 예과 2년 동안은 주로 글쓰기, 영어 등 교양과목을 배우게 됩니다. 물론 '분자생물학', '일반화학' 등 일부 전공과목도 학습하나, 깊이 있게 다루지 않기 때문에 부담이 적습니다. 이 시기에는 동아리활동, 연애 등 공부 외적인 활동을 해보는 것도 좋습니다. 본과에 올라가면 본격적인 의대 공부가 시작됩니다. 첫 2년은 학교에서 이론 위주의 학습을 하며, 이후 2년은 직접 병원에 나가 환자를 살펴보며 경험을 쌓습니다. 짧은 기간 동안 많은 양의 내용을 배우다 보니 정신적, 체력적으로 부담이 많은 시기입니다.

3. 의대 학과활동은 무엇이 있을까요?

학과활동에는 크게 동아리활동과 학술활동이 있습니다. 동아리활동은 고등학교와 비슷합니다. 축구, 악기, 밴드 등 같은 취미를 공유하는 동아리가 대부분이지만, 전공을 살려 의료봉사를 하는 동아리도 있습니다. 학술활동은 학교마다 차이가 큽니다. 저희 학교에서는 인턴십 프로그램과 학술제를 운영하고 있습니다. 방학 동안 원하는 학생은 인턴십에 참여하여 연구를 보조하며, 해당 경험을 학년 말에 열리는 학술제에서 발표합니다.

4. 의대 진학을 희망하는 학생이 열심히 공부해야 하는 교과목은 무엇이 있을까요?

의대 진학을 위해서는 입학전형에 들어가는 모든 과목을 열심히 공부해야 하겠지만, 입학 이후 시점에서의 쓰임새를 보자면 특별히 열심히 할 과목이 딱히 없는 것 같습니다. 심지어 생명과학, 화학 공부를 전혀 해본 적 없는 문과생이라 할지라도 입학 이후 학교 수업만 성실히 따라간다면 학습에 전혀 지장이 없습니다. 굳이 꼽자면 영어라고 할 수 있겠네요. 대학에 들어와 영어 원서를 읽을 일이 왕왕 생길 텐데, 영어 실력은 단기적으로 향상시키기 어렵다보니 (정시에서 영어의 중요성이 떨어지는 것과는 달리) 영어 공부를 열심히 해두시면 좋을 듯합니다.

5. 의대 '학생부교과전형'을 준비하는 학생이 내신 성적을 올리는 방법은 무엇이 있을까요?

원론적으로는 학교 수업을 잘 듣고, 담당 선생님께서 출제하신 기출문제를 철저히 분석하는 것이 중요하겠지요. 특별히 저는 '내신 성적과 수능 성적이 별개가 아니다'라는 마인드셋(마음가짐)을 지니는 것이 좋다고 생각합니다. 학교 내신 시험범위에 해당하는 부분을 모의고사, 수능에서 만나도 완벽하게 풀 수 있을 만큼 학습하는 것입니다. 교육과정 개편 이후 N개년의 기출문제만 하더라도 학습 자료는 충분합니다. 내신 공부에만 안주하지 말고 과하다 싶을 정도로 투자하세요.

6. 정부의 의대 정원 2,000명 증원에 대해 어떻게 생각하시나요?

개인적으로 의대 정원 증대는 바람직하다고 생각합니다. 현재의 비정상적인 의대 선호 현상과 다른 직업군과의 압도적인 소득 격차는 그동안 정부의 면허 수 통제로 이루어졌다고 봅니다. 의대 증원을 통해 이러한 문제를 일부 해소할 수 있을 것입니다. 다만, 2,000명이라는 증원 수치는 기존 의료인들이 납득하기 어려울 만큼 갑작스럽고 큽니다.

7. AI시대·ChatGPT시대 의사의 의료 행위가 필요할까요?

의료 행위에 대한 최종적인 책임을 질 사람이 필요하기에 의사라는 직업은 계속해서 존재할 것입니다. 생성형 AI는 그 과정을 보조하면서 의사가 더욱 질 높은 의료 행위를 할 수 있도록 도울 것입니다.

● 연세대학교 의과대학 의예과 재학생 ○○○

1. 의대는 어떤 학생이 지원하면 좋고, 의대생에게 필요한 역량은 무엇이 있을까요?

의대는 희생정신이 있고, 노력할 자신이 있는 학생이 지원하면 좋습니다. 의사는 인턴, 레지던트 시절뿐 아니라 그 이후로도 희생하는 삶을 살아야 되며, 그러한 삶을 감수할 수 있는 사람이 의사가 되면 좋다고 생각합니다. 의사에게 필요한 역량으로 노력을 뽑은 이유는 의대생 시절 공부하는 노력부터 의사가 된 이후 환자를 치료하기 위한 노력까지 지속적으로 노력을 해야 하기 때문입니다. 또한 공감할 수 있는 자질을 가지는 것이 중요하다고 생각합니다. 환자의 상황뿐만 아니라 다른 동료 의사들의 상황까지 고려할 수 있으면 좋을 것 같습니다.

2. 의대 교육과정은 무엇이 있을까요?

현제 제가 속해 있는 의예과 과정 2년, 의학과 과정 4년, 인턴 1년, 레지던트 3~4년과 펠로우, 전문의 과정이 있습니다. 현재는 의학과를 졸업한 후 국가고시를 보고 개원을 하시거나 다른 쪽으로 빠지시는 분도 계십니다.

3. 의대 학과활동은 무엇이 있을까요?

수업은 평범한 교양과목들과 전공과목이 있습니다. 그중 필수 교양과목이 있는데 필수 교양과목으로 고급생명, 고급화학, English for medicine이 있습니다. 또 다른 활동으로는 동아리활동이 있습니다. 원하는 동아리에 들어가서 선배님들과 교류를 할 수 있습니다.

4. 의대 진학을 희망하는 학생이 열심히 공부해야 하는 교과목은 무엇이 있을까요?

의대를 진학하기 위해서는 영어가 가장 중요하다고 생각합니다. 영어를 하지 못하면 의학 용어들을 알기 어렵고, 수업 때 배운 바로는 해외로 학회를 나갔을 때 다른 사람들과 대화를 능숙하게 하기 위해서 영어가 중요하다고 생각합니다. 그다음으로는 생명, 화학, 물리 순서라고 생각합니다. 아무래도 생명을 다루는 학문이다 보니 생명과학을 잘하는 것은 필수이며, 의사가 되어서 연구를 할 때도 다양한 실험을 하기 때문에 화학이 도움이 된다고 생각합니다. 물리는 의학물리라는 과목이 있기 때문에 공부해놓으면 좋다고 생각합니다.

5. 의대 '학생부교과전형'을 준비하는 학생이 내신 성적을 올리는 방법은 무엇이 있을까요?

교과전형을 준비하는 학생이라면 내신에 모든 시간을 투자하는 것이 좋다고 생각합니다. 저는 방학을 제외하면 학기 중에는 항상 내신 대비만 했던 것 같습니다. 시험기간은 한 달을 잡긴 하지만 그래도 평소에 꾸준히 노력하는 것이 중요하다고 생각합니다. 그리고 선택과 집중이 중요하다고 생각합니다. 원점수도 물론 중요하긴 하지만 등급이 더욱 중요하다고 생각합니다. 그렇기 때문에 1학기 때 성적이 좋은 과목들은 다음 시험 때 적당히 준비하고 남은 시간을 성적이 낮은 과목에 투자하는 것이 좋다고 생각합니다.

6. 의대 '학생부종합전형'을 준비하는 학생은 어떤 활동을 하면 좋을까요?

자신의 흥미에 맞는 활동들을 하는 것이 중요하며 흥미에 맞으면서 진로와도 연관성이 있는 활동들을 하는 것이 좋을 것 같습니다. 저 같은 경우에는 의학이라는 진로가 있으면서 물리에 관심이 있었습니다. 그래서 물리적 성질을 이용해서 암을 치료할 수 있는 방법인 방사선치료와 관련된 내용들을 3학년 때 학생부에 기재했고 이것이 강점이 되었다고 생각합니다.

7. 의대 '정시모집 수능전형'을 준비하는 학생이 수능 성적을 올리는 방법은 무엇이 있을까요?

절대 방심하지 않는 마음가짐이 중요하다고 생각합니다. 성적이 잘 나오든지 못 나오든지 신경 쓰지 않고 묵묵히 자신이 할 일을 열심히 하다 보면 된다는 생각을 가지는 것이 좋다고 생각합니다. 최신 수능 경향의 자료를 얻기 위해서 학원에 가는 것도 하나의 방법입니다. 물론 학교 공부가 최우선임을 잊어서는 안 됩니다. 여기서 중요한 것은 아무리 좋은 학원에 가더라도 학생이 의지가 없으면 안 됩니다. 그래서 의지를 강하게 가지고 공부하는 것이 좋다고 생각합니다.

8. 의대 진로와 의대생에게 도움이 되는 책은 무엇이 있을까요?

영어로 된 책을 읽는 것이 좋다고 생각합니다. 의대에 와서 느끼는 어려운 점 중에 하나가 영어를 듣고, 읽고, 말하는 것입니다. 이뿐 아니라 의대생에게 도움이 되는 책으로는 의사의 경험을 담긴 책입니다. 이 책을 읽으며 단순히 느끼는 것이 아니라 내가 저 상황이라면 어떤 기분이 들고, 어떻게 행동할지 생각해보는 것이 중요합니다.

● 인제대학교 의과대학 의학과 재학생 ○○○

1. 의대는 어떤 학생이 지원하면 좋고, 의대생에게 필요한 역량은 무엇이 있을까요?

우선 저는 '어떤 사람이 의사가 되어야 한다'나 '의사가 가져야 할 역량과 자질'에 대한 말씀을 드리는 게 아니라고 강조하고 싶습니다. 온전히 의대에서 적응하기 쉬운 학생, 의대를 무탈하게 졸업하기 위해 키워야 할 역량과 자질에 대한 말씀을 드리는 것입니다. 의대에 가장 적합한 학생은 팔로우십이 좋은 학생인 것 같습니다. 다시 말해, 의대의 커리큘럼을 불평 없이 스트레스 받지 않고 잘 따라갈 수 있는 학생이 가장 적합한 학생이라고 생각합니다. 자신의 주관이 뚜렷하고, 하고 싶은 것이 많은, 소위 말하는 외향적이고 창의적인 학생은 의대에 적응하기 힘들 수도 있다고 생각합니다. 의대는 공부량이 타 학과보다 월등히 많습니다. 이러한 공부량을 소화하기 위해서는 자신이 하고 싶은 일을 포기해야 하는 상황이 생길 수밖에 없습니다. 정리하자면, 자기만의 시간을 빼앗기는 것에 무던한 학생이 의대에 적응하기 쉬운 학생인 것 같습니다. 그리고 의대를 다니면서 가장 필요한 역량이라고 한다면 공부를 많이 할 수 있는 능력인 것 같습니다. 너무 당연한 말이라고 반문하시는 분도 계시겠지만, 의대에서 잘 적응하기 위한 여러 조건들 중에 유일한 필요충분조건이라고 생각합니다. 공부를 많이 하는 것은 아무나 가질 수 있는 능력이 아닙니다. 의대는 똑똑한 사람이 와야 하는 학과는 아니지만 공부를 많이 해본 학생들이 와야 하는 학과인 것 같습니다. 스트레스 관리를 잘하는 것도 필요할 것 같습니다. 자신만의 스트레스 관리법이 있고 외적인 요소에 흔들리지 않는 법을 기를 필요가 있는 것 같습니다. 시험을 자주 보기 때문에 시험 전날에 개인적인 이유로 멘탈 관리가 안 된다면 의대생활은 고난의 연속일 것입니다. 저희끼리 농담으로 하는 말이 있습니다. MBTI에 'ST'가 들어가는 사람들이 의대에 잘 맞는 사람이라고 합니다. 이 말은 무던하고 스트레스를 잘 받지 않는 사람이 의대에서 잘 적응한다는 말입니다.

2. 의대 교육과정은 무엇이 있을까요?

의대 교육과정의 큰 틀은 기초의학 → 임상의학인 것 같습니다. 기초의학은 말 그대로 의학을 발전시키기 위해 연구해야 하는 학문입니다. 해부학, 조직학, 병리학 등이 해당됩니다. 임상의학은 임상 상황에서 환자를 치료할 때 실질적으로 필요한 의학입니다. 예과 2년은 주로 기초의학과 그 외에 인문학, 기초과학 등을 배우고 첫 본과 2년은 임상의학을 필두로 의료인문학, PBL 등 수업을 합니다. 그다음 본과 2년 동안은 임상의학을 실제 상황에 적용하는 임상실습(PK실습)을 하게 됩니다.

3. 의대 학과활동은 무엇이 있을까요?

학과활동이 많은 것 같지는 않습니다. 방학 때 다른 나라 의대와 교류하는 프로그램이나 관심 있는 전공의 세미나에 참석할 수 있는 활동, 자매결연 학교와의 교류회 정도가 있는 것 같습니다.

4. 의대 진학을 희망하는 학생이 열심히 공부해야 하는 교과목은 무엇이 있을까요?

의대 진학을 하려면 당연히 모든 과목을 열심히 공부하고 잘해야겠습니다. 특히 이과이기 때문에 수학, 과학을 열심히 하고 성적도 좋아야 합니다. 의대에 입학해서 하는 공부와 관련된 교과목을 뽑자면 물론 생명과학이나 영어도 중요하겠지만, 저는 국어 과목이 가장 중요하다고 생각합니다. 의대에서 배우는 내용은 영어로 된 용어나 내용도 많고 생명과학 과목과 연결되어 있는 내용도 분명히 많습니다. 그러나 저는 의대 공부의 본질은 '읽는 공부'라고 생각합니다. 읽고 이해하는 능력이 뛰어난 학생들이 의대 공부를 효율적으로 잘합니다. 수능 국어 과목의 비문학 지문처럼 글을 읽고 내용을 파악하는 것이 의대 공부의 핵심인 것 같습니다. 정리하자면 수능이 국어 과목을 통해서 보고자 하는 능력과 의대 공부를 잘할 수 있는 능력이 '글을 잘 읽고 잘 파악하는 능력'으로 동일하기 때문에 국어 과목이 의대 공부에 가장 도움이 된다고 말씀드리고 싶습니다.

5. 의대 '학생부교과전형'을 준비하는 학생이 내신 성적을 올리는 방법은 무엇이 있을까요?

내신 성적을 올리기 위해서는 학교 수업을 열심히 듣는 것이 가장 중요하다고 생각합니다. 학교 수업을 열심히 듣고 교과서와 본인이 한 필기를 최대한 반복해서 읽는 것이 중요합니다. 물론 문제풀이가 중요한 과목도 분명히 존재합니다. 수학 과목은 많은 문제를 풀어보는 것이 중요합니다. 그러나 그 외 과목들 심지어 과학 과목도 내신 성적을 올리는 데는 크게 도움이 되지 않는 것 같습니다. 저는 고등학교 내신 성적을 올리는 데 수학 과목 이외는 시중 문제집의 도움을 크게 받지 못한 것 같습니다. 그래도 과학 과목은 수능을 준비할 때는 문제풀이를 많이 하는 것이 도움이 되므로 내신 준비할 때 문제풀이도 병행하는 것이 좋을 것 같습니다.

6. 의대 '학생부종합전형'을 준비하는 학생은 어떤 활동을 하면 좋을까요?

자신이 되고 싶은 의사상을 정해서 그에 맞는 활동을 하거나 자신의 관심 분야와 의학을 연결하는 것이 좋을 것 같습니다. 예를 들어 신경과 의사가 되고 싶다면 교내 소논문대회에서 치매에 대한 연구를 조사해본다든지, 인공지능에 대해서 관심이 있다면 AI와 의학을 연결시키는 연구를 조사하는 활동을 하는 것이 좋을 것 같습니다.

7. 의대 '정시모집 수능전형'을 준비하는 학생이 수능 성적을 올리는 방법은 무엇이 있을까요?

원래는 정시로 의대에 가고자 한 학생으로서 말씀드리자면 정시로 의대에 가는 게 몇 배는 어렵습니다. 본인의 고등학교가 내신을 따기 정말 힘든 학교라면 얘기가 다르겠지만 대부분 일반고에서는 수시가 훨씬 쉽다고 단언할 수 있습니다. 그래서 정시로 의대에 가고자 하는 것을 추천드리지는 않지만 각설하고 수능 공부에 관한 내용을 말씀드리겠습니다. 그리고 성적을 올리는 방법은 공부를 많이 하는 것밖에 없다고 생각합니다. 최대한 많은 문제를 풀어보고 최대한 많은 글을 읽고 최대한 많은 영어 텍스트를 읽는 것이 유일한 성적 상승 방법입니다. 여러 가지 자잘한 팁은 있겠지만, 그런 팁들도 공부를 안 하면 무용지물입니다. 학생마다 성적이 다르고 상황이 다르기 때문에 이렇게 하면 성적이 오른다 하는 구체적인 법칙은 없다고 생각합니다. 어떤 학생에게는 도움이 되는 공부법이 다른 학생에게는 독이 될 수도 있습니다. 본인이 공부를 많이 하다 보면 저절로 자신에게 맞는 방법을 알게 되는 것 같습니다. 덧붙이자면 자신의 상태를 제대로 파악하는 것, 즉 메타인지가 중요합니다. 자신의 약점과 강점을 파악하고 그에 맞는 공부법과 계획을 세우시길 바랍니다.

8. 의대 진로와 의대생에게 도움이 되는 책은 무엇이 있을까요?

의대에 진학하고자 하는 학생들에게는 훌륭하신 의사분들이 쓰신 책들이 도움이 될 것 같습니다. 현업에 대해서도 엿볼 수 있고 의사라는 꿈을 꾸는 데에도 도움이 될 것 같습니다. 제가 읽었던 책들은 『아직도 가야 할 길』, 『골든아워』, 『잃어버린 치유의 본질에 대하여』, 『어쩌다 정신과 의사』 등이 있습니다. 그리고 의대에 입학해서 의대생이 되었다면 가장 중요한 것이 멘탈 관리인 것 같습니다. 그런 의미에서 저는 반야심경을 추천해드리고 싶습니다. 반야심경을 해설해둔 책이 많기 때문에 아무 해설본이나 읽으셔도 좋을 것 같습니다. 제가 봤던 모든 멘탈 관리법 중에 단연 최고라고 생각하기 때문에 자신 있게 추천드리고 싶습니다.

9. 정부의 의대 정원 2,000명 증원에 대해 어떻게 생각하시나요?

저는 부정적으로 생각합니다. 증원이 필요할지는 몰라도 2,000명은 너무 많다고 생각합니다. 학생 신분이고 현 사태에 대해 엄청 자세히 알고 있는 것도 아니라서 말씀드리는 것이 조심스럽지만, 의사 수가 이렇게 급격하게 늘어나면 건강보험이 주축이 되는 현재 의료시스템이 제대로 돌아갈 수 있을지 모르겠습니다.

10. AI시대·ChatGPT시대 의사의 의료 행위가 필요할까요?

저는 아직 의사도 아니고 현업에 대해서도 잘 모릅니다. 제 의견을 전문가분들이 들으시면 코웃음 치실 수도 있을 것 같습니다. 그래도 감히 말씀드려보자면 의사가 필요하지 않을 수도 있다고 생각합니다. 지금 많은 의사가 하고 있는 일들은 결국 많은 데이터를 쌓아서 스키마를 만드는 일이라고 생각합니다. 환자에게서 최대한 많은 정보를 끌어내고 스키마상 가장 적절한 진단을 내려 가장 적절한 치료 방법을 생각하는 것이 대부분의 의사의 주 업무라고 생각하는데, 이런 일들은 사실 AI가 가장 잘하는 일입니다. 이런 맥락에서 볼 때 내과의사보다는 외과의사가 대체하기 힘들 수도 있겠다는 생각을 해봅니다. 앞서 말씀드린 일련의 상황 판단-진단-치료의 사고 과정은 내과의사의 주 업무라고 생각하기 때문입니다. 외과의사도 똑같은 사고 과정이 필요하지만 수술을 한다는 점에서 대체되기 힘들다고 생각합니다. 현재도 여러 기계의 도움을 받지만 수술은 아직은 인간이 더 잘하는 영역이라고 생각합니다. 따라서 책임 소재를 누구에게 물어야 할 것인지 등의 윤리적인 문제를 배제한다면 대부분 의사는(특히 내과의사는) 대체 가능하다고 생각하지만, 현실적으로 이러한 윤리적인 문제들을 배제하기는 힘들기 때문에 대체한다고 해도 시간이 걸릴 것 같습니다.

● 인제대학교 의예과 재학생 ○○○

1. 의대는 어떤 학생이 지원하면 좋고, 의대생에게 필요한 역량은 무엇이 있을까요?

대부분 공부만 잘하면 의대에 갈 수 있다고 생각합니다. 하지만 의사는 이과이면서도 매우 인문학적인 직업입니다. 환자를 면 대 면으로 진료하고 환자와 공감하고 소통하는 것이 의사의 주요한 업무입니다. 그렇기 때문에 대학에서도 학생들을 뽑을 때 인성을 굉장히 중요시합니다. 수시모집의 경우 대부분 학교에 인성·적성 학생부 면접이 있고 심지어 정시모집도 인성·적성 면접을 보는 대학교가 있습니다. 형식적인 면접이 아니라 실제 면접을 통해 떨어뜨리기도 합니다. 그리고 공부에만 열중하는 것이 아니라 인성과 의사소통 능력, 사회성을 기르는 것 또한 중요한 부분이라고 생각합니다. 저는 이러한 맥락으로 학급 반장이나 학생회활동을 하는 것을 추천합니다. 물론 시간도 많이 빼앗기고 공부할 시간이 줄어들 수 있으나 남들 앞에서 이야기할 수 있는 기회를 갖는다는 점에서 발표 능력, 의사소통 능력도 향상될 수 있고, 다른 이들과 함께 활동하며 리더십도 기를 수 있습니다. 꼭 이러한 활동을 하지 않더라도 남들 앞에서 말할 수 있는 기회가 있다면 최대한 활용하라고 말해주고 싶습니다.

2. 의대 '학생부교과전형'을 준비하는 학생이 내신 성적을 올리는 방법은 무엇이 있을까요?

비교적 내신을 받기 쉬운 1학년이 매우 중요하다고 생각합니다. 1학년 때는 대부분 학생들이 공부를 열심히 하지 않고, 배우는 과목 또한 2, 3학년에 비해 쉽기 때문에 1학년 때 높은 내신을 받는 것이 중요하다고 생각합니다. 다만, 1학년의 암기 과목보단 2, 3학년 때 하는 과학탐구 과목이 더 잘 맞는 학생도 있으므로 1학년 내신이 낮더라도 내신 성적을 포기하지 않고 꾸준히 하는 것이 중요하다고 생각합니다.

3. 공부에 대해서 조언을 해주세요.

공부를 잘하게 되는 데는 여러 요인이 있겠지만, 제가 중요하다고 생각하는 부분은 역량은 '메타인지'라고 생각합니다. 메타인지란 자기 자신의 능력과 성격, 특징을 정확히 이해하는 것입니다. 입시를 겪다보면 여러 공부 방법들을 접하게 될 겁니다. 하지만 세상에 모든 학생들에게 통하는 공부법은 없다고 생각합니다. 각자 부족한 부분, 잘하는 부분, 성격에 따라 맞는 공부법은 전부 다르다고 생각합니다. 그렇기에 선생님이나 미디어에서 말하는 공부법을 맹목적으로 믿고 따르는 것보다는 본인에게 맞을 것 같은지 한 번쯤은 생각해보고 따라해보는 게 좋다고 생각합니다.

4. 멘탈 관리에 대해서 조언을 해주세요.

저는 자기 확신이 가장 중요하다고 생각합니다. 내가 지금까지 해온 것들을 믿고 나 자신을 믿어주는 것이 가장 중요하다고 생각합니다. 그러기 위해선 나 스스로 믿을 만한 사람이 되어야 합니다. 그 기저에는 노력과 열정이 필요합니다. 스스로에게 잘될 것이라고 반복적으로 말하다보면 결국에는 목표를 이루고 성공할 수 있다고 생각합니다. 다들 자기전 양치하며 거울을 보고 자기 자신에게 기특하다고 말해줍시다.

5. 마지막으로 하고 싶은 말을 해주세요.

사실 입시에는 정답이 없다고 생각합니다. 논리적으로 설명되지 않는 일도 많고, 더 열심히 하지 않은 학생이 운이 좋아서 더 좋은 대학에 갈 수도 있다고 생각합니다. 저는 대학입시를 한 차례 겪어보았지만 대학입시라는 것에 대하여 잘 모르겠다는 생각도 들었습니다. 제가 하는 조언이 누군가에겐 득이 될 수 있고, 또 누군가에겐 독이 될 수도 있습니다. 그렇기에 믿을 수 있는 건 자기 자신뿐이라고 생각합니다. 대학입시를 겪다보면 누구나 불안해집니다. 저 또한 불안했던 순간이 많았습니다. 시기와 질투의 감정이 들었던 적도 있습니다. 하지만 불안하더라도 끝까지 '나 자신을 믿고' 해내려 노력했고, 시기와 질투의 감정이 느껴져도 마음을 다스리고자 노력하였습니다. 매 순간 현재 나 자신에게 주어진 것을 해냈습니다. 매 순간 최선을 다하지 않았을지도 모릅니다. 하지만 포기하지 않고 꾸준히 해나갔습니다. 성실함과 부단함이 저의 대학입시의 핵심이라고 생각합니다.

● 조선대학교 의과대학 의예과 재학생 ○○○

1. 의대는 어떤 학생이 지원하면 좋고, 의대생에게 필요한 역량은 무엇이 있을까요?

일반적인 대학은 다양한 교양과목들을 자유롭게 선택할 수 있어 폭넓은 지식을 쌓을 기회가 많지만, 의대는 교육과정이 정해져 있기 때문에 다양한 공부는 하기 어려운 것 같습니다. 따라서 다양한 분야에 관심이 있는 학생보단 한 분야를 깊이 파고들기를 좋아하는 학생이 지원하면 좋을 것 같습니다. 또한 의대 공부는 암기에 강한 학생이 유리합니다. 공부량도 엄청나기 때문에 오랜 공부 시간에도 지치지 않는 학생이 오면 좋을 것 같습니다.

2. 의대 교육과정은 무엇이 있을까요?

예과 2년, 본과 4년의 교육과정으로 이루어져 있는데, 예과 시절에는 화학, 생물학 등 기초과학과 의학 용어, 인문학 및 교양을 듣습니다. 요즘엔 예과 2학년부터 해부학을 듣는 학교도 많아진 것 같습니다. 본과 1, 2학년 때는 해부 실습, 임상의학 등 방대한 과목을 배우고 본과 3, 4학년 때는 직접 병원에서 실습하며 임상적인 지식을 쌓습니다. 의대는 한 과목이라도 F가 나오거나, 학점 평균이 일정 수준을 넘지 못하면 유급하는 제도가 있습니다. 따라서 개인에 따라 6년 넘게 학교를 다녀야 하는 경우가 생길 수도 있습니다.

3. 의대 학과활동은 무엇이 있을까요?

동아리와 향우회라는 모임이 있습니다. 동아리는 말 그대로 운동, 공연, 봉사 등 취미가 맞는 선후배들과 함께 모이며 친목을 다지는 활동이고, 향우회는 같은 지역 출신의 학생들이 모이는 활동입니다.

4. 의대 진학을 희망하는 학생이 열심히 공부해야 하는 교과목은 무엇이 있을까요?

생명과학과 화학 공부를 열심히 하면 좋을 것 같습니다. 예과 과목 중에 화학과 생물학이 큰 비중을 차지하고, 나중에 본과에 올라가서 배우는 심화된 내용들의 기초가 되는 과목이기 때문입니다.

5. 의대 '학생부교과전형'을 준비하는 학생이 내신 성적을 올리는 방법은 무엇이 있을까요?

내신은 학교 선생님이 출제하기 때문에 수업시간에 강조하신 부분을 특히 더 신경을 써서 공부하는 것이 좋다고 생각합니다. 그 외에는 그냥 시험기간에 오래 공부하는 것이 가장 좋은 방법인 것 같습니다. 저 같은 경우는 시험기간엔 학교가 끝나면 새벽까지 스터디카페에서 공부를 하고 왔습니다. 학원 수업을 듣는 것보단 자습하는 시간이 내신 대비에는 더 중요한 것 같습니다. 공부 방법을 좀 더 구체적으로 말해보자면 교과서와 자습서를 꼼꼼히 외웠고, 시험 직전에는 족보를 풀어서 시험 스타일을 확인했습니다. 학원 선생님이 주신 자료 등 남이 주는 자료보다 자신이 정리하는 것이 공부에 가장 효과적이라고 생각합니다. 저의 공부 방법, 예를 들자면 국어의 경우, 시험 범위의 시들을 A4용지에 인쇄해서 선생님 필기 등 중요한 내용들을 단권화하는 식으로 정리했습니다. 또한 플래너를 작성해서 하루에 과목당 목표치를 정해놓았습니다.

6. 의대 '정시모집 수능전형'을 준비하는 학생이 수능 성적을 올리는 방법은 무엇이 있을까요?

수능 공부는 확실히 내신 공부와는 다른데요, 문제를 많이 푸는 것이 중요하다고 생각합니다. 특히 기출문제가 중요한 것 같습니다. 단순히 문제를 푸는 것에서 끝내지 말고 문제 하나하나를 꼼꼼히 분석해서 내 것으로 만드는 것이 중요합니다. 실전 연습도 꼭 필요합니다. 사설 모의고사 등으로 실제 수능을 보는 것처럼 연습하는 것도 큰 도움이 되는 것 같습니다.

7. AI시대·ChatGPT시대 의사의 의료 행위가 필요할까요?

치료는 단순히 데이터 처리가 아니며, 의사와 환자가 상호작용하는 과정 역시 필요하기 때문에 의사의 의료 행위가 필수적이라고 생각합니다.

● 충남대학교 의과대학 의예과 재학생 ○○○

1. 의대는 어떤 학생이 지원하면 좋고, 의대생에게 필요한 역량은 무엇이 있을까요?

저는 습득력과 암기력이 좋고 원리를 파고드는 공부보다는 이미 주어진 자료와 개념을 성실하게 학습해나가는 데 강점을 보이는 학생에게 추천하고 싶습니다. 또, 인간관계에 능숙하고 사람을 대하는 일에 부담을 가지지 않는 성격을 가진 학생들이 지원하는 것이 좋습니다. 같은 맥락에서 의대생에게 필요한 역량으로는 성실성과 사회적 의사소통 능력, 문제해결 능력 등이 있습니다. 주어진 학습량을 채워 치료에 필요한 지식을 쌓아야 하고, 의사가 되어서도 최신 의료 기술을 상시로 학습해야 하기에 성실성은 매우 중요합니다. 그리고 의사는 대부분 간호사, 다른 의사들과 팀을 이루어 일하며, 환자가 치료에 적극적으로 참여하게 하는 역할 또한 수행하고 있으므로 사회적 의사소통 능력을 함양해야 합니다. 마지막으로, 쏟아지는 업무량을 효율적으로 분배해서 처리하고, 치료할 때 있어서도 환자에 따라 가장 효과적일 수 있는 치료 방식을 생각해내야 하므로 문제해결 능력을 필요한 역량으로 꼽았습니다.

2. 의대 교육과정은 무엇이 있을까요?

예과 때는 다른 대학생들과 비슷하게 교양수업을 들으며 인문학, 정보학 등의 분야에 대한 기본 소양을 기릅니다. 그리고 본과 수업을 듣기 위한 발판이 되는 기초과학 분야 과목을 수강하게 됩니다. 이후 본과에 진급하게 되면 미생물학, 발생학 등 의학을 이루는 기초적인 구성요소들에 대해 배우는 기초의학 과목과 실제로 환자를 치료하는 데에 필요한 지식을 배우는 임상의학 과목을 수강합니다. 본과 3, 4학년이 되면 PK 과정을 통해 대학병원에서, 실제 의료가 이루어지는 현장에서 실습수업을 받습니다.

3. 의대 학과활동은 무엇이 있을까요?

대표적인 학과활동으로는 동아리활동이 있습니다. 밴드 동아리, 천문학 동아리, 운동 동아리와 같이 취미생활을 함께 즐기거나 해부학 동아리와 같이 의대 교육과정 공부를 함께하는 동아리도 있습니다. 과 동아리활동을 통해 선후배 관계를 돈독하게 하고 동기들과 협동하며 다양한 문제해결 능력을 기를 수 있습니다. 또, 의대생 연합 동아리에 가입하여 타학교 의대생과 학술 교류를 이어나갈 수도 있습니다.

4. 의대 진학을 희망하는 학생이 열심히 공부해야 하는 교과목은 무엇이 있을까요?

제일 먼저, 영어 과목 공부를 열심히 해야 합니다. 교재와 용어가 모두 영어로 되어 있기 때문에 영어 문장을 읽고 어려움 없이 직독 직해가 가능하도록 영어의 중요성이 큽니다. 생명과학, 화학 과목 또한 중요합니다만, 고등학교 교과 과정을 열심히 공부한다고 해도 예과 1학년 1학기 안에 고등학교 과학 과정 학습을 끝내게 되므로 약간의 이해도를 높여 주는 것 이외의 큰 효과는 기대하기 어렵습니다. 고등학교 재학 중에는 그저 공부하는 습관과 암기 방법, 문제해결 논리 등의 기초적인 공부 토대를 쌓는다고 생각하시면 더 좋을 것 같습니다.

5. 의대 '학생부교과전형'을 준비하는 학생이 내신 성적을 올리는 방법은 무엇이 있을까요?

교과전형으로 의대 진학을 희망한다면 우선 학교의 선택 단계부터 신중하셔야 합니다. 지역인재전형 등 혜택을 받을 수 있는 학교로 진학하시거나, 상대적으로 재학생 수가 많고 경쟁이 느슨해 등급을 받기 유리한 학교를 찾는 것이 좋습니다. 또, 학생부종합전형과 함께 준비할 시 그 효율이 떨어지므로 교과 점수를 얻는 데만 집중하는 전략을 선택하는 것도 좋습니다. 그리고 너무나 당연한 이야기이지만, 내신시험 특성상 가르치시는 선생님의 주관적 견해나 출제 스타일에 영향을 받는 경우가 대다수이므로 이러한 점을 잘 파악해 그저 열심히 하기보다는 '전략적으로' 공부하시길 추천드립니다.

6. 의대 '학생부종합전형'을 준비하는 학생은 어떤 활동을 하면 좋을까요?

하나의 일관된 스토리를 가지고 그 안에서 본인이 학생 신분으로서 할 수 있는 모든 노력을 들이시길 바랍니다. 자신이 미래에 어떤 의사가 되고 싶은가에 대한 구체적인 계획을 세워보고 이와 관련된 선행 연구 탐구를 진행한다고 생각하면 쉬울 것 같습니다. 예를 들어, 미래에 치료하고 싶은 질병을 하나 정해서 그와 관련된 전문서적을 읽고 모의실험 등 연구를 꾸준히 이어나간다면 학생부 심사에서 좋은 평가를 받을 수 있습니다. 또, 자신이 지원하기 원하는 학교의 학생부활동 분야 선호를 자세히 알아보고, 그에 특화된 학생부를 준비한다면 더 높은 합격 확률을 기대할 수 있습니다.

7. 의대 '정시모집 수능전형'을 준비하는 학생이 수능 성적을 올리는 방법은 무엇이 있을까요?

학교에서 진행하는 기타 자잘한 행사나, 수행평가, 진로선택 과목을 신경 쓰지 마시고 오로지 수능 공부에만 전념하시는 게 좋습니다. 그렇다고 불량한 학교생활을 하라는 게 아닙니다. 본인이 이루어야 하는 목표를 정확히 설정했다면 그 목표를 이루는 데 도움이 되지 않는 것들을 2순위로 미루라는 이야기입니다. 학교행사는 최소한으로만 참가하시고, 수행평가보다 수능 공부를 우위에 두고, 진로선택 과목을 공부할 시간에 다른 수능 과목 공부를 하시는 등 성실하지만 선택과 집중이 잘된 생활을 이어나가세요.

8. 의대 진로와 의대생에게 도움이 되는 책은 무엇이 있을까요?

『4차 산업혁명과 병원의 미래』(이종철, 청년의사)를 추천합니다. 앞으로 다가올 인공지능 시대에 의사가 어떤 역할을 맡아야 할지에 대한 다양한 분야 전문가들의 의견을 엮은 책입니다.

『숨결이 바람 될 때』(폴 칼라니티, 흐름출판)는 시한부 판정을 받은 신경외과 전문의가 자신의 마지막 순간까지를 기록한 수필입니다. '죽어가는 것'이 아니라 '살아가는 것'에 초점을 맞추고자 하는 젊은 의사의 치열한 고민의 흔적이 드러나기에 읽어보기를 추천합니다.

9. 정부의 의대 정원 2,000명 증원에 대해 어떻게 생각하시나요?

오히려 필수 의료를 죽이고 한국의 의료 체계를 완전히 붕괴할, 최악의 결정이라고 생각합니다. 의사들이 2,000명 증원으로 인해 자신들의 소득이 낮아질까 두려워 이를 반대하는 것이 아닙니다. 2,000명 증원으로 인해 발생할 천문학적 크기의 손실을 메꿀 방법이 정부에게 존재하지 않기에 이를 반대하는 것입니다. 우선, 현재 우리나라의 의사 수가 OECD 평균보다 낮다는 것을 의사 증원의 주요 근거로 삼고 있는데 우리나라 국민의 평균 외래 진료 횟수는 15.7회로 OECD 국가 평균 5.9회보다 2.6배 많으며 근 10년간 OECD 국가 중 최고 순위를 보여왔습니다. 의사 수가 부족했다면 우리나라 국민의 외래 진료 횟수가 다른 나라에 비해 낮아야 하는데 오히려 그 반대라는 것을 잘 보여줍니다. 의사 수가 많은 국가들은 현재 우리나라만큼 의료시스템의 체계가 잘 잡혀 있지 않아서 체계의 공백을 인력으로 메꾸고 있을 뿐입니다. 그리고 이 자료는 최근 논란이 되고 있는 소위 '응급실 뺑뺑이', '소아과 오픈런'이 의사 숫자 부족의 문제로 생긴 것이 아니라는 것도 시사합니다. 이러한 상황은 필수 의료에 대한 정부의 지원 부족으로 생긴 것인데, 의사가 부족한 상황이 아님에도 무작정 의사 수만 증원만 고집한다면 그 수많은 의사를 양성하는 데는 감당할 수 없을 크기의 사회적 비용이 들어갈 것이고, 정작 필수 의료에서 나타나는 효과는 미비할 것입니다. 그리고 증원 이후의 대비책으로 제시한 필수 의료 패키지는 언제든지 지원을 철회할 수 있다는 문구를 넣어두고 필수 의료 현장에 들어갈 수 있는 지원금을 합법적으로 없애기 위해 만들어둔 허울뿐인 정책입니다. 실제 임상에 한 번만이라도 가보았다면 절대 내놓을 수 없는 정책을 그저 탁상공론만 펼치며 강제하는 것은 우리나라 의료계 발전에 오히려 악영향을 끼칠 것입니다.

10. AI시대·ChatGPT시대 의사의 의료 행위가 필요할까요?

인공지능으로 대체될 수 있는 약물 치료, 정확한 수술 등도 의사의 업무이기는 하지만 환자와 좋은 라포를 형성해 환자가 치료에 적극적으로 참여하게 하고 정서적으로 안정된 상태에서 자신의 병에 대해 받아들이게 하는 것도 의사의 역할이라고 생각합니다. 따라서 인공지능은 의사를 완전히 대체하지는 못할 것이며 인공지능 판독기, 수술용 로봇 등이 의사를 보조하여 치료 효율성을 높이는 데에 활용될 것입니다. 환자, 보호자와의 관계 중심으로 의사의 의료 행위를 재정의한다면 인공지능 시대의 의료 행위가 지금의 의료 행위와는 다른 성격을 띨 수도 있지만 여전히 의사의 역할을 수행할 사람이 필요할 것입니다.

11. 마지막으로, 의대를 준비하는 후배들에게 고등학교 생활에 대한 조언 부탁합니다.

운동을 꼭 하셔서 체력을 기르시고, 모든 취미생활을 단절하는 것보다는 약간씩 스트레스를 풀 방안을 마련해두고 건강하게 공부하시길 바랍니다. 의대 입시가 워낙 어렵다 보니 고등학교 재학 시절 입시 스트레스로 힘들어하는 친구들을 많이 보았는데, 물론 할 수 있는 최선을 다하고 가지고 있는 모든 능력치를 쏟아서 공부해야 하는 것은 맞지만 적절한 휴식으로 공부한 내용을 잘 흡수할 수 있는 시간을 만들어주는 것도 중요합니다. 운동, 휴식시간을 정해서 그 시간만큼은 꼭 지키시고 대신에 나머지 모든 시간을 공부에 쓰세요. 그리고 항상 들인 노력만큼 결과가 나오는 것은 아닙니다. 이에 너무 크게 좌절하지 마시고, 슬럼프를 실패로 단정 짓기보다는 성공을 위한 과정에 포함해주세요. 너무 실망스러운 결과가 나온다고 할지라도 끝까지 포기하지 않고 최선을 다하다 보면 언젠가는 후배님이 원하는 곳에 도달해 있을 겁니다.

04

면접

면접 말하기 기법

1 동기-과정-결과(동과결) 기법

학생부가 'TEXT'라면, 자소서와 면접은 학생부에 대한 맥락적 풀이인 'CONTEXT'다. 교사들이 활동의 결과 위주로 학생부를 기재하기 때문에 면접은 소형트럭에 이삿짐을 싣듯 '동기-과정-결과-의미-변화'의 순서로 차곡차곡 쌓아나가면 된다. 이 과정을 압축해서 결과에 '의미-변화'를 포함하면, '동기(WHY)-과정(HOW)-결과(WHAT)' 말하기 기법이 된다. 예컨대 지원자가 왜 이 동아리활동을 했는지 이유를 말하고, 그 목표를 이루기 위해 어떻게 얼마나 노력했는지 과정을 설명하고, 그 결과는 무엇인지 말하는 매우 논리적인 구성 방식이다.

일명 '동과결' 말하기 기법은 말하기 울렁증에 빠진 학생들에게 쉽고 논리적으로 말하기 방법을 가르칠 수 있는 유용한 면접 화법이다. 동기 단계에는 '문제상황, 활동의 계기와 배경, 일화', 즉 'WHY'를 말해야 하고, 그다음에는 그 동기를 실현하기 위해 얼마나, 어떻게 노력했는지 'HOW'를 답변하면 된다. 이때 반드시 학생의 역할이 언급돼야 하는 점에 유의하자. 결과에는 '의미-변화'가 드러나야 한다. 결과는 학생부에 대부분 나와 있기 때문이다. 즉, 학생의 성장과 변화가 마지막 결과 'WHAT'에 들어간다면, '동과결' 말하기 기법은 면접관을 설득할 수 있는 강력한 힘을 발휘한다.

● '동과결' 말하기 기법 예시

동기 (WHY)	'지구촌 나눔 가족 희망편지 쓰기 대회'에 참가했습니다. 편지의 주인공은 ○○에 사는 '○○'이라는 소년이었습니다. 돌아가신 아버지를 대신해 채석장에서 돌을 깨고 있지만, 의사가 되겠다는 꿈을 위해 노력하는 소년이었습니다. 채석장에서 힘든 노동을 하지만 제대로 된 임금을 받지 못한다는 사실도 알게 됐습니다.
과정 (HOW)	이런 이유 때문에 친구들과 함께 만든 토론 동아리에서 '윤리적 기업'에 대해 자료를 조사하고 토론을 벌였습니다.
결과 (WHAT)	그 결과 아이들의 값싼 노동력을 착취해서 이윤을 남기는 기업은 결국 이윤을 떨어뜨리게 되고 지속가능한 발전을 위해서는 공정무역 제품에 대한 사회적 관심이 필요하다는 사실을 알게 됐습니다. 언젠가는 학교에 갈 수 있다는 희망을 품고 최선을 다하는 ○○의 모습은 부족한 것만 생각하고 살았던 저를 부끄럽게 만들었습니다. 더불어 따뜻한 응원의 메시지로 사랑을 전할 수 있어서 뿌듯했습니다. 이 경험을 계기로 아프리카 지역 신생아 모자뜨기와 세계 맑은 물 캠페인과 같은 이웃 나라 봉사활동에 참여하게 됐습니다. 또한, 경영·경제와 관련된 다양한 시사 이슈를 선정하여 매주 토론하는 계기가 됐습니다.

'프렙(PREP)' 말하기 기법은 앞에서 배운 '주장-근거-사례'의 끝에 주장을 반복해서 강조하는 '주장(P)-근거(R)-사례(E)-주장(P)' 방식이다. 필자가 학교 현장에서 동양의 전통적인 글쓰기와 말하기 방식인 '기-승-전-결' 4단계 형식을 자소서와 면접에 접목해보려고 노력했지만 쉽지 않았다. 어느새 요즘 학생들은 서양 논증 방식인 '서론-본론-결론' 3단계 방식이 훨씬 더 편한 세대가 돼 있었다. 그럼에도 논리적 완성도가 높은 4단계 방식을 효과적으로 쉽게 가르쳐보기 위해 적용한 방식이 일명, '프렙(PREP)'과 '스타(STAR)' 기법이다.

프렙(PREP) 기법은 Point(주장)-Reason(근거)-Example(사례)-Point(주장) 순으로 말하는 서양의 논증 방식이다. 동양에 '기승전결'이 있다면 서양에는 '프렙(PREP)'이 있다. 아리스토텔레스의 『수사학』 글쓰기 방식인 '머리말 → 진술부 → 논증부 → 맺음말' 구조에서도 알 수 있듯이 4단계 논증 구조는 서양의 오래된 전통이다. 논증적 글쓰기와 말하기 방식을 어렵게 생각하지 말자. 앞에 올 내용이 앞에 오고, 뒤에 올 내용이 뒤에 오게 논리적으로 배열하면 된다. 프렙(PREP) 기법은 핵심 요지를 문두와 문미에 놓기 때문에 양괄식 구조로도 볼 수 있다. 핵심 메시지를 끝에 다시 한번 강조하기 때문에 매우 간단하지만 논리적이고 설득력이 매우 높은 말하기 방식이다. 하버드대에서는 '프렙(PREP)'을 '오레오(OREO)'로 가르친다. 즉, Opinion(의견), Reason(근거), Example(사례), Opinion(의견) 순이기 때문에 형식은 '프렙(PREP)'과 같다.

● '프렙(PREP)' 말하기 기법 예시

**P
(주장)**

저는 워마드의 주장에 반대합니다.

**R
(근거)**

왜냐하면 남성 혐오증을 유발하기 때문입니다.

**E
(사례)**

워마드가 남성 혐오를 확산하는 예를 말씀드리겠습니다.

첫째, 워마드는 한국 남성을 비하하는 '한남충', '재기해', '6센티'라는 용어를 거침없이 사용합니다. 이러한 용어는 불특정 다수의 한국 남성을 혐오하는 내용들입니다.

둘째, 워마드는 공개적으로 '미러링'을 합니다. 미러링은 남성이 여성을 비하하는 것처럼 여성이 남성을 똑같이 비하하고 혐오하겠다는 전략입니다.

셋째, 워마드가 주최하는 집회는 남성의 참여를 거부합니다. 이것은 남성이라는 이유만으로 여성과 격리하고 배제하려는 혐오가 전제되어 있기 때문입니다.

**P
(주장)**

이처럼 남성 비하 용어를 사용하고 미러링으로 남성을 공격적으로 대하면서 남성과의 연대를 거부하는 워마드는 우리 사회에 혐오 문화를 확산하기 때문에 저는 워마드의 주장에 반대합니다.

● '프렙(PREP)' 말하기 기법 예시

P (주장) 저는 기본소득 실시에 찬성합니다.

R (근거) 왜냐하면 기본소득으로 인해 국민들의 소득 수준이 증가하면 삶의 질이 향상될 수 있기 때문입니다.

E (사례) 예를 들어 핀란드 정부가 세계 최초로 실시한 기본소득 실험의 예비적 결과 발표에 의하면 삶의 질 측면에서 기본소득 수급자가 전통적 복지 수급자에 비해 높은 수준을 나타냈습니다.

P (주장) 따라서 저는 기본소득 실시에 찬성합니다.

● '오레오(OREO)' 말하기 기법 예시

O (주장) 저는 화학 동아리뿐만 아니라 다른 과학 동아리와 융합 실험을 통해 공학에 대해 시야를 넓힐 수 있었습니다.

R (근거) 왜냐하면 다양한 분야 연구자의 협업의 산물인 융합 공학에 평소 관심이 있었기 때문입니다.

E (사례) 그중 아두이노 실험과 그래핀 시험을 통해 전자, 프로그래밍과 화학의 관계에 흥미를 갖게 됐습니다. 특히 피지컬 컴퓨팅을 탐구하면서 유비쿼터스 사회에서 통신소자가 막대한 영향을 끼칠 것이라고 생각했습니다.

O (주장) 이렇게 다른 동아리 친구들과 협업했던 융합 실험을 통해 공학에 대한 개념을 확장할 수 있었습니다.

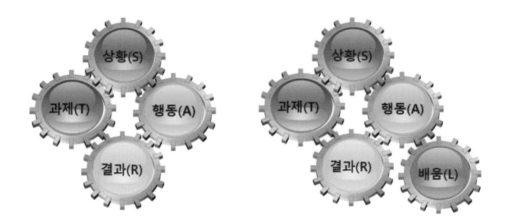

'스타(STAR)' 기법은 매튜 델루카(Matthew J. DeLuca)가 창안한 Situation(상황)-Task(과제)-Action(행동)-Result(결과) 순서로 말하는 4단계 면접 화법이다. 이때 결과에 '의미-변화' 내용을 드러낼 수 있다면 스타 기법은 대단한 힘을 발휘한다. '프렙(PREP)' 기법과 더불어 간단하지만 논리적이고 효과적으로 말할 수 있는 매우 유용한 말하기 기술이다.

'스타(STAR)' 기법은 'S(Situation)' 면접자는 어떤 상황에 처했었는가?, 'T(Task)' 면접자에게 어떤 과제가 주어졌는가?, 'A(Action)' 그래서 면접자는 어떻게 행동했는가?, 'R(Result)'면접자의 이런 행동과 태도로 인해 어떤 결과를 만들어냈는가? 이를 면접관에게 4단계로 설명하는 방식이다. 이때 'S'와 'T'를 장황하게 설명하기보다는 'A'와 'R'을 명확하고 구체적으로 말하는 것이 핵심이다.

'의미-변화'를 강조하기 위해 STAR와 더불어 'L(Learn)'을 추가할 수 있다. 이 경험을 통해 무엇을 배우고 느꼈는지 언급하는 것이다.

● '스타(STAR)' 말하기 기법 예시

S (상황)

고3 때 물리Ⅱ 과목이 폐강됐습니다.

T (과제)

기계공학자의 진로에 물리Ⅱ는 꼭 필요한 과목이었고 저만의 노력이 필요했습니다.

A (행동)

같은 고민을 하는 친구들을 모아 스터디를 결성하고 물리Ⅱ 참고서로 함께 공부하고, 부족한 부분은 EBS 강의를 들었습니다.

R (결과)

이후 물리Ⅰ만으로 해결하지 못한 지적호기심이 대부분 해결됐습니다.

● '스타(STAR)' 말하기 기법 예시

S (상황)

저는 공부의 즐거움보다는 효율성만을 따지는 공부를 해왔습니다. 최소한의 시간을 투자해 최대의 효과를 끌어내기 위해 양보다는 질을 높이는 공부법에 골몰했고 나름 성과도 봤습니다. 이런 방법으로 고1 때는 상위권을 유지했지만 갈수록 한계에 부딪혔습니다. 내신과 모의고사 성적이 계속 떨어졌습니다.

T (과제)

이 공부 방식을 답습하면, 제가 목표하는 대학에 진학할 수 없을 거라는 생각에 위기를 느꼈고, 공부의 질뿐만 아니라 관련 내용을 심화하고 확장하며 공부량을 늘리기로 했습니다.

A (행동)

1학년 겨울방학 때부터 자기 주도 학습 계획을 세우고 매일 도서관에서 저녁 9시까지 공부했습니다. 인터넷 강의를 하루에 5강씩 듣고 1학년 때 배운 내용을 복습했고 2학년 과정을 예습해 나갔습니다. 2학년에 진학해서는 쉬는 시간, 식사 시간에도 짬짬이 시간을 내어 공부했고, 주말에도 학교 도서관에 나와 과목별 문제집을 1권씩 정해서 반복적으로 풀고 오답노트를 만들어 약점도 보완해나갔습니다. 또한, 혼자서 공부하는 것이 외롭고 한계가 있다고 생각해 친구들과 수학 과목 스터디 그룹을 만들어 부족한 부분을 서로 물어보며 도왔습니다.

R (결과)

친구들을 가르치고 배우는 과정 속에서 문제를 해결해낼 때마다 지적 희열을 느낄 수 있었고 학습 동기를 얻을 수 있었습니다. 협업하며 문제풀이 방법을 공유하다 보니 저는 2학년 기말고사에서 두드러진 성적 향상을 이뤄냈습니다. 이 경험을 통해 어려운 상황에 처했을 때 기존의 방식만을 고집하지 않고 다양한 문제해결 방법을 고민하고 실천하는 사고의 전환이 중요하다는 것을 배웠습니다.

● '스타(STAR-L)' 말하기 기법 예시

S (상황)

저는 문학 시간에 고전소설 '운영전'과 '최척전' 엮어 읽기 활동에서 조장을 맡았습니다. 배제되는 친구 없이 토의를 이끌고 싶었지만 1차 토의 때 4명 중 2명만 의견을 제시하고 나머지는 아무런 반응을 하지 않아 심각성을 느꼈습니다.

T (과제)

친구들에게 이유를 물어보자 고전소설 전개 양상이 복잡하여 이해가 어렵다고 말했습니다. 또한 토의에 참여하고 싶지만 어떻게 말을 꺼내야 할지 몰라 가만히 있는 것이 더 도움이 된다고 생각했다고 말했습니다. 친구들의 이해를 돕기 위해 소설의 배경, 인물관계 등을 정리할 수 있는 학습지를 제작했습니다.

A (행동)

2차 토의 전 점심시간에 모여 학습지로 소설 내용을 정리하자 배경지식이 세워져 토의에 대한 거부감이 줄어들었습니다. 또한 각자 능력과 흥미에 맞게 질문 정리, 정답 근거 문구 찾기 등의 역할을 정하여 적극적인 참여를 이끌었습니다.

R (결과)

서로 부족한 부분들을 채워주며 토의를 한 결과 '전체 생각 나누기 활동' 때 가장 인상적인 조로 선정됐습니다.

L (배운점)

이를 계기로 사람들이 결과에 영향을 줄 수 있는 결정권이 자신에게 있을 때 더욱 활력을 느낀다는 것을 깨달았습니다. 즉 리더란 혼자 모든 것을 짊어진 사람이 아닌 권한을 위임해 구성원 스스로가 리더라고 느끼게 이끌어주는 사람임을 배웠습니다.

4 | 찬·반 토론형 말하기 기법

면접에는 시사 이슈나 지원 전공 지식 등에 관해 찬성과 반대를 묻는 유형이 있다. 어찌 보면, 면접관과 면접자 사이의 시소게임과 같은 토론 과정으로도 볼 수 있다. 우선 개념 정리부터 하면, '토론(討論)'은 '토의(討議)[1]'와는 달리 어떤 문제에 대해 각각 의견을 말하며 논의하는 것으로 서로 다른 주장을 가지고 있는 사람들이 자기의 주장을 펼쳐 상대방을 설득하는 것이 목적이다. 찬·반 토론형 면접 유형 과정은 '입론(立論)[2]', '예상 반론(反論)[3]', '예상 반론에 관한 재반론'의 논증 형태이므로 말하기 연습을 부단히 해야 한다. 논증이란, 자신의 주장을 근거를 들어 말하는 것이다. 찬·반 토론은 주장 대신 근거의 정합성을 평가한다. 마찬가지로 반론도 주장이 아닌 근거를 반박해야 한다. 다음 예시로 소개한 토론 논제를 통해 자신의 입장을 정리해보자.

---

1 어떤 문제에 대해 검토하고 협의하는 것으로 여러 의견을 견주어보고 가장 좋은 해결책을 찾아가는 협동적인 의사소통

2 토론 주제에 대한 찬성 또는 반대하는 논거를 '서론-본론-결론'의 형식에 맞춰 발언하는 것

3 찬성과 반대 양측의 입론에서 제시된 논거에 대해 반박하는 발언

● 질문: '배아 복제 허용'에 관한 찬성과 반대 입장 중 자신의 입장을 설명해보세요.

구 분	찬성 입장	반대 입장
근거 (논거, 전제)	배아 줄기세포를 이용해 난치병 및 불치병을 치료할 수 있고, 이식용 장기를 대량 생산해 현재 이식용 장기 수급의 극심한 불균형을 완화할 수 있기 때문에 배아 복제를 허용해야 합니다.	치료용 배아 복제를 허용하면 이에 관한 기술이 점점 완벽해지면서 인간 복제의 가능성이 높아질 수 있습니다. 또한 인간이 될 잠재성을 가지고 있는 배아는 인간으로서의 지위를 가지고 있기 때문에 배아 복제를 허용해서는 안 됩니다.
구 분	찬성 입장에 관한 추가질문 (예상 반론 질문)	반대 입장에 관한 추가질문 (예상 반론 질문)
근거 (논거, 전제)	배아 역시 인간과 같은 존재이기 때문에 배아는 복제 대상이 되어서는 안 됩니다.	배아는 완전한 인간이 아니기 때문에 복제의 대상이 될 수 있습니다.
구 분	추가질문에 관한 재반박 (예상 반론에 관한 재반론)	추가질문에 관한 재반박 (예상 반론에 관한 재반론)
근거 (논거, 전제)	배아는 아직 완전한 인간이 아니며, 배아의 줄기세포를 활용해 난치병 치료를 할 수 있습니다.	배아는 성인과 동일한 상태는 아니지만 완전한 인간이 될 수 있는 가능성을 가진 존재이기 때문에 배아도 인간으로서 존중받아야 합니다. 배아는 초기 인간 생명입니다. 또한 많은 수의 난자 사용은 여성의 건강권과 인권 훼손의 우려가 있습니다.

● 질문: '동물실험'에 관한 찬성과 반대 입장 중 자신의 입장을 설명해보세요.

구 분	찬성 입장	반대 입장
근거 (논거, 전제)	동물은 근본적으로 인간과 다른 열등한 존재이므로 인간을 위해 동물을 이용할 수 있으며, 인간과 동물은 생물학적으로 유사하므로 동물실험의 결과가 안전하면 인간에게 적용할 수 있습니다.	인간의 이익을 위해 동물종에게 고통을 가하는 것은 옳지 않으며, 인간과 동물은 생물학적으로 긴밀한 유사성을 가지지 않아서 동물실험의 결과를 그대로 인간에게 적용해서는 안 됩니다.

구 분	찬성 입장에 관한 추가질문 (예상 반론 질문)	반대 입장에 관한 추가질문 (예상 반론 질문)
근거 (논거, 전제)	인간과 동물은 존재 지위에 별 차이가 없습니다. 동물도 생명으로 고통을 피할 권리가 있습니다. 생물학적으로도 유사하지 않아서 동물실험의 결과가 반드시 안전하지는 않습니다. 또한, 과학기술의 발전으로 동물실험을 대체할 실험이 개발되고 있습니다. 사람의 피부조직을 이용한 제품, 인공세포나 인공피부로 동물을 본 뜬 모델링의 대체 방법, 인공각막 배양세포 대체 실험, 인공 배양피부 대체 실험, 사체 연구 등 꼭 살아 있는 동물이 아니어도 필요한 정보를 얻는 것은 충분합니다.	인간과 동물은 존재 지위가 다르며, 생물학적으로 유사하기 때문에 동물실험의 결과도 안전합니다. 또한, 과학기술의 발전으로 컴퓨터 기술이나 인공 조직을 만들면 동물을 대체할 수 있을 거라고 생각하지만, 그건 어디까지나 인공일 뿐 인공으로 실험을 하면 부작용을 정확하게 인지할 수가 없습니다. 컴퓨터는 수치에 대한 계산이 가능할 뿐이여 살아 움직이는 대사 반응에서 나올 엄청난 경우의 수를 생각하며 실험할 수가 없기 때문입니다.

구 분	추가질문에 관한 재반박 (예상 반론에 관한 재반론)	추가질문에 관한 재반박 (예상 반론에 관한 재반론)
근거 (논거, 전제)	동물도 생명이라면 식용으로 쓰이는 동물에 대해서도 똑같은 논리를 적용해야 합니다. 이미 동물실험을 통한 좋은 결과물들이 나왔습니다. 덕분에 오늘날의 많은 질병들을 고칠 수 있었으며, 예방을 할 수도 있고 앞으로 더 많은 질병을 고쳐 인류의 생명을 보존하고 살릴 수 있습니다. 예를 들어, 암과 결핵, 소아마비, 에이즈 등 연구가 필요한 질병 같은 경우 동물실험을 통해 치명적인 부작용을 미리 알아내 문제를 해결할 수 있어 백신과 치료제를 빠르고 효율적으로 제작할 수 있습니다. 그리고 과학기술의 발전으로 컴퓨터 기술이나 인공 조직을 만들면 동물을 대체할 수 있을 거라고 생각하지만 그건 어디까지나 인공일 뿐, 인공으로 실험을 하면 부작용을 정확하게 인지할 수가 없습니다. 컴퓨터는 수치에 대한 계산이 가능할 뿐이여 살아 움직이는 대사 반응에서 나올 엄청난 경우의 수를 생각하며 실험할 수가 없기 때문입니다.	인간을 위해서 동물을 희생시키는 것은 동물권 침해입니다. 동물실험은 비윤리적이며 생명의 존엄성을 해칩니다. 또한, 동물실험으로 안전이 확인됐다고 해서 인간에게도 똑같이 안전하다는 보장은 없습니다. 인간은 동물과 유전자 구조가 다르기 때문에 병이 발행하는 과정 및 증상 그리고 치료 방법도 다른 경우가 많기 때문입니다. 동물과 인간에게 공통되는 질병은 겨우 350가지 정도로 겨우 1.16%에 불과합니다. 그리고 과학기술의 발전으로 동물실험을 대체할 실험이 개발되고 있습니다. 사람의 피부조직을 이용한 제품, 인공세포나 인공피부로 동물을 본뜬 모델링의 대체 방법, 인공각막 배양세포 대체 실험, 인공 배양 피부 대체 실험, 사체 연구 등 꼭 살아 있는 동물이 아니어도 필요한 정보를 얻는 것은 충분합니다.

● 질문: 소수 집단 우대 정책에 관한 찬성과 반대 입장 중 자신의 입장을 설명해보세요.

구 분	찬성 입장	반대 입장
근거 (논거, 전제)	학생의 인종 민족, 경제 배경을 고려해 시험 점수를 평가하는 것은 학업 성취 가능성의 측면에서 합리적이기 때문에 소수 집단 우대 정책은 정당합니다. 과거의 차별 때문에 고통받아온 사회적 약자는 그 고통에 관해 보상을 받을 권리가 있습니다.	사회적 소수자에게 가산점을 주는 소수 집단 우대 정책은 부당하고 차별적인 정책입니다. 다른 집단에 대한 또 다른 차별이 발생할 수 있기 때문입니다.
구 분	찬성 입장에 관한 추가질문 (예상 반론 질문)	반대 입장에 관한 추가질문 (예상 반론 질문)
근거 (논거, 전제)	다른 집단에 대한 또 다른 차별로 이어질 수 있습니다. 소수자에게 유리한 기회를 주는 것은 업적주의에도 위배됩니다. 또한, 과거 차별에 잘못이 없는 현세대에게 보상의 책임을 지우는 것은 부당합니다.	과거의 차별 때문에 고통받아온 사회적 약자에게 그 고통에 관해 보상받을 권리를 보장하는 것은 정당합니다. 소수자에게 기회를 부여하는 것은 사회 전체의 평화와 행복 그리고 다양성을 증진할 수 있습니다.
구 분	추가질문에 관한 재반박 (예상 반론에 관한 재반론)	추가질문에 관한 재반박 (예상 반론에 관한 재반론)
근거 (논거, 전제)	장기적으로 볼 때 소수 집단 우대 정책은 사회적 긴장을 완화하고 사회 전체의 평화와 행복 그리고 다양성을 증진할 수 있습니다.	보상받은 사람이 애초의 피해자가 아닐 수 있으며, 보상하는 사람에게 과거의 잘못을 바로잡을 책임이 없는 경우도 많습니다.

'입론-예상 반론-예상 반론에 관한 재반론'으로 대답하자!

5 | 딜레마 이슈 말하기 기법

「우산 장수와 짚신 장수」라는 이야기가 있다. 옛날에 두 아들을 둔 어머니가 있었다. 한 아들은 우산 장수이고, 다른 아들은 짚신 장수였다. 어머니는 날마다 가시방석이었다. 해가 쨍쨍한 날에는 우산이 팔리지 않아 걱정이고, 비가 오는 날에는 짚신이 팔리지 않아 걱정이었기 때문이다.

이런 '딜레마적 상황' 판단을 묻는 문제가 면접에서는 시사 이슈 형태로 자주 출제된다. 지원자의 지식, 논증, 요약, 발표력, 도덕성, 인성, 합리적 의사 결정 역량을 평가하는 데 유용하기 때문이다.

시사 이슈는 '일반 이슈'와 '딜레마 이슈'로 나눌 수 있다. '미세 플라스틱' 이슈처럼 정답이 있는 이슈를 '일반 이슈'라고 부른다. 미세 플라스틱은 환경오염을 유발하므로 찬·반이 있을 수 없는 이슈다. 반면, '원자력 발전소 건설' 이슈처럼 딜레마가 충돌하는 경우를 '딜레마 이슈'라고 한다. 예를 들어, 유명 가수나 운동선수의 병역면제 논쟁은 '국위선양'과 '공정성' 가치가 충돌하는 대표적 딜레마 이슈다. 마찬가지로 양심적 병역거부 논쟁은 '양심의 자유'와 '병역의무', 워마드·일베 논쟁은 '표현의 자유'와 '사이버폭력', 제주도 난민 수용 논쟁은 '국제사회 의무'와 '자국민 우선', 님비현상은 '공동체주의'와 '개인주의', 최근의 ChatGpt 논쟁은 인공지능 기술을 받아들여야 한다는 입장과 개인정보 유출이라는 찬·반이 팽팽히 맞서는 딜레마 이슈다.

딜레마 이슈를 볼 때는 '선입관·직관'의 노예가 돼서는 안 된다. '보이는 게 전부가 아니며, 믿고 있는 게 모두 진실은 아니다'라고 삐딱하게 생각해보자. 다음의 서울대 일반전형 면접 문제를 살펴보자.

'백신 접종을 직장 출근의 조건으로 의무화하는 정부의 정책'에 대해 찬성 혹은 반대의 견해를 밝히고 그 이유를 설명하시오.

'공동체주의'와 '개인주의'라는 두 가치가 상충되는 딜레마 이슈다. 자유로운 개인의 선택과 정부의 개입에 대한 자신의 찬·반 논거를 적절히 들어서 설명하면 된다. 즉, 개인의 선택이 항상 최선의 결과를 가져오는 것은 아니므로 개인의 선택에 제약을 가하는 정부의 정책적 개입을 정당화할 수도 있다. 반면, 정부의 관료주의, 정책의 의도치 않은 부작용을 지적하여 정부 개입에 대한 반대하는 입장을 밝힐 수 있다. 이 시사 이슈는 직장인 대상 백신 접종 의무화라는 정부의 개입이 부당하다고 답변하는 경우는 소수 의견이고, 국민의 건강권을 우선시하는 정부를 지지하는 의견이 많은 편이다.

물론 면접에서는 자신의 견해를 논리적으로 전개하는 능력을 평가하지만, 내신이 부족하다면 소수 의견을 편들기를 권한다. 모두가 Yes할 때 No, 모두가 No할 때 Yes라고 말하는 면접자가 눈에 띄게 마련이다.

'천사가 되느니, 차라리 악마가 되라'는 메피스토 법칙처럼 사고를 역전해보자.

소수 의견을 편들어 대답하자!

CHAPTER 02

서류 기반 면접

의대 종합전형에서는 입학사정관 2인 이상이 제출된 전형 자료를 대상으로 평가기준별로 종합적·정성적으로 평가를 실시하는 '서류 기반 면접'이 기본이다. 서류 기반 면접에서는 지원자의 학생부를 바탕으로 공통 질문 및 서류 확인 면접을 실시한다. 즉, 의대 면접은 다른 모집 단위 면접과 마찬가지로 학생부 내용의 진위여부를 확인하는 서류 기반 면접 이므로 공통 질문을 제외하고는 지원자별로 면접 질문이 다르다. 일반학과 면접과 별 차이는 없지만, 의사라는 직업의 특성상 의사관, 지원 동기를 묻는 경우가 많다.

또한, 학생부에 기반하지 않은 기본 소양과 전공 소양을 묻는 대학도 있다. 즉, 의료윤리와 생명윤리와 관련한 딜레마 상황을 주고 의사로서 합리적 의사 결정을 묻는 것이 이에 해당한다. 따라서 의료계의 시사 쟁점에 대해서 찬·반 양론을 요약하는 능력, 자신의 주장을 적합한 근거를 들어 논리적으로 대답하는 능력을 평소에 키워야 한다.

서류 기반 면접의 핵심은 본인의 학생부 내용을 철저히 숙지하는 일이다. 의대 지원자라면 특히나 실험, 심화 주제 탐구 보고서, 발표 내용을 유창하게 말할 수 있어야 한다. 2024학년도부터 자소서가 폐지됐지만, 서울대 자소서 항목 순서대로 면접 준비를 해 볼것을 권한다. 1번 항목의 학업역량과 진로역량, 2번 항목의 공동체역량, 3번 항목의 독서역량이 그것이다. 부모님을 비롯해서 비슷한 학과에 지원하는 친구들 그리고 학교 교과·담임선생님과 모의면접은 많이 할수록 좋다. 모의면접은 반드시 영상촬영을 해서 친구와 선생님께 피드백을 받도록 하자.

● 유사한 면접 질문 내용과 질문 의도

질문 내용	질문 의도
지원자의 장점은 무엇인가?	우리 대학과 학과(학부)에서 찾고 있는 인재상과 교육목표에 얼마나 근접한 지원자인가?
우리 대학이 지원자를 선발해야 하는 이유는?	
지원자가 합격하면 우리 대학에 어떤 기여를 할 수 있나?	
지원자의 10년 후의 진로 계획은 무엇인가?	
지원자가 이 학과(학부)에 적합한 이유는?	
지원자가 우리 대학 추천전형에 추천된 이유는?	
지원자를 사물에 비유해본다면?	
지원 동기가 무엇인가?	우리 대학과 우리 학과(학부)에 얼마나 관심을 갖고 연구했나?
그 많은 대학 중에서 왜 우리 대학, 우리 학과(학부)를 지원했나?	
우리 대학을, 우리 학과(학부)를 어떻게 생각하나?	
지원자의 단점은 무엇인가?	자신에 대해 얼마나 솔직한가?
지원자가 고쳐야 할 점은 무엇인가?	
가장 어려웠던 역경은 무엇인가?	
지원자가 가장 후회하는 경험은 무엇인가?	

● 경희대 종합전형 면접 문제 예시

- 종합전형의 면접 평가는 교과 지식 등을 확인하는 출제 문항이 별도로 없고, 서류 역량을 재확인하는 면접으로 진행됩니다. 전형 자료인 학생부의 내용 중 확인이 필요한 사항에 대해 개인별로 다르게 질문이 이루어집니다.

- 면접 평가에서는 지원자가 제출한 서류(학생부)의 사실 여부를 확인할 뿐만 아니라, 지원자의 인성과 전공 적성, 가치관을 보다 구체적으로 평가합니다. 대학에서 필요로 하는 인재로서 갖춰야 할 의사소통 능력, 통찰력, 논리적 표현력 등을 평가하는 것이 면접의 주요 목적입니다.

- '서류 확인 면접'은 정답이 있는 면접이 아니기 때문에 크게 부담을 가질 필요는 없습니다. 면접 전, 학생부에 작성된 활동의 과정과 의미 등을 차분히 정리해보는 것도 도움이 되겠습니다. 또한 예상 질문을 생각해보고 그에 대한 답변을 연습해보는 것이 도움이 되겠습니다. 평소 지원자의 생각대로 진술하고 명확하게 답한다면 좋은 결과를 거둘 수 있을 것입니다. 면접위원의 질문에 당황하지 말고 자신의 생각을 솔직하게 답변하면 됩니다.

평가 요소	질문 내용
인성	1. 조별 과제나 팀별 활동에서 협업해서 이룬 성과와 거기에서 본인의 역할은?
	2. 미인정 지각이 여러 번 있는데, 특별한 이유가 있는가?
	3. 학교에서 나눔과 배려를 실천한 활동은?
	4. 학교에서 리더십을 발휘한 경험과 배운 점은?
전공적합성	1. 고등학교 재할 중 가장 흥미를 가졌던 과목은? 그 과목 수업에서 가장 의미 있거나 기억에 남는 활동은?
	2. 진로를 탐색하기 위해 이수한 과목이 있는가?

● 서울대 의예과 서류 기반 면접 기출문제 (2024학년도)

- 지원 동기를 말해보세요.

- 1학년 때 코로나19 상황에 대해 의료 붕괴를 막기 위해 정부의 개입이 필요하다고 말했네요. 이에 대해 설명해주세요.

- 지원자는 의사의 입장을 고려해서 정부가 어떻게 결정을 내릴 수 있다고 생각하나요?

- 봉사를 했던 경험이 있다면 말해보세요.

- 동아리활동에서 물벼룩 심장박동수 측정 실험을 했네요. 실험에서 자신은 어떤 역할을 맡았나요?

- 실험 과정을 간단하게 설명해보세요.

- 실험활동을 하면서 어려움은 없었나요?

- 통합과학, 생명과학 I, II를 배우면서 과학 신문 만들기를 꾸준히 했네요. 왜 과학 신문을 이렇게 꾸준히 만들게 되었나요?

- 공부를 하면서 과학 신문을 만드는 게 어렵지는 않았나요?

- 1학년 때 점심시간에 지필평가를 위한 공부 시간을 계획해서 제안하여 활동을 했다고 적혀 있네요. 친구들을 설득하는 데 어려움이 있지는 않았나요?

- 생명과학 II 시간에 미토콘드리아 DNA에 대해서 탐구를 했네요. 왜 미토콘드리아 DNA에 관심을 가지게 되었나요?

- 미토콘드리아 유전체가 전자전달 연쇄와 함께 진화했다고 소개했다는데 이에 대해 설명해보세요.

- '프로그래밍을 이용한 유전자 PRIMER 제작'과 'BLAST를 이용한 유전적 질병의 이해' 활동에 참여했다고 되어 있네요. 이 실험에서 자신의 역할을 무엇이었나요?

- 적합한 PRIMER를 제작했다고 했습니다. 적합한 PRIMER의 조건에 대해서 말해보세요.

● 서울대 의예과 서류 기반 면접 기출문제 (2023학년도)

- 코로나로 원격 수업을 많이 했을 텐데 원격 수업에서 대면 수업으로 바뀌었을 때의 소감을 말해보세요.
- 랩온어칩이 무엇인가요?
- 브레인칩과 같이 생체의 일부만을 구현해내는 기술에는 한계가 있지 않은가요?
- 인공지능 기초 시간에 '파킨슨병 조기 진단기'를 만들었는데 어떤 건가요?
- 친구를 위해 선풍기와 압전소자가 달린 목발을 고안했다고 하는데 만들기도 했나요?
- 무장애 도시 앱이 실제로 있나요? 무엇을 하는 앱인가요?
- 광유전학, 광음향 영상에 대해 말해보세요.
- 프로그래밍 시간에 '윤슬'이라는 앱을 만들었는데 '윤슬'이 무슨 뜻이고 어떤 앱인가요?
- 플로어볼이 뭔가요?
- 시각장애인을 위한 워드 타이핑 봉사활동을 200시간 이상 했는데 무엇을 했으며, 언제 했나요?
- 매일 하는 습관이 있나요?
- 마지막으로 하고 싶은 말이 있나요?

● 서울대 서류 기반 면접 기출문제 (2022학년도)

- 직접 모델을 설계해 동맥경화 관련 탐구를 진행했다고 했는데 어떤 점을 고려하여 어떤 형식의 모델을 만들었습니까?
- 모델의 모습이 어떤지 구체적으로 설명해보세요.
- 모델을 만들면서 어떤 어려움을 겪었는지 말해보세요.
- 멘토의 도움을 받아 극복했다고 했는데 혈관의 직경을 정하는 것을 도와준 건가요? 구체적으로 말해보세요.
- 학생부에 낙태에 대한 내용이 있는데 낙태에 찬성하는지 반대하는지 말해보세요.
- 흉부외과 의사가 되고 싶다고 했는데 흉부외과 의사가 하는 일과 자신이 흉부외과 의사로서 연구하고 싶은 것은?
- 자소서에 원칙에는 예외가 없다고 썼는데요. 의사는 다양한 환자들을 만나 언제나 예외가 있는데 이는 어떻게 할 것인지 말해보세요.

- 미래 의사로서 자신의 생각하는 의사상을 말해보세요.
- 의사들이 앞으로 가져야 하는 자세에 대해서 말해보세요.
- 봉사활동을 꾸준히 많이 했는데요. 어떤 봉사활동이었는지 구체적으로 말해보세요.
- 마스크를 직접 만들었나요?
- 다양한 책을 읽었는데 의대 후배들에게 추천하고 싶은 책을 말해보세요.
- 고등학교 생활이 얼마 안 남았는데요. 학교생활 중에서 후회가 되는 점을 말해보세요.
- 마지막으로 하고 싶은 말이 있나요?

● 가천대 서류 기반 면접 기출문제 (2024학년도)

- 진로활동 시간에 당뇨병의 종류에 관해 탐구하여 발표했다고 하는데 핵심 내용을 설명해주세요.
- 생명과학 시간에 인체의 방어 작용에 대해 학습하고 백신에 대해 설명했다고 했는데 학습한 방어 작용 중 가장 중요하다고 생각하는 것과 이유를 설명해주세요.
- 생활과 윤리 시간에 책을 읽고 배아 복제를 통한 줄기세포 연구를 공리주의를 적용하여 옳은 행위라고 분석했는데 그 근거를 설명해주세요.
- 화학 시간에 혈액의 완충작용을 주제로 탐구활동을 진행하고 pH가 유지되는 원리를 설명했다고 하는데 pH가 무엇인지 설명해주세요.
- 영어 시간에 책을 읽고 생명 유지 시스템으로 유지되는 수명 연장을 반대한다는 입장을 보였는데 지금의 생각도 같은지와, 같다면 혹은 다르다면 그 이유에 관해 이야기해주세요.

● 경상국립대 서류 기반 면접 기출문제 (2024학년도)

- 의사가 되면 좋은 점과 좋지 않은 점을 말해보세요.
- 의대 진로 결정에 영향을 준 인물이나 책을 말해보세요.

● 경상국립대 서류 기반 면접 기출문제 (2023학년도)

- 의사 중 가장 존경하는 사람과 이유를 설명하세요.
- 고등학교 동안 학업에 최선을 다했는데요. 대학에 가면 학업과 관계없이 하고 싶은

것이 있나요?

- ○○봉사활동을 3년간 꾸준히 하셨는데요. 왜 하게 되었나요? 이 봉사활동을 통해서 배운 점은 무엇이 있을까요?

● 조선대 서류 기반 면접 기출문제 (2024학년도)

- 인공지능 의사가 있다면 어느 정도로 활용했을 때 수용 가능하다고 생각하십니까? 또한 의사와 비교했을 때 어떤 장점이 있으며, 의사가 더 경쟁력을 확보하려면 어떤 점들을 강화하면 좋을지 말씀해주세요.

● 조선대 서류 기반 면접 기출문제 (2023학년도)

- '삶과 죽음에 대한 토의'를 했습니다. 의사가 가져야 할 가장 중요한 품성 중 하나는 무엇이 있으며, 의사로서 죽음에 대한 태도가 어떠해야 한다고 생각하나요? 또한 죽음 앞에 놓인 환자나 보호자들에게 어떤 위로와 격려를 어떻게 이야기해야 하며, 현실에서 이들을 위로하기 위해서 필요한 사회적 제도가 있을까요?

인·적성 면접 & 다중 미니 면접(MMI)

의대 종합전형에서는 입학사정관 2인 이상이 제출된 전형 자료를 대상으로 평가기준별로 종합적·정성적으로 평가를 실시하는 '서류 기반 면접'이 기본이다. 서류 기반 면접에서는 지원자의 학생부를 바탕으로 공통 질문 및 서류 확인 면접을 실시한다.

다만, 의사라는 직업의 특수성을 고려할 때, 인성·적성 면접 또는 적성·인성 면접(이하 '인·적성 면접')과 다중 미니 면접 또는 다면 미니 면접(MMI, Multiple Mini Interview, 이하 '다중 미니 면접')이 강화되는 추세다. 서류 기반 면접과 다중 미니 면접은 주로 수시모집에서 인·적성 면접은 수시 또는 정시모집에서 실시되고 있다.

인·적성 면접은 의사가 갖추어야 할 인성, 적성, 의학을 전공하는 데 필요한 자질과 기초 소양 등을 종합적으로 평가하기 위한 면접이다.

다중 미니 면접은 학업역량 위주의 전통적인 의대 면접 방식의 단점을 보완하고 지원자의 종합적인 역량을 파악하기 위해 2001년 캐나다 맥마스터의과대학에서 시작되어 미국의 대학까지 확산되었다. 우리나라는 서울대에서 도입하여 여러 의대에서 실시하고 있다. 이 면접은 지원자가 짧은 시간 내에 다수의 면접실마다 주어진 상황의 제시문을 분석하고 해결 방안을 답하는 과정을 평가한다. 각 면접실마다 2~3인의 면접관이 각기 다른 평가 항목으로 질문한다. 답이 정해져 있지 않은 상황을 제시한 후, 학생이라면 어떻게 하겠는가? 왜 그렇게 생각하였는가? 이런 질문을 기본적으로 하게 되며, 지원자가 답변한 내용을 바탕으로 추가질문을 진행하는 방식이 일반적이다.

요컨대, 상황 판단 능력, 윤리적인 딜레마 상황에 대한 의사 결정 능력, 문제해결 능력, 의사소통 능력, 공감 능력, 비판적 사고 능력 등을 종합적으로 평가하는 면접 유형이다. 수학, 과학 교과 등의 지식을 요구하는 문제가 아니라 다양한 유형의 정답이 정해져 있지 않은 창의적인 문제가 출제되고 있다. 제시문에서 상황을 제시하고 그 문제해결 과정과 상황 판단 능력, 논리적 사고력을 평가하므로 '상황 기반 면접'으로도 불린다. 지원자는 일정 시간 동안 여러 개의 방을 돌며 면접을 치르게 되는데, 현재 실시되는 모든 면접 형태 가운데 인성 영역을 가장 심층적으로 평가한다. 여러 가지 제시문과 상황을 제시하고 평가해야 하는 데 따른 부담을 대학들이 느끼기 때문에 학부 선발을 하는 39개 의대 중 서울대, 성균관대, 계명대, 대구가톨릭대, 한림대 등 일부 대학만이 다중 미니 면접을 활용하고 있다. 하지만 생명을 다루는 의대의 특성상 인성과 의사의 종합적인 상황 판단 능력이 매우 중요하고, 그동안의 점수 위주 선발 방식에 따른 비판을 고려했을 때 앞으로 다중 미니 면접의 확대가 예상된다.

인·적성 면접과 다중 미니 면접을 준비하려면 의사로서 직업윤리·의료윤리·생명윤리 등 윤리의식에 대한 가치관 정립이 선행되어야 한다. 요즘 의료 분쟁이 점점 증가 추세고, 이에 따라 의사의 윤리의식에 대한 사회적 요구가 높기 때문이다. 특히, 의대 면접에 출제되는 상황이 의사의 선택과 판단이 필요한 윤리적 딜레마 상황이 많다. 따라서 신문이나 방송에 나오는 의학 분야 기사와 뉴스를 스크랩해 꼼꼼히 읽어볼 것을 권하고 싶다. 그런 후에는 의료계의 시사 쟁점에 대해서 찬·반 양론을 요약하는 능력, 자신의 주장을 적합한 근거를 들어 논리적으로 대답하는 능력이 중요하다. 즉, 의학과 관련된 주제에 대한 논리적이고 창의적인 사고 능력과 주어진 주제에 대한 이해력, 자기주장을 체계적으로 표현할 수 있는 능력을 키워야 한다.

답변 방식은 서류 기반 면접과 큰 차이는 없다. 하지만 지원자가 제시문을 읽고 답변을 준비할 수 있는 시간이 턱없이 부족하다. 대체로 10분 이내의 제시문 독해 시간이 주어지기 때문에 짧은 시간 동안 핵심을 요약하고 자신의 주장을 논증하는 말하기 연습이 필수다. 답변 시간도 10분 이내이므로 두괄식 또는 양괄식 답변이 평가자를 설득하기 용이하다. 질문마다 자신의 주장과 두세 가지 정도의 근거를 생각해놓아야 한다. 논제, 제시문을 꼼꼼하게 독해해서 출제자의 의도를 심층적으로 디테일하게 찾아야 한다. 다중 미니 면접은 짧은 기간에 쉽게 준비할 수 있는 면접 유형이 결코 아니다.

2025학년도 수시모집에서 다중 미니 면접(MMI)을 실시하는 대학은 가톨릭대, 강원대, 건양대, 계명대, 고려대, 대구가톨릭대, 부산대, 서울대, 아주대, 울산대, 인제대, 한림대가 있다. 성균관대는 2025학년도부터 MMI면접을 치르지 않고, 제시문 기반의 인·적성 면접만 치른다. 강원대의 경우 신설된 학생부종합(지역인재전형)에서 MMI면접이 도입됐다.

반면, 수시모집에서 인·적성 면접을 실시하는 대학은 가톨릭대, 건국대(글로컬), 고신대, 성균관대, 연세대, 연세대(미래), 영남대, 을지대(대전)가 있다. 건국대(글로컬)는 2025학년도에 면접 유형을 MMI면접에서 인·적성 면접으로 변경했다.

2025학년도 정시모집에서 인·적성 면접을 치르는 대학 중 가톨릭대, 아주대는 수능 성적 95%와 면접 성적 5%를 합산해 선발하며, 연세대, 한림대는 2단계 면접 성적 10%를 반영한다. 가톨릭대(일반전형 의예과 신설)는 적격(P)/부적격(F) 판단 기준으로만 활용하던 인·적성 면접을 성적 5%로 합산하는 방식으로 변경했다. 한림대도 수능 100%에서 단계별 전형으로 바꾸어 MMI면접(인성면접 50%+상황면접 또는 모의상황면접 50%)을 도입했다. 가톨릭관동대, 경북대, 고려대, 서울대, 성균관대, 울산대, 인제대는 면접을 적격(P)/부적격(F) 판단 기준으로만 활용한다. 경북대는 2024학년도에 신설됐다.

연세대는 2025학년도 면접 방식을 변경했다. 교과전형(추천형)은 면접을 폐지했고, 종합전형(활동우수형)은 '제시문 기반 학업 역량 면접'에서 제시문 기반 인·적성 면접으로 면접 방식을 변경했다. 학생부종합(기회균형)은 '제시문 기반 학업 역량 면접'에서 '제시문 기반 논리적 사고력 및 의사소통 능력 면접'으로 면접 방식을 변경했다.

경희대는 2024학년도 면접 방식을 변경했다. 의학계열 출제 문항 MMI면접을 폐지하고 서류 확인 면접만 실시한다. 면접 방식은 개인 면접으로 면접위원(2인)이 대(對) 지원자 1인에게 지원 동기, 가치관 및 인성 등 공통 질문 및 서류 확인 면접을 실시한다. 평가 요소는 인성 50%, 전공적합성 50%를 반영한다.

〈표 1〉 종합전형(지역인재전형 부산대 포함) MMI면접 실시 대학 현황 (8개 대학)

대학명	전형명	모집 인원	전형 방법	수능 최저학력기준
가톨릭대 (서울)	학교장추천	25	1단계(4배수): 서류100 2단계: 1단계70+면접30(MMI면접)	국, 수(미/기), 영, 과(2, 절사) 중 3개 합 4등급, 史 4
	가톨릭지도자추천	2		수능 최저 미적용
고려대	계열적합형	15	1단계(5배수): 서류100 2단계: 1단계50+면접50(MMI면접)	수능 최저 미적용
서울대	지역균형	39	1단계(3배수): 서류100 2단계: 1단계70+면접30(MMI면접)	국, 수(미/기), 영, 과(2) 중 3개 합 7등급 (물리학Ⅰ, Ⅱ, 화학Ⅰ, Ⅱ 중 1개 필수)
	일반전형	49	1단계(2배수): 서류100 2단계: 1단계50+면접50(MMI면접)	수능 최저 미적용
아주대	ACE	40	1단계(3배수): 서류100 2단계: 1단계70+면접30(MMI면접)	국, 수, 영, 탐(2, 평균) 4개 합 6등급
강원대	지역인재전형	20	1단계(3배수): 서류100 2단계: 1단계60+면접40(MMI면접)	국, 수, 영, 과(1) 3개 합 7등급, 수학 및 과학 포함 필수
한림대	학교생활 우수자	43	1단계(5배수): 서류100 2단계: 1단계70+면접30(MMI면접)	국, 수(미/기), 영, 과(2, 평균) 중 3개 합 4등급(영어 포함 시 영어 1등급)
계명대	일반	5	1단계(7배수): 서류100 2단계: 1단계80+면접20(MMI면접)	수능 최저 미적용
부산대	지역인재전형	30	1단계(4배수): 서류100 2단계: 1단계80+면접20(MMI면접)	국, 수(미/기), 영, 과(2) 중 수 포함 3개 합 4등급, 史 4
	합계	268		

〈표 2〉 교과전형(지역인재전형 대구가톨릭대 포함) MMI면접 실시 대학 현황 (4개 대학)

(2025학년도)

대학명	전형명	모집인원	전형 방법	수능 최저학력기준
건양대	일반학생 (최저)	13	1단계(5배수): 학생부100 2단계: 1단계80+면접20(MMI면접)	국, 수, 영, 과(2, 절사) 중 3개 합 4등급
	일반학생 (면접)	5	1단계(3배수): 학생부100 2단계: 1단계80+면접20(MMI면접)	수능 최저 미적용
	지역인재 (최저)	50	1단계(5배수): 학생부100 2단계: 1단계80+면접20(MMI면접)	국, 수, 영, 과(2, 절사) 중 3개 합 5등급
	지역인재 (면접)	15	1단계(3배수): 학생부100 2단계: 1단계80+면접20(MMI면접)	수능 최저 미적용
	지역인재 (기초)	3	1단계(5배수): 학생부100 2단계: 1단계80+면접20(MMI면접)	국, 수, 영, 과(2, 절사) 중 3개 합 5등급
계명대	일반	13	1단계(10배수): 교과80+출결20 2단계: 1단계80+면접20(MMI면접)	국, 수(미/기), 영, 과(1) 중 3개 합 3등급
	면접	10	1단계(20배수): 교과80+출결20 2단계: 1단계80+면접20(MMI면접)	국, 수(미/기), 영, 과(1) 중 3개 합 4등급
대구가톨릭대	교과	10	1단계(7배수): 교과80+출결20 2단계: 1단계80+면접20(MMI면접)	국, 수(미/기), 영, 과(2, 절사) 중 3개 합 4등급
	지역교과	38	1단계(7배수): 교과80+출결20 2단계: 1단계80+면접20(MMI면접)	국, 수(미/기), 영, 과(2, 절사) 중 3개 합 4등급
	지역기회균형	2	1단계(7배수): 교과80+출결20 2단계: 1단계80+면접20(MMI면접)	국, 수(미/기), 영, 과(2, 절사) 중 3개 합 4등급
인제대	의예·약학	27	1단계(5배수): 학생부100 2단계: 1단계80+면접20(MMI면접)	국, 수(미/기), 영, 과(1) 4개 각 2등급
합계		186		

〈표 3〉 교과전형(지역인재전형 건국대(글로컬), 고신대, 을지대 포함)

인·적성 면접 실시대학 현황 (6개 대학)

(2025학년도)

지역	대학명	전형명	모집인원	전형 방법	수능 최저학력기준
서울	가톨릭대	지역균형	10	학생부100(인·적성 면접)	국, 수(미/기), 영, 과(2, 절사) 4개 합 5등급, 史4
강원	연세대 (미래)	교과우수자	16	학생부80+면접20 (의학적 인성면접) =인·적성 면접	국, 수(미/기), 영, 과1, 과2 중 4개 합 5등급, 영2, 史4
대전	을지대 (대전)	지역균형	20	학생부95+면접5(인성면접) =인·적성 면접	국, 수, 영, 과(1) 중 4개 합 5등급
		지역의료인재	62	학생부95+면접5(인성면접) =인·적성 면접	국, 수, 영, 과(1) 중 4개 합 6등급
대구	영남대	의학 창의인재	8	1단계(7배수): 교과90+출결10 2단계: 1단계70+면접30(인·적성 면접)	국, 수, 영, 과(1) 4개 합 5등급, 史4
부산	고신대	일반고	30	1단계(10배수): 교과80+출결20 2단계: 1단계90+면접10(인·적성 면접)	국, 수, 영, 과(1) 3개 합 4등급 (수학 포함 필수) 확통 선택 시 3개 합 3등급 (수학 포함 필수)
		지역인재전형	50		
		지역인재 -기회균형	2		
충북	건국대 (글로컬)	지역인재전형	15	1단계(5배수): 학생부교과 100% 2단계: 1단계70+면접30(인·적성 면접)	국, 수(미/기), 영, 과(2, 절사) 3개 합 4등급, 史4
		지역인재 (기초생활 및 차상위전형)	3		국, 수(미/기), 영, 과(2, 절사) 3개 합 5등급, 史4
합계A			216		

〈표 4〉 종합전형 인·적성 면접 실시 대학 현황 (4개 대학)

(2025학년도)

지역	대학명	전형명	모집인원	전형 방법	수능 최저학력기준
서울	연세대	활동우수형	45	1단계(4배수): 서류100 2단계: 1단계60+면접40(인·적성 면접)	국, 수(미/기), 과1, 과2 중 국어 또는 수학 포함 1등급 2개 이상, 영3, 史4
서울	성균관대	탐구형	50	1단계(5배수): 서류100 2단계: 1단계70+면접30(MMI면접)	수능 최저 미적용
강원	연세대 (미래)	학교생활 우수자	15	1단계(6배수): 서류100 2단계: 1단계70+면접30(인·적성 면접)	국, 수(미/기), 영, 과1, 과2 4개 합 5등급, 영2, 史4
충북	건국대 (글로컬)	Cogito자기추천	14	1단계(3배수): 서류평가 100% 2단계: 1단계 성적 70% + 면접평가 30%	국, 수(미/기), 영, 과(2, 절사) 3개 합 4등급, 史4
합계			124		

● 2025학년도 서울대 수시모집 학생부종합전형 '지역균형전형'

- 전형 방법–1단계: 서류평가 100%(3배수) / 2단계: 1단계 성적 70%+면접 30%

  * 의과대학은 면접에서 의학을 전공하는 데 필요한 자질, 적성과 인성을 평가하며, 상황/제시문 기반 면접과 서류 기반 면접을 복수의 면접실에서 진행함

- 수능 최저학력기준

  4개 영역(국어, 수학, 영어, 탐구) 중 3개 영역 등급 합이 7등급 이내, 탐구 영역의 등급은 2개 과목 등급 평균을 반영함

● 2025학년도 서울대 수시모집 학생부종합전형 '일반전형' 면접 및 구술고사

- 전형 방법–1단계: 서류평가 100%(2배수) / 2단계: 1단계 성적 50%+면접 및 구술고사 50%

  * 의과대학은 면접에서 의학을 전공하는 데 필요한 자질, 적성과 인성을 평가하며, 상황/제시문 기반 면접과 서류 기반 면접을 복수의 면접실에서 진행함

- 수능 최저학력기준

  미적용

- 적성·인성

서울대 의예과는 공동 출제 문항을 활용하지 않습니다. 의예과 관련 전공적성, 소양, 인성 등을 종합적으로 평가하기 위한 면접이 진행됩니다.

모집 단위	평가 내용 및 방법	면접 시간	답변 준비 시간
의과대학 의예과	• 의학을 전공하는 데 필요한 자질, 적성과 인성을 평가 • 상황/제시문 기반 면접과 서류 기반 면접을 복수의 면접실에서 진행함 　예) 2021학년도 수시모집 일반전형 　: 다양한 상황 제시(4개, 각 10분)와 제출 서류 내용을 확인(1개, 20분), 총 5개 면접실에서 진행함	60분 내외	상황 숙지를 위한 시간을 별도로 부여할 수 있음

● 2025학년도 서울대 정시모집 수능위주전형 '지역균형전형'

● 전형 방법—수능 60%+교과평가 40%

  * 의과대학, 치의학대학원 치의학과는 지원자를 대상으로 적성·인성 면접을 실시하고, 이를 결격 여부 판단에 활용함

● 2025학년도 서울대 정시모집 수능위주전형 '일반전형'

● 전형 방법—1단계: 수능 100%(2배수) / 2단계: 1단계 성적 80%+교과평가 20%

  *의과대학, 수의과대학, 치의학대학원 치의학과는 1단계 합격자를 대상으로 적성·인성 면접을 실시하고, 이를 결격 여부 판단에 활용함

● 2024학년도 서울대 의예과 적성·인성 면접 기출문제

구분	교과지식 관련여부	제시문 예시
● 수시모집 지역균형전형 ● 수시모집 일반전형 ● 수시모집 기회균형특별전형(사회통합) ● 정시모집 지역균형전형 ● 정시모집 일반전형 ● 정시모집 기회균형특별전형(농어촌·저소득)	X	● 역사, 예술작품, 실생활 등 다양한 주제의 제시문 ● 생명윤리와 관련된 제시문 ● 동일성과 평등에 관한 제시문 ● 층간소음과 관련된 제시문

문항 및 제시문

제시문 1

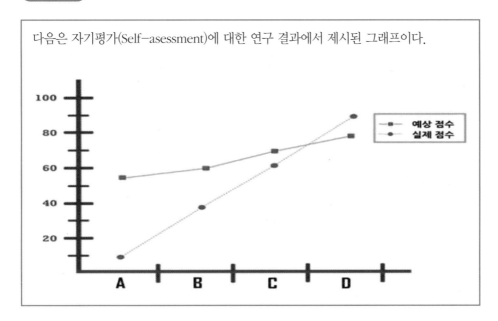

다음은 자기평가(Self–asessment)에 대한 연구 결과에서 제시된 그래프이다.

Q1   자기평가 그래프가 의미하는 바가 무엇인지 말해보세요.

Q2   이런 현상이 나타나는 이유가 무엇인지 말해보세요.

Q3   이런 차이점이 나타나는 장점과 단점을 말해보세요.

Q4   지원자가 '못하는 사람이 실제보다 잘한다고 생각하는 상황'에 처한 경우가 있는
지 말해보세요.

Q5   그 경험을 통해서 내가 바뀐 점이 있다면 말해보세요.

1795년 2월 새벽. 정조는 창덕궁을 출발하여 현재의 수원 화성(華城)으로 갈 예정이다. 이 행사는 정조의 어머니인 혜경궁 홍씨의 회갑연과 정조 즉위 20주년을 기념한다. 행렬에 참여하는 인원은 약 1,800명이며, 행사를 위해 동원할 인원은 6,000여 명이다. 행사를 보기 위해 9,000여 명이 모일 것으로 예상하고 있다.

당신은 위의 행사에서 8편의 기록화(記錄畵)[4]를 담당하는 부서의 책임자입니다.

정조의 현륭원(顯隆園) 행차(화성능행도 華城陵幸圖). 김득신(金得臣, 1754~1822) 등
국립중앙박물관, 서울, 대한민국

정조가 아버지 사도세자의 능인 현륭원이 있는 수원의 화성에 가서 어머니 혜경궁 홍씨의 회갑연을 치렀을 때 행차와 잔치 모습을 그린 그림. 김홍도가 그린 원행을묘정리의궤(園幸乙卯整理儀軌)에 기초하여 이를 병풍 형태로 만든 것임. 국왕의 친림, 호위하는 군사, 관료들과 구경 나온 일반 백성에 이르는 여러 인물들을 그렸고, 시정을 사실적으로 묘사함.

---

4   실제로 있었던 특별한 사건이나 사실을 오래도록 남기기 위하여 그린 그림

Q1 지원자가 이 부서의 책임자라고 한다면, 6개월 준비시간이 주어졌을 때, 어떻게 준비할지 말해보세요.

Q2 국가기록은 정확성이 매우 중요합니다. 오류를 줄이기 위한 방안을 말해보세요.

Q3 지원자가 기록화를 그릴 수 있다면 어떤 장면을 그릴지 말해보세요. 지원자는 그 그림 속에서 무엇을 얻을지 말해보세요.

Q4 (추가 제시문−서양 행차 그림) 두 그림의 차이점은 무엇이고, 왜 그런 차이가 발생하는지 말해보세요.

제시문 3

정현이와 선우는 지난주에 교내 수학경시대회에서 공동 1등을 하였다. 4주 후에 전국 수학경시대회가 열리는데 이 대회에는 학교마다 한 명의 학생만 출전할 수 있다. 담당 교사는 정현이와 선우에게 일주일 후에 전국 수학경시대회에 출전할 학생을 재시험을 통해 결정하자고 하였다. 정현이는 내일부터 중간고사 준비를 시작할 계획이 있는데 재시험으로 인해 공부 계획이 변경되어 아쉬웠다. 하지만 정현이는 중간고사 준비를 조금 미루고 일주일 후에 있을 재시험을 준비하기로 하였다.

Q1 선우가 사정이 생겨서 일주일만 재시험을 일주일만 미뤄달라고 한다면 어떻게 할 것인지 말해보세요.

Q2 개인사정으로 미루는 것이 공정한 것인지 말해보세요.

Q3 선우 아버지가 다치셔서 가게 일을 도와드려야 하는 상황입니다. 지원자가 선우라면 어떻게 할지 말해보세요.

Q4   선우와 같이 개인사정으로 양해를 구한 경험이 있는지 말해보세요.

Q5   살면서 배려를 받은 경험과 배려한 경험을 말해보세요.

제시문 4

전국시대(戰國時代) 위나라 관리인 방총이 적대국인 조나라로 위나라 태자(太子)를 호위하여 같이 인질로 가게 되었다. 위나라를 떠나기에 앞서 위왕(魏王)을 만나 방총이 말했다.
"지금 어떤 사람이 와서 거리에 범이 나타났다고 하면 대왕께서는 믿으시겠습니까?"
"전혀 믿지 못하겠네." 우왕이 대답했다.
방총은 또 말했다.
"두 사람이 거리에서 범이 나타났다고 하면 대왕께서는 믿으실 수 있으십니까?"라고 묻자
"그야 물론 믿고말고!" 위왕은 서슴없이 대답했다.
방총은 태자와 함께 조나라로 떠났다. 이후 태자는 위나라로 돌아왔지만 방총은 위나라에서 볼 수 없었다.

Q1   제시문은 무슨 내용을 전달하려는 것인지 말해보세요.

Q2   여러 사람이 어떤 사실을 맞다고 하면 맞을 확률이 높아지지 않나요?

Q3   거짓 정보가 유포되고 있는 것을 발견하면 어떻게 할지 말해보세요.

Q4   거짓된 일을 여러 사람이 주장해서 믿게 된 사례를 말해보세요. 그 이유는 무엇인가요?

Q5   그런 오류에 빠지지 않기 위해서는 어떻게 해야 할지 말해보세요.

Q6   방총은 왜 위나라로 돌아오지 않았을지 말해보세요.

임금이 신하들과 정사를 보고 있다. 침찬 김점이 아뢰기를. "전하께서 하시는 정사를 마땅히 금상황제(今上皇帝)의 법도를 따라야 될 줄로 아옵니다." 하니. 예조 판서 허조는 아뢰기를,

"중국의 법은 본받을 것도 있고 본받지 못할 것도 있습니다." 하였다.

김점은 아뢰기를, "신은 황제가 친히 죄수를 끌어내어 자상히 심문하는 것을 보았습니다. 전하께서도 본받아주시기를 바라옵니다." 하니, 허조는 아뢰기를, "그렇지 않습니다. 관을 두어 직무를 분담시킴으로써 각기 맡은 바가 있사온데, 만약 임금이 친히 죄수를 결제하고 대소를 가리지 않는다면, 관을 두어서 무엇하오리까." 하였다.

김점은 아뢰기를, "온갖 정사를 전하께서 친히 통찰하시는 것이 당연하옵고 신하에게 맡기시는 것은 부당하옵니다." 하니, 허조는 "그렇지 않습니다. 전하께서 대신을 선택하여 육조의 장을 삼으신 이상, 책임을 지워 성취토록 하실 것이 마땅하며, 몸소 자잘한 일에 관여하여 신하의 할 일까지 하시려고 해서는 아니 됩니다." 하였다.

Q1　제시문의 주제를 말하고, 두 신하의 입장을 요약해서 말해보세요.

Q2　지원자는 누구 입장이고, 그 이유를 말해보세요.

(가) 예술가 데미안 허스트는 나비 수천여 마리의 몸통을 제거하고 날개만 사용하여 작품을 만들었다.

(나) 예술가 마르코 에바리스티는 트라폴트 미술관에서 「Helena」라는 작품을 전시했다. 이 작품은 물이 든 10개의 믹서기 안에 살아 있는 금붕어를 넣어놓고, 관람객이 믹서기의 작동 버튼을 자유롭게 누를 수 있도록 만들었다.

Q1　작품 (가)를 보고, 죽은 나비의 시체에서 날개를 떼어 예술작품을 만드는 것에 대하여 어떻게 도덕적으로 평가하는지 말해보세요.

Q2　작품 (나)를 보고 윤리적인 관점에서 이 작품을 설명해보세요.

Q3   지원자는 이 작품들이 예술이라고 생각하는지 말해보세요.

Q4   예술가가 자신의 창작 의도를 감상자에게 잘 전달했다고 해도 예술작품으로 인정될 수 없는지 말해보세요.

제시문 7

선천성질환을 출생 전에 높은 확률로 예방할 수 있는 기술이 개발되었다. 이 기술의 적용 범위에 대해 논의하기 위한 국제회의가 개최되었다.

Q1   지원자는 이 기술에 대해 어떤 입장인지 말해보세요.

Q2   추가 제시문(가: 신체 관련 향상에 동의하는 사람 83%, 나: 지적 능력 향상에 동의하는 사람 41%). 왜 이러한 결과가 나왔는지 말해보세요.

Q3   고등학생 때 이러한 주제를 가지고 토론이나 토의활동을 해본 경험이 있는지 말해보세요.

Q4   자신이 국제회의에서 이에 대해 발표를 하는 상황이라 가정해 봅시다. 한번 연설해보세요.

명백한 이질성에도 불구하고 평등은 다소 복잡한 개념이고, 많은 개인들이 도달할 수 없는 도덕적 수준을 요구한다. 사람들은 차라리 인간의 다양성을 부인하고 평등을 동일성으로 대체해버린다. 또는 단지 형태학적 특성만이 유전자에 의해 지배되고 마음의 나머지 특성들은 '조건화'나 다른 비유전적 요소들에 좌우된다는 점에서 인류는 생물의 세계에서 예외적인 존재라고 주장한다. 그런 사람들은 쌍둥이 연구가 보여주는 결과와 동물의 비형태학적 특성을 유전적으로 분석한 결과를 편리에 따라 무시해버린다. 그렇게 명백히 잘못된 전제를 기초로 한 이데올로기는 재앙으로 직결될 수 있다. 인간의 평등을 옹호하기 위해 모든 인간이 동일하다고 주장하는 것이다. 동일성이라는 것이 존재하지 않는다는 사실이 입증되자마자 평등에 대한 지지도 똑같이 사라진다.

Q 1   제시문은 무엇을 말하고 있는지 간단하게 주제를 말해보세요.

Q 2   지원자는 제시문의 내용에 동의하는지 말해보세요.

Q 3   그러면 이러한 문제는 어떻게 극복할 수 있는지 말해보세요.

Q 4   추가 제시문(경쟁이 낮은 사회에서는 엘리트주의가 평등주의가 될 수 있음)을 포함해서 제시문 내용을 종합해서 말해보세요.

제시문 1

> 투명성은 오늘날의 예술–그리고 비평–에서 가장 고상하고 의미심장한 가치다. 투명성이란 사물을 있는 그대로 경험하는 것을 의미한다. 예전에는 예술작품을 만들어내는 것이 혁명적이고 창조적인 활동이었기 때문에 그 경험이 여러 층위로 받아들여졌다. 오늘날은 그렇지 않다. 오늘날의 예술 창작은 현대인의 삶에서 주된 고민거리인 과잉의 법칙을 강화할 뿐이다. 고급 예술이 귀했던 예전에는 예술작품을 해석하는 것이 분명히 혁명적이고 창조적인 활동이었을 것이다. 그러나 오늘날 우리에게 필요한 것은 예술을 지적 사고나 문화에 더 이상 동화시키지 않는 것이다
>
> 예술작품에 대한 해석은 예술작품을 감각적으로 경험하는 것에서부터 시작한다. 그러나 현대시대의 문화는 무절제한 과잉생산에 기초하여 복잡한 도시환경에 폭격을 당한다. 따라서 우리는 감각적 경험의 예리함을 서서히 잃어가고 있다. 더욱이 현대생활의 물질적 풍요 그리고 걷잡을 수 없는 혼잡함 역시 우리의 감각기관을 무디게 만든다. 지금 중요한 것은 감성을 회복하는 것이다. 우리는 더 잘 보고, 더 잘 듣고, 더 잘 느끼는 법을 배워야 한다. 예술작품 속에 있는 것 이상의 내용을 불필요하게 짜내기보다는 오히려 내용을 쳐내서 조금이라도 실체를 보는 것이 필요하다.
>
> 오늘날, 우리는 예술작품(그리고 거기에서 유추한 우리의 경험)이 우리에게 훨씬 더 실감나도록 만드는 것을 목표로 해야 한다. 비평의 기능도 예술작품이 무엇을 의미하는지 보여주는 것이 아니라, 예술작품이 어떻게 예술작품이 됐는지, 더 나아가서는 예술작품은 예술작품일 뿐이라는 사실을 보여주어야 한다.

Q1   투명성이 예술과 비평에서 왜 중요한지 말해보세요.

Q2   예술작품을 감각적으로 경험하는 것이 어떻게 예술작품에 대한 해석의 시작점이 될 수 있는지 말해보세요.

Q 3   현대시대의 문화와 생활환경이 우리의 감각적 경험에 어떤 영향을 미치는지 말해보세요.

Q 4   감성을 회복하는 게 왜 중요한지 말해보세요. 그리고 우리는 어떻게 감성을 회복할 수 있는지 말해보세요.

Q 5   예술작품 속에 있는 것 이상의 내용을 불필요하게 짜내는 것보다는 내용을 쳐내서 실체를 보는 것이 왜 필요한지 말해보세요.

Q 6   비평의 기능은 무엇인지 말해보세요. 그리고 비평은 어떻게 예술작품을 이해하는 데 도움이 될 수 있는지 말해보세요.

Q 7   제시문 내용을 토대로 인공지능의 발달이 예술작품의 투명성에 미치는 영향에 대해 지원자의 견해를 말해보세요.

제시문 2

복잡한 지하철의 교통약자 배려석 앞에서 한 가족이 이야기를 나누고 있는 상황입니다.

아동(8세): (빈자리를 가리키며) 여기 비었는데 앉으면 안 돼?
아빠: 안 돼, 여기는 장애인, 아프신 분들, 노인분들 앉는 자리야.
엄마: 그냥 앉아, 한 정거장만 갈 거니까, 필요한 노인이나 장애인이 오시면 양보하면 되지.
아동: ㉠아빠, 그런데 나도 눈이 나쁘잖아.

Q 1   지원자가 아빠라면 아동의 ㉠이라는 말에 어떻게 답할지 말해보세요.

Q 2   지원자는 합리성과 사회적 원칙 중 무엇을 우선하는지 말해보세요.

제시문 3

다음 제시문을 읽고 각각의 글을 쓴 사람은 어떤 상황에 있는지 생각해 봅시다.

(가) 귀뚜라미나 여치 같은 큰 울음 사이에는
　　　너무 작아 들리지 않는 소리도 있다.
　　　그 풀벌레들의 작은 귀를 생각한다.

(나) 사회적 약자는 가진 게 없는 사람이 아니라 무지한 질문[5]에 답해야 하는 사람이
　　　라는 것을 몸으로 겪었다.

Q1　제시문 (가)를 읽고 제시문에 해당하는 지원자가 겪었던 경험을 말해보세요.

Q2　사회적 약자에 해당하는 예를 들어 '무지한 질문'에 대한 지원자의 견해를 말해
　　　보고, 이러한 '무지한 질문'은 어디에서 비롯되는지와 이러한 '무지한 질문'의 해
　　　결방안에 대해 말해보세요.

Q3　지원자가 약자라고 생각하는 대상에게 도움을 준 경험을 이야기해보세요.

5　굳이 확인해야 할 필요가 없는 경우에도 상대방의 입장을 고려하지 않고 내뱉는 질문

평생을 노동자의 건강에 관하여 연구해온 퀘백대학교의 캐런 메싱 교수는 『보이지 않는 고통』이라는 책을 통하여 다음과 같은 현실을 비판하였습니다.

"의사들은 테니스엘보라고도 알려진 팔꿈치 관절에 생기는 근골격계 질환에 대해서 테니스를 자주 쳐서 생긴 결과라고 자신 있게 진단한다. 그러나 그 질환이 주당 50시간씩 전선을 잡아당기고 벗겨내는 업무를 해도 생긴다는 것을 모르거나 부인하는 의사들이 많다. 의사들은 테니스를 자주 치기 때문에 테니스엘보는 쉽게 이해한다. 그러나 의사들은 반복적인 육체노동에 대한 경험은 거의 없다. 따라서 그들이 어떻게 전선 피복을 벗겨내는 노동자의 고통을 이해할 수 있겠는가? 그들은 대체로 노동자의 이야기를 신뢰하지 않는다."

Q1   제시문에서 의사들은 왜 노동자의 이야기를 신뢰하지 않는다고 생각하는지 말해보세요.

Q2   제시문에 대해 지원자가 생각하는 의사의 자질과 연관 지어 지원자의 견해를 말해보세요.

Q3   지원자가 만약 위의 노동자인 환자를 접한다면 어떻게 행동할지 말해보세요.

Q4   노동자의 건강과 복지를 개선하기 위해 정부나 사회가 취해야 할 조치는 무엇인지 말해보세요.

Q5   의사도 노조가 필요한가요? 노조의 필요 유무에 따른 지원자의 견해를 말해보세요.

다음은 2020년 국가별 소득 수준에 따른 A 질환에 대한 통계 자료이다. 1만 명당 이 질환이 진단되는 환자 수는 어느 국가나 동일하다. 이 자료를 분석하여 1분간 설명할 수 있게 준비하세요.

		저소득국가	중저소득국가	중고소득국가	고소득국가
진단 시 평균 나이		31개월	24개월	21개월	14개월
진단 시 병의 중증도	초기	14%	27%	50%	66%
	중기	43%	54%	45%	34%
	말기	43%	19%	5%	1%
3년 생존률		57%	80%	91%	99%

선우는 이번 일요일에 봉사활동을 할 곳을 알아보던 중에 며칠 전 폭우로 인해 침수된 집 정리를 돕는 봉사자를 구하는 공고를 확인하였다. 봉사활동은 아침 8시에 시작하여 4시간 동안 진행된다고 한다. 마침, 선우는 다음 달에 있을 수학경시대회 준비를 위해 친구 4명과 일요일 오후 1시에 첫 모임을 하기로 했다. 다행히도 시간이 겹치지 않아 침수된 집 정리 봉사활동을 신청하였다.

Q1 지원자는 봉사활동의 경험이 있나요? 있다면 가장 의미 있었던 봉사활동을 말해보세요.

Q2 지원자가 봉사 당일 침수된 집을 보수하는 작업을 여러 자원봉사자들과 같이 진행하게 되었다고 하자. 봉사단원들이 지원자의 활동을 지켜본 후 능력을 인정받아 가장 중심에서 일을 이끄는 중책을 맡게 되었다. 내일이면 다시 폭우가 예상돼 있고, 이재민을 위해 모두 시간을 잊은 채 봉사하는 상황에서 친구들과의 약

속 시간에 맞추어 가려면 지금 바로 지원자만 봉사활동을 끝내야 하는 상황이다. 지원자라면 어떻게 하겠는지 말해보세요.

제시문 7

■ 다음은 학급 학생의 유형을 분류하기 위해 만든 기준이다.

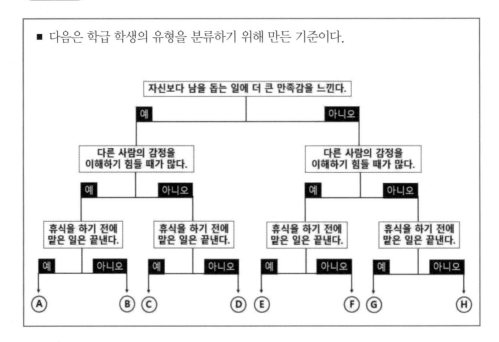

Q1   지원자의 유형을 말해보세요.

Q2   제시문의 유형 분류가 타당한지 지원자의 견해를 말해보세요.

Q3   지원자가 위의 유형의 분류를 수정한다면 고치고 싶은 부분을 말해보세요.

내 살 내 뼈를 나눠준 몸이라 하지만
어떻게 하나, 허파에 물이 차 답답하다는데
한 호흡의 입김도 널 위해 나눠줄 수 없으니

네가 울 때 나는 웃고 있었나 보다
아니지, 널 위해 함께 눈물 흘려도
저 유리창에 흐르는 빗방울과 무엇이 다르랴
네가 금 간 천장을 보고 있을 때
나는 바깥세상 그 많은 색깔들을 보고 있구나

금을 긋듯이 야위어가는 너의 얼굴
내려가는 체중계의 바늘을 보며
널 위해 한 봉지 약만도 못한 글을 쓴다

힘줄이 없는 시
정맥만 보이는 시를
오늘도 쓴다
차라리 언어가 너의 고통을 멈추는
수면제였으면 좋겠다

Q1   시한부 말기 환자를 대할 때 가장 중점으로 두어야 하는 부분은 무엇인지 말해
     보세요.

Q2   안락사와 존엄사에 대한 지원자의 견해를 말해보세요.

제시문 1

다음은 아프리카에서 물을 공급하기 위해 고안된 도구들이다.

[사례 1] 플레이 펌프(Play Pump)

특징	1. 물 펌프가 결합된 회전 놀이기구 2. 아이들이 플레이 펌프를 돌리면서 놀 때마다 지하수를 끌어올림 3. 물탱크에 광고를 유치하여 부가적인 수익을 기대함 4. 20L의 물을 끌어올리는 데 3분 7초 소요 (손 펌프는 28초 소요) 5. 가격은 한 대당 약 1,700만 원(손 펌프는 약 420만 원)
사진	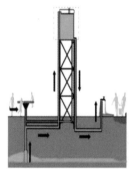

[사례 2] 큐 드럼(Q Drum)

특징	1. 원통 가운데로 난 구멍에 끈이 연결된 형태의 물통 2. 알파벳 큐(Q)와 모양이 비슷하여 이름 붙여짐 3. 한 번에 약 50L의 물을 담을 수 있음 4. 물을 가득 채웠을 때 무게는 54.5kg이지만 이동 시 체감 무게는 4.5kg 5. 가격은 한 개당 6만 원

사진

Q1   사례 1과 사례 2에 도입된 기술이 실제 아프리카 지역에 도움이 됐을지 예상해
보고 그렇게 생각한 근거를 말해보세요.

Q2   사례 1 기술의 경우 수리가 잘되지 않고 방치되는 문제가 발생하여 실제로는 별
도움이 되지 않았다. 사례 2 기술의 경우는 도움이 됐다. 왜 이런 결과가 나타났
다고 생각하는지 말해보세요.

Q3   이와 같이 선한 의도를 가진 기술이 나쁜 결과를 초래하는 것에 대해 어떻게 생
각하나요? 이와 비슷한 사례를 들어 얘기해보세요.

고등학생 A는 같은 반 학생 3명과 조를 구성하여 과학실험을 수행해왔고 반에서 최우수 평가를 받아 반의 대표로 교내 과학경진대회에 출전하게 되었다. A는 같은 조 학생 3명과 함께 교내 과학경진대회가 열리기 일주일 전부터 다시 동일한 실험을 총 다섯 차례 반복 실시하였다.

A는 교내 과학경진대회 당일 발표자 대기석에서 발표 자료를 보다가 마지막 다섯 번째에 실시한 실험 결과가, 비교적 일관된 결론을 도출해낼 수 있었던 그 이전의 네 번의 실험 결과와는 상당히 다른 방향의 결론을 시사하는 결과임을 발견하였다. A는 이제 곧 연단을 올라가 발표해야 한다.

이번 과학실험 결과는 이미 학교의 여러 선생님들로부터 좋은 평가를 받아왔고 교내 다른 학생들에게도 많이 알려진 상황이다. 담임선생님과 같은 조원들은 교내 과학경진대회 대상 수상에 대해 큰 기대를 하고 있다. A는 같은 조 학생들과 이번 과학실험에서 구축한 성공적인 협력관계를 바탕으로 이후에도 후속 공동 실험을 하기로 계획하고 있다.

Q1   자신이 이 상황이라면 어떻게 결과를 제시할지 말해보세요.

Q2   자신이 제시한 방식이 자신에게 가져다줄 이익과 손해를 말해보세요.

Q3   하루 전에 이 상황을 알게 됐다면 어떻게 발표를 할지 말해보세요. 그리고 일주일 전에 알게 됐다면 어떻게 발표를 할지 말해보세요.

Q4   만약 실험을 다시 할 수 없는 상황이라면 어떻게 할지 말해보세요.

Q5   조원들이 자신의 의견에 반대하면 어떻게 설득할지 말해보세요.

Q6   자신의 의견대로 했는데 결과가 안 좋으면 어떻게 할지 말해보세요.

Q7   만약 지속적 실험을 했는데도 결과가 반반이면 어떻게 할 것인지 말해보세요.

[사례 1]

초등학교에 이제 막 입학한 A는 한국에서 태어나 한국에서 자란 다문화 가정의 어린 이입니다. 일상생활에서는 큰 어려움 없이 한국어로 의사소통을 할 수 있습니다. 그 렇지만 학교에서 수업을 듣거나 준비물에 대한 설명을 이해하고 집으로 적어오기에 는 아직 어려움이 많은 상태입니다. A의 부모님은 아이가 학교생활에 적응하기 어려 워한다고 걱정하면서 학교에 상담을 요청하였습니다.

[사례 2]

중학생인 B는 선천적인 질병으로 하반신 마비가 발생하여 실외 이동을 할 때에는 반 드시 휠체어를 사용하여야 합니다. 평소에 역사 유적에 관심이 많은 B는 친구들과 같이 고궁을 방문하였습니다. 그렇지만 고궁 보행로는 박석(울퉁불퉁하고 납작한 화 강암판)이 깔려 있었습니다. 특히 아래 그림에서 보이는 고궁 건물 내부를 보기 위해 서는 계단을 올라가야만 볼 수 있도록 되어 있었습니다.

Q1   자신이 A가 다니는 초등학교의 교장이라면 어떻게 할 것인지 말해보세요.

Q2   A와 같은 학생은 소수인데 만약 A와 짝이 된 학생이나 학생의 어머니가 불평한 다면 어떻게 하실지 말해보세요.

Q3   고궁 관리자로서 B의 문제를 해결하기 위해 어떤 조치를 할 것인지 말해보세요.

Q4   소수의 사람을 위해서 하기엔 비용이 너무 많이 들지 않는지 말해보세요.

Q5   사례 1과 사례 2의 공통점과 차이점을 말해보세요.

Q6   교육받을 권리와 마음대로 이동할 권리 중 어느 것이 더 중요하다고 생각하는지
      말해보세요.

제시문 4

A는 수상 구조를 할 수 있는 자격증을 취득하기 위해 준비하고 있다. 학원에 등록하
여 전문 수영 강습을 받았고, 어느 정도 실력을 갖추게 되었다. 자격증 취득에 앞서
학원에서 연계한 어린이 수영장에서 전문 구조요원 지도하에 한 달 동안 실습을 하
게 되었다. 아이들은 A를 새로 온 전문 구조요원으로 알고 있고, 반가워하며 물을 뿌
리고 장난을 걸었다. 수영장은 수심이 얕아 실제 구조 활동을 할 만한 상황은 없을
것 같았다. 수영을 배우는 아이들 중에는 장애가 있는 아이가 있었다. A에게는 그 아
이를 돌보는 역할도 주어져, 수영이 끝난 뒤에 씻겨주고 옷을 입혀주어야 했다. 첫날
실습을 마치고, A는 자신이 실습을 제대로 하고 있는 것인가에 대해 여러 가지 생각
이 들었다. A와 같이 들어온 동료 실습생은 며칠 뒤 학원에 불만을 이야기하고 성인
수영장으로 재배치받았다.

Q1   자신이 A라면 어떤 결정을 할지 말해보세요.

Q2   그렇게 결정한 근거를 말해보세요.

● 2021학년도 서울대 의예과 적성·인성 면접 기출문제

제시문 1

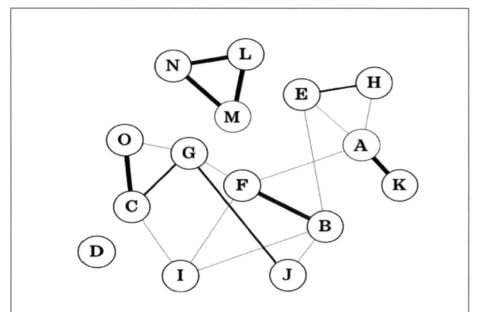

학급 학생 15명(A~Q)에게 친한 순서대로 5명 이내 친구를 적도록 한 후 이를 바탕으로 그린 그림이다. 선이 굵을수록 친한 사이를 의미한다.

Q1   학생들의 교우 관계를 유형별로 분류해서 말해보세요.

Q2   당신은 어떤 알파벳의 교우 관계와 닮았는지 말해보세요.

Q3   E와 같은 모둠이 되어 조 활동을 해야 하고, 당신은 조장이다. 어떻게 할 것인지 말해보세요.

● 2020학년도 서울대 의예과 적성·인성 면접 기출문제

제시문 1

1990년대 후반 미국 교육부는 아이들의 학업성취도와 성별, 가족구성, 부모의 교육수준 및 사회경제적 지위 등 기본적인 정보를 수집했다. 한 연구자가 이런 데이터를 분석하여 '집에 책이 많은' 학생의 학업성적이 높은 경향이 있는 반면, '부모가 거의 매일 아이에게 책을 읽어주는' 집단에서 특별히 학업성적이 높지 않았다고 발표하였다.

Q1   이 연구에 대해 어떻게 생각하는지 말해보세요.

Q2   그렇다면 이 연구의 문제점을 보완하기 위해 어떻게 설계해야 할지 말해보세요.

Q3   그렇다면 그 실험은 완벽한가요? 문제가 없을지 말해보세요.

Q4   그렇다면 어떤 요인들을 더 고려해야 할지 말해보세요.

(가) 나는 복숭아와 살구를 즐기는데 그것들이 맨 처음 중국에서 한(漢) 왕조 초기에 재배되었다는 것, 카니스카 대왕에게 볼모로 잡혀온 중국인들이 그 과실들을 인도에 소개한 이후 페르시아로 퍼져 나갔으며 기원후 1세기에 로마제국까지 당도했다는 것, 살구가 일찍 익는다고 해서 'apricot(살구)'란 말이 'precocious(발육이 빠른, 조숙한)'이란 말과 동일한 라틴어 어원에서 파생됐다는 것, 그런데 어원을 잘못 아는 바람에 실수로 a자가 맨 앞에 덧붙여졌다는 사실을 알고 나서는 더 맛있게 먹을 수 있게 됐다.

(나) 대학 발전을 위한 전략의 첫 번째는 수요자 중심의 실용 전략이다. 19세기에 세계 최강국이던 영국이 20세기에 들어서면서 미국에 자리를 내준 것은 영국 대학에 문제가 있었다는 자성의 목소리가 영국 내에서 있었다. 미국은 20세기에 들어서면서 산업 발전, 특히 서부 개척과 더불어 철도, 건설, 환경, 농업, 축산 등 사회발전을 위한 현실 문제를 해결하기 위한 학문이 발전했는데, 영국에서는 당시 여전히 교양 위주의 교육만을 강조하고 있었기 때문이다. 따라서 한국 대학의 지속적 발전에 있어서 사회발전과 변화에 맞는 수요자 중심의 실용적 학문의 개발이 중요하다.

Q1   두 가지 제시문을 비교해서 말해보세요.

Q2   두 가지 제시문을 짧게 한 문장으로 줄여서 말해보세요.

Q3   (가)가 순수 또는 교양 학문, (나)가 실용 학문에 대해 이야기하고 있다면, 본인은 어떤 쪽에서 일하고 싶은지 말해보세요.

Q4   순수 또는 교양 학문이 실용 학문에 도움이 되는지 말해보세요.

제시문 3

아래 그래프는 잉글랜드와 웨일스 지역의 1851년~2031년 출생자 및 출생 예정자의 생명표 분석 자료이다.

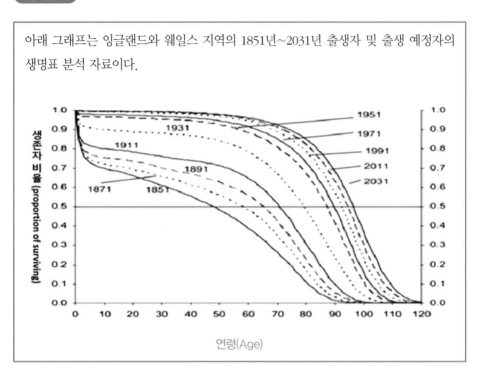

Q1 그래프에서 알 수 있는 것을 세 가지 말해보세요.

Q2 그런 변화가 나타난 이유를 세 가지로 추론해서 말해보세요.

Q3 의료, 생명기술의 발달로 인한 수명 연장에 대해 어떻게 생각하는지 말해보세요.

Q4 수명 연장으로 인해 어떤 문제가 생길 수 있을지 말해보세요.

당신은 피자 가게 사장입니다. 5명의 직원과 함께 피자를 만들어 팔고 있습니다. 직원은 피자를 만드는 사람 3명, 배달원 1명, 직원과 매장을 관리하는 팀장 1명입니다. 내일 어린이날이라 지역아동센터에 피자 20판을 만들어 봉사하러 가기로 했습니다. 그런데 동시에 다음의 4가지 일이 발생하였습니다. 1) 오늘 매우 장사가 잘되어 봉사하러 갈 피자에 올릴 10판 분량의 치즈가 부족하다는 것을 알게 되었고, 거래하던 재료 공급 업체에는 남은 물량이 없다는 말을 들었습니다. 2) 오토바이로 배달하러 나간 직원이 접촉 사고가 발생하여 가해 차량 운전자와 함께 경찰서에서 조사 중이라는 연락이 왔습니다. 3) 어제 피자를 배달받던 손님이 피자를 먹고 한 차례 구토를 했는데, 재료가 상해서인 것 같으니 보상을 받아야겠다고 배달 앱의 리뷰난에 공개적으로 글을 남긴 것을 발견했습니다. 4) 집에 있던 가족이 전화를 해서, 당신의 중학생 자녀가 오늘 학교에서 친구를 다치게 해서, 친구 부모님의 당신과 통화하기를 원한다고 합니다.

Q1   제시문에 언급된 네 가지 일이 동시에 발생했을 때 무엇부터 처리할 것인지와 그 이유를 말해보세요.

Q2   이 중 다른 사람에게 위임할 수 있는 것이 있다면 무엇일지 말해보세요.

Q3   3)에서 다른 고려할 사항은 무엇이 있을지 말해보세요.

Q4   네 가지 일 중 하나를 다른 사람에게 위임하는, 부탁하는 편지를 3분 동안 작성해서 말해보세요.

2019학년도 서울대 의예과 적성·인성 면접 기출문제

제시문

한파가 기승을 부리는 일요일 오전 11시입니다. 부부와 두 자녀는 특별한 약속이 없어서 주말 내내 집에 있습니다. 아버지가 1시간 거리에 있는 ○○물고기 축제에 가보자고 제안합니다.
아내는 추운 날씨에 나가는 것이 귀찮았지만, 그냥 찬성합니다.
큰아이는 낚시를 싫어하지만 유별나게 군다고 잔소리 들을까 봐 가겠다고 합니다.
둘째 아이는 나머지 가족이 모두 가고 싶어 하는 것 같아서 함께 집을 나섭니다.

Q1   가족 구성원들 각각이 가지는 문제점을 지적해서 말해보세요.

Q2   본인이 생각하는 해결 방법을 말해보세요.

Q3   사실 아버지도 가족여행을 원하지 않았지만 가족을 위해 제시한 상황이어서 돌아오는 길에 가족 내 다툼이 있었다면, 본인이 첫째라면 어떻게 했을지 말해보세요.

- **면접 방식:** 다면 미니 면접, 1단계 합격자 138명 중 오전 82명, 오후 56명 면접 배정
- **면접 구성:** '상황 기반 제시문 활용 면접(4개 면접실, 각 10분)+상황 기반 제시문 활용 면접+서류 기반 면접(1개 면접실, 20분)'으로 총 60분간 진행
- **면접 순서:** '서류 기반 면접+상황 기반 제시문 활용 면접' 면접실에서 시작하고, 중간의 이동 순서는 조별로 다름. 즉, 상황 기반 제시문 활용 면접실 4개와 '상황 기반 제시문 활용 면접 및 서류 기반 면접실' 1개로 총 5개 면접실을 이동하며 면접을 치르는 형태

(1) 서류 기반 면접 + 상황 기반 제시문 활용 면접실 (가칭: 싯다르타 면접실)

- 출전: 헤르만 헤세의 『싯다르타』
- 상황 기반 제시문 활용 면접을 치른 후, 서류 기반 확인 면접이 이어짐

제시문

상인: "가진 게 아무 것도 없다면 어떻게 줄 수 있다는 말이요."

싯다르타: "모든 사람이 가진 것들을 내놓는다. 병사는 힘을, 상인은 물건을, 교사는 가르침을, 농부는 쌀을, 어부는 물고기를."

상인: "그건 알겠소. 그럼 당신은 뭘 줄 수 있다는 거요. 가진 게 아무 것도 없잖소."

싯다르타: "나는 사색하고 단식할 줄 안다. 그게 내가 가진 것들이다."

Q1   제시문을 읽고 든 생각은 무엇인지 말해보세요.

Q2   제시문의 상황 이후 상인이 싯다르타에게 할 수 있는 질문은 무엇인지 말해보세요.

추가질문 그렇게 생각하는 이유는 무엇인지 말해보세요.

Q3   지원자는 다른 사람들에게 무엇을 줄 수 있다고 생각하는지 말해보세요.

(2) 상황 기반 제시문 활용 면접실 (가칭: 페이스북 면접실)

● 페이스북 관련 제시문을 일부 '요약'하는 형태로 진행
● 대기실에서 8분간 제시문을 읽고 200자 이내로 내용 요약하면, 요약본이 면접관에게 전달됨
● 출전: 이준웅 서울대 언론정보학과 교수의 '인터넷 알고리듬이 만드는 편향적 세상' 신문 칼럼(2017.9.24.)

제시문

페이스북을 하다 보면 문득 뭔가 잘못 돌아가고 있는 게 아닌지 의심스러운 때가 있다. 세상이 너무 좋아 보이는 때다. 어쩌면 이렇게 내 생각과 같은 사람들이 많은지, 그들은 내가 좋아라 할 만한 말만 하고, 내가 미워하는 것을 함께 미워한다. 그들과 함께 '좋아요'를 주고받다가 깨닫게 된다. 세상이 정말 페이스북과 같다면 이렇게 엉망진창일 리가 없지 않은가.

페이스북은 '내게만' 좋은 세상을 보여주지 않는다. '신박하게도' 모두에게 각자 좋은 세상을 보여준다. 알고리듬(algorithm)을 사용하기 때문이다. 이 알고리듬은 우리가 각자 맺은 친구 관계, 거절한 친구 요청, '좋아요' 한 것과 '화나요' 한 것, 그리고 우리가 올린 모든 사진과 글을 분석해서 각자에게 좋은 세상을 뉴스라며 보여준다. 이렇게 유능한 페이스북 알고리듬이 사고를 쳤다. 아니, 수많은 문제들 가운데 하나가 또 드러났다고 해야겠다.

페이스북은 알고리듬을 이용해서 이용자에게 각자 좋은 뉴스를 제공하면서, 동시에 광고주에게 이용자 정보를 팔아 돈을 벌어왔다. 탐사보도 전문 언론인 프로퍼블리카가 지난 14일 폭로한 바에 따르면, 페이스북은 인터넷 광고 판매에서 '세상을 망친 유태인의 역사'나 '유태인을 불태우는 방법'과 같은 범주가 이용되는 것을 용인했다고 한다. 인종, 종교, 성별에 대한 증오범죄를 묘사하는 내용을 용인하기도 했다.

미국 언론의 탐사보도가 계속되자 페이스북은 즉각 해명하고 사과에 나섰다. 의도적으로 그랬던 것은 아니지만, 그런 일이 발생했던 것은 사실이고 또한 페이스북이 인

식하지 못했기에 잘못이라 인정했다. 물론 페이스북은 이 모든 일을 미리 의도하지 않았다. 그러나 그들은 이 사태를 초래한 알고리듬의 설계자요 관리자다. 그들은 효율적이고 효과적인 알고리듬이 얼마든지 편향적이거나 불공정할 수 있다는 사실을 알고 있었다.

알고리듬은 중립적이지 않다. 예컨대, 구글 검색 결과가 그렇다. 같은 시간 같은 장소에서 같은 단어를 검색창에 넣은 두 사람은 완전히 다른 결과를 얻게 된다. 포털 뉴스도 마찬가지다. 포털 뉴스가 편향적이라고 비판하는 자는 애초에 그 자신이 포털에서 주로 어떤 뉴스를 봤는지 먼저 반성해야 한다.

인터넷 활동가 일라이 파리서는 이런 현상을 '여과기 거품(Filter Bubble 필터 버블)'이라 불렀다. 우리가 인터넷 플랫폼을 이용하는 사이에 플랫폼에 고유한 알고리듬이 여과기처럼 작동하고 있는데, 우리는 여과기 밖으로 걸러지는 정보가 무엇인지 알 수 없다는 뜻이다.

여과기 거품은 일단 인지적 편향을 낳는다. 인터넷에서 진보적인 친구를 구하고 개혁적 주장을 펼치는 자는 실은 보수주의자의 염려를 접하지 못하는 것은 물론, 중도파의 유보적 견해나 독립파의 변심을 알아채지 못할 가능성이 높다.

보기 싫은 사람을 피하고, 듣고 싶지 않은 발언을 거르겠다는 게 왜 문제인가? 이는 실로 인식의 문제를 넘어선다. 여과기 거품 속에서 개인은 거품이 없었으면 하지 않았을 행동을 할 수 있다. 그리고 그런 행동은 거품을 넘어서 여론을 형성하기도 한다. 타인의 행동에 영향을 미칠 수도 있다.

미국은 지금 페이스북이 2016년 미국 대통령 선거에 미친 영향을 놓고 조사가 한창이다. 조사 중에 밝혀진 새로운 사실이 있다. 2015년 여름부터 러시아의 한 광고 회사가 페이스북에 10만 달러 상당의 광고를 집행했는데, 그 내용 중에 인종 갈등과 성 소수자 사안과 같은 미국 유권자를 이념적으로 분열하기 위한 내용이 있었다고 한다.

Q1   요약한 내용을 다시 한번 정리해 말해보세요.

Q2   제시문에서 키워드 3개를 찾아서 말해보세요.

Q3   키워드를 활용해 제시문의 주제를 말해보세요.

추가질문 주제를 요약해 하나의 문장으로 말해보세요.

Q4   제시문과 비슷한 사례가 존재할까요?

추가질문 제시한 사례와 제시문의 사례의 공통점과 차이점은 무엇인지 말해보세요.

Q5   제시문에 나온 문제를 해결할 수 있는 방안은 무엇인지 말해보세요.

(3) 상황 기반 제시문 활용 면접실 (가칭: 꽃 면접실)

- 3가지 꽃 동백, 매화, 목련에 관한 제시문
- 2분간 제시문 읽고 8분간 면접
- 출전: 김훈의 『자전거여행』
- 제시문의 내용을 바탕으로 역사적 인물을 소개하란 질문이 나오는 등 독해력에 더해 역사적 배경지식 관련 학업역량 측정도 이루어짐

제시문

동백은 한 송이의 개별자로서 제각기 피어나고, 제각기 떨어진다. 동백은 떨어져 죽을 때 주접스런 꼴을 보이지 않는다. 절정에 도달한 그 꽃은, 마치 백제가 무너지듯이 절정에서 문득 추락해버린다. '눈물처럼 후두둑' 떨어져버린다.

매화는 피어서 군집을 이룬다. 꽃 핀 매화 숲은 구름처럼 보인다. 매화는 질 때, 꽃송이가 떨어지지 않고 꽃잎 한 개 한 개가 낱낱이 바람에 날려 산화한다. 매화는 바람에 불려가서 소멸하는 시간의 모습으로 꽃보라가 되어 사라진다.

목련은 등불을 켜듯이 피어난다. 꽃잎을 아직 오므리고 있을 때가 목련의 절정이다. 목련은 지의식에 가득 차 있다. 그 꽃은 존재의 중량감을 과시하면서 한사코 하늘을 향해 봉우리를 치켜올린다. 목련꽃의 죽음은 느리고도 무겁다. 누렇게 말라비틀어진 꽃잎은 누더기가 되어 나뭇가지에서 너덜거리다가 바람에 날려 땅바닥에 떨어진다.

Q1   제시문에 나온 꽃들을 인간의 삶에 비유해보세요.

Q2   제시문에 나온 꽃 중 하나를 골라 관련 있는 역사적 인물을 소개해보세요.

추가질문 역사적 인물을 한 명 더 말해보세요.

Q3   지원자가 바라는 삶의 가치와 부합하는 꽃은 무엇인가요? 제시문에 나오지 않는 꽃이어도 무방합니다.

Q4   지원자가 추구하는 삶의 가치를 위해 고치고 싶은 점을 말해보세요.

(4) 상황 기반 제시문 활용 면접실 (가칭: 의료비 면접실)

- 의료비 방에서는 저소득층 가구와 고소득층 가구의 연평균 소득과 의료비 지출 액수, 전체 소득에서 의료비 지출이 차지하는 비율 등이 표 형태로 제시됨
- 저소득층 가구와 고소득층 가구의 연평균 소득은 10배 이상 차이가 났지만 고소득층 가구의 의료비는 저소득층 가구의 1.5배 수준임
- 각각 전체 소득에서 의료비가 차지하는 비율은 저소득층의 경우 17%, 고소득층의 경우 3% 수준임
- 면접실에 입장해 답변을 이어나가는 과정에서 추가 도표를 주고 의견을 묻는 경우도 많았음
- 추가 도표로는 간병비 등을 포함한 전체 의료비를 기준으로 하는 고소득층의 의료비와 저소득층의 의료비 차이가 간병비 등을 제외하고 필수 의료비만 계산했을 때의 고소득층-저소득층 차이의 2~3배인 도표가 제시됨

제시문

아래 표는 2014년 소득 하위 20% 가구(저소득층)와 소득 상위 20% 가구(고소득층)의 연간 평균 소득과 가계가 직접 지출하는 의료비 현황이다.

항목	소득 하위 20% 가구 (저소득층)	소득 상위 20% 가구 (고소득층)
연간 소득(A)	880만 원	8,480만 원
연간 의료비(B)	150만 원	220만 원
소득 대비 의료비의 비율(B/A×100)	17%	3%

Q1   자료를 분석해 얻을 수 있는 정보에 대해 말해보세요.

Q2   저소득층 의료비 지출 액수가 적은 이유를 설명해보세요.

추가질문 설명한 내용에 대한 근거가 부족합니다. 추가로 들 수 있는 근거를 말해보세요.

Q3   저소득층 의료비 지출을 줄이는 것이 옳다고 생각하나요?

Q4   고소득층에서 저소득층 대비 절대적인 의료비 지출이 많은 이유는 무엇인가요?

Q5   만성질환은 저소득층에서 주로 나타난다. 왜 고소득층의 의료비 지출이 많다고 생각하나요?

Q6   저소득층의 엥겔지수가 높은 것에 대해선 사회 전반적으로 큰 문제의식을 느끼지 않는다. 왜 의료비 지출 비율 차이는 유독 문제가 된다고 생각하나요?

(5) 상황 기반 제시문 활용 면접실 (가칭: 창백한 푸른 점 면접실)

- 태양계 탐사를 하는 보이저 1호가 2009년 찍은 지구 사진에 관한 일화가 제시문으로 나옴
- 보이저 계획에 참여한 미국의 천문학자 칼 세이건이 이 사진에 나온 지구를 두고 '창백한 푸른 점(Pale Blue Dot)'이라고 표현

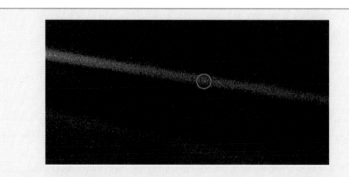

이 사진은 명왕성 부근을 지나고 있던 보이저 1호의 망원 카메라를 지구 쪽으로 돌려서, 우주에서 바라본 지구의 모습을 찍어보자는 『코스모스』의 저자 칼 세이건의 제안으로 1990년 2월 14일 촬영한 것이다.

이 제안에 대해 당시 반대 의견이 만만치 않았다. 과학적인 관점에서 별로 의미가 없는 일이기 때문이었다. 게다가 망원경을 지구 쪽으로 돌린다면 자칫 태양빛이 망원경의 카메라 주경으로 바로 들어갈 위험이 있다. 이는 망원경으로 태양을 바로 보면 실명될 수 있는 것과 다름없는 위험한 일이라고 미항공우주국(NASA) 과학자들은 주장했다. 그러나 새로 부임한 우주비행사 출신 리처드 트롤리 신임 국장은 지구의 모습을 촬영하자는 제안을 긍정적으로 평가하여, 태양계 바깥으로 향하던 보이저 1호의 카메라를 돌려 지구의 모습을 촬영하기로 결단을 내렸다. 그리고 그날, 지구-태양 간 거리의 40배나 되는 약 60억 km 떨어진 태양계 외곽에서 바라본 지구의 모습은 그야말로 '먼지 한 톨'이었다.

칼 세이건은 이 광경을 보고 "여기 있다! 여기가 우리의 고향이다."라고 말하였고, '창백한 푸른 점(Pale Blue Dot)'이라고 명명한 그의 소회는 전 세계적으로 큰 반향을 일으켰다.

Q1   사진이 철학적인 의미를 담고 있다는 주장이 있다. 동의하나요? 동의한다면 왜 그렇다고 생각하나요?

Q2   망원경 방향을 지구 쪽으로 돌린 것에 대해서 어떻게 생각하나요?

Q3   망원경 방향을 돌린 것이 합리적인 판단이었나요? 본인이 책임자였더라면 망원경 방향을 돌렸을까요?

추가질문 망원경 방향을 돌렸을 때 지구가 촬영될 가능성이 높다고 생각하나요? 아니면 촬영되지 않았을 가능성이 높다고 생각하나요?

Q4   지원자가 칼 세이건의 결정과는 반대 입장이라면 어떻게 설득할 것인지 말해보세요.

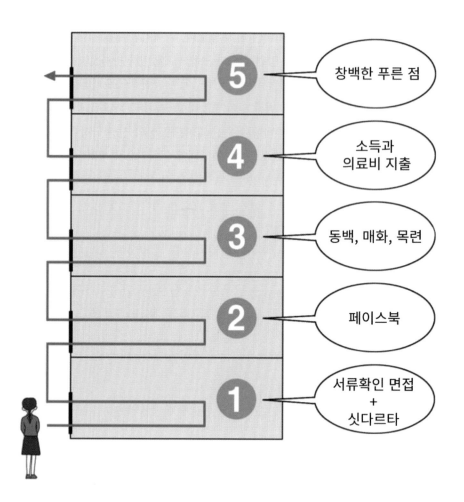

● 의예과 면접 [2025학년도]

- 수능 후 면접
- MMI면접 폐지 → 제시문 기반의 인·적성 면접 실시

전형명	모집 인원	전형 방법	수능 최저학력기준
탐구형	50명	1단계(5배수): 서류100 2단계: 1단계70+면접30(인·적성 면접)	미적용

● 의예과 면접 들여다보기

[출처: 2022학년도 성균관대 학생부종합 안내서]

● 면접 평가 방식

의예과의 경우, MMI(Multiple Mini Interview, 다중 미니 면접)를 진행합니다. 다중 미니 면접은 총 3단계로 진행되며, 주어진 제시문을 대기실에서 읽고 면접장에서 이에 대해 문답하는 인·적성 면접을 거치게 됩니다.

● 면접 진행 순서

MMI (Multiple Mini Interview)	단계별 10분 내외	다대일 개별 면접	블라인드 면접
3단계의 다중 미니 면접 평가 진행	면접 준비(리딩) 시간 포함하여 단계별 진행 시간 10분 내외	면접실에 따라 2~3인의 면접위원 구성	성명, 수험번호, 출신 고교 등을 블라인드 처리

STEP1. 면접 전 대기실	STEP2. 면접 준비	STEP3. 면접	STEP4. 면접 후 대기실
• 수험생 본인 확인 • 휴대폰 수거 • 가번호 추첨 • 진행 절차 및 주의사항 전달	• 면접실 앞 대기 • 면접실 앞에서 제시문을 읽고 상황 숙지	• 면접번호 확인 • 면접 진행 • 종료 알림 후 퇴실	• 면접 종료 후, 면접 후 대기실로 이동 • 전체 면접 종료 확인 후 귀가

● 의예과 면접 기출문제

〈2020학년도〉

[출처: 2022학년도 성균관대 학생부종합 안내서]

> 정수네 반에는 4~5명의 친구들이 같이 뭉쳐 다니며 반의 분위기를 주도하고 있었다. 이 아이들은 행동이 거칠고 다른 아이들을 무시하며 위협을 가하는 행동을 하기도 해서 정수는 가능한 이들을 피하려고 했다. 그런데 언제부턴가 그 집단에서 꽤 주도 적이던 재민이란 아이와 갈등이 생겨 따돌림을 받기 시작했다. 어느 날 정수는 재민 이가 심한 욕설이 적힌 쪽지가 잔뜩 붙어 있는 사물함 앞에서 울고 있는 것을 보았지 만 두려운 생각이 들어 모른 척하고 지나쳤다. 그 뒤 가끔 재민이가 안 되었다는 생 각을 하기도 했지만 그런 상태로 지냈고, 재민이는 그 후 두 달쯤 뒤에 자퇴를 했다. 정수의 행동에 대해 생각해보시오.

Q1   정수가 사물함 앞에서 그냥 지나친 행동에 대해 어떻게 생각하는지 말해보시오.

Q2   본인이 사물함 앞에서 울고 있는 재민이를 마주쳤다고 가정하고 어떻게 할 것인 가를 표현해보시오.

<2021학년도>

※ 아래 지시문을 읽고, 면접위원 질문에 답하시오.

감염질환	유행 시작 시점(년)	감염자(명)	사망자(명)	치사율(%)	백신 개발 (연도)
스페인 독감*	1918	약 5억	약 1억	약 20%	1945
에볼라* (콩고 지역)	1976	3,470	2,287	약 66%	개발 중
메르스* (중동호흡기 증후군)	2012	2,562	881	약 34.4%	개발 중
코로나19** (세계적)	2019	약 5080만	약 126만	약 2.48%	개발 중
코로나19** (대한민국)	2019	27,553	480	약 1.7%	개발 중
새로운 감염질환 (미래)	(예측)	(예측)	(예측)	(예측)	(예측)

* 출처: http://en.wikipedia.org/;, **출처: JHU CSSE COVID-19 Data(2020.11.10.)

[설명] 표는 과거 및 현재 감염질환이 인류의 보건 및 건강에 미쳤던 영향을 데이터로 보여주고 있습니다. 인류는 이들 질환에 대응 및 극복을 위하여 다양한 노력을 하고 있습니다.

Q1 새로운 감염질환의 유행 시작 시점, 감염자 수, 사망자 수, 치사율, 백신 개발 시점을 예측해보세요.

Q2 코로나19 극복을 위하여 향후 어떤 노력이 더 필요할까요?

● 의예과 선배들이 들려주는 면접 후기

1. 면접장 분위기는 어땠나요?	2. 면접 문항의 난이도는 어떤가요?	3. 면접장을 나오면서 후회한 부분이 있다면요?
시설이 깔끔했고 진행요원분들의 안내에 따라 진행이 이루어졌습니다. 면접에 들어가기 전 학장님이 직접 대기실에 찾아오셔서 농담을 건네기도 하셔서 좀 더 편한 마음으로 면접에 임할 수 있었습니다. 면접은 여러 개의 방에서 진행되었는데 방마다 화상면접을 할 수 있는 시설이 마련되어 있었습니다. 비대면 면접이지만 화면을 통해 교수님들이 저희 이야기를 경청해준다는 것을 알 수 있었습니다.	어렵지는 않았지만 변별력은 있었다고 생각했고, 동기들의 의견도 비슷했습니다. 기출문제와 그 해의 의료 관련 이슈, 본인의 학교생활기록부를 중심으로 준비해간다면 크게 당황하는 일은 없을 것입니다. 다만 답변 준비 시간이 길게 주어지진 않기 때문에 마음을 편하게 갖는 것이 좋을 것 같습니다. 대인 관계 등에 관련된 인성면접은 학교생활 중에 충분히 겪을 수 있는 문제들이었습니다.	침착하게 생각을 정리한 뒤 두괄식으로 조리 있게 전달했다면 더 좋았을 것 같습니다. 교수님의 질문에 당황하여 두서없이 말을 했던 것이 마음에 걸렸습니다. 한편 적성면접에서는 주어지는 종이에 답변을 빠르게 정리했는데, 체계적으로 정리하지 못해서 막상 답변을 할 때 종이를 참고할 수 없었습니다. 준비 시간이 짧게 주어질 때는 본인이 알아볼 수 있는 형식으로 키워드 위주로 정리하면 좋을 것 같습니다.
4. 면접 대기 시간에는 무엇을 하는 것이 좋을까요?	**4. 면접 준비는 어떻게 했나요? (답변 준비)**	**6. 면접 준비는 어떻게 했나요? (면접 태도)**
예상 질문과 답변을 정리했습니다. 그리고 답변 준비도 중요하지만, 학생의 가치관을 확인하는 면접이기 때문에 대기 시간에 긴장을 하지 않는 것이 중요합니다. 저는 뒷 순서여서 대기 시간이 길었는데, 준비해온 따뜻한 차를 마시고 책을 읽었더니 긴장이 조금 풀렸습니다. 마음속으로는 잘 해야 한다는 생각 대신 최선을 다하면 될 것이라고 되뇌었습니다.	성균관대 학생부종합전형 책자에 수록된 면접 기출문제를 보고 나라면 어떤 답변을 할지 생각해보았습니다. 또 그 해외 의료 관련 이슈를 조사하고, 예상 질문 및 답변을 키워드 중심으로 정리했습니다. 인성의 측면에서는 진로 희망을 '환자와 소통하는 의사'와 같이 더 구체적으로 정한다면 통일성 있게 답변을 하는 데 도움이 될 것입니다.	친구들과 모의면접을 진행한 것이 많은 도움이 되었습니다. 말투와 자세, 시선 처리 등 세세한 부분까지 서로 피드백을 해주면서 부족한 부분을 채워나갈 수 있었습니다. 친구들 중에는 지원 학과가 다른 친구들도 있었지만 함께 준비하면 서로에게 의지가 되었고, 상대방의 장점을 통해 나의 단점을 고칠 수 있어서 유익한 시간이었습니다.

* 출처: 2022학년도 성균관대 학생부종합 안내서

● 2024학년도 성균관대 의예과 수시모집 학생부종합전형(학과모집) 면접 기출문제

〈의예 1〉

※ 아래 지시문을 읽고, 면접위원의 질문에 답하시오.

> 고등학교 2학년인 수영이는 도내 축제에서 예정된 탈춤 공연에서 중요한 역할을 맡고 있었고, 공연은 11월에 있을 예정이었다. 하지만 9월에 자전거를 타다가 다리를 다쳐 입원하여 수술을 받았다. 이후에 합병증이 생겨 예상외로 퇴원이 늦어졌다. 10월 중간고사를 하루 앞두고 다시 학교에 가니, 학교 친구들 사이에서 수영이가 탈춤 연습 대신 중간고사 공부를 하려고 꾀병으로 학교에 나오지 않았다는 소문이 퍼져 있었다. 수영이가 생각해보니 다치기 전 탈춤 연습과 중간고사 준비를 함께하기 어렵다고 친구 영민이에게 말한 적이 있었다.

Q   지원자가 수영이라면 어떤 기분이 들까요?

〈의예 2〉

※ 아래 지시문을 읽고, 면접위원의 질문에 답하시오.

> 지수는 요양원에서 기억력이 떨어진 어르신을 교대로 돌보는 봉사활동 중이다. 안전 문제 때문에 어르신을 혼자 두어서는 안 되고, 봉사자가 집에 갈 때는 다음 봉사자에게 담당했던 어르신의 상태에 대해 자세히 알려주고 가야 한다고 교육을 받았다. 중요한 약속이 있던 어느 날, 다음 봉사자인 영서가 정해진 시간에 오지 않았다. 30분 정도를 기다리던 지수는 원래 영서가 챙겨드리던 약을 대신 어르신에게 드린 뒤, 어르신을 혼자 두고 요양원을 나섰다. 늦게 도착한 영서는 어르신이 약을 드셨는지 알지 못해 지수에게 전화를 걸었으나 핸드폰이 꺼져 있었다. 고민하던 영서는 어르신께 약을 드렸고, 평소보다 두 배의 약을 복용한 어르신이 쓰러져 병원에 실려 가는 일이 생겼다. 입원 후 다행히도 어르신은 기력을 회복하였다. 다음 날, 지수는 봉사 담당자에게 주의를 들었다. 죄책감이 드는 한편 억울한 마음도 들었다.

Q   지원자가 지수라면 지수가 대처한 방법에 대해서 어떻게 생각하나요?

〈의예 3〉

※ 아래 지시문을 읽고, 면접위원의 질문에 답하시오.

[자료 1] 노벨상을 패러디해 만들어진 이그노벨상은 상식을 뛰어넘는 재미있고 엉뚱한 발상을 연구한 과학적 업적에 수여된다. 2023년 공중보건 부문에 선정된 스마트변기는 내장된 감지장치(센서)를 이용해 건강상태를 진단하는 기술이다.

[자료 2] 다음은 대표적인 미래 유망 기술이다.

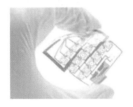

플렉서블 배터리(Flexible Battery): 웨어러블 기기 및 전자섬유 같은 유연성 있는 물질에 전력을 공급하는 기술

확장현실(XR, Extended Reality): 현실과 가상세계를 연결하는 몰입형 기술

생성형 인공지능(AI, Artifical Intelligence): 학습을 바탕으로 이용자의 요구에 따라 결과물을 형성하는 인공지능의 한 형태

Q1 스마트변기가 상용화된다면 우리의 일상은 어떻게 바뀔까요?

Q2 지원자가 제시된 미래 유망 기술(2가지 이상)을 이용하여 '스마트마스크'를 개발한다면, 어떤 마스크를 만들 것인가요?

〈의예〉

※ 아래 지시문을 읽고, 면접위원의 질문에 답하시오.

레오는 장애인 통합교육을 하는 고등학교에 다니고 있으며, 반에서 반장을 맡고 있다. 레오의 반에는 지적장애가 있는 수빈이가 다른 비장애 학생들과 함께 국어, 통합사회, 음악 수업을 듣고 있다. 그런데 수빈이는 수업에 들어올 때마다 방해가 될 정도로 앞자리 학생의 의자를 차거나 소리를 지른다.

1) "통합교육"이란 특수교육대상자가 일반학교에서 장애 유형·장애 정도에 따라 차별을 받지 아니하고 또래와 함께 개개인의 교육적 요구에 적합한 교육을 받는 것을 말한다. (장애인 등에 대한 특수교육법 제2조 제6항)

2) 통합교육은 장애 학생이 일반 학급(통합학급)에서 생활하는 시간에 따라 완전통합교육과 부분통합교육으로 나뉜다.

3) 부분통합교육은 학생의 장애 유형과 정도에 따라 교육과정이 편성되고, 수업시간이 배정된다. 고등학교 과정에서는 특정 교과 중심으로 통합교육이 이루어지고 있다.

Q 지원자가 '레오'라면 어떻게 할까요?

● 2023학년도 성균관대 의예과 수시모집 학생부종합전형 면접 기출문제

〈의예 1〉

※ 아래 지시문을 읽고, 면접위원의 질문에 답하시오.

> A고등학교의 과학탐구 동아리는 입시에 도움이 되기 때문에 가입 경쟁이 치열하다. 합격 여부에는 과학 성적 외에도 동아리 선배들의 추천이 중요하다. 1학년 연우와 지수 모두 동아리 2학년 선배 서원이에게 초콜릿 선물을 주면서 자기들을 추천해달라고 부탁하였고, 서원이는 흔쾌히 추천해주기로 하였다. 그런데 연우는 합격하고 지수는 불합격하였다. 지수는 동아리 선생님을 찾아가 연우가 서원이에게 선물을 주면서 추천을 부탁한 사실을 알렸고, 연우는 일단 합격이 보류되었다.

Q   지수의 행동에 대해서 어떻게 생각하나요?

〈의예 2〉

※ 아래 지시문을 읽고, 면접위원의 질문에 답하시오.

> 준희는 영우와 중학교 때부터 로봇 만들기 취미가 같아 단짝친구였다. 둘은 같은 고등학교에 진학하였지만 현재는 다른 반이다. 준희는 중학교 때 공부도 잘하고 영우와 함께 로봇 경진대회에서 입상도 하는 등 재능 있는 친구였다. 그런데 고등학교에 들어와서 수업시간에 휴대폰을 보거나 책상에 엎드려 자는 경우가 많고 성적도 떨어졌다고 들었다.
> 영우는 준희의 재능을 이미 알고 있고 팀워크도 잘 맞았기 때문에 석 달 후에 있을 로봇 경진대회를 위해 준희에게 같은 팀으로 준비하자고 하였다. 그런데 준희는 잠시 머뭇거리다가 이젠 그런 것에 관심 없다며 그냥 가버렸다. 영우에게는 로봇 경진대회 입상이 대학 입시에 매우 중요하다.

Q   지원자가 영우라면 어떤 생각이 들까요?

〈의예 3〉

※ 아래 지시문을 읽고, 면접위원의 질문에 답하시오.

다음은 혈액형에 대한 여러 가지 연구 결과이다.

1) 20세기 초 우생학자 히르슈펠트는 유럽인에게는 A형이, 비유럽인에게는 B형이 많다는 사실을 근거로 유럽인의 우수성을 주장했다.

2) 일본 심리학자 후루카와는 A형은 진중하고, B형은 활동적이고, AB형은 모순적이며, O형은 호기심이 많다고 주장했다. 연구 결과, 혈액형과 성격의 관련성이 일본에서는 관찰되었고, 호주와 대만에서는 관찰되지 않았다.

3) 말라리아는 사람의 적혈구에서 증식하는 미생물에 의해 발생하는데, O형은 다른 혈액형에 비해 말라리아의 감염률이나 중증도가 낮다고 관찰되었다.

4) 최근 O형인 사람에서 코로나19의 발생률이나 중증도가 낮다는 것이 미국, 유럽, 중국에서 관찰되었다.

Q   위의 지시문을 읽고 지원자의 생각을 간략하게 이야기해보세요.

※ 아래 지시문을 읽고, 면접위원의 질문에 답하시오.

"진영"은 고등학교 1학년 학생이다. 이 반 학생들은 SNS 대화방에서 수업 공지사항을 공유하기도 하고 재미있는 이야기를 나누기도 한다. "수민"이가 자주 상황에 맞지 않는 글을 올리는데, 친구들이 대꾸를 거의 하지 않는 편이다. 그런데 학급 회장이 새로운 단체 대화방을 개설하여 다음과 같이 대화를 나누었다.

- 경원: 우리 반 애들 다 있는 것 같은데 반톡방 새로 만든 거냐?

- 문현: 이 방 뭐냐? 우리 반 공지도 여기 올리는 거야?

- 지원(회장): 아냐. 공지는 원래 우리 단톡방에 올릴 거야. 여긴 그냥 친목방임! 다 들어 온 것 같은데….

- 재희: 수민이 없는 것 같은데

- 주원: 그러네…. 수민이 어그로 끌고 짜증나.

- 주영: ㅇㅈ. 지난번에 수업 시간에도 계속 다리 떨고 자기 아는 걸로 계속 말꼬리 잡고 너무 시러.

- 재희: ㅇㄱㄹㅇ. 잘난 척 심해서 짱나. 자기가 시험 잘 본 과목은 반마다 다니면서 점수 물어보더라. 나 백점인데 니네 반 백점 몇 명이냐고. 시험 못 봐서 속상한 애들이 죽으려고 함.

- 경원: 그럼 수민이 빼고 가는 건가? 그래도 되나….

- 지민: 수민이 자기가 수학 부장인데 숙제 기한도 안 알려주고 자기만 냈잖아. 우리 다 점수 깎이고. 그때 열받아서 따졌더니 갖고 싶은 거 말하면 사준다고. 더 열받음.

- 지원(회장): 애들이 따로 방 만들라고 해서 일단 만들었는데 어떻게 할까?

· 지원(회장):

Q. 수민이 빼고 톡방 유지?
찬성
반대
■ **투표하러 가기**

* 참고

ㅇㄱㄹ: 과도한 관심

ㅇㅈ: 인정

ㅇㄱㄹㅇ: 이거레알(진짜)

Q   지원자가 '진영'이라면 찬성, 반대 중 어떤 선택을 하시겠습니까?

〈의예 1〉

※ 아래 제시문을 읽고, 면접위원 질문에 답하시오.

> 대학교 합창 동아리에서 한 달 후 공연을 앞두고 있다. COVID 19 백신 접종 완료 여부에 따라 오프라인 연습 참가를 제한할지에 대하여 합창단 단원 사이에 논쟁이 벌어졌다. 함께 모여 노래 연습을 해야 하므로 온라인 연습은 불가능하다.
> 주영이는 "백신 접종을 하지 않은 사람은 연습에 참가하면 안 된다"라고 주장하였다.
> 수민이는 "백신 접종은 개인의 선택인데 불이익을 주면 안 된다, 나는 백신을 맞지 않았고 앞으로도 맞지 않을 것이다"라고 반발하였다.
> 온라인으로 투표한 결과 25:5로 미접종자는 연습에 참여하면 안 된다는 의견이 우세하였다.

Q   지원자가 이 동아리의 리더라면 어떻게 하겠는가?

〈의예 2〉

※ 아래 제시문을 읽고, 면접위원 질문에 답하시오.

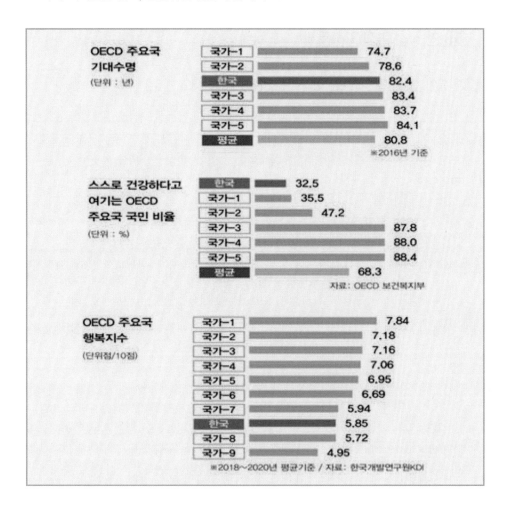

Q   위의 자료가 나타내는 바를 설명하고 이러한 현상의 원인을 제시하시오.

3 | 가톨릭대

● 2024학년도 가톨릭대 의예과 수시모집 학생부종합전형(학교장추천전형) 인·적성 면접 기출문제

※ 3분 동안 제시문을 읽고 8분 이내로 면접관에게 답하시오.

효율적 이타주의(Effective Altruism)는 남을 도와 더 나은 세상을 만드는 것을 목표로 인도적 활동을 할 때 긍정적 영향을 최대화하기 위해 이성적인 분석을 해야 한다는 철학이다.

아픈 아이의 소원을 들어주는 한 구호단체에서
배트맨의 조수가 되고 싶어 하는 아이를 위하여 차를 빌리고
배우를 고용해 의상을 입히고 아이와 악당을 물리치러 가는 데 7,500달러를 사용합니다.
그 금액으로 말라리아가 창궐하는 지역에 모기장을 배포하는
말라리아 퇴치 재단에 기부를 한다면 두 아이의 생명을 구할 수 있습니다.
아픈 아이에게 행복한 하루를 선물하는 것과
누군가의 생명을 구하는 것
어느 것이 더 나을까요?

효율적 이타주의는 인공지능(Artificial Intelligence, AI)을 바라보는 관점에도 영향을 미치고 있다. 인간과 비슷한 수준의 지적 작업을 수행할 수 있는 범용인공지능(Artificial General Intelligence)의 개발이 AI의 잠재력을 극대화해서 세상에 도움을 줘야 한다는 낙관론자(Boomer)와 후세 인류에게 실존적인 위험이 된다고 보는 비관론자(Doomer)간의 윤리 논쟁이다.

2022년 11월까지 식품의약품안전처가 승인한 빅 데이터를 이용한 의료용 인공지능 기반 소프트웨어 의료기기 현황은 150여 건이다. 식약처는 미래 시장을 주도할 기술로 높이 평가하며 인공지능 기반 의료기기 국제 표준 마련 계획을 승인하였다. 의료용 인공지능 기술 시례는 1) 망막 사진으로 미래 콩팥병 발생 위험 예측, 2) 에스레이 영상을 분석해 환자의 뼈 나이 예측, 3) 혈압, 맥박, 체온, 호흡수를 이용하여 심정지를 예측하는 기술이다.

● 2023학년도 가톨릭대 의예과 수시모집 학생부종합전형(학교장추천전형) 인·적성 면접 기출문제

※ 2분 동안 제시문을 읽고 8분 이내로 면접관에게 답하시오.

원격의료(Telemedicine)는 일반적으로 원거리에서 정보통신기술(Information & Communication Technology, ICT)을 활용하여 의료서비스를 제공하는 것을 의미한다. COVID-19 대유행 이후 전 세계적으로 이용이 증가함에 따라 원격의료 시장이 더욱 빠르게 성장하는 계기가 되었다.

우리나라는 2002년 의료법 조항을 신설하여 의사-의료인 간 원격의료를 허용하였다. 의사-환자 간 원격의료를 금지하였으나, COVID-19 유행 이후 2020년 2월 의료인 및 환자의 감염예방을 위해 의료기관에 대한 제한 없이 의사가 안전성이 확보된다고 판단하는 경우, 전화 상담 또는 처방을 할 수 있도록 한시적 특례를 인정하였다. 비대면 진료 건수는 아래 그림과 같이 2년여 만에 150배 증가하였다.

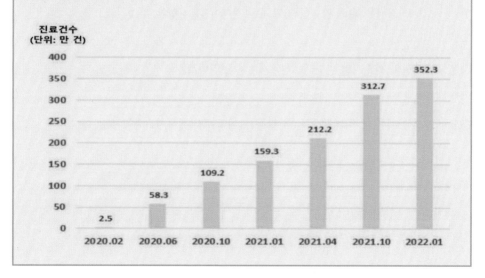

Q1   ICT 기반의 원격의료 서비스에서 사회 계층 간의 차이로 고려되어야 하는 요소를 설명해보시오.

Q2   원격의료제도 확대로 인해 예상되는 장단점을 설명해보시오.

● 2022학년도 가톨릭대 의예과 수시모집 학생부종합전형(학교장추천전형) 인·적성 면접 기출문제

※ 2분 동안 제시문을 읽고 7분 이내로 면접관에게 답하시오.

> 지속된 코로나바이러스 감염증 유행으로 많은 사람들이 어려움을 겪고 있으며 자영업자들의 어려움이 크다. 백신 접종률 향상을 근거로 최근 단계적 일상 회복 (위드 코로나) 정책으로 전환하였고 자영업자들의 어려움은 줄었다. 그러나 위드 코로나 이후에 확진자가 하루 5,000명 이상으로 증가하고, 여유 병상은 5% 미만이어서 입원 치료를 기다리다가 중증으로 진행하는 환자들이 늘고 있다. 따라서 방역을 다시 강화하라는 의견과 위드 코로나를 계속 유지해야 한다는 의견이 대립하고 있다. 당신이 정책을 결정해야 한다면 어떻게 해야 할까?

Q1　　정책 결정을 위해 필요한 자료와 고려해야 할 사항은 무엇일까요?

Q2　　당신의 최종적인 판단과 그 근거는 무엇입니까?

Q3　　그 결정에 따라 피해 보는 사람들을 어떻게 이해시키고 배려하겠습니까?

● 2021학년도 가톨릭대 의예과 수시모집 학생부종합전형(학교장추천전형) 인·적성 면접 기출문제

※ 2분 동안 제시문을 읽고 7분 이내로 면접관에게 답하시오.

> 망막색소변성증은 성인에서 발병하여 점점 시력이 저하되어 실명에 이를 수 있는 질병으로 유전자 결함이 주된 원인으로 알려져 있다. 최근에는 유전자 검사를 시행하여 증상이 나타나기 전에 망막색소변성증의 발병을 예측할 수 있다. OO항공사는 조종사 양성 과정 지원자를 대상으로 채용 전 건강검진에서 색맹이나 시력 등을 측정한다. 이는 조종사 양성에 많은 시간과 비용이 들기 때문이다. 항공사에서는 기존의 건강검진에 추가로 망막색소변성증을 일으키는 유전자 선별검사를 시행하여 잠재적인 미래의 위험에 대비하려고 한다.

정상(normal vision)

망막색소변성증
(retinitis pigmentosa)

망막색소변성증 환자에서 주변 시야가 좁아진 상태

Q1 　　OO항공사는 조종사 교육과정 지원자에게 망막색소변성증의 유전자 선별검사를 시행하려고 한다. OO항공사의 이러한 방침을 어떻게 생각하는가?

Q2 　　최근 병원 이외에도 다양한 기관에서 유전자 검사가 가능하다. 이러한 유전자 검사의 광범위한 활용에 대한 지원자의 의견을 예를 들어 제시하시오.

Q3 　　의사로서 유전상담 중에 일어날 수 있는 어려운 점, 또는 고려해야 할 점이 무엇인가?

> 우리나라에서 장기이식 대기자는 매년 증가하고 있는 반면, 뇌사 장기 기증자는 감소하고 있다. 장기이식을 기다리다 사망하는 환자가 한 해 2,000명을 넘는다. 우리나라의 폐 이식 대상자 선정 기준은 대기자 등록 순서뿐 아니라 응급도를 참조한다. 인공호흡기 또는 에크모[6]에 의존하고 있는 중증환자에게 우선적으로 이식 수술을 시행한다. 반면, 일본에서는 대기자 등록 순서를 기준으로 하는 것은 동일하나 에크모에 의존하는 중증환자와 60세 이상의 고령 환자에게는 폐 이식 수술을 시행하지 않는다.

Q1 폐 이식 대상자 선택 결정에서 한국과 일본의 기준 중 어느 것이 더 타당하다고 생각하는가? 그렇게 생각하는 이유는 무엇인가?

Q2 52세 소방관으로 가장인 환자와 25세의 폭력 전과자인 환자 중에서 누가 폐 이식의 우선 대상자가 되어야 한다고 생각하는가? 그렇게 판단하는 이유는 무엇인가?

Q3 스페인을 비롯한 몇몇 나라에서는 장기 기증 활성화를 위한 방안으로 옵트 아웃(Opt-out) 제도를 시행하고 있다. 옵트 아웃은 개인이 행정적 절차를 통해 장기 기증에 대한 명시적 거부 의사를 밝히지 않으면 장기 기증에 대한 잠재적 동의자로 추정해 뇌사 시 장기 적출을 가능하게 하는 제도다. 우리나라에서도 옵트 아웃 제도를 시행하자는 주장이 있으나 아직 시행되지 못하는 이유는 무엇이라고 생각하는가?

---

6   체외막 산소공급장치로 환자의 심폐기능이 정상적이지 않은 경우 부착하여 환자의 순환기능을 보조하기 위해 사용하는 장치. 주기능은 이산화탄소를 걸러내고 산소를 주입한다.

● 2024학년도 고려대 의예과 수시모집 학생부종합전형(계열적합전형) 인·적성 면접 I 기출문제 (면접 시간 8분)

문항 및 제시문

1. 1964년 침팬지의 심장이 사람에게 처음으로 이식되었고 환자는 2시간 동안 생존하였다.

2. 위 연구를 근거로 1967년에는 사람에게서 사람으로 심장이식이 성공적으로 진행되었고, 환자는 30여 년 이상 생존하였다. 그 이후 심장이식은 치료가 불가능한 말기 심부전 치료의 마지막 치료 방법으로 자리매김하였다.

3. 사람의 심장이식은 공여자의 수가 제한적이라 이종 간의 이식의 필요성이 강조되어 왔다. 이종이식의 문제를 해결하기 위한 노력이 지속되던 중 2022년 인간화된 돼지의 심장이 말기 심부환자에게 임상 연구를 통해 최초로 이식되었고 이식받은 환자는 30여 일간 생존하였다.

4. 이상의 성과를 달성하기 위해 수많은 동물실험이 진행되었다. 최근 동물보호단체에서는 동물권을 존중하여 동물실험을 금지하고자 하는 운동을 전개하고 있다.

1. 제시문의 내용을 간단히 요약해보시오.

2. '제시문 1~3'의 내용으로부터 우리는 동물실험이 의학 발전에 크게 기여함을 알 수 있다. 이 두 가지 상반된 의견에 대한 학생의 의견을 제시하시오.

3. '제시문3'을 위하여 돼지 심장에 사람 유전자를 삽입하였다. 이와 같은 이종이식의 장단점에 관해 설명하시오.

출제 의도

- 제시문의 내용을 정확히 파악하고 의학 발전을 위해 동물실험의 기여에 대한 과학적·윤리적 이해를 하고 있는지 평가하고자 함
- 동물실험과 관련된 사회적 찬·반 양론과 동물실험에 대한 윤리적 이해를 하고 있는지 평가하고자 함
- 이종이식 과정에서 발생하는 면역거부반응 및 이종이식의 장·단점을 과학적 근거에 기초하여 설명할 수 있는지 평가하고자 함

문항 해설

- 1번 문항은 제시문의 핵심을 정확히 파악하고 자신의 생각과 의견을 효과적으로 전달하는지를 평가하는 문항임
- 2번 문항은 동물실험과 관련된 사회적 찬·반 양론을 이해하고, 자신의 의견을 논리적인 근거를 들어 설명할 수 있는지를 평가하는 문항임
- 3번 문항은 면역거부, 이식거부 반응에 대한 기본적인 내용을 바탕으로 이종이식의 장·단점을 설명하는 과정에서 두 가지 상황에 대한 논리적 판단과 근거에 바탕한 의견을 제시할 수 있는지, 도덕적 문제의 가능성이 있는 이슈 또는 상황을 민감하게 파악할 수 있는지를 평가하는 문항임

채점 기준

하위문항	채점 기준
1	· 제시문의 핵심을 정확히 파악하고, 자신의 생각과 의견을 효과적으로 설명하면 좋은 점수를 부여함
2	· 동물실험에 대한 사회적 찬·반 양론에 대한 이해를 토대로, 두 가지 상반된 상황에 대해 논리적 판단과 근거를 기반으로 의견을 제시하면 좋은 점수를 부여함
3	· 이종이식의 장·단점을 과학적 근거에 기초하여 설명하고, 도덕적 문제의 가능성이 있는 이슈 또는 상황을 설득력 있게 설명하면 좋은 점수를 부여함

예시 답안 혹은 정답

하위문항	채점 기준
1	• 1964년 침팬지의 심장을 사람에게 이식한 연구를 근거로 이후 사람에서 사람으로 심장이식을 하게 되는 역사를 설명하고 있음. 사람의 심장이식 공여자 수 제한으로 이종이식의 필요성이 대두되었고, 22년 인간화된 돼지의 심장을 임상 연구를 통해 최초로 이식하여 30여 일간 생존하는 결과를 얻음. 그러나 한편으로는 동물권을 존중하여 동물실험을 금지하는 운동이 전개되기도 함
2	• 동물실험의 찬성 의견으로는 인류 공공의 이익을 위해 동물실험은 지속되어야 함 • 반대 의견으로는 이미 사람의 동종 간 이식의 근거가 마련되어 있으므로 동물실험은 더 이상 불필요하며 동물도 인간만큼 중요함 • 중립 의견으로는 실험을 하되 필요한 실험동물의 수를 줄이고, 실험동물의 고통과 스트레스를 최대한 적게 하고, 되도록 동물실험이 아닌 다른 방법으로 대체하는 기준을 준수하며 진행되는 것이 적합함
3	• 이종이식의 장점으로는 공여자의 수가 제한적인 상황에서 이식 수혜자의 수를 늘릴 수 있고, 새로운 치료 방법의 기술적 근거가 될 수 있음 • 단점으로는 인수공통감염증을 비롯한 예상치 못한 부작용이 발생할 수 있고, 예상치 못한 거부 반응 등의 장기적인 예후를 알지 못할 수 있음

● 2024학년도 고려대 의예과 수시모집 학생부종합전형(계열적합전형)
  인·적성 면접Ⅱ 기출문제 (면접 시간 8분)

문항 및 제시문

키 150cm, 체중 70kg의 60세 여자가 병원에 방문하였다. 이 환자는 고혈압 및 당뇨로
치료받고 있었다. 환자는 3개월 전부터 가슴 통증이 있고 잠도 못 잔다고 호소하였으
며 상담 중 갑자기 눈물을 흘리며 죽고 싶다고 하였다.

1. 학생이 의사라면 울며 죽고 싶다고 하는 환자에게 어떻게 대응하겠는가?
2. 환자는 남편과 3개월 전 사별했다고 하였다. 평가에서 우울 증상이 심한 것으로 확
   인되었고 환자는 지속적으로 죽고 싶다고 언급하여 자살의 위험성이 높은 것으로
   판단되었다. 환자는 자신의 상태를 가족에게는 알리지 말라고 하였다. 학생이 의사
   라면 환자에게 어떻게 하겠는가?
3. 환자는 결국 우울증 치료는 받기로 하였다. 그런데 가슴 통증에 대해 시행한 검사
   결과 심장 혈관에 심각한 동맥경화가 발견되었다. 치료를 권유했으나 환자는 치료
   를 거부하였다. 학생이 의사라면 환자의 동맥경화에 대해 어떻게 설명하겠는가?

출제 의도

● 공감의 중요성을 이해하고 올바른 공감의 태도를 가지고 있는지 평가하고자 함
● 자살 위험이 높은 경우 올바른 대응 방법에 대하여 알고 있는지 평가하고자 함
● 과학적 근거에 기초하여 설득력 있게 설명할 수 있는지 평가하고자 함

문항 해설

● 1번 문항은 경청을 기반으로 타인의 고통스러운 상황을 인지하고 표현하는 공감의
  능력이 있는지 평가하는 문항임
● 2번 문항은 자살 위험과 생명 존중에 대한 가치관을 평가하는 문항임
● 3번 문항은 대사성질환과 심혈관질환에 대한 이해와 과학적 근거에 기초하여 설득
  력 있게 설명할 수 있는 지 평가하는 문항임

채점 기준

하위문항	채점 기준
1	• 공감에 대한 질문으로, 공감의 가장 중요한 방법인 '충분한 경청'의 필요성에 대하여 언급하고 환자의 어려운 점을 파악하고 충분히 힘든 상황에 대한 공감을 표현하면 좋은 점수를 부여함
2	• 생명 존중에 대한 기본적 인식을 가지고 있으며, 자살 고위험군을 인지할 경우 올바른 판단을 하고 그 이유를 논리적으로 설명하면 좋은 점수를 부여함
3	• 대사성질환의 개념을 바탕으로 동맥경화 및 심혈관질환의 원인에 대하여 잘 설명하고 그것을 근거로 설득력 있게 논리적으로 설명하면 좋은 점수를 부여함

예시 답안 혹은 정답

하위문항	채점 기준
1	• 현재 상황에서 우선적으로 해야 할 일은 환자의 정신심리적 어려움에 대하여 도움이 필요할 것으로 판단됨. 그러기 위해서는 공감이 필요하며 기본적인 태도는 환자의 말을 잘 경청을 해주는 것이며 환자의 어려움을 파악하고 환자의 상황이 힘든 상황임을 충분히 공감하고 표현함
2	• 자살의 위험성이 높은 경우 생명 존중의 가치가 우선이므로 환자가 동의하지 않더라도 가족이나 주변에 알리는 것이 옳은 판단임. 환자에게 가족과 주변의 도움이 필요하고 중요함을 설명함. 환자가 강하게 거부하더라도 가족과 주변의 보호자에게 알림
3	• 환자가 가지고 있는 고혈압, 당뇨, 비만 등이 대사성질환이고 이것들이 동맥경화 등 심장질환의 위험인자임. 환자에게 이 질환에 대해 최대한 이해시키고, 원인이 되는 문제에 대하여 적극적인 치료가 반드시 필요함을 설명함. 치료받지 않을 경우 질환의 급성 악화 및 사망의 위험이 높으므로 환자에게 치료가 필요함을 충분히 설명하고 설득함. 적절한 의학적 치료(심혈관질환/고혈압/당뇨 치료, 식이조절, 운동 등)에 대해 안내함

- ## 2024학년도 고려대 의예과 정시모집 일반전형, 교과우수전형, 농어촌 전형, 사회배려전형 인·적성 면접 기출문제 (면접 시간 5분)

문항 및 제시문

건강보험은 사회 구성원의 안전하고 행복한 생활을 실현하기 위해 마련된 복지제도의 하나로 현재 대한민국에서는 전 국민이 의무가입을 하도록 되어 있다. 다음 그래프는 우리나라 건강보험료의 연령대별 납입액과 연령대별 진료비 지출을 나타낸 그래프이다.

건강보험 연령대별 보험료 현황

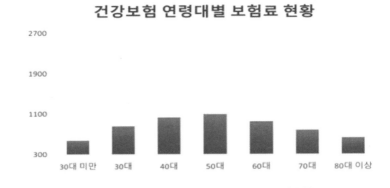

건강보험 연령대별 진료비 현황

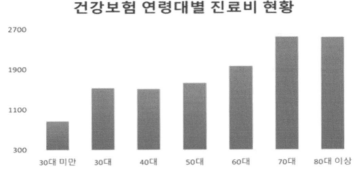

Y축: 세대당 연간 평균 비용 (천원)

Q1   제시문의 두 그래프를 해석해보시오.

Q2   통상적인 보험은 위험부담이 큰 경우 더 많은 부담을 하도록 되어 있다. 그래프
       에 제시된 건강보험료 납입은 전 연령에서 비교적 균등한 반면, 진료비 지출은 고
       령층에서 가장 많은 것으로 보인다. 이것이 적절한 보험의 구조라고 생각되는가?

Q3   희귀난치성질환 환자의 경우, 고가의 의료비가 보험 적용이 되지 않아 적절한
       치료를 받지 못하는 경우가 있다. 이와 같이 희귀난치성질환의 보험료 지급을
       제한하는 건강보험체계가 적절하다고 생각하는가?

출제 의도

- 제시된 그래프를 근거로 건강보험료 납입액과 진료비 관련 연령에 따른 변화를 논리
  적으로 분석하고, 이를 통해 건강보험 관련 운영과 상황에 따른 종합적인 판단 및 윤
  리의식을 평가하고자 함

문항 해설

- 문항 1은 제시된 그래프를 근거로 건강보험의 보험료 납입액과 건강보험 진료비 관련
  연령에 따른 변화를 논리적으로 분석하고 설명하는 문항임
- 문항 2는 건강보험 운영의 취지에 대해 이해하고 자신의 의견을 논리적인 근거를 들
  어 설명하는 문항임
- 문항 3은 희귀난치성질환과 관련한 건강보험체계에 대해 논리적인 판단과 근거를
  바탕으로 자신의 의견을 제시하는 문항임

채점 기준

하위문항	채점 기준
1	• 그래프를 정확히 해석하고 논리적으로 설명한 경우 좋은 점수를 부여함
2	• 고령자도 과거 의무보험 가입에 따라 지속적으로 납부해온 보험료를 기준으로 예정된 지급을 하는 것이 건강보험의 취지에 부합한다는 답변을 기본으로, 저출산 고령화, 노인 빈곤 등 다양한 사회 상황을 고려해서 설명하면 좋은 점수를 부여함
3	• 건강보험 재정 및 운영의 한계점과 생명의 소중함에 대하여 균형 잡힌 의견을 제시하고, 가능한 대안을 제시한 경우 좋은 점수를 부여함

예시 답안 혹은 정답

하위문항	채점 기준
1	• 건강보험료는 40~50대에서 가장 많이 납부하는 편이나 저연령층과 고연령층에서는 상대적으로 적게 납부하고 있음. 그러나 건강보험 진료비는 고령층에서 가장 높게 지출되고 있음
2	• 건강보험은 의무가입이며 현재 고령층의 대상자는 젊은 나이부터 건강보험료를 납부를 해온 바가 있으므로 건강보험 진료비 지급이 필요한 연령에 이르러 합당한 혜택을 받을 권리가 있음. 그럼에도 저출산 고령화 및 수명 증가의 상황을 감안할 때, 부담이 상대적으로 많아질 수밖에 없는 현재의 청년층을 고려한 적절한 제도 개선을 고민할 필요가 있음. 고령인구 증가에 따른 노인 빈곤의 문제 또한 고려해야 함
3	• '적절하다'로 답하는 경우 건강보험 재정은 제한적인데 희귀난치성질환에 많은 비용을 집행하는 것에는 운영상의 어려움이 존재함. 보험료 추가 징수, 국가 의료비 지원, 기부금 등을 유치하거나 새로운 치료적인 접근을 고안하는 등의 방법을 통해 해결책을 마련해야 함 • '적절하지 않다'로 답하는 경우 사람의 생명은 소중하므로 건강보험 비용의 문제로 희귀난치성질환 환자의 어려움을 외면하는 것은 적절하지 않음. 고가의 치료 비용이 유발되지만 희귀난치성질환의 특성상 환자의 수가 적으므로 기준에 따라 선별 지급하는 경우, 전체 건강보험 재정 대비 감당할 수 있는 범주일 수 있음

● 2023학년도 고려대 의예과 정시모집 일반전형 인·적성 면접 기출문제 (면접 시간 5분)

[제시문]

A는 의과대학을 졸업하고 시골 농촌 마을에서 일하기 시작한 공중보건의사다. 원인불명의 피부질환이 유행하여 동네 이장님과 확인해보니, 마을 뒤편에는 화학물을 이용한 도금공장 근처에 있는 주민들이 공동으로 사용하는 우물이 원인으로 지목되었다. 아무래도 공장 폐수가 우물물로 유입된 것으로 보여 A는 지역 보건소와 군청에 이 사실을 알렸으나, 별다른 행정 조치가 없고 피부질환이 계속 유행하였다.

[문항 1]

당신이 의사 A라면 이다음에 어떤 조치를 취하겠는가?

[문항 2]

[문항 1]에서 취한 행동을 하게 됨으로써 의사 A가 불이익을 받는 부분도 있을 텐데, 그럼에도 불구하고 이런 행동을 하게 되는 이유는 무엇일까?

[문항 3]

아무리 기다려도 관청의 응답이 없어서 결국 의사 A는 이장님과 둘이서 몰래 공장에서 나오는 하수구를 시멘트로 막아버렸다. 의사 A의 행동에 대한 찬반 의견을 밝히고, 근거를 제시하시오.

출제 의도

- 의사로서 지역사회 환경과 연관한 건강문제를 만났을 때,
  1. 건강문제의 원인 파악에 대한 추론 능력
  2. 문제해결을 위한 사회적 접근 능력
  3. 환경문제의 해결
  4. 사회의 일원으로서 보건문제를 해결하는 상식적 절차에 익숙한가를 확인
  5. 의료인으로서 사회적 책임에 대한 기본적 관심 여부 확인
  6. 기본적인 역학적 고찰 역량을 평가

- 지역사회 환경과 연관된 건강문제에 대해 본인의 생각을 설명하는 과정을 통해 논리적 사고력, 의사소통, 시민의식과 책무성 및 윤리의식을 평가하고자 함

문항 해설

- 당신이 의사 A라면 이다음에 어떤 조치를 취하겠는가? 이에 대한 가능 답안으로 다음 내용에 해당하는 답을 하는지를 확인한다.
  1. 지역주민에게 우물물을 사용하지 말도록 권고
  2. 지역 보건소와 군청에 재차 보고. 상위 관청에 보고
  3. 역학조사 요청 (과학적 근거 탐구)
     - 미디어, 뉴스에 제보
     - 주민대표에게 공장주와 협의를 하도록 권유
     - 주민에게 알려서 공장 폐쇄 시위 선동

- [문항 1]에서 취한 행동을 하게 됨으로써 의사 A가 불이익을 받는 부분도 있을 텐데, '그럼에도 불구하고 이런 행동을 하게 되는 이유는 무엇일까?'에 대해 다음 내용에 해당하는 답을 하는지를 확인한다.

1. 지역사회 건강을 위한 의사로서의 기본 의무
2. 환자들에 대한 애정
3. 의협심, 정의감 등을 드러낼 수 있는 답변

채점 기준

평가 역량	평가 요소	평가 요소 설명	배점
논리성	문제 요지(상황) 파악 능력	질문의 핵심을 정확히 파악함	잘함: 2점 보통: 1점 잘 못함: 0점
	과학적 근거에 기초한 논리적 추론	자신의 의견에 대한 근거가 (증거에 기반하여) 설득력 있음	
의사소통	적극적 경청	눈 맞춤을 잘하며 면접관의 말에 귀를 기울임	
	효과적으로 말하기	자신의 생각과 의견을 효과적으로 전달함 (질문에 벗어나는 답변을 하지 않음)	
시민의식과 책무성	사회적 책임감	자신이 속한 조직 및 사회에 대한 사회적 책임감을 가지고 있음	
	이타성	타인 및 지역사회의 문제를 해결하고 도와주려는 의도를 가짐	
윤리의식	윤리적 민감성	도덕적 문제의 가능성이 있는 이슈 또는 상황을 민감하게 파악할 수 있음	
	정직성	정직한 방법으로 법의 테두리 안에서 처신함	
태도 및 동기	적극성	면접에 임하는 태도가 적극적임	
	지적호기심	의학에 대한 배움의 열정이 높음	

평가 등급	A	B	C	D
점수	10~9	8~6	5~4	3~0

예시 답안 혹은 정답

하위문항	채점 기준

1	• 다음 내용에 해당하는 답을 하는지 확인한다.
	1. 지역주민에게 우물물을 사용하지 말도록 권고
	2. 지역 보건소와 군청에 재차 보고, 상위 관청에 보고
	3. 역학조사 요청(과학적 근거 탐구)
	  - 미디어, 뉴스에 제보
	  - 주민대표에게 공장주와 협의를 하도록 권유
	  - 주민에게 알려서 공장 폐쇄 시위 선동

2	• 다음 내용에 해당하는 답을 하는지 확인한다.
	  - 지역사회 건강을 위한 의사로서의 기본 의무
	  - 환자들에 대한 애정
	  - 의협심, 정의감 등을 드러낼 수 있는 답변

3	• 의사 A의 행동에 대한 찬반 의견을 밝히고, 근거를 제시하는지를 확인한다. - 학생의 윤리의식과 사회적 책무, 정직성, 사회적 규범 준수 등에 대한 판단

● 2022학년도 고려대 의예과 정시모집 일반전형 인·적성 면접 기출문제

[공통 질문]

Q1 WHO와 여러 선진국들은 코벡스 퍼실리티를 통하여 코로나 문제가 심각한 아프리카 저개발 국가에 백신을 무상으로 제공해서 코로나 확산을 막으려고 합니다. 이러한 정책에 대해서 찬반 의견을 주십시오.

Q2 우리나라에서는 코로나 시국에 대응하여 국가 예산을 투입해서 재난 지원금을 지급하였고 추가 지급을 고려하고 있습니다. 이러한 정책에 대해서 찬반 의견을 주십시오.

2024학년도 수시모집 학생부종합전형 활동우수형 자연계열 면접 기출문제

※ 다음 제시문을 읽고 질문에 답하시오.

[가] 물질을 이루고 있는 원자의 크기는 매우 작아서 원자의 질량 측정은 저울을 사용하기가 어렵다. 특수한 실험 장치로 측정된 탄소 원자(C)의 질량은 1.993×10^{-23}g 으로 매우 작다. 이와 같이 실제 원자의 질량은 매우 작은 숫자이므로 원자의 질량을 쉽고 간편하게 다루기 위해서 상대적 질량으로 나타내는데 이것을 원자량이라고 한다. 분자의 질량을 다룰 때도 실제 질량 대신 상대적 질량인 분자량을 사용한다.

[나] 내연기관은 순환과정에서 기관 내부 기체의 압력과 부피의 변화를 통하여 외부에 일을 한다. 이 과정에서 외부와 열을 교환한다. 이러한 열역학 과정은 압력(P)과 부피(V)를 이용한 그래프와 열역학 제1법칙으로 설명할 수 있다. 열역학 제1법칙은 에너지보존법칙으로, 닫힌계의 내부 에너지의 변화(ΔU)는 계에 전달된 열(Q)과 계에서 외부에 해준 일(W)의 차이로 나타낼 수 있음을 말한다. 즉, 다음과 같은 등식이 성립된다.

$\Delta U = Q - W$

여기서 $\Delta U \rangle 0$은 계의 내부 에너지 증가, $Q \rangle 0$은 외부에서 계로의 열의 유입, $W \rangle 0$은 계가 외부에 일을 해준 것을 의미한다.

[다] 바이러스는 세포 구조를 갖추지 않고 유전 물질인 핵산과 유전 물질을 둘러싸고 있는 단백질 껍질로 구성되어 있으며, 스스로 물질대사를 할 수 없기 때문에 살아 있는 숙주 세포에서만 증식할 수 있다. 숙주 세포의 효소를 이용하여 자신의 유

전 물질을 복제하며 증식한 바이러스는 숙주 세포를 파괴하고 나와 더 많은 세포를 감염시키며 질병을 일으킨다. 바이러스가 원인이 되는 질병에는 감기, 독감, 홍역, 소아마비, 후천선 면역 결핍증(AIDS), 코로나바이러스감염증-19(COVID-19) 등이 있다.

[라] 인체는 각종 병원체의 침입에 대항하여 스스로 몸을 보호하는 방어 능력을 갖추고 있으며, 방어 작용은 비특이적 방어 작용과 특이적 방어 작용으로 구분할 수 있다. 비특이적 방어 작용은 병원체의 종류를 구분하지 않고 동일한 방식으로 일어나며, 특이적 방어 작용은 병원체의 종류에 따라 선별적으로 일어난다. 특이적 방어 작용은 세포성 면역과 체액성 면역으로 구분된다. 평소에 건강한 생활 습관과 적절한 백신 접종으로 인체의 방어 능력을 향상하는 것은 질병 예방을 위한 좋은 방법이다.

[문제 1]

[가] 제시문을 참고하여, 현재 국제적으로 사용하고 있는 원자량의 기준이 되는 원소와 해당 원소의 원자량 및 단위를 설명하고, 그 원소를 활용하여 아보가드로수(Avogadro's number)의 정의와 몰(Mole)의 정의를 설명하시오. [10점]

[문제 2]

[나] 제시문을 참고하여 답하시오. 계의 상태가 처음의 상태에 있고, 구간 $A{\rightarrow}B$, $B{\rightarrow}C$, $C{\rightarrow}A$를 지나 다시 A의 상태로 돌아온다. 각각의 구간에서 내부 에너지의 변화(ΔU), 열의 흡수/방출(Q), 계가 외부에 한(혹은 받은) 일(W)에 대하여 설명하시오. 또한, 전체 순환과정에서 기체가 외부에 하는 일과 열의 출입, 전체 내부 에너지 변화에 대하여 설명하시오. [15점]

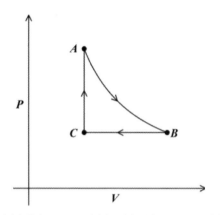

$A{\rightarrow}B$는 온도가 일정한 구간, $B{\rightarrow}C$는 압력이 일정한 구간, $C{\rightarrow}A$ 는 부피가 일정한 구간이다.
* 압력(P), 부피(V)

[문제 3]
[다] 제시문과 [라] 제시문을 참고하여, 인체의 특이적 방어 작용인 세포성 면역과 체액
성 면역의 차이점을 세포 종류와 역할을 구분하여 설명하시오. 또한, 1차 면역 반응과 2
차 면역 반응의 특징을 항원으로 인해 활성화된 림프구의 세포 증식 분화 과정을 중심으
로 답하시오. 또, 백신 접종 후 병원체 침입 시보다 효율적인 면역 반응이 일어나는 원인
을 항원-항체 반응 특이성과 항체 생성량 변화를 고려하여 설명하시오. [15점]

단순한 암기 위주의 지식에 근거한 구술 능력 또는 기계적 문제풀이 능력보다는, 고등
학교 교과 과정에서 배운 지식을 바탕으로 주어진 제시문에 담겨 있는 과학 원리를 파
악하고 논리적 사고 추론을 통하여 이를 통합적으로 해석하여 문제를 해결하는 능력을
평가하고자 한다.

● [문제 1]은 제시문에 근거하여 원자량, 아보가드로수와 몰의 개념에 대해서 올바르
게 이해하고 있는가를 평가하고자 하였다.

- [문제 2]는 열역학 제1법칙을 이해하고 단순한 PV다이어그램에서 등온, 등압, 등적 과정에서 내부 에너지의 변화, 열의 흐름, 계가 외부에 한 일을 정확히 이해하고 있는지 평가하고자 하였다.

- [문제 3]은 제시문에 근거하여 인체의 특이적 방어 작용 중 예방 백신의 체내 면역 원리를 항원 항체 반응과 관련지어 올바르게 이해하고 있는가를 평가하고자 하였다.

문항 해설

〈제시문 해설〉

[가]
- 원자의 질량은 저울로 측정할 수 없을 만큼 매우 작다는 사실을 제시하고 있다.
- 그래서 원자의 질량을 쉽게 다루기 위해서 상대적인 질량으로 표현하고 이것이 원자 량이라고 부른다는 사실을 제시하고 있다.
- 분자의 질량을 다룰 때도 마찬가지로 상대적 개념인 분자량을 사용한다는 사실을 제시하고 있다.

[나]
- 내연기관의 피스톤 운동을 열역학 제1법칙으로 설명할 수 있다는 사실을 상기시켰다.
- 열역학 제1법칙에 대한 설명으로 계의 내부 에너지, 열의 흐름, 외부에 한 일을 통해 열역학 제1법칙이 수학 등식으로 나타남을 말하였다.
- 내부 에너지 변화, 열의 흐름, 일의 방향성에 대해서 설명하였다.

[다]
- 바이러스의 구성과 기능에 대해서 제시하고 있다.
- 바이러스가 원인이 되는 질병군을 제시하고 있다.

[라]
- 인체의 방어 작용의 종류와 차이점을 제시하고 있다.

- 인체의 방어 능력을 향상하여 질병 예방을 높이기 위한 방법을 제시하고 있다.

〈문제 해설〉

[문제 1]

(1) 현재 원자량의 기준이 되는 원소 및 원자량

질량수가 12인 탄소 원자(C)의 원자량을 12로 정하여 기준으로 삼는다. 원자량은 상대적 질량의 개념이므로 단위는 없다.

(2) 아보가드로수의 정의

탄소 원자의 질량은 1.993×10^{-23}g이므로 $12g \div (1.993 \times 10^{-23})$g 에 의해 탄소 12g 속에 들어 있는 탄소 원자 수가 6.02×10^{23}이라는 것을 알 수 있다. 이때 6.02×10^{23}을 '아보가드로수'라고 정의한다.

(3) 몰의 정의

물질의 구성하는 원자, 분자, 이온 등은 현실적으로 헤아리기 어렵다. 따라서 간편하게 헤아리기 위해서 아보가드로수를 한 묶음으로 하는 몰이라는 양적 개념을 사용한다. 원자 1몰, 분자 1몰은 각각의 아보가드로수의 원자, 분자를 나타낸다. 즉, 탄소 원자 1몰은 C 원자 6.02×10^{23} 개를 뜻한다.

[문제 2]

(1) A→B는 등온과정으로 기체의 온도가 일정하게 유지되므로 내부 에너지의 변화는 없다. 기체의 부피가 증가하므로 외부에 일을 하고, 외부에서 열이 유입된다.
$\Delta U = 0$, $W \rangle 0$, $Q \rangle 0$

(2) $B \to C$는 등압과정으로 C의 위치는 곡선 AB보다 아래에 존재하여, 계의 온도가 낮아진다고 추측할 수 있다. 즉, 내부 에너지가 감소한다. 부피가 줄어들기 때문에 외부에서 일을 받는다. 즉 $\Delta U \langle 0$, $W \langle 0$이고 $Q = \Delta U + W \langle 0$이다. 따라서, 외부에 열을 방출한다.
$\Delta U \langle 0$, $W \langle 0$이고 $Q \langle 0$

(3) $C{\rightarrow}A$ 과정은 등적과정으로 부피가 일정하게 유지되기 때문에, 외부에 한 일이나 외부로 받은 일은 없다. 계의 온도가 올라가기 때문에 내부 에너지는 증가하고 이는 외부로부터 받은 열로부터 발생한다(열이 계에 유입).

$\Delta U{>}0,\ W{=}0,\ Q{>}0$

(4) $ABCA$의 순환과정 중 하는 일은 도형 ABC가 만드는 면적과 같고 이것은 AB, BC, CA의 과정 중에 흡수 또는 방출된 모든 열의 합으로 나타난다. $ABCA$로 다시 돌아온 과정에서 기체의 내부 에너지 변화는 없다.

$Q_t{=}W_t{=}S(ABC),\ \Delta U(ABCA){=}0$

[문제 3]

(1) 세포성 면역과 체액성 면역의 차이점

세포성 면역에서는 대식 세포가 제시한 항원에 반응하는 보조 T 림프구와 세포독성 T 림프구가 활성화된다. 활성화된 세포독성 T 림프구는 보조 T 림프구의 도움을 받아 해당 병원체에 감염된 세포를 직접 공격하여 파괴한다. 반면 체액성 면역에서는 항원을 인식하고 활성화된 보조 T 림프구의 도움으로 같은 항원을 인식하는 B 림프구가 증식하여 형질 세포와 기억 세포로 분화한다. 형질 세포는 해당 항원에 결합할 수 있는 항체를 생성하고, 이 항체가 항원을 제거한다.

(2) 1차 면역과 2차 면역의 차이점

바이러스가 가지고 있는 병원체(항원)가 우리 몸에 처음 침입하면, B 림프구가 활성화되어 형질 세포와 기억 세포로 분화하고 형질 세포가 항체를 생성하는데, 이를 1차 면역 반응이라고 한다. 1차 면역 반응은 항원의 종류를 인식하고 B 림프구가 활성화되어 항체가 생성되기까지 시간이 걸린다. 1차 면역 반응 후 체내에서 항원이 사라진 뒤에도 그 항원에 대한 기억 세포는 남는다. 이후 동일한 항원이 다시 침입하면 기억 세포가 빠르게 증식하고 분화하여 만들어진 형질 세포가 많은 항체를 생성하는 것을 2차 면역 반응이라고 한다.

(3) 항원-항체 반응과 백신의 의미

항체는 Y자 모양의 단백질로 항원 결합 부위가 2개 있다. 항원 결합 부위는 항체의 종류에 따라 다르며, 입체 구조가 맞는 항원에만 특이적으로 결합할 수 있다. 특이적 방어 작용은 체내에 침입한 항원의 종류를 인식하고, 이 항원에만 반응하여 제거하는 과정이다. 항체를 생성하는 면역 반응을 일으키기 위해 체내에 주입하는 항원을 포함하는 물질을 백신이라고 한다. 백신 접종 시 우리 몸의 면역 반응을 이용하여 인위적으로 1차 면역 반응을 일으켜 기억 세포를 형성하게 한다. 예방 접종 후 병원체(항원)가 체내에 침입했을 때 동일항원에 대한 2차 면역 반응이 일어나 기억 세포는 빠르게 형질 세포로 분화하고, 이 형질 세포는 해당 항원에 결합할 수 있는 많은 양의 특정 항체를 보다 효과적으로 생성하고, 이 항체가 항원을 제거한다.

2023학년도 수시모집 학생부종합전형 활동우수형 자연계열 면접 기출문제

문항 및 제시문

※ 다음 제시문을 읽고 질문에 답하시오.

[가] 정반응과 역반응 속도가 같아 반응물과 생성물의 농도가 변하지 않고 일정하게 유지되는 것을 화학평형이라고 한다. 화학평형의 상태에서는 농도가 변하지 않으므로 반응이 멈춘 것처럼 보이지만 정반응과 역반응이 같은 속도로 계속 일어나고 있는 동적평형 상태이다. 용액이나 기체에서 입자들은 끊임없이 움직이며 농도가 높은 곳에서 낮은 곳으로 이동하는데 이를 확산이라고 한다. 농도가 서로 다른 두 가지 용액을 혼합하게 되면 확산을 통해 농도평형에 도달하게 된다.

[나] 소금물은 농도가 높아질수록 밀도가 증가한다. 일정한 압력에서 온도가 높아질수록 용액의 부피는 팽창하며 밀도는 감소한다. 용액과 마찬가지로 기체도 일정한 압력에서 온도가 높아질수록 부피는 팽창하며 밀도는 감소한다. 해수는 다량의 염류를 포함하고 있어서 순수한 물보다 밀도가 크고, 어는점이 매우 낮다. 따라서 해수의 결빙은 일부 극지방에서만 진행된다. 해수의 결빙에 따라 빙하 주변 해수의 염분이 높아진다.

[다] 중력은 대기의 구성 성분에 영향을 준다. 수소나 헬륨과 같은 기체는 가볍고 속력이 빨라 지구 중력의 영향에서 벗어나 날아가버리지만, 산소, 질소와 같이 비교적 무겁고 속력이 느린 기체는 지구의 중력에 끌리게 되어 대기를 구성한다. 대기와 해수는 끊임없이 순환한다. 해안 지방에서 낮에는 바다에서 육지로, 밤에는 육지에서 바다로 향하는 바람이 분다. 무역풍, 편서풍, 극동풍과 같이 일정한 방향으로 부는 큰 규모의 바람은 해수에 영향을 주어 해류를 생성한다. 한편, 해수는 바람의 영향을 받지 않는 심층 순환을 통해서 극지방의 해수가 저위도 지방으로 확산된다.

[라] 인지질과 단백질로 이루어진 세포막은 세포의 안과 밖을 구분하는 경계로, 세포의 내부를 주변 환경으로부터 독립된 공간으로 유지하게 한다. 세포막에서의 물질 이동은 물질의 종류에 따라 에너지를 사용하지 않는 수동 수송과 에너지를 사용하는 능동 수송으로 진행된다. 세포막을 경계로 세포 안팎의 농도기울기에 의해 물질이 이동하는 수동 수송에는 확산과 삼투가 있다. 또한, 확산은 수송단백질의 사용 여부에 따라서 단순 확산과 촉진 확산으로 구분된다.

[마] 사람이 섭취한 영양소의 물질대사 과정에 문제가 생겨서 항상성의 교란이 동반되는 질환을 대사성질환이라고 한다. 당뇨병은 인슐린을 생산하거나 인슐린에 반응하는 능력이 손상되어 나타나는 대사성질환으로, 포도당이 혈액에서 세포로 촉진 확산을 통해서 이동하는 정도가 감소하여 혈액 내 포도당 농도가 정상보다 높아진다.

[문제 1]
용액에서 용질의 종류와 상관없이 용질의 입자 수에만 비례하는 특성을 총괄성이라고 한다. 총괄성에는 어떤 것이 있는지 제시하시오. 또한, 위 제시문에서 용액의 총괄성과 관련이 있는 현상을 모두 제시하고 설명하시오. [10점]

[문제 2]
해안 지방의 낮과 밤의 풍향 변화 및 해수의 심층 순환에 중력이 미치는 영향을 제시문 [나]와 [다]를 참고하여 설명하시오. 그리고 지구온난화가 해수의 심층 순환에 주는 영향과 이에 따른 지구환경의 변화에 대해 구술하시오. [15점]

[문제 3]
세포막을 통한 물질 이동 과정인 확산과 삼투의 공통점과 차이점을 설명하시오. 또한, 당뇨병 환자의 적혈구 부피 변화를 제시문 [라]와 [마]를 참고하여 답하고, 이러한 부피 변화의 원인을 물질 이동 과정에서 작용하는 세포막의 특성을 중심으로 설명하시오. [15점]

단순한 암기 위주의 지식에 근거한 구술 능력 또는 기계적 문제풀이 능력보다는, 고등학교 교과 과정에서 배운 지식을 바탕으로 주어진 제시문에 담겨 있는 과학 원리를 파악하고 논리적 사고 추론을 통하여 이를 통합적으로 해석하여 문제를 해결하는 능력을 평가하고자 한다.

- [문제 1]은 제시문에 제시된 여러 가지 현상 중에서 총괄성과 관련된 현상을 찾아내고 이를 설명함으로써 용액에서 나타나는 총괄성을 올바르게 이해하고 있는가를 평가하고자 하였다.

- [문제 2]는 제시문에 근거하여 기체 또는 용액의 밀도 변화에 따라 발생하는 자연현상을 중력과 연관지어 이해할 수 있는가를 평가하고자 하였다.

- [문제 3]은 제시문에 근거하여 세포막에서의 물질 이동 과정에 대해서 올바르게 이해하고 있는가를 평가하고자 하였다.

문항 해설

〈제시문 해설〉

[가]
- 화학평형에 대해서 정의하고 있다.
- 화학평형은 동적 평형상태로 물질의 농도 차이가 발생할 때 확산을 통해서 농도 평형에 도달하는 방향으로 물질이 이동된다는 사실을 제시하고 있다.

[나]
- 소금물의 농도가 증가할수록 밀도가 증가한다는 사실을 제시하고 있다.
- 일정한 압력에서 온도가 증가할수록 용액 또는 기체의 부피가 팽창하며 밀도가 낮

아진다는 사실을 제시하고 있다.

- 염류가 포함된 해수는 용액의 총괄성으로 인해 어는점이 내려간다는 사실을 제시하고 있다.

[다]

- 중력에 의해 가벼운 기체는 지구 중력의 영향을 벗어나지만, 무거운 기체는 중력의 영향을 받아 대기를 이룬다는 사실을 제시하고 있다.
- 대기와 해수가 끊임없이 순환한다는 사실을 제시하고 있다.
- 해수의 순환에는 바람의 영향을 받는 표층 순환과 바람의 영향을 받지 않는 심층 순환이 있다는 사실을 제시하고 있다.

[라]

- 세포막의 구성과 기능에 대해서 제시하고 있다.
- 세포막에서의 물질이동이 에너지를 이용하는 과정과 이용하지 않는 과정으로 구성된다는 사실을 제시하고 있다.
- 에너지를 사용하지 않는 물질의 이동에는 확산과 삼투가 있다는 사실을 제시하고 있다.

[마]

- 물질대사 과정에 이상이 생기는 대사성 질환으로 당뇨병을 제시하고 있다.
- 당뇨병에 의해 혈액 내의 포도당 농도가 증가한다는 사실을 제시하고 있다.

〈문제 해설〉

[문제 1]

(1) 용액의 총괄성은 용질의 종류와는 무관하며 용질의 입자수에만 의존하는 특성으로 끓는점 오름, 어는점, 내림, 증기압 내림, 삼투압이 있다.

(2) 용액의 총괄성과 관련 있는 현상으로 제시문 [나]의 해수의 결빙 현상과 제시문 [라]의 세포막에서의 물질이동이 있다.

(3) 제시문 [나]의 해수면의 결빙온도가 낮아지는 현상은 해수는 순수한 물과 비교하여 다량의 염류가 녹아 있는 수용액이기 때문이며 제시문 [라]의 세포막에서의 물질이동에서 삼투현상은 세포막이 반투과성 막이기 때문에 나타나는 현상이다.

[문제 2]
(1) 해안 지방의 낮과 밤의 풍향 변화에 중력이 미치는 영향
물의 비열이 땅에 비해 높기 때문에 해안 지방의 낮에는 육지의 기온이 바다의 기온에 비해 더 높아진다. 반대로 밤에는 육지의 기온이 바다의 기온에 비해 더 낮아진다. 낮에 온도가 높아진 육지의 대기는 밀도가 낮아지고 상승하며 바다의 대기는 상대적으로 밀도가 높아져서 하강한다. 대기의 상승과 하강은 중력으로 인해 생기는 것이다. 이는 제시문 [다]에서 가벼운 기체와 무거운 기체를 예로 들어 설명한 지구 중력의 영향과 연관된다.
이와 같은 대기의 상승, 하강으로 인해 낮에는 바다에서 육지로 향하는 바람이 불고, 밤에는 육지에서 바다로 향하는 바람이 분다.

(2) 해수의 심층 순환에 중력이 미치는 영향
해수의 밀도는 온도에 따라 달라진다. 섭씨 100도에서 섭씨 4도까지는 온도가 낮을수록 밀도가 크고, 섭씨 4도에서 0도까지는 온도가 낮을수록 밀도가 작다. 또한, 해수의 염분이 높아질수록 해수의 밀도는 커진다. 극지방의 해수는 상대적으로 온도가 낮으며 빙하 주변 해수의 염분이 높아서 밀도가 커진다. 밀도가 커진 해수는 중력의 영향으로 아래로 내려가게 되며 이로 인해 심층 순환이 생성된다.

(3) 지구온난화가 해수의 심층 순환을 통해 지구환경 변화에 미치는 영향
지구온난화로 극지방의 해수 온도가 높아지면 해수의 밀도가 작아진다. 또한, 극지방 빙하가 녹음으로써 빙하 주변 해수의 염분이 낮아져서 해수의 밀도가 작아진다. 이러한 효과로 인해 해수의 심층 순환이 원활하게 이루어지지 않게 된다. 해수의 심층 순환은 표층 순환과 연결되어 있으므로, 심층 순환이 원활하게 이루어지지 않는 것은 표층 순환에도 영향을 미친다. 그 결과로 지구에 여러 가지 기상이변이 생기게 된다.

[문제 3]

(1) 세포막을 통한 물질이동에서 확산과 삼투의 공통적 특성은 능동 수송과 달리 에너지를 사용하지 않고 농도기울기에 따라서 물질이 이동한다는 점이다. 차이점은 확산은 세포막을 투과할 수 있는 용질이 농도기울기에 따라서 농도가 높은 곳에서 낮은 곳으로 직접 이동하는 반면, 삼투는 세포막을 투과할 수 없는 용질을 대신해서 용매인 물이 삼투압이 낮은 곳에서 높은 곳으로 이동한다는 점이다.

(2) 당뇨병 환자의 특성인 혈액 내 포도당의 증가는 삼투압의 증가로 이어지고 삼투에 의해서 적혈구 세포 내에서 혈액으로 물의 이동이 발생한다. 그 결과 적혈구 세포의 부피가 감소하는 효과가 발생한다.

(3) 삼투현상이 일어나기 위해서는 세포막이 반투과성막의 성질을 갖고 있어야 한다. 삼투에 의해서 세포막을 통과할 수 없는 용질에 대해서 용매인 물분자가 막을 통해 용질의 농도가 낮은 곳에서 높은 곳으로 이동하는 현상은 세포의 경계인 막이 반투과성이어야 한다는 조건을 필요로 한다.

2022학년도 수시모집 학생부종합전형 활동우수형 (오전) 자연계열 면접 기출문제

문항 및 제시문

※ 다음 제시문을 읽고 질문에 답하시오.

[가] 식물은 광합성을 통해서 이산화탄소와 물을 이용하여 포도당을 합성한다. 광합성의 과정은 명반응과 암반응으로 구성된다. 명반응 과정에서는 물을 광분해하여 산소를 방출하며, 이때 NADPH, ATP 등의 고에너지화합물이 생성된다. 암반응 과정에서는 이산화탄소를 고정하여 포도당을 합성하는데, 포도당 분자 1개를 합성하기 위해서는 NADPH 12분자와 ATP 18분자가 요구된다. 세포는 세포 호흡을 통해서 포도당을 분해하여 NADH, FADH2, ATP 등을 생성한다.

[나] 생물은 외부 환경이 변해도 내부 상태를 항상 일정하게 유지하려고 하는데 이를 항상성이라고 한다. 동물은 신경계, 근육계, 내분비계의 복합적인 작용을 통해 항상성을 유지한다. 생명체 내에서 일어나는 여러 현상에는 다양한 단백질이 관여한다. 예를 들어 세포막에서 물질이 이동하는 과정에서 막단백질을 통한 능동 수송이 이루어지며, 생체분자의 합성, 세포 호흡, 근섬유의 수축 이완, 신경전달물질을 통한 신호 전달 등의 과정에서도 단백질은 매우 중요한 역할을 한다.

[다] 속력은 물체의 빠르기를 나타내는 물리량이며, 단위 시간 동안에 움직이는 이동 거리를 나타낸다. 속도는 속력에 방향을 더한 물리량으로, 단위 시간 동안의 위치 변화를 나타낸다. 움직이는 물체의 질량에 속도를 곱한 값을 운동량이라 하며, 속력의 제곱에 질량을 곱한 값의 절반이 운동 에너지이다. 두 물체가 충돌하는 경우, 충돌 전후 두 물체가 가지는 운동량의 합은 일정하며 이를 운동량보존법칙이라 한다.

[라] 기체 분자는 매우 빠른 속력으로 운동하면서 분자들끼리 끊임없이 충돌하는 무질서한 운동을 하고 있다. 이때 기체 분자의 운동 에너지는 속력에 따라 다양한 값을 가지지만, 운동 에너지의 평균값은 절대온도에 비례한다. 기체가 열을 흡수하면 온도가 높아지면서 기체의 부피는 증가한다. 온도가 높아지는 것은 기체의 내부 에너지가 커지는 과정이며, 부피가 증가하는 것은 기체가 외부에 일하는 과정이다.

[마] 물분자들 사이에는 강한 수소결합이 작용한다. 물이 기화되어 수증기로 변화하는 과정에는 수소결합을 끊을 수 있는 충분한 에너지가 요구되므로 물은 매우 높은 증발열을 가진다. 더운 여름날 소나기가 내리기 전에는 날씨가 후덥지근하지만, 소나기가 내리고 나면 시원함을 느낄 수 있는 것도 이러한 효과 때문이다.

[문제 1]

생명체에서 일어나는 다양한 현상들이 일반적인 화학반응보다 효율적으로 진행되는 이유를 제시문 [가]와 [나]를 참고하여 구술하시오. [10점]

[문제 2]

수증기를 포함하는 뜨거운 공기와 건조한 찬 공기가 혼합되는 과정에서 일어나는 변화와 수증기를 포함하지 않는 뜨거운 공기와 찬 공기가 혼합되는 과정을 비교하여 기체분자의 평균 속력과 내부 에너지의 관점에서 제시문 [라]와 [마]를 참고하여 구술하시오. 그리고 이와 유사한 기상현상의 예를 들고 그 이유를 설명하시오. (단, 수증기의 포함 여부와 무관하게 혼합 전에는 뜨거운 공기와 찬 공기가 각각 같은 온도와 압력을 갖는다.) [15점]

[문제 3]

질량이 M인 입자 A가 아래 그림과 같이 일정한 속력 v로 직선을 따라 이동하다가 질량이 2M인 정지 입자 B와 충돌한 후 그 자리에 멈추었다. 충돌 후 입자 B의 속력과 이동 방향을 제시하고, 충돌 전후 두 입자의 운동 에너지의 합을 비교하여 그 결과를 운동량보존법칙 및 에너지보존법칙을 고려하여 구술하시오. (단, 입자 운동에 대한 마찰력의 영향은 무시한다.) [15점]

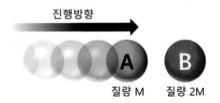

단순한 암기 위주의 지식에 근거한 구술 능력 또는 기계적 문제풀이 능력보다는, 고등학교 교과 과정에서 배운 지식을 바탕으로 주어진 제시문에 담겨 있는 과학 원리를 파악하고 논리적 사고 추론을 통하여 이를 통합적으로 해석하여 문제를 해결하는 능력을 평가하고자 한다.

- [문제 1]은 제시문에 근거하여 생명체 내에서의 화학적 에너지 생성 및 이용에 관한 내용을 파악하고 생명체 내에서 이루어지는 반응들이 매우 효율적으로 진행될 수 있는 이유에 대해 이해할 수 있는가를 평가하고자 하였다.

- [문제 2]는 뜨거운 공기와 찬 공기가 혼합될 때 생기는 현상을 제시문에 근거하여 기체 분자의 평균 속력과 내부 에너지의 관점에서 이해하는 것과 수증기를 포함하는 기체가 찬 공기와 만날 때 생기는 현상을 이해하고 이를 실제 생활에서 마주하는 기상현상과 연결하여 생각할 수 있는가를 평가하고자 하였다.

- [문제 3]은 두 입자의 충돌 시 운동량보존법칙을 적용하여 충돌 후 입자의 속력과 이동 방향에 관한 정보를 추론할 수 있는지 그리고 두 입자의 충돌 시 운동 에너지가 보존되지 않을 수 있음을 보이고 이를 어떻게 해석할 수 있는지를 평가하고자 하였다.

[가]
- 고등학교 「생명과학Ⅱ」에서 배우는 내용에서 생명체가 에너지를 얻는 과정인 광합성과 세포 호흡의 과정을 간략히 소개하였다.
- 광합성의 명반응에서는 NADPH, ATP 등의 고에너지 화합물이, 암반응에서는 포도당이 생성되는 것을 설명하였다.
- 세포 호흡에서는 포도당을 분해하여 NADH, $FADH_2$, ATP 등을 생성하는 것을 제시

하였다.

- 제시문 [가]의 내용과 고등학교 「생명과학Ⅰ」 물질대사 단원에서 배우는 내용을 종합하면 세포 호흡에서 ATP를 생성하여 에너지를 저장하고 이를 근육 운동 등 다양한 생명 활동에 활용함을 알 수 있다.

[나]

- 생물이 외부 환경이 변해도 내부 상태를 항상 일정하게 유지하려고 하는 항상성이 있음을 소개하고 동물이 항상성을 유지하는 방법을 제시하였다.
- 생명체 내에서 일어나는 여러 현상에는 다양한 단백질이 관여함을 제시하고 단백질이 중요한 역할을 하는 여러 가지 예를 들어보였다.

[다]

- 고등학교 「물리Ⅰ」 '힘과 에너지' 단원에서 배우는 속도와 속력의 의미를 설명하였다.
- 움직이는 물체의 운동량과 운동 에너지를 설명하였다.
- 물질의 운동을 분석하는 데 중요하게 사용되는 기본 법칙인 운동량보존법칙을 설명하였다.

[라]

- 기체 분자의 운동에 대하여 설명하고 기체 분자의 평균 운동 에너지가 절대온도에 비례한다는 것을 제시하였다.
- 기체가 열을 흡수하여 온도가 높아지면서 생기는 현상들을 설명하였다.

[마]

- 물분자들 사이에 강한 수소결합이 작용함을 제시하였다.
- 물이 기화되어 수증기로 변화하려면 물분자들 사이의 수소결합을 끊을 수 있는 에너지가 필요하므로 물이 매우 높은 증발열을 가지는 것을 설명하였다.
- 여름날 소나기가 내린 후 시원함을 느낄 수 있는 것을 예로 들어 물이 가지는 매우 높은 증발열이 일상생활에 미치는 효과를 제시하였다.

[문제 1]

(1) 생명체가 에너지를 얻는 과정인 광합성과 세포 호흡은 여러 단계의 과정으로 구성된다. 각 반응단계에서 얻어지는 에너지를 광합성의 경우 태양의 빛 에너지를 NADPH와 ATP에 화학 에너지의 형태로 저장하며, 세포 호흡의 경우 포도당이 분해되면서 방출된 에너지를 NADH, FADH$_2$, ATP 등의 물질에 화학 에너지의 형태로 저장하고 이들 화합물을 이용해서 물질대사에 활용한다.

(2) 생명체는 체온, 혈당량, 삼투압 등 체내 상태를 일정하게 유지하려는 항상성이 있으므로 생명체 내에서의 화학 반응은 생명체가 생존이 가능한 온도 범위에서 진행되어야 한다. 일반적인 화학 반응보다 낮은 온도에서 화학 반응이 진행되려면 활성화 에너지를 낮춰주는 촉매가 필요하다.

(3) 생명체 내에서 일어나는 화학 반응인 물질대사에는 단백질이 주성분인 효소가 촉매로서 작용하는데 생체촉매인 효소가 화학 반응이 일어나는 데 필요한 최소한의 에너지인 활성화 에너지를 낮추어 낮은 온도에서도 화학 반응이 쉽고 빠르게 진행될 수 있다.

[문제 2]

(1) 뜨거운 공기와 찬 공기가 혼합되면 두 공기가 만나는 영역에서 뜨거운 공기로부터 차가운 공기 쪽으로 열이 이동한다. 두 공기가 한정된 부피 안에 담겨 있는 경우 두 공기는 섞인 후 열평형에 도달하여 같은 온도에 이르게 된다. 기체의 내부 에너지는 온도에 따라 결정되므로 두 기체의 혼합 후 내부 에너지의 변화도 예측할 수 있다. 제시문 [라]에서 기체 분자의 운동 에너지의 평균값은 절대온도에 비례함을 알 수 있고 제시문 [다]에서 운동 에너지는 속력의 제곱에 비례함을 알 수 있다. 이를 통해 두 공기가 한정된 부피 안에 담겨 열평형에 도달하는 경우 혼합 이전에 뜨거운 공기의 기체 분자의 평균 속력은 혼합 이후에 낮아지고 혼합 이전에 차가운 공기의 기체 분자의 평균 속력은 혼합 이후에 높아져서 두 평균 속력이 같아진다.

(2) 수증기를 포함하는 뜨거운 공기가 찬 공기와 혼합되면 뜨거운 공기 안에 있던 수증기가 응결하여 물이 된다. 이때 제시문 [마]에서 언급된 물의 증발열이 거꾸로 방출되어, 수증기를 포함하지 않은 경우에 비해 기체의 온도가 더 올라간다. 수증기가 응결하여 물이

되면 기체의 부피가 줄어든다. 공기가 이상 기체 상태 방정식을 따른다고 가정하면, 혼합 전후 전체 부피가 일정한 경우에는 수증기의 응결로 인해 압력이 줄어드는 것을 계산할 수 있다.

(3) 이와 유사한 기상현상으로는 높새바람을 들 수 있다. 수증기를 포함한 공기가 산맥의 사면을 따라 상승하면 기온이 낮아지다가 상승응결고도에 도달하면 구름이 생성되고 비가 내린다. 공기가 산맥의 정상을 넘어가면서 수증기가 비로 변하며 증발열이 방출되는 것으로 인해 고온 건조한 바람이 되어 산맥의 사면을 따라 하강한다. 이를 높새바람이라 한다. 높새바람 외에도 구름, 안개, 태풍 등 수증기의 응결로 나타나는 현상을 정확히 설명하면 된다.

[문제 3]
(1) 제시문 [다]에 따르면 충돌 전후 두 물체가 가지는 운동량의 합은 일정하다. 같은 제시문에 따르면 운동량은 질량에 속도를 곱한 값이므로, 충돌 전에는 입자 A의 운동량의 크기는 MV이고 방향은 제시된 그림에서 화살표 방향이다. 입자 B의 운동량은 0이다. 따라서 충돌 전 운동량의 합은 MV이며 방향은 화살표 방향이다. 운동량보존법칙에 따라, 충돌 후 운동량의 합은 MV이며 방향도 충돌 전과 같은 화살표 방향이다.

(2) 입자 A는 충돌 후 정지하였으므로 충돌 후 운동량의 크기가 0이다. 그러므로 충돌 후 입자 B의 운동량의 크기는 MV−0=MV가 되며, 운동량의 방향과 입자 B의 이동 방향은 모두 화살표 방향이다. 그런데 입자 B의 질량이 A의 두 배이므로, 충돌 후 입자 B의 속력은 충돌 전 A의 속력의 절반이 된다.

(3) 제시문 [다]의 내용을 통해 충돌 전후 두 입자의 운동 에너지를 구할 수 있다. 충돌 전에는 A만 운동 에너지를 가지고 충돌 후에는 B만 운동 에너지를 가진다. B는 A의 질량의 두 배이고, 충돌 후 B의 속력은 충돌 전 A의 속력의 절반이므로, 충돌 후 B의 운동 에너지는 충돌 전 A의 운동 에너지의 절반밖에 되지 않고, 운동 에너지가 보존되지 않는다. 그러므로 에너지보존법칙으로부터 운동 에너지가 줄어든 양만큼 다른 형태의 에너지(예를 들어 충돌 시 발생하는 소리, 열 등)로 전환되었음을 추론할 수 있다.

※ 다음 제시문을 읽고 질문에 답하시오.

[가] 반응물 A가 생성물 B로 변화하는 과정의 반응 속도식은 $v = k[A]^m$로 표현된다. 이때, m이 1일 경우 1차 반응이라 하며 반응속도는 반응물의 농도에 비례한다. 1차 반응에서 반응물의 농도가 초기 농도의 절반으로 감소하는 데 걸리는 시간을 반감기라고 한다.

[나] 물질을 구성하는 원자는 중심의 원자핵과 주변의 전자로 이루어져 있고, 원자핵은 양성자와 중성자로 이루어져 있다. 중성자의 질량은 양성자의 질량에 비해 약 0.1% 정도 더 크다. 원소는 양성자의 수로 구분되며, 양성자수와 중성자수의 합을 질량수라고 한다. 질량수가 12인 탄소(^{12}C) 원자의 질량을 12로 정하고, 이를 기준으로 다른 원자들의 질량을 환산한 값을 원자량이라고 한다. 질량수가 1인 수소(^{1}H)의 원자량은 1.0078이다.

[다] 자연계에는 양성자수는 같지만 중성자수가 서로 다른 원소들이 있는데 이를 동위원소라고 한다. 일부 동위원소는 불안정하여 전자기파나 입자를 방출하며 스스로 붕괴하여 다른 원소로 변화한다. 방사성 동위원소 중 질량수 14인 탄소(^{14}C)가 초기 질량의 절반이 되는 데 걸리는 시간은 약 5,000년 정도이다. 방사성 동위원소가 붕괴되는 과정에서 방출되는 전자기파는 강한 에너지를 가지므로 화학결합을 파괴할 수 있다. 또한, 방사성 동위원소가 붕괴되는 과정에서 방출되는 입자는 가까운 거리의 원자들과 충돌하여 화학적 변화를 일으킬 수 있다.

[라] 대기 대순환은 위도에 따라 연중 일정하게 부는 바람을 만들고, 이 바람이 표층

의 해수를 일정한 방향으로 움직여 표층류가 생긴다. 표층류는 북반구와 남반구에서 거의 대칭으로 흐르며 순환하는데, 이를 표층순환이라 한다.

[마] 생태계는 빛, 공기, 온도, 물, 토양과 같은 비생물적 요인과 생산자, 소비자, 분해자로 구성된 생물적 요인으로 이루어져 있다. 태양으로부터 생태계로 유입된 에너지는 광합성을 통해 생산자에 의해 유기물의 화학 에너지 형태로 바뀌는데, 일부는 세포 호흡을 통해 열로 방출되고 일부는 먹이사슬을 따라 상위 영양단계로 이동한다. 먹이 관계에서 에너지양, 개체 수 등 상위 영양단계로 갈수록 점점 줄어드는 값을 그림으로 나타낸 것을 생태 피라미드라고 한다. 탄소는 생물의 몸을 구성하는 유기물 분자의 골격을 형성하며 광합성과 세포 호흡을 통해 생물과 대기 사이를 순환한다.

[문제 1]
2011년 동일본 대지진으로 인해 후쿠시마에서 원전 사고가 발생하였다. 최근 일본 정부는 후쿠시마 원전 오염수의 해양 방류를 결정하였다. 원전 오염수의 해양 방류로 발생할 수 있는 문제에 대해서 제시문을 참고하여 구술하시오. [10점]

[문제 2]
고대 유적에서 항아리에 담겨 있는 볍씨가 발견되었다. 볍씨에 포함된 ^{14}C의 양을 측정한 결과 최근에 재배된 볍씨에 포함된 ^{14}C의 양의 1/4정도로 나타났다. 항아리가 만들어진 연대를 대략적으로 추론하고, 추론이 성립하기 위한 전제 요건에 대해서 제시문 [가]와 [다]를 참고하여 구술하시오. [15점]

[문제 3]
주기율표상의 탄소(C) 원자량은 12.011이다. 탄소의 원자량이 12가 아닌 이유와 이 값으로부터 추론할 수 있는 내용을 제시문 [나]와 [다]를 참고하여 구술하시오. 수소 원자들과 중성자들이 모여 몇 단계의 핵융합 반응을 거치면서 ^{12}C가 생성될 때 에너지의 출입에 대해 추론하고, ^{1}H의 원자량이 정확히 ^{12}C의 원자량의 1/12이 아닌 이유는 무엇인지 구술하시오. [15점]

고등학교 교육과정에서 배운 기본지식을 바탕으로 주어진 제시문에 담겨 있는 과학 원리를 이해하고, 이를 통합적으로 해석하는 능력을 평가하기 위한 문제이다. 아울러 해석한 과학 원리를 실제 문제해결에 적용하는 능력을 평가하고자 한다. 단순한 암기 위주의 지식에 또는 기계적 문제풀이 능력보다는 다양한 과학과 교과목 내의 자연 현상을 이해하고, 논리적 사고 및 추론을 통한 문제해결 능력 평가에 주력하였다.

- [문제 1]은 최근 일본의 오염수 방류에 대한 사회적인 현상을 고등학교 물리학, 화학, 생명과학, 지구과학을 포함하는 통합적인 지식을 바탕으로, 제시된 지문을 활용하여 오염수의 방류에 따른 문제점을 유추할 수 있는지를 평가한다.

- [문제 2]는 고등학교 화학, 지구과학 교육과정에서 배우는 방사성 동위원소의 반감기와 화학 반응의 속도식에 근거하여 문제의 해결 능력을 평가한다.

- [문제 3]은 고등학교 화학 교육과정의 원자 번호, 원자량, 질량수 등에 대한 지식을 기반으로 핵융합 및 질량 결손에 대한 지식을 묻고 있으며 자연계에서 일어나는 현상을 분석하는 논리적 사고력을 평가한다.

문항 해설

[가]
화학 반응의 속도식을 나타내고 있으며 1차 반응을 설명하고 있다.

[나]
원자의 기본 구성을 설명하고 있으며 중성자의 질량이 양성자의 질량보다 약간 더 무겁다는 정보를 주고 있다. 또한, 질량수 및 원자량의 정의를 설명한다.

[다]

동위 원소의 정의를 설명하고 있으며, 동위원소는 불안정하여 스스로 붕괴하면서 전자기파나 입자의 형태로 에너지를 방출한다는 것을 설명한다. 또한, 이때 발생하는 전자파와 입자의 유해성에 대해서 각각 설명하고 있다. 질량수가 14인 ^{14}C의 반감기에 대한 정보를 제공하고 있다.

[라]

대기 대순환의 정의 및 이 대기 대순환을 통해 일어나는 표층 순환에 대한 정보를 제공한다.

[마]

생태계의 구성 요소를 정의하고 있으며 유입된 에너지가 먹이사슬을 따라 흐르는 과정과 생태 피라미드의 개념을 설명하고 있다. 이 과정에서 탄소는 유기물 분자의 골격을 형성하며 광합성과 세포 호흡을 통해 생물체와 대기 사이의 탄소 순환이 형성된다는 점을 강조한다.

[문제 1]

후쿠시마 원전 오염수의 해양 방류로 인해 생길 수 있는 문제점을 제시문을 근거로 논리적으로 답을 하는 문제이다.

(1) 제시문 [라]에 근거하여 오염수가 방류되면 표층류를 타고 타지역으로 확산된다.

(2) 제시문 [다], [마]에 근거, 방사성 동위원소가 붕괴되는 과정에서 방출되는 전자기파가 유기물로 구성된 생물들의 화학구조를 변화시키게 된다(피폭).

(3) 제시문 [마]에 근거하여 해양에 유입된 방사성 동위원소는 생물에 흡수되어 먹이사슬을 따라 상위 포식자에게 축적되어 간다. 이때는 방사성 동위원소가 붕괴되는 과정에서 방출되는 전자기파뿐만 아니라 입자 또한 근거리에 위치하는 각종 생체 내부의 유기 분자들의 골격을 파괴할 수 있다.

[문제 2]

고대 유적에서 발견된 항아리 속 볍씨를 활용하여 방사선 동위원소 분석을 통해 항아리가 만들어진 시기를 추론하고, 이 추론이 성립하기 위한 전제 조건을 논리적으로 설명하는 문제로 볍씨 내 존재하는 ^{14}C의 반감기를 활용하는 문제이다.

(1) [문제 2]에서 볍씨가 ^{14}C를 현재 대비 1/4의 양을 가지고 있다고 했으므로 제시문 [다]에서 제시한 ^{14}C의 반감기인 5,000년을 2번 지났기 때문에 항아리가 만들어진 시기를 10,000년 전 이라는 것을 추론할 수 있다.

(2) 이 추론이 성립하기 위해서는 ① ^{14}C의 붕괴반응은 1차 반응이다. ② 볍씨 내에 존재하는 탄소는 대기 중의 이산화탄소가 광합성을 통해 유기물의 형태로 축적된 것이다. ③ 과거와 현재의 대기 중의 ^{14}C의 농도가 일정해야 한다 (마이너 추가 답안: 볍씨와 항아리가 동일한 시기에 만들어져야 한다. 볍씨가 항아리 속에 넣어지면 광합성을 못해 ^{14}C가 더 이상 축적되거나 더 이상 세포 호흡으로 인해 소모되지 않는다.)

[문제 3]
주기율표상의 탄소(C) 원자의 원자량이 동위원소의 존재로 정확히 12가 아닌 이유를 제시문을 근거로 답을 해야 한다. 그리고 수소 원자들과 중성자들이 모여 핵융합 반응을 거치면서 ^{12}C가 생성될 때의 반응 에너지의 출입에 대해 논하고, 이를 근거로 실제 ^{1}H의 원자량이 정확하게 ^{12}C의 원자량의 1/12이 아닌지 이유를 설명하는 문제이다.

(1) 탄소(C) 원자의 원자량이 12.011인 이유는 양성자수가 6개로 동일하더라도 중성자수가 6개, 7개, 8개인 ^{12}C, ^{13}C, ^{14}C 등의 동위원소가 존재하기 때문이며 탄소(C) 원자의 원자량은 이들의 질량 평균값을 의미하기 때문이다. 하지만 12에 매우 가까운 값을 가지는 것으로 볼 때 ^{12}C가 자연계에 대부분을 차지함을 유추할 수 있다.

(2) 핵융합 과정에서는 질량 결손으로 인한 에너지의 발산이 발생하고 (그때 발생하는 에너지는 $E=mc^2$) 수소가 헬륨을 거쳐 탄소에 이르기까지 각 단계에서 매우 작은 수준의 질량 결손과 이로 인한 엄청난 양의 에너지가 발산하게 된다.

(3) ^{12}C의 원자량을 12라고 규정했으므로 이는 양성자 6개와 중성자 6개의 합의 값을 의미한다. 하지만 제시문 [나]에서 중성자가 양성자 대비 0.1%정도 무겁다고 했으므로 실제 양성자 1개로 이루어진 ^{1}H의 원자량은 1보다 작아야 한다. 그러나 제시문 [나]에서는 ^{1}H의 원자량을 1.0078로 제시하고 있으므로 이는 (2)에서 언급한 바와 같이 수소에서 탄소로 몇 단계의 핵융합 과정에서 일어나는 질량 결손이 생기기 때문이다.

입학 결과

어디가샘 입학 결과

● 용어 정의

- 50%CUT: 대입정보포털 어디가(www.adiga.kr)에서 발표한 최종등록자 50% 커트라인 점수
- 70%CUT: 대입정보포털 어디가(www.adiga.kr)에서 발표한 최종등록자 70% 커트라인 점수

- [교과], [정시]
  ① X: 대입상담포털 어디가샘(sam.adiga.kr) 충원 합격 사례 중에서 최고점
  ② Y: 대입상담포털 어디가샘(sam.adiga.kr) 충원 합격 사례 중에서 최하점의 차하점
  ③ Z: 대입상담포털 어디가샘(sam.adiga.kr) 충원 합격 사례 중에서 최하점

- [교과] A: (전 교과 평균 등급) 합격자 70% 지점

- [종합] X: 합격자 50% 지점, Y: 합격자 60% 지점, Z: 합격자 70~80% 지점

- 지역: 지역인재전형의 줄임말로 사용됨
  예) 표 안의 '대전-지역'은 '대전-지역인재전형'의 줄임말로 사용됨

의대 '어디가샘' 입학 결과 (2024학년도)

대학명	지역	전형	24X	24Y	24Z	24A	23X	23Y	23Z	22X	22Y	22Z
가천대	인천	교과	1.00	1.00	1.00	1.12	1.07	1.10	1.11	1.00	1.11	1.12
가천대	인천	정시	298	298	298		298	297	297	296	296	295
가천대	인천	종합	1.44	1.56	2.02		1.52	1.55	2.08	1.41	1.50	1.52
가톨릭관동대	강원	교과	1.06	1.14	1.15	1.24	1.10	1.16	1.18	1.13	1.30	1.30
가톨릭관동대	강원	정시	293	295	296		295	295	293	293	293	293
가톨릭관동대	강원	종합	1.30	1.32	1.35		1.21	1.31	1.34	1.28	1.40	1.64
가톨릭관동대	강원-지역	교과	1.16	1.30	1.31	1.33	1.14	1.28	1.29	1.07	1.11	1.63
가톨릭대	서울	교과	1.00	1.00	1.00	1.02	1.00	1.00	1.04	1.00	1.03	1.04
가톨릭대	서울	정시	299	295	298		299	299	299	298	296	296
가톨릭대	서울	종합	1.08	1.05	1.11		1.06	1.13	1.18	1.08	1.16	1.23
강원대	강원	교과	1.04	1.12	1.15	1.08	1.04	1.13	1.18	1.04	1.16	1.20
강원대	강원	정시	296	296	296		297	295	295	295	291	291
강원대	강원	종합	1.22	1.45	1.03		1.09	1.11	1.14	1.09	1.16	1.25
강원대	강원-지역	교과	1.17	1.22	1.28	1.14	1.25	1.27	1.30	1.24	1.26	1.36
건국대(글로컬)	충북	정시					297	297	297	296	295	295
건국대(글로컬)	충북	종합	1.29	1.34	1.42		1.28	1.29	1.39	1.21	1.23	1.31
건국대(글로컬)	충북-지역	교과	1.19	1.41	1.44	1.32	1.28	1.31	1.33	1.23	1.45	1.51
건국대(글로컬)	충북-지역	정시					294	294	294			
건양대	대전	교과	1.12	1.19	1.20	1.32	1.23	1.24	1.40	1.40	1.40	1.40
건양대	대전	교과-면접	1.00	1.00	1.00	1.00				1.00	1.03	1.03
건양대	대전	정시	297	296	296							
건양대	대전-지역	교과			1.26		1.12	1.34	1.37	1.33	1.34	1.68
건양대	대전-지역	교과-면접			1.15		1.17	1.25	1.35	1.00	1.05	1.10
건양대	대전-지역	정시					297	297	297	295	294	293
건양대	대전-지역	종합	1.24	1.17	1.20		1.29	1.33	1.34	1.33	1.34	1.68
건양대	대전-지역	종합-면접	1.06	1.15	1.15		1.17	1.19	1.25	1.03	1.05	1.10
경북대	대구	정시	298	297	296		298	296	294	295	291	290
경북대	대구	종합	1.58	1.80	2.46		1.45	1.60	1.96	1.25	1.49	1.56
경북대	대구-지역	교과	1.08	1.12	1.13	1.13	1.16	1.19	1.21	1.12	1.18	1.20
경북대	대구-지역	종합	1.29	1.44	1.69		1.48	1.60	1.72	1.48	1.65	1.70
경상국립대	경남	교과	1.14	1.17	1.18	1.16	1.09	1.24	1.26	1.16	1.17	1.18
경상국립대	경남	정시	293	293	290		290	290	290	292	290	289
경상국립대	경남	종합	1.23	1.23	1.23		1.48	1.48	1.48	2.00	2.00	2.00
경상국립대	경남-지역	교과	1.04	1.09	1.10	1.13	1.06	1.12	1.12	1.12	1.17	1.18
경상국립대	경남-지역	정시	288	288	288		292	287	287	294	292	287
경상국립대	경남-지역	종합	1.03	1.24	1.20		1.23	1.31	1.48	1.27	1.27	1.27
경희대	서울	교과	1.00	1.04	1.05	1.05	1.00	1.00	1.00			
경희대	서울	정시	298	299	297		299	297	295	298	297	292
경희대	서울	종합	1.04	1.06	1.13		1.04	1.14	1.20	1.06	1.10	1.26

대학	지역	전형										
계명대	대구	교과	1.13	1.24	1.27	1.32	1.30	1.35	1.36	1.04	1.46	1.47
계명대	대구	정시	296	295	296		297	296	296	294	293	292
계명대	대구	종합	1.61	1.88	1.88		1.44	1.32	1.88			
계명대	대구-지역	교과	1.30	1.51	1.91	1.40	1.12	1.30	1.33	1.20	1.35	1.46
계명대	대구-지역	종합	1.44	1.53	1.62		1.07	1.09	1.81	1.19	1.29	1.35
고려대	서울	교과	1.00	1.12	1.13	1.09	1.04	1.11	1.12	1.11	1.30	1.32
고려대	서울	정시	298	297	296		299	298	298	298	293	292
고려대	서울	정시-교과	298	298	297							
고려대	서울	종합-계열								1.08	1.08	1.08
고려대	서울	종합-학업	1.15	1.19	1.23		1.03	1.22	1.37	1.07	1.22	1.32
고신대	부산	교과	1.22	1.27	1.31	1.33	1.27	1.36	1.37	1.28	1.39	1.41
고신대	부산	정시	294	293	292		294	293	291	293	288	287
고신대	부산-자역	정시	292	291	288		294	292	290	297	296	290
고신대	부산-지역	교과	1.20	1.32	1.33	1.28	1.29	1.40	1.42	1.30	1.45	1.46
단국대(천안)	충남	정시	295	294	293		296	294	294	294	291	290
단국대(천안)	충남	종합-면접	1.21	1.39	1.60		1.26	1.28	1.39	1.22	1.23	1.36
대구가톨릭대	경북	교과	1.14	1.21	1.21	1.21	1.17	1.17		1.32	1.42	1.43
대구가톨릭대	경북	정시	288	292	291							
대구가톨릭대	경북-지역	교과	1.23	1.40	1.44	1.37	1.18	1.31	1.35	1.21	1.22	1.33
대구가톨릭대	경북-지역	종합	1.53	1.41	1.41		1.99	1.99	1.99			
동국대(WISE)	경북	교과	1.07	1.26	1.30	1.24	1.21	1.27	1.28	1.19	1.36	1.44
동국대(WISE)	경북	정시	295	298	294					295		291
동국대(WISE)	경북	종합	1.39	1.50	1.50		1.55	1.57	1.80	1.68	1.81	1.88
동국대(WISE)	경북-지역	교과	1.24	1.42	1.56	1.35	1.35	1.58	1.63			
동국대(WISE)	경북-지역	정시	294	294	294							
동국대(WISE)	경북-지역	종합	1.52	1.55	1.58		1.48	1.59	1.64	1.58	1.67	1.73
동아대	부산	정시	294	293	288		293	293	293	293	293	293
동아대	부산-지역	교과	1.13	1.21	1.26	1.23	1.17	1.35	1.36	1.22	1.41	1.44
동아대	부산-지역	정시	292	295	293		292	292	292	296	296	296
부산대	경남	교과								1.04	1.15	1.22
부산대	경남	정시					297	297	297	296	295	295
부산대	경남-지역	교과	1.06	1.11	1.13	1.08	1.09	1.12	1.13	1.08	1.16	1.16
부산대	경남-지역	정시	298	295	292		297	296	294			
부산대	경남-지역	종합-면접	1.18	1.23	1.27		1.23	1.31	1.41	1.39	1.58	1.70
서울대	서울	정시	299	299	299		299	299	299	299	298	297
서울대	서울	정시-지균	296	296	296		297	297	297			
서울대	서울	종합-일반	1.06	1.11	1.19		1.10	1.27	1.37	1.14	1.19	1.25
서울대	서울	종합-지균	1.02	1.05	1.12		1.00	1.06	1.14	1.00	1.09	1.19
성균관대	경기	정시	297	296	296		298	297	297	298	298	298
성균관대	경기	종합	1.03	1.09	1.17		1.04	1.07	1.19	1.02	1.04	1.10
순천향대	충남	교과	1.00	1.00	1.00	1.13	1.00	1.00	1.00	1.00	1.10	1.10
순천향대	충남	정시	298	297	296		298	297	296	298	296	295
순천향대	충남-지역	교과	1.10	1.10	1.10	1.19	1.00	1.00	1.10	1.00	1.10	1.20
순천향대	충남-지역	정시										
순천향대	충남-지역	종합	1.04	1.10	1.20		1.06	1.12	1.18	1.04	1.15	1.25

대학	지역	전형										
아주대	경기	정시					298	298	298	298	297	297
아주대	경기	종합-면접	1.15	1.18	1.44		1.29	1.39	1.76	1.34	1.48	1.65
연세대	서울	교과	1.00	1.03	1.05	1.03	1.00	1.03	1.04	1.00	1.03	1.12
연세대	서울	정시	298	297	297		299	299	299	300	299	298
연세대	서울	종합	1.10	1.18	1.22		1.03	1.07	1.10	1.05	1.08	1.10
연세대(미래)	강원	교과	1.29	1.34	1.35	1.30	1.27	1.27	1.52	1.17	1.38	1.48
연세대(미래)	강원	정시	296	293	293		296	294	288	296	295	294
연세대(미래)	강원	종합	1.33	1.42	1.54		1.31	1.33	1.53	1.38	1.40	1.41
연세대(미래)	강원-지역	종합	1.18	1.29	1.32		1.13	1.20	1.36	1.14	1.27	1.64
영남대	경북	교과	1.25	1.28	1.29	1.24	1.32	1.35	1.43	1.34	1.48	1.64
영남대	경북	정시	296	295	294		299	298	296	294	293	293
영남대	경북-지역	교과	1.47	1.57	1.61	1.50	1.48	1.51	1.54	1.55	1.75	1.79
영남대	경북-지역	정시	296	295	292		296	294	294			
울산대	울산	정시					297	295	295	299	298	297
울산대	울산	종합	1.11	1.15	1.22		1.10	1.18	1.25	1.13	1.19	1.20
울산대	울산-지역	종합	1.09	1.15	1.21		1.03	1.09	1.24	1.03	1.04	1.08
원광대	전남-지역	종합	1.10	1.21	1.24		1.11	1.19	1.24	1.17	1.23	1.35
원광대	전북	정시	294	293	293		295	294	294	293	290	286
원광대	전북	종합	1.10	1.16	1.35		1.14	1.20	1.28	1.10	1.19	1.23
원광대	전북-지역	종합	1.14	1.40	1.59		1.16	1.25	1.47	1.18	1.23	1.51
을지대	대전	교과	1.14	1.16	1.18	1.21	1.06	1.12	1.27		1.19	
을지대	대전	정시					297	297	297	295	294	292
을지대	대전-지역	교과	1.28	1.43	1.44	1.41	1.19	1.35	1.38	1.27	1.31	1.34
이화여대	서울	정시-인문					295	295	295	293	293	293
이화여대	서울	정시-자연					297	295	293	297	294	291
이화여대	서울	종합-자연	1.11	1.13	1.18		1.02	1.06	1.14	1.11	1.20	1.50
인제대	경남	교과	1.00	1.06	1.08	1.20	1.00	1.08	1.08	1.06	1.13	1.24
인제대	경남	정시	292	292	292		296	296	296	295	294	290
인제대	경남-지역	교과	1.00	1.12	1.15	1.23	1.00	1.12	1.14	1.00	1.15	1.19
인제대	경남-지역	정시					297	296	294			
인하대	인천	교과	1.05	1.06	1.07	1.20	1.00	1.08	1.09	1.15	1.17	1.20
인하대	인천	정시	299	297	295		297	296	295	294	292	290
인하대	인천	종합-면접	1.07	1.12	1.17		1.06	1.12	1.19	1.10	1.14	1.26
전남대	광주	교과					1.10	1.12	1.13	1.28	1.34	1.34
전남대	광주	정시	295	294	293		296	295	287	293	287	286
전남대	광주	종합	1.15	1.18	1.23		1.10	1.11	1.11	1.22	1.23	1.31
전남대	광주-지역	교과	1.12	1.28	1.29	1.23	1.08	1.12	1.13	1.10	1.32	1.33
전남대	광주-지역	정시					296	295	294	294	293	293
전북대	전북	교과	1.25	1.33	1.39	1.29	1.30	1.34	1.37	1.39	1.48	1.58
전북대	전북	정시	296	295	291		296	294	293	295	293	288
전북대	전북	종합	1.20	1.33	1.33		1.32	1.53	1.67	1.09	1.14	1.25
전북대	전북-지역1	교과	1.27	1.35	1.44	1.32						
전북대	전북-지역2	교과	1.43	1.60	1.63	1.43	1.50	1.51	1.53	1.51	1.61	1.72
전북대	전북-지역	정시	295	292	292		294	292	292	288	287	282

대학	지역	전형										
제주대	제주	교과	1.00	1.03	1.04	1.05	1.02	1.09	1.11	1.00	1.00	1.10
제주대	제주	정시					294	294	294	293	292	292
제주대	제주-지역	교과	1.23	1.28	1.29	1.27						
제주대	제주-지역	정시	288	288	288		296	294	294	290	290	290
조선대	광주	교과	1.04	1.11	1.12	1.12	1.05	1.13	1.15	1.21	1.35	1.48
조선대	광주	정시	293	293	293		291	286	285	289	287	281
조선대	광주	종합	1.11	1.18	1.20		1.12	1.14	1.19	1.22	1.28	1.31
조선대	광주-지역	교과	1.18	1.35	1.38	1.27	1.13	1.24	1.25	1.14	1.53	1.59
조선대	광주-지역	정시	292	289	285		293	289	287	288	283	283
중앙대	서울	정시	298	297	295		297	297	296	297	294	294
중앙대	서울	종합-면접	1.13	1.27	1.61		1.39	1.55	1.61	1.00	1.09	1.84
중앙대	서울	종합-서류	1.36	1.44	1.60		1.34	1.51	1.95	1.36	1.62	1.66
충남대	대전	교과	1.04	1.14	1.15	1.12	1.10	1.14	1.14	1.09	1.18	1.19
충남대	대전	정시	298	295	294		297	297	295	294	293	292
충남대	대전	종합-면접	1.11	1.14	1.15		1.08	1.12	1.19	1.06	1.11	1.13
충남대	대전	종합-서류	1.15	1.19	1.26							
충남대	대전-지역	교과	1.17	1.33	1.35	1.21						
충남대	대전-지역	정시	295	286	286		297	296	294	296	295	286
충북대	충북	교과	1.00	1.00	1.05	1.14	1.07	1.19	1.19	1.20	1.22	1.42
충북대	충북	정시	291	291	291		294	294	294	293	291	290
충북대	충북	종합	1.03	1.06	1.17		1.00	1.04	1.09	1.02	1.04	1.12
충북대	충북	종합-최저	1.13	1.17	1.17		1.16	1.18	1.19	1.10	1.44	1.44
충북대	충북-지역	교과	1.04	1.19	1.20	1.17						
충북대	충북-지역	정시					291	291	291	290	286	286
한림대	강원	정시	296	296	296		292	292	292	297	296	296
한림대	강원	종합	1.15	1.19	1.31							
한림대	강원-지역	종합	1.05	1.80	1.27							
한양대	서울	정시	298	297	296		297	297	296	297	296	295
한양대	서울	종합	1.06	1.19	1.31		1.28	1.41	1.45	1.04	1.06	1.14

의대 진로 진학 특강

CHAPTER 02 어디가 입학 결과

● 용어 정의

• 50%CUT: 대입정보포털 어디가(www.adiga.kr)에서 발표한 최종등록자 50% 커트라인 점수

• 70%CUT: 대입정보포털 어디가(www.adiga.kr)에서 발표한 최종등록자 70% 커트라인 점수

● 의대 '어디가' 입학 결과 (2023~2021학년도)

지역	대학명	학년도	전형명	모집단위	모집인원	경쟁률	충원인원	50%CUT	70%CUT
강원	가톨릭관동대	2023	CKU종합	의예과	8	15.40	4	1.29	1.34
강원	가톨릭관동대	2023	가톨릭지도자	의예과	2	16.00	1	-	-
강원	가톨릭관동대	2023	강원인재	의예과	8	22.40	18	1.24	1.27
강원	가톨릭관동대	2023	교과일반	의예과	9	25.80	18	1.13	1.16
강원	가톨릭관동대	2022	CKU종합전형	의예과	8	12.40	1	1.30	1.31
강원	가톨릭관동대	2022	가톨릭지도자추천	의예과	2	11.50	0	-	-
강원	가톨릭관동대	2022	교과일반	의예과	9	26.30	16	1.20	1.22
강원	가톨릭관동대	2022	지역인재	의예과	8	12.30	16	1.39	1.53
강원	가톨릭관동대	2021	CKU종합전형	의예과	8	15.00	3	1.40	1.40
강원	가톨릭관동대	2021	교과일반	의예과	16	14.88	18	-	1.60
강원	가톨릭관동대	2021	지역인재	의예과	8	10.25	10	-	1.30
강원	강원대	2023	미래인재	의예과	9	19.00	7	1.75	1.51
강원	강원대	2023	일반전형	의예과	10	17.20	26	1.07	1.10
강원	강원대	2023	지역인재	의예과	14	10.29	8	1.18	1.26
강원	강원대	2022	미래인재	의예과	9	24.11	3	1.21	-
강원	강원대	2022	일반전형	의예과	10	22.50	35	1.09	1.15
강원	강원대	2022	지역인재	의예과	15	13.13	18	1.25	1.31
강원	강원대	2021	일반전형	의예과	10	31.90	28	-	1.10
강원	강원대	2021	지역인재	의예과	15	8.67	15	-	1.90
강원	연세대(미래)	2023	강원인재	의예과	18	11.00	12	1.67	4.16
강원	연세대(미래)	2023	교과우수	의예과	15	25.00	4	1.23	1.30
강원	연세대(미래)	2023	학교생활	의예과	18	12.33	2	1.40	1.47

강원	연세대(미래)	2022	강원인재	의예과	14	10.79	5	1.50	1.64
강원	연세대(미래)	2022	교과우수	의예과	15	12.40	10	1.31	1.38
강원	연세대(미래)	2022	학교생활	의예과	19	14.32	3	1.33	1.37
강원	연세대(미래)	2021	강원인재	의예과	14	10.71	1	1.30	1.30
강원	연세대(미래)	2021	교과우수	의예과	14	20.14	2	-	1.10
강원	연세대(미래)	2021	학교생활	의예과	19	14.37	8	1.40	1.40
강원	한림대	2023	지역인재	의예과	16	12.50	4	1.35	3.64
강원	한림대	2023	학교생활	의예과	20	31.15	10	1.18	1.26
강원	한림대	2022	지역인재	의예과	15	10.80	1	-	-
강원	한림대	2022	학교생활	의예과	23	21.91	9	-	-
강원	한림대	2021	지역인재	의예과	15	9.53	7	1.50	3.40
강원	한림대	2021	학교생활	의예과	23	19.65	17	1.20	1.30
경기	가천대	2023	가천의약학	의예과	20	40.70	7	-	2.21
경기	가천대	2023	지역균형	의예과	5	19.00	3	1.10	1.10
경기	가천대	2022	가천의약학	의예과	20	36.90	6	-	2.00
경기	가천대	2022	지역균형	의예과	5	19.40	4	-	1.10
경기	가천대	2021	가천의약학	의예과	20	33.30	14	-	2.60
경기	가천대	2021	학생부우수	의예과	5	25.80	12	-	1.00
경기	아주대	2023	ACE	의학과	20	46.20	11	1.32	2.35
경기	아주대	2023	논술	의학과	10	447.60	3	2.97	-
경남	경상국립대	2023	교과(일반)	의예과	10	14.70	17	1.15	1.23
경남	경상국립대	2023	교과(지역)	의예과	24	10.88	44	1.11	1.10
경남	경상국립대	2023	종합(일반)	의예과	3	19.67		-	-
경남	경상국립대	2023	종합(지역)	의예과	3	15.33	2	-	-
경남	경상국립대	2022	교과(일반)	의예과	14	22.86	22	1.15	1.16
경남	경상국립대	2022	교과(지역)	의예과	20	18.20	29	1.12	1.15
경남	경상국립대	2022	종합(일반)	의예과	3	11.00	0	-	-
경남	경상국립대	2022	종합(지역)	의예과	3	17.00	0	-	-
경남	경상국립대	2021	교과(일반)	의예과	17	27.88	51	-	1.20
경남	경상국립대	2021	교과(지역)	의예과	12	26.83	20	-	1.20
경남	인제대	2023	지역인재	의예과	28	8.14	14	1.08	1.09
경남	인제대	2022	의예	의예과	28	9.39	16	-	1.08
경남	인제대	2022	지역인재	의예과	28	8.46	4	-	1.19
경남	인제대	2021	의예	의예과	28	10.93	17	-	-
경남	인제대	2021	지역인재	의예과	28	9.07	10	-	-
경북	대구가톨릭대	2023	교과우수	의예과	5	17.00	2	1.25	1.29
경북	대구가톨릭대	2023	지역교과	의예과	19	11.79	19	1.22	1.29
경북	대구가톨릭대	2023	지역종합	의예과	2	24.50	1	-	-
경북	대구가톨릭대	2022	지역교과	의예과	15	19.33	5	1.28	1.33
경북	대구가톨릭대	2021	DCU자기추천	의예과	5	20.20	2	-	1.60
경북	대구가톨릭대	2021	지역교과	의예과	15	16.47	5	-	1.60

경북	동국대(WISE)	2023	교과	의예과	10	32.60	17	1.20	1.20
경북	동국대(WISE)	2023	교과(지역)	의예과	11	15.70	14	1.40	1.40
경북	동국대(WISE)	2023	종합(지역)	의예과	9	25.00	11	1.40	1.70
경북	동국대(WISE)	2023	종합(참사랑)	의예과	6	42.30	1	1.60	1.60
경북	동국대(WISE)	2022	교과	의예과	13	58.70	13	1.30	1.30
경북	동국대(WISE)	2022	종합(지역)	의예과	10	22.60	10	1.70	1.80
경북	동국대(WISE)	2022	종합(참사랑)	의예과	7	36.00	7	1.60	1.60
경북	동국대(WISE)	2021	교과	의예과	16	42.80	16	-	1.60
경북	동국대(WISE)	2021	종합(지역)	의예과	7	21.90	9	1.90	1.90
경북	동국대(WISE)	2021	종합(참사랑)	의예과	7	31.90	3	1.80	2.30
경북	영남대	2023	교과(일반)	의예과	8	45.50	12	1.32	1.32
경북	영남대	2023	교과(지역)	의예과	23	15.52	16	1.40	1.43
경북	영남대	2023	의학창의인재	의예과	8	15.75	3	1.40	1.42
경북	영남대	2022	교과(일반)	의예과	8	34.25	23	1.47	1.47
경북	영남대	2022	교과(지역)	의예과	25	13.60	19	1.58	1.68
경북	영남대	2021	교과(일반)	의예과	8	29.13	22	-	1.40
경북	영남대	2021	지역인재	의예과	25	16.28	18	-	1.50
경북	영남대	2021	창의인재	의예과	8	23.75	4	-	1.50
광주	전남대	2023	교과(일반)	의예과	14	17.00	18	1.09	1.12
광주	전남대	2023	교과(지역)	의예과	67	8.82	42	1.08	1.10
광주	전남대	2023	교과(지역기회)	의예과	3	6.67	1	1.27	3명이하
광주	전남대	2023	종합(고교생활Ⅰ)	의예과	5	17.60		1.17	1.19
광주	전남대	2022	교과(일반)	의예과	24	17.30	15	1.24	1.28
광주	전남대	2022	교과(지역)	의예과	38	10.50	39	1.13	1.18
광주	전남대	2022	종합(고교생활)	의예과	12	17.20	4	1.26	1.32
광주	전남대	2021	교과(일반)	의예과	37	14.20	29	-	1.30
광주	전남대	2021	종합(지역)	의예과	38	9.30	40	1.10	1.10
광주	조선대	2023	교과(일반)	의예과	18	25.20	56	1.11	1.13
광주	조선대	2023	교과(지역)	의예과	42	13.40	45	1.20	1.22
광주	조선대	2023	종합(일반)	의예과	10	24.30	12	1.07	1.04
광주	조선대	2022	교과(일반)	의예과	42	12.20	35	1.27	1.35
광주	조선대	2022	종합(지역)	의예과	27	15.70	33	1.42	1.55
광주	조선대	2021	교과(일반)	의예과	43	15.60	17	-	1.30
대구울산	경북대	2023	교과(지역)	의예과	12	9.10	5	1.08	1.18
대구울산	경북대	2023	종합(일반)	의예과	22	41.40	11	1.74	2.19
대구울산	경북대	2023	종합(지역)	의예과	34	8.40	5	1.46	1.53
대구울산	경북대	2022	교과(지역)	의예과	10	14.70	5	1.08	1.12
대구울산	경북대	2022	종합(일반)	의예과	10	40.60	4	1.70	2.50
대구울산	경북대	2022	종합(지역)	의예과	28	8.60	5	1.52	1.76
대구울산	경북대	2021	교과(일반)	의예과	15	29.33	14	1.70	1.80
대구울산	경북대	2021	교과(지역)	의예과	30	7.67	4	1.30	1.40
대구울산	경북대	2021	종합(지역)	의예과	10	7.50	12	-	1.70
대구울산	계명대	2023	교과(일반)	의예과	16	26.50	9	1.23	1.27
대구울산	계명대	2023	교과(지역)	의예과	24	12.60	24	1.21	1.26
대구울산	계명대	2023	종합(일반)	의예과	4	37.80	1	1.60	1.60

대구울산	계명대	2023	종합(지역)	의예과	6	27.30	2	1.66	1.66
대구울산	계명대	2022	교과(일반)	의예과	17	22.20	22	1.36	1.38
대구울산	계명대	2022	교과(지역)	의예과	24	12.90	17	1.28	1.34
대구울산	계명대	2022	종합(일반)	의예과	4	19.00	1	1.77	1.77
대구울산	계명대	2022	종합(지역)	의예과	6	29.20	6	1.69	1.88
대구울산	계명대	2021	교과(지역)	의예과	19	13.70	14	-	1.20
대구울산	계명대	2021	종합(일반)	의예과	4	33.30	0	1.10	1.10
대구울산	계명대	2021	종합(지역)	의예과	6	20.70	4	1.40	1.60
대구울산	울산대	2023	지역인재	의예과	13	11.46	3	1.21	1.39
대구울산	울산대	2023	학생부종합	의예과	10	20.30	16	1.15	1.25
대전	을지대	2023	지역균형	의예과	5	18.40	11	1.19	1.25
대전	을지대	2022	교과성적	의예과	10	28.80	5	1.27	1.37
대전	을지대	2021	교과성적	의예과	10	19.80	3	-	1.20
대전	을지대	2021	지역인재	의예과	12	14.20	5	-	1.30
대전	충남대	2023	일반전형	의예과	23	11.91	29	1.11	1.13
대전	충남대	2023	종합 I	의예과	19	12.84	6	1.35	-
대전	충남대	2023	지역인재	의예과	20	10.75	27	1.14	1.20
대전	충남대	2022	일반전형	의예과	23	16.10	40	1.11	1.14
대전	충남대	2022	종합 I	의예과	19	13.60	3	1.18	-
대전	충남대	2022	지역인재	의예과	23	12.20	10	1.19	1.25
대전	충남대	2021	일반전형	의예과	23	16.80	39	-	1.10
대전	충남대	2021	지역인재	의예과	23	9.40	23	-	1.30
부산	고신대	2023	일반고	의예과	25	19.36	36	1.24	1.26
부산	고신대	2023	지역인재	의예과	25	15.52	33	1.29	1.33
부산	고신대	2022	일반고	의예과	25	14.24	30	1.33	1.37
부산	고신대	2022	지역인재	의예과	25	13.80	24	1.32	1.35
부산	고신대	2021	일반고	의예과	30	10.07	35	-	1.30
부산	동아대	2023	지역인재교과	의예과	28	12.79	40	1.20	1.23
부산	동아대	2022	지역인재교과	의예과	30	14.73	34	1.25	1.29
부산	동아대	2021	지역인재교과	의예과	30	13.83	41	-	1.3X
부산	부산대	2023	교과(지역)	의예과	30	7.63	28	1.07	1.09
부산	부산대	2023	종합(지역)	의예과	30	12.93	8	1.22	1.26
부산	부산대	2022	교과	의예과	15	23.53	19	1.04	1.06
부산	부산대	2022	교과(지역)	의예과	30	14.60	25	1.06	1.09
부산	부산대	2022	종합(지역)	의예과	30	15.90	8	1.43	1.48
부산	부산대	2021	교과	의예과	30	16.67	18	-	1.30
부산	부산대	2021	교과(지역)	의예과	15	17.07	17	-	1.30
부산	부산대	2021	종합	의예과	15	24.87	9	1.60	1.60
부산	부산대	2021	종합(지역)	의예과	30	15.10	8	2.20	2.20
서울	가톨릭대	2023	가톨릭지도자	의예과	2	22.50	0	-	-
서울	가톨릭대	2023	지역균형	의예과	10	18.10	5	1.00	1.00
서울	가톨릭대	2023	학교장추천	의예과	26	15.96	24	-	-
서울	가톨릭대	2022	가톨릭지도자추천	의예과	2	18.50	-	-	-
서울	가톨릭대	2022	지역균형	의예과	10	40.30	18	1.03	1.03
서울	가톨릭대	2022	학교장추천	의예과	24	17.30	20	-	-

서울	가톨릭대	2021	가톨릭지도자추천	의예과	2	20.00	-	-	-
서울	가톨릭대	2021	학교장추천	의예과	40	10.20	23	-	-
서울	경희대	2023	네오르네상스	의예과	40	23.90	27	1.10	-
서울	경희대	2023	논술	의예과	15	197.50	0	2.70	-
서울	경희대	2023	지역균형	의예과	11	27.90	12	1.00	1.00
서울	경희대	2022	네오르네상스	의예과	55	24.50	56	1.30	-
서울	경희대	2022	논술	의예과	15	210.70	4	2.80	-
서울	경희대	2021	네오르네상스	의예과	55	20.70	47	1.40	-
서울	경희대	2021	논술	의예과	21	210.30	1	2.60	-
서울	고려대	2023	계열적합	의과대학	15	24.47	34	1.94	2.01
서울	고려대	2023	학교추천	의과대학	30	21.60	31	1.16	1.18
서울	고려대	2023	학업우수	의과대학	36	26.56	21	1.46	1.66
서울	고려대	2022	계열적합	의과대학	15	24.73	24	1.79	1.94
서울	고려대	2022	학교추천	의과대학	30	22.80	34	1.16	1.20
서울	고려대	2022	학업우수	의과대학	36	29.89	37	1.47	1.65
서울	고려대	2021	계열적합	의과대학	18	19.78	21	1.70	1.70
서울	고려대	2021	학교추천	의과대학	34	19.88	28	-	1.10
서울	고려대	2021	학업우수	의과대학	34	16.41	51	1.40	1.60
서울	서울대	2023	일반전형	의예과	53	14.58	0	1.18	1.28
서울	서울대	2023	지역균형	의예과	42	5.33	0	1.03	1.09
서울	서울대	2022	일반전형	의예과	65	11.74	0	1.18	1.42
서울	서울대	2022	지역균형	의예과	40	6.00	0	1.05	1.08
서울	서울대	2021	일반전형	의예과	68	9.21	0	1.20	1.40
서울	서울대	2021	지역균형	의예과	37	3.35	0	1.00	1.10
서울	성균관대	2023	종합	의예	20	25.50	78	1.18	1.46
서울	성균관대	2022	종합	의예	25	19.40	38	1.09	1.14
서울	성균관대	2021	종합	의예	25	21.00	48	1.10	1.30
서울	연세대	2023	추천형	의예과	22	7.59	11	1.03	1.04
서울	연세대	2023	활동우수	의예과	42	12.00	24	1.08	1.12
서울	연세대	2022	추천형	의예과	22	10.23	4	1.00	1.03
서울	연세대	2022	활동우수	의예과	42	14.14	28	1.18	1.31
서울	연세대	2021	활동우수	의예과	55	11.73	21	1.20	1.80
서울	이화여대	2023	미래인재	의예과	13	33.80	7	1.12	1.18
서울	이화여대	2022	미래인재	의예과	13	30.80	5	1.20	1.30
서울	이화여대	2021	미래인재	의예과	15	25.20	13	1.30	3.30
서울	중앙대	2023	다빈치	의학부	11	37.50	22	1.27	1.63
서울	중앙대	2023	탐구형인재	의학부	11	29.00	36	1.34	1.84
서울	중앙대	2022	다빈치	의학부	9	39.40	9	1.83	1.90
서울	중앙대	2022	탐구/SW	의학부	9	32.70	7	1.62	1.74
서울	중앙대	2021	다빈치	의학부	10	27.90	11	1.40	1.90
서울	중앙대	2021	탐구/SW	의학부	10	19.80	11	2.30	2.50
서울	한양대	2023	종합(일반)	의예과	39	24.40	57	-	1.48
서울	한양대	2023	학생부종합	의예과	39	24.40	57	1.48	1.57
서울	한양대	2022	종합(일반)	의예과	36	25.40	63	1.68	1.85
서울	한양대	2021	종합(일반)	의예과	36	19.00	74	1.50	1.70

인천	인하대	2023	교과(지역인재)	의예과	8	23.00	13	1.05	1.07
인천	인하대	2023	인하미래인재	의예과	16	30.30	16	1.08	1.11
인천	인하대	2022	인하미래인재	의예과	15	29.60	3	1.21	1.32
인천	인하대	2022	지역인재	의예과	10	20.00	11	1.13	1.15
인천	인하대	2021	인하미래인재	의예과	15	26.90	5	1.20	1.40
인천	인하대	2021	학생부교과	의예과	15	16.00	16	-	1.20
전북	원광대	2023	서류면접전형	의예과	26	8.96	29	1.18	1.22
전북	원광대	2023	지역(광주전남)	의예과	10	8.00	18	1.11	1.19
전북	원광대	2023	지역(전북)	의예과	33	7.33	22	1.18	1.33
전북	원광대	2022	서류전형	의예과	26	13.50	28	1.13	1.17
전북	원광대	2022	지역(광주전남)	의예과	10	9.20	7	1.10	1.19
전북	원광대	2022	지역(전북)	의예과	30	8.10	18	1.18	1.33
전북	원광대	2021	종합	의예과	26	11.40	34	1.20	1.20
전북	원광대	2021	지역(광주전남)	의예과	10	10.20	25	1.10	1.10
전북	원광대	2021	지역(전북)	의예과	30	8.30	32	1.30	1.40
전북	전북대	2023	교과(일반)	의예과	29	22.14	8	1.34	1.36
전북	전북대	2023	교과(지역)	의예과	43	9.95	8	1.44	1.51
전북	전북대	2023	교과(지역기균)	의예과	3	3.67	-	-	-
전북	전북대	2023	큰사람	의예과	9	12.11	5	1.36	1.38
전북	전북대	2022	일반학생	의예과	29	30.90	16	1.39	1.41
전북	전북대	2022	지역인재	의예과	46	10.10	11	1.51	1.68
전북	전북대	2022	큰사람	의예과	9	14.00	1	1.25	1.28
전북	전북대	2021	일반학생	의예과	29	29.80	30	-	1.50
전북	전북대	2021	지역인재	의예과	46	13.60	14	-	1.40
전북	전북대	2021	큰사람	의예과	9	21.40	0	1.10	1.20
제주	제주대	2023	교과(일반)	의예과	13	17.77	36	1.03	1.04
제주	제주대	2023	교과(지역)	의예과	7	5.57	8	1.22	1.34
제주	제주대	2022	일반학생(교과)	의예과	13	20.38	7	1.19	1.19
제주	제주대	2022	지역인재	의예과	6	7.17	4	1.33	1.35
제주	제주대	2021	일반학생(교과)	의예과	14	12.64	17	-	1.00
제주	제주대	2021	지역인재	의예과	6	12.64	3	-	-
충남	건양대	2023	일반학생(면접)	의학과	5	12.40	1	1.05	1.05
충남	건양대	2023	일반학생(최저)	의학과	10	43.60	8	1.24	1.27
충남	건양대	2023	지역인재(면접)	의학과	10	7.70	3	1.15	1.18
충남	건양대	2023	지역인재(최저)	의학과	10	28.00	8	1.34	1.36
충남	건양대	2022	일반학생(면접)	의학과	5	20.00	1	1.00	1.00
충남	건양대	2022	일반학생(최저)	의학과	10	29.80	24	1.44	1.48
충남	건양대	2022	지역인재(면접)	의학과	10	6.60	8	1.11	1.16
충남	건양대	2022	지역인재(최저)	의학과	10	17.30	10	1.45	1.48
충남	건양대	2021	일반학생(최저)	의학과	14	35.40	14	1.20	1.30
충남	건양대	2021	지역인재(면접)	의학과	5	11.60	4	1.00	1.00
충남	건양대	2021	지역인재(최저)	의학과	15	17.40	24	1.30	1.30
충남	단국대(천안)	2023	DKU인재	의예과	15	15.13	8	1.25	1.28
충남	단국대(천안)	2022	DKU인재	의예과	15	16.47	8	1.19	1.34
충남	단국대(천안)	2021	DKU인재	의예과	15	26.87	12	1.20	1.20

충남	순천향대	2023	교과(메타버스)	의예과	31	6.90	20	1.05	-
충남	순천향대	2023	종합(일반학생)	의예과	6	32.17	5	-	-
충남	순천향대	2023	종합(지역인재)	의예과	7	12.57	2	-	-
충남	순천향대	2023	학생부교과	의예과	20	12.55	21	1.00	1.00
충남	순천향대	2022	교과(일반학생)	의예과	20	14.15	12	1.03	1.05
충남	순천향대	2022	교과(지역인재)	의예과	7	11.71	3	1.08	1.15
충남	순천향대	2022	종합(일반학생)	의예과	6	36.00	2	1.09	1.09
충남	순천향대	2022	종합(지역인재)	의예과	21	9.10	14	1.16	1.20
충남	순천향대	2021	교과(일반학생)	의예과	21	12.81	25	-	1.00
충남	순천향대	2021	교과(지역인재)	의예과	21	7.57	20	-	1.20
충남	순천향대	2021	지역인재	의예과	21	7.57	20	-	1.20
충북	건국대(글로컬)	2023	Cogito자기추천	의예과	12	27.70	6	1.30	1.50
충북	건국대(글로컬)	2023	지역인재	의예과	12	9.40	3	1.30	1.30
충북	건국대(글로컬)	2022	Cogito자기추천	의예과	12	23.30	1	1.24	1.64
충북	건국대(글로컬)	2022	지역인재	의예과	12	9.40	5	1.37	1.38
충북	충북대	2023	지역인재	의예과	7	12.14	17	1.10	1.12
충북	충북대	2023	학생부교과	의예과	4	43.25	11	1.00	1.15
충북	충북대	2023	학생부종합Ⅰ	의예과	4	26.75	3	1.08	1.08
충북	충북대	2023	학생부종합Ⅱ	의예과	4	17.25	1	1.19	1.19
충북	충북대	2022	지역인재	의예과	7	29.00	4	1.04	1.06
충북	충북대	2022	학생부교과	의예과	5	40.00	5	1.30	1.34
충북	충북대	2022	학생부종합Ⅰ	의예과	4	34.25	4	1.02	1.07
충북	충북대	2022	학생부종합Ⅱ	의예과	4	25.00	4	1.33	1.33
충북	충북대	2021	지역인재	의예과	6	15.30	7	-	1.50
충북	충북대	2021	학생부교과	의예과	4	22.00	6	-	1.60
충북	충북대	2021	학생부종합Ⅰ	의예과	10	20.30	6	1.10	1.10

의대 '어디가' 입학 결과 (2024학년도)

지역	대학명	학년도	구분	전형명	모집 단위	모집 인원	경쟁률	충원 인원	50% CUT	70% CUT
서울	중앙대	2024	종합	CAU융합형인재전형	의학부	11	42.00	3	1.22	1.37
서울	중앙대	2024	종합	CAU탐구형인재전형	의학부	11	37.45	17	1.74	1.98
서울	경희대	2024	교과	지역균형전형	의예과	18	8.17	20	1.00	1.00
서울	경희대	2024	종합	네오르네상스전형	의예과	33	21.42	35	1.04	1.05
서울	가톨릭대	2024	종합	가톨릭지도자추천전형	의예과	2	29.00	미발표	미발표	미발표
서울	가톨릭대	2024	교과	지역균형전형	의예과	10	9.40	6	1.00	1.00
서울	가톨릭대	2024	종합	학교장추천전형	의예과	25	16.40	19	1.19	1.97 (100%CUT)
서울	성균관대	2024	종합	학과모집전형	의예과	25	24.56	77	1.16	1.21
서울	서울대	2024	종합	지역균형전형	의예과	39	8.03	0	1.04	1.11
서울	서울대	2024	종합	일반전형	의예과	50	15.64	0	1.18	1.30
서울	연세대	2024	교과	추천형	의예과	18	6.50	3	1.00	1.03
서울	연세대	2024	종합	활동우수형	의예과	42	11.30	21	1.12	1.18
서울	고려대	2024	교과	학교추천전형	의과대학	18	23.44	24	1.06	1.08
서울	고려대	2024	종합	학업우수형	의과대학	29	30.28	42	1.15	1.22
서울	고려대	2024	종합	계열적합형	의과대학	15	24.93	20	1.78	1.92
서울	이화여대	2024	종합	미래인재전형	의예과	13	20.85	11	1.10	1.13
서울	한양대	2024	종합	학생부종합(일반)	의예과	39	23.77	71	1.32	1.41
경기	아주대	2024	종합	ACE전형	의학과	20	44.15	14	1.53	2.02 (70%CUT) 2.49 (100%CUT)
인천	가천대	2024	종합	가천의약학전형	의예과	20	49.50	8	-	1.90
인천	가천대	2024	교과	학생부우수자전형	의예과	5	25.6	3	1.00	1.00
인천	인하대	2024	교과	지역균형전형	의예과	9	9.44	12	1.08	1.10
인천	인하대	2024	종합	인하미래인재전형	의예과	16	21.00	9	1.05	1.08
강원	강원대	2024	종합	미래인재전형II	의예과	9	30.22	0	1.83	2.5 (75%CUT) 3.14 (100%CUT)
강원	강원대	2024	교과	일반전형	의예과	10	13.80	25	1.07	1.09 (70%CUT) 1.1 (75%CUT) 1.12 (100%CUT)

지역	대학	연도	전형구분	전형명	모집단위	모집인원	경쟁률	충원인원	최종(50%CUT)	최종(추가CUT)
강원	강원대	2024	교과	지역인재전형	의예과	14	6.00	17	1.18	1.19 (70%CUT) 1.23 (75%CUT) 1.28 (100%CUT)
강원	강원대	2024	교과	저소득-지역인재전형	의예과	1	7.00	1	1.52	1.52 (75%CUT) 1.52 (100%CUT)
강원	연세대(미래)	2024	교과	교과우수자전형	의예과	19	23.95	7	1.27	1.31
강원	연세대(미래)	2024	종합	학교생활우수자전형	의예과	15	27.60	3	1.41	1.50
강원	연세대(미래)	2024	종합	강원인재전형	의예과	18	12.17	미발표	미발표	미발표
강원	가톨릭관동대	2024	교과	교과일반전형	의예과	8	16.88	35	1.15	1.17
강원	가톨릭관동대	2024	종합	CKU종합전형	의예과	8	18.25	11	1.32	1.35
강원	한림대	2024	종합	학교생활우수자전형	의예과	21	21.81	22	1.17	1.20
강원	한림대	2024	종합	지역인재전형	의예과	16	10.69	4	1.55	3.47
대구	계명대	2024	교과	학생부교과 (일반전형)	의예과	12	20.75	23	1.22	1.23 (70%CUT) 1.28 (100%CUT)
대구	계명대	2024	교과	학생부교과 (지역전형)	의예과	28	8.36	37	1.39	1.56 (70%CUT) 4.43 (100%CUT)
대구	계명대	2024	종합	학생부종합 (일반전형)	의예과	4	46.25	2	1.42	1.42 (70%CUT) 1.78 (100%CUT)
대구	계명대	2024	종합	학생부종합 (지역전형)	의예과	6	26.50	9	1.37	1.42 (70%CUT) 1.47 (100%CUT)
대구	경북대	2024	교과	지역인재전형(교과)	의예과	12	8.17	13	1.10	1.11
대구	경북대	2024	종합	일반학생전형	의예과	22	35.50	7	1.83	2.13
대구	경북대	2024	종합	지역인재전형(종합)	의예과	39	8.82	14	1.50	1.63
경북	대구가톨릭대	2024	교과	교과우수자전형	의예과	5	18.80	6	1.16	1.18 (70%CUT) 1.20 (85%CUT)

경북	대구가톨릭대	2024	교과	지역교과우수자전형	의예과	18	7.67	19	1.29	1.34 (70%CUT) 1.37 (85%CUT)
경북	대구가톨릭대	2024	교과	지역기회균형전형	의예과	1	13.00	1	2.84	2.84 (70%CUT) 2.84 (85%CUT)
경북	대구가톨릭대	2024	종합	지역종합인재전형	의예과	3	41.33	1	1.50	1.53 (70%CUT) 1.56 (85%CUT)
경북	대구가톨릭대	2024	교과	농어촌학생전형	의예과	2	38.00	2	1.50	1.54 (85%CUT)
경북	영남대	2024	교과	일반학생전형	의예과	8	37.13	18	1.25	1.26
경북	영남대	2024	교과	지역인재전형	의예과	23	13.00	18	1.47	1.56
경북	영남대	2024	교과	의학창의인재전형	의예과	8	26.13	10	1.33	1.35
경북	동국대(WISE)	2024	교과	교과전형	의예과	10	21.70	25	1.20	1.20
경북	동국대(WISE)	2024	교과	지역인재교과전형	의예과	10	24.40	33	1.20	1.20
경북	동국대(WISE)	2024	종합	지역인재전형	의예과	7	41.90	3	1.50	1.60
경북	동국대(WISE)	2024	종합	참사람전형	의예과	7	41.86	3	1.40	1.40
부산	고신대	2024	교과	일반고전형	의예과	25	14.84	48	1.26	1.30
부산	고신대	2024	교과	지역인재전형	의예과	25	14.48	29	1.26	1.29
부산	동아대	2024	교과	지역인재교과전형	의예과	18	12.39	34	1.13	1.15
부산	동아대	2024	종합	지역인재종합전형	의예과	10	22.70	9	1.84	2.36
부산	부산대	2024	교과	지역인재전형(교과)	의예과	30	6.07	21	1.05	1.08
부산	부산대	2024	종합	지역인재전형(종합)	의예과	30	8.77	8	1.18	1.21
울산	울산대	2024	종합	지역인재전형	의예과	15	12.13	3	1.09	1.15
경남	경상국립대	2024	교과	일반전형	의예과	11	21.09	27	1.13	1.14
경남	경상국립대	2024	교과	지역인재전형	의예과	32	5.97	55	1.05	1.09
경남	경상국립대	2024	종합	일반전형	의예과	2	19.00	0	1.62	1.62
경남	경상국립대	2024	종합	지역인재전형	의예과	3	20.67	1	1.32	1.15
경남	인제대	2024	교과	의예·약학	의예과	28	6.96	16	1.04	1.07
경남	인제대	2024	교과	지역인재전형	의예과	28	5.71	15	1.08	1.09
울산	울산대	2024	종합	학생부종합전형	의예과	14	20.64	9	1.08	1.11
전북	원광대	2024	종합	학생부종합전형	의예과	26	12.31	28	1.14	1.16
전북	원광대	2024	종합	지역인재(전북)전형	의예과	33	8.03	25	1.18	1.31
전북	원광대	2024	종합	지역인재(광주전남)전형	의예과	10	8.20	16	1.08	1.20
전북	원광대	2024	종합	지역인재전형II	의예과	2	6.00	2	미발표	미발표

전북	전북대	2024	교과	일반학생전형	의예과	19	18.47	19	1.26	1.28
전북	전북대	2024	교과	지역인재전형(전남)	의예과	14	18.21	10	1.27	1.27
전북	전북대	2024	교과	지역인재전형(전북)	의예과	46	8.09	8	1.48	1.57
전북	전북대	2024	종합	큰사람전형	의예과	5	18.80	0	1.35	1.39
광주	전남대	2024	교과	지역인재전형(교과)	의예과	78	4.09	10	1.12	1.18
광주	전남대	2024	종합	고교생활우수자전형	의예과	12	13.25	11	1.18	1.20
광주	조선대	2024	교과	일반전형	의예과	16	13.69	58	1.09	1.10
광주	조선대	2024	교과	지역인재전형(교과)	의예과	40	6.93	71	1.24	1.32
광주	조선대	2024	종합	면접전형	의예과	10	11.50	12	1.30	1.26
제주	제주대	2024	교과	일반학생전형	의예과	8	12.75	12	1.03	1.04
제주	제주대	2024	교과	지역인재전형	의예과	12	4.42	4	1.18	1.22
충북	건국대(글로컬)	2024	교과	자기인재전형	의예과	12	8.25	6	1.33	1.35
충북	건국대(글로컬)	2024	종합	Cogito자기추천전형	의예과	12	28.92	4	1.30	1.50
충북	충북대	2024	교과	학생부교과전형	의예과	4	27.25	2	1.04	1.09
충북	충북대	2024	교과	지역인재전형	의예과	7	13.00	29	1.11	1.22
충북	충북대	2024	종합	학생부종합Ⅰ전형	의예과	4	32.50	8	1.05	1.05
충북	충북대	2024	종합	학생부종합Ⅱ전형	의예과	4	12.75	4	1.80	2.01
대전	충남대	2024	교과	일반전형	의예과	23	10.04	49	1.08	1.10
대전	충남대	2024	교과	지역인재전형	의예과	20	8.05	29	1.21	1.25
대전	충남대	2024	종합	종합Ⅰ전형-일반	의예과	19	10.79	21	1.11	1.13
대전	충남대	2024	종합	종합Ⅰ전형-서류	의예과	6	14.67	8	1.37	1.43
대전	건양대	2024	교과	일반학생전형	의예과	10	26.20	9	1.13	1.16
대전	건양대	2024	교과	일반학생전형(면접)	의예과	5	14.20	1	1.00	1.00
대전	을지대	2024	교과	지역균형전형	의예과	5	15.40	10	1.29	1.17
대전	을지대	2024	교과	지역의료인재전형	의예과	19	9.68	39	1.29	1.44
충남	단국대(천안)	2024	종합	DKU인재전형	의예과	15	15.47	4	1.23	1.28
충남	순천향대	2024	교과	교과우수자전형	의예과	18	11.22	31	1.00	1.00
충남	순천향대	2024	교과	메타버스전형	의예과	31	6.26	17	1.05	1.08
충남	순천향대	2024	종합	일반학생전형	의예과	6	40.83	1	1.06	1.11
충남	순천향대	2024	종합	지역인재전형	의예과	7	15.29	0	1.04	1.04

06

전형별 특징 및 지원 전략

대입전형

1 | 2025학년도 의대 모집 개요

● **2025학년도 의대 대입전형 시행계획 주요 사항**

[출처: 교육부 2024. 5. 30.]

※ 교과 34.2% 〉 수능 32.4% 〉 종합 28.9% 〉 논술 3.9%

※ 수시 67.6% 〉 정시 32.4%

※ 2024학년도 대비 모집 인원 1,497명 증가 → 4,610명 모집

※ 지역인재전형을 제외한 모집 인원 2,697명 모집

● **2025년도 의대 전형별 '모집 인원'**

(단위: 명)

전형 유형 / 입학 연도	수시					정시	총계
	학생부교과	학생부종합	논술	기타	소계	수능	
2025	1,577 (34.2%)	1,334 (28.9%)	178 (3.9%)	29 (0.6%)	3,118 (67.6%)	1,492 (32.4%)	4,610 (100%)
2024	940 (30.2%)	875 (28.1%)	116 (3.7%)	21 (0.7%)	1,952 (62.7%)	1,161 (37.3%)	3,113 (100%)
증감	+637	+459	+62	+8	+1,166	+311	+1,497

* 2025학년도 차의전원 모집 인원(정원 내 80명, 정원 외 5명) 포함 시, 총 4,695명(정원 내 4,565명, 정원 외 130명)

- 2025학년도 의대 전체 모집 인원 4,610명, 의대 증원 반영으로 2024학년도 대비 모집 인원 1,497명 증가(수도권 1,326명, 비수도권3,284명)

- 정원 내 선발은 4,485명*(97.3%), 정원 외 선발은 125명**(2.7%)에 해당
  * 동점자 초과모집에 따른 감축(서울대·중앙대 각 1명)으로 5.2 배포 자료 대비 2명 감소
  ** ① 농어촌학생 69명, ② 기초생활수급자 등 대상자 27명, ③ 재외국민·외국인 29명
- 수시 모집은 3,118명(67.6%), 정시 모집은 1,492명(32.4%)에 해당
- 학생부교과전형 1,577명(34.2%), 수능위주전형 1,492명(32.4%) 순으로 선발

2 | 2025학년도 의대 지역인재전형 개요

● 2025학년도 의대 대입전형 시행계획 주요 사항

[출처: 교육부 2024. 5. 30.]

※ 교과 56.4% 〉 종합 23.5% 〉 수능 19.0% 〉 논술 1.1%

※ 수시 81.0% 〉 정시 19.0%

※ 2024학년도 대비 지역인재전형 888명 증가 → 1,913명 모집

※ 지역인재 선발 의무 대학의 지역인재전형 비율은 59.7%

● 비수도권 지역인재전형 1,913명, 지역인재 선발 확대 방침에 따라 2024학년도 대비 888명 증가

- 수시 모집은 1,549명(81.0%), 정시 모집은 364명(19.0%)에 해당
- 학생부교과전형 1,078명(56.4%), 학생부종합전형 449명(23.5%) 순으로 선발

● 2025년도 의대 전형별 모집 인원 요약(지역인재전형)

(단위: 명)

전형 유형 / 입학 연도	수시				정시	총계
	학생부교과	학생부종합	논술	소계	수능	
2025	1,078 (56.4%)	449 (23.5%)	22 (1.1%)	1,549 (81.0%)	364 (19.0%)	1,913 (100%)
2024	574 (56.0%)	211 (20.6%)	15 (1.4%)	797 (78.0%)	225 (22.0%)	1,025 (100%)
증감	+504	+238	+7	+752	+139	+888

[사진 출처: 연합뉴스, 2024.5.30. 기사 중 발췌]

수능 최저학력기준

〈표 1〉 교과전형(지역인재전형 제외) 실시 대학 현황(24개 대학, 2025학년도)

지역	대학명	전형명	모집인원	전형 방법	수능 최저학력기준
서울	가톨릭대	지역균형	10	학생부100(인·적성 면접)	국, 수(미/기), 영, 과(2, 절사) 4개 합 5등급, 史4
	경희대	지역균형	22	교과·비교과70+교과종합평가30	국, 수, 영, 탐(2) 중 3개 합 4등급, 史5
	고려대	학교추천	18	학생부80+서류20	국, 수, 영, 과(2) 4개 합 5등급, 史4
	연세대	추천형	15	학생부100	국, 수(미/기), 과1, 과2 중 국 또는 수 포함 1등급 2개, 영3, 史4
인천	인하대	지역균형	26	학생부100	국, 수, 영, 탐(2) 중 3개 각 1등급
경기	가천대	학생부우수자	15	학생부100	국, 수(미/기), 영, 과(2, 절사) 중 3개 각 1등급
강원	가톨릭관동대	일반	20	학생부100	국, 수(미/기), 영, 과(2, 절사) 중 3개 합 4등급
	강원대	일반	11	학생부100	국, 수, 영, 과(1) 중 3개 합 5등급, 수학 및 과학 포함 필수
	연세대(미래)	교과우수자	16	학생부80+면접20(의학적 인성)=인·적성 면접	국, 수(미/기), 영, 과1, 과2 중 4개 합 5등급, 영2, 史4
대전	건양대	일반학생(최저)	50	1단계(5배수): 학생부100 2단계: 1단계80+면접20(MMI면접)	국, 수, 영, 과(2, 절사) 중 3개 합 4등급
		일반학생(면접)	15	1단계(3배수): 학생부100 2단계: 1단계80+면접20(MMI면접)	수능 최저 미적용
	을지대	지역균형	20	학생부95+면접5(인성면접)=인·적성 면접	국, 수, 영, 과(1) 중 4개 합 5등급
		지역의료인재	62	학생부95+면접5(인성면접)=인·적성 면접	국, 수, 영, 과(1) 중 4개 합 6등급
	충남대	일반	20	학생부100	국, 영, 과(2) 중 2과목과 수(미/기) 3개 합 4등급, 수학 포함 필수

충남	순천향대	교과우수자	12	학생부100	국, 수, 영, 탐(2) 4개 합 6등급 (확통 선택 또는 과탐 2과목 미선택 시 각각 0.5등급 하향)
충북	충북대	학생부교과	16	학생부100	국, 수(미/기), 영, 과(1) 중 3개 합 4등급, 수학 포함 필수
대구	계명대	일반	13	1단계(10배수): 교과80+출결20 2단계: 1단계80+면접20(MMI면접)	국, 수(미/기), 영, 과(1) 중 3개 합 3등급
		면접	10	1단계(20배수): 교과80+출결20 2단계: 1단계80+면접20(MMI면접)	국, 수(미/기), 영, 과(1) 중 3개 합 4등급
경북	대구 가톨릭대	교과	10	1단계(7배수): 교과80+출결20 2단계: 1단계80+면접20(MMI면접)	국, 수(미/기), 영, 과(2, 절사) 중 3개 합 4등급
	동국대 (WISE)	교과	17	학생부100	국, 수(미/기), 영, 과(1) 3개 합 4등급
		불교추천인재	3	학생부100	국, 수(미/기), 영, 과(1) 중 3개 합 4등급
	영남대	일반학생	12	학생부90+출결10	국, 수, 영, 과(1) 4개 합 5등급, 史4
		의학창의인재	8	1단계(7배수): 교과90+출결10 2단계: 1단계70+면접30(인·적성 면접)	국, 수, 영, 과(1) 4개 합 5등급, 史4
부산	고신대	일반고	30	1단계(10배수): 교과80+출결20 2단계: 1단계90+면접10(인·적성 면접)	국, 수, 영, 과(1) 3개 합 4등급, 수학 포함 필수 확통 선택 시 3개 합 3등급, 수학 포함 필수
경남	경상 국립대	일반	16	학생부100	국, 수(미/기), 영, 과(2, 절사) 중 3개 합 4등급, 수학 포함 필수
	인제대	의예·약학	27	1단계(5배수): 학생부100 2단계: 1단계80+면접20(MMI면접)	국, 수(미/기), 영, 과(1) 4개 각 2등급
광주	조선대	일반	16	학생부100	국, 수(미/기), 영, 과(1) 중 3개 합 5등급, 수학 포함 필수
전북	전북대	일반학생	24	학생부100	국, 수(미/기), 영, 과(2, 절사) 4개 합 5등급
제주	제주대	일반	14	학생부100	국, 수(미/기), 영, 과(2, 절사) 중 3개 합 6등급, 수학 포함 필수
합계			548		

* 위 자료는 2025학년도 수시모집 요강에 근거해 작성됐습니다. 최종 수시모집 요강을 확인 바랍니다.

〈표 2〉 종합전형(강원대 지역인재전형 포함) 실시 대학 현황(30개 대학, 2025학년도)

지역	대학명	전형명	모집인원	전형 방법	수능 최저학력기준
서울	가톨릭대 (서울)	학교장추천	25	1단계(4배수): 서류100 2단계: 1단계70+면접30(MMI면접)	국, 수(미/기), 영, 과(2, 절사) 중 3개 합 4등급, 史4
		가톨릭지도자 추천	2		수능 최저 미적용
	경희대	네오르네상스	29	1단계(3배수): 서류100 2단계: 1단계70+면접30(서류기반면접)	수능 최저 미적용
	고려대	학업우수형	29	서류100	국, 수, 영, 과(2) 4개 합 5등급, 史4
		계열적합형	15	1단계(5배수): 서류100 2단계: 1단계50+면접50(MMI면접)	수능 최저 미적용
	서울대	지역균형	39	1단계(3배수): 서류100 2단계: 1단계70+면접30(MMI면접)	국, 수(미/기), 영, 과(2) 중 3개 합 7등급 (물리학Ⅰ,Ⅱ, 화학Ⅰ,Ⅱ 중 1개 필수)
		일반전형	49	1단계(2배수): 서류100 2단계: 1단계50+면접50(MMI면접)	수능 최저 미적용
	성균관대	탐구형	50	1단계(5배수): 서류100 2단계: 1단계70+면접30(인·적성 면접)	수능 최저 미적용
	연세대	활동우수형	45	1단계(4배수): 서류100 2단계: 1단계60+면접40(인·적성 면접)	국, 수(미/기), 과1, 과2 중 국 또는 수 포함 1등급 2개 이상, 영3, 史4
	이화여대	미래인재	18	서류100	국, 수, 영, 탐(1) 4개 합 5등급
	중앙대	CAU 융합형인재	10	서류100	수능 최저 미적용
		CAU 탐구형인재	15	1단계(3.5배수): 서류100 2단계: 1단계70+면접30(서류기반면접)	수능 최저 미적용
	한양대	추천형	25	학생부종합평가100	국, 수, 영, 탐(1) 중 3개 합 4등급
		서류형	30		수능 최저 미적용
인천	가천대	가천의약학	33	학생부종합평가100	국, 수(미/기), 영, 과(2, 절사) 중 3개 각 1등급
	인하대	인하미래인재	42	1단계(5배수): 서류100 2단계: 1단계50+면접50(서류기반면접)	수능 최저 미적용
경기	아주대	ACE	40	1단계(3배수): 서류100 2단계: 1단계70+면접30(서류기반면접)	국, 수, 영, 탐(2) 4개 합 6등급

지역	대학	전형	인원	전형방법	수능최저학력기준
강원	가톨릭관동대	가톨릭지도자추천	5	서류100	국, 수(미/기), 영, 과(2, 절사) 중 3개 합 5등급
	강원대	미래인재II	10	1단계(3배수): 서류100 2단계: 1단계60+면접40(서류기반면접)	수능 최저 미적용
		지역인재전형	20	1단계(3배수): 서류100 2단계: 1단계60+면접40(MMI면접)	국, 수, 영, 과(1) 3개 합 7등급, 수학 및 과학 포함 필수
	연세대 (미래)	학교생활우수자	15	1단계(6배수): 서류100 2단계: 1단계70+면접30(인·적성 면접)	국, 수(미/기), 영, 과1, 과2 4개 합 5등급, 영2, 史4
	한림대	학교생활우수자	43	1단계(5배수): 서류100 2단계: 1단계70+면접30(MMI면접)	국, 수(미/기), 영, 과(2) 중 3개 합 4등급, 영어 포함 시 영어 1등급
대전	충남대	종합 I (일반)	20	1단계(3배수): 서류100 2단계: 1단계66.7+면접33.3(서류기반면접)	국, 영, 과(2) 중 2과목과 수(미/기) 3개 합 5등급, 수학 포함 필수
		종합 I (서류)	9	서류100	
충남	단국대 (천안)	DKU인재(면접형)	40	1단계(3배수): 서류100 2단계: 1단계70+면접30(서류기반면접)	국, 수(미/기), 영, 과(2) 중 3개 합 5등급, 수학 포함 필수
	순천향대	일반학생	12	서류100	수능 최저 미적용
충북	건국대 (글로컬)	Cogito자기추천	14	1단계(3배수): 서류100 2단계: 1단계70+면접30(인·적성 면접)	국, 수(미/기), 영, 과(2, 절사) 중 3개 합 4등급, 史4
	충북대	학생부종합 I	4	서류100	수능 최저 미적용
		학생부종합 II	4	서류100	국, 수(미/기), 영, 과(1) 중 3개 합 5등급, 수학 포함 필수
대구	경북대	일반학생	31	서류100	국, 수(미/기), 영, 과(2, 올림) 중 3개 합 4등급, 과탐 포함 필수
	계명대	일반	5	1단계(7배수): 서류100 2단계: 1단계80+면접20(MMI면접)	수능 최저 미적용
경북	동국대 (WISE)	참사람	10	1단계(5배수): 서류100 2단계: 1단계70+면접30(서류기반면접)	국, 수(미/기), 영, 과(1) 중 3개 합 4등급
울산	울산대	잠재역량	14	1단계(5배수): 서류100 2단계: 1단계50+면접50(MMI면접)	국, 수(미/기), 영, 과(2, 올림) 중 3개 합 4등급, 史4
경남	경상국립대	일반	4	1단계(3배수): 서류100 2단계: 1단계80+면접20(서류기반면접)	국, 수(미/기), 영, 과(2, 절사) 중 3개 합 6등급, 수학 포함 필수
광주	전남대	고교생활우수자 I	13	1단계(6배수): 서류100 2단계: 1단계70+면접30(서류기반면접)	국, 수(미/기), 영, 과(2) 중 3개 합 5등급, 수학 포함 필수
	조선대	면접	10	1단계(5배수): 서류100 2단계: 1단계70+면접30(서류기반면접)	국, 수(미/기), 영, 과(1) 중 3개 합 5등급, 수학 포함 필수
전북	전북대	큰사람	5	1단계(3배수): 서류100 2단계: 1단계70+면접30(서류기반면접)	국, 수(미/기), 영, 과(2, 절사) 4개 합 6등급
	원광대	학생부종합	26	1단계(5배수): 서류100 2단계: 1단계70+면접30(서류기반면접)	국, 수, 영, 과(2) 중 3개 합 6등급, 수학 포함 필수
합계			810		

* 위 자료는 2025학년도 수시모집 요강에 근거해 작성됐습니다. 최종 수시모집 요강을 확인 바랍니다.

〈표 3〉논술전형 실시 대학 현황(부산대 지역인재전형 포함 10개 대학, 2025학년도)

지역	대학명	전형명	모집 단위	모집 인원	전형 방법	수능 최저학력기준
서울	가톨릭대 (서울)	논술전형	의예과	19	학생부20 +논술 80	국, 수(미/기), 영, 과(2, 절사) 중 3개 합 4등급, 史4, 과탐(동일 분야 I+II 응시 불가)
	중앙대	논술전형	의학부	18	학생부20 + 학생부(출결)10+논술70	국, 수, 영, 과(2) 4개 합 5등급, 史4 영어 등급 반영 시 1등급과 2등급을 통합하여 1등급으로 간주하고 수능 최저충족 여부를 산정함
	경희대	논술우수자 전형	의예과	15	논술100	국, 수, 영, 탐(2) 중 3개 합 4등급, 史5
	성균관대	논술우수 전형	의예과	10	논술100	국, 수, 영, 탐(2) 중 3개 각 1등급
인천	인하대	논술우수자 전형	의예과	12	학생부30+논술70	국, 수, 영, 탐(2) 중 3개 각 1등급
경기	아주대	논술우수자 전형	의학과	20	학생부20+논술80	국, 수, 영, 탐(2) 4개 합 6등급
	가천대 (신설)	논술전형	의예과	40	논술100	국, 수(미/기), 영, 과(2, 절사) 3개 각 1등급
강원	연세대 (미래)	논술우수자 전형 (창의인재전형)	의예과	15	논술100	국, 수, 과1, 과2 중 3개 영역 1등급 이상, 영2 및 史4, 과탐(동일 분야 I+II 응시 불가)
대구	경북대	논술AAT 전형	의예과	7	학생부30+논술70	국, 수(미/기), 영, 과(2) 3개 합 4등급, 과탐 포함 필수
부산	부산대	논술전형 (지역인재전형)	의예과	22	학생부30+논술70	국, 수(미/기), 영, 과(2) 중 3개 합 4등급, 史4, 수학 포함 필수
합계				178		

* 위 자료는 2025학년도 수시모집 요강에 근거해 작성됐습니다. 최종 수시모집 요강을 확인 바랍니다.

〈표 4〉 수능 최저 미적용 대학 현황(지역인재전형 제외) (12개 대학, 2025학년도)

수능 최저	대학명	전형명	전형 방법	2023	2024	2025
미적용	서울대	일반전형	1단계(2배수): 서류100 2단계: 1단계50+면접 및 구술50(MMI면접)	53	50	49
	성균관대	*변동: 학과모집→탐구형	1단계(5배수): 서류100 2단계: 1단계70+면접30(인·적성 면접)	20	25	50
	고려대	계열적합전형	1단계(5배수): 서류100 2단계: 1단계50+면접50(MMI면접)	15	15	15
	한양대	*변동: 일반전형→서류형	학생부종합평가100	39	39	30
	경희대	네오르네상스	1단계(3배수): 서류100 2단계: 1단계70+면접30(서류기반면접)	40	33	29
	중앙대	CAU융합형인재	서류100	11	11	10
	중앙대	CAU탐구형인재	1단계(3.5배수): 서류100 2단계: 1단계70+면접30(서류기반면접)	11	11	15
	인하대	인하미래인재	1단계(3배수): 서류100 2단계: 1단계70+면접30(서류기반면접)	16	16	42
	강원대	미래인재전형II	1단계(3배수): 서류100 2단계: 1단계60+면접40(서류기반면접)	9	9	10
	충북대	학생부종합I전형	서류100	4	4	4
	순천향대	일반학생전형	서류100	6	6	12
	계명대	종합(일반전형)	1단계(7배수): 서류100 2단계: 1단계60+면접20(MMI면접) *변동: 3합 4→최저 없음	4	4	5
	건양대	일반학생전형(면접)	1단계(3배수): 교과100 2단계: 1단계80+면접20(MMI면접)	5	5	5
합계				233	228	276

* 위 자료는 2025학년도 수시모집 요강에 근거해 작성됐습니다. 최종 수시모집 요강을 확인 바랍니다.

학생부교과전형[1]

2025학년도 의대 교과전형은 전국 29개 대학에서 913명을 모집한다. 전체 모집 인원 3,016명 대비 30.3%에 해당되며, 의대 수시모집 전형 중 가장 많은 학생을 선발하는 전형이다. 이는 지방대학육성법 시행령 개정에 따라 의학 및 간호계열 의무 선발 비율이 상승하여 지역인재전형의 모집 인원이 증가하고 있기 때문이다.

건양대를 제외한 모든 의대 교과전형에서 매우 높은 수능 최저를 설정하고 있다. 인제대 이외 대학은 전 영역 1등급에 한두 개 영역에서만 2등급을 허용하는 높은 기준을 설정하고 있기 때문에 수능 최저충족 여부가 당락을 결정한다. 연세대 교과전형 추천형의 경우 2024학년도 1단계(교과100% 5배수), 2단계(1단계 70%+제시문 기반 면접 30%)와 달리 교과 100%인 일괄전형으로 변경되면서, 면접이 없어지고 수능 최저가 생겼다.

수능 최저에 탐구 영역을 적용하는 방법은 1개 과목만 반영(영남대 일반학생전형 예: 탐구1이 1등급, 탐구2가 2등급이면 최상위 1등급만 반영), 2개 과목 평균 반영(고려대 학교추천전형, 부산대 지역인재전형 예: 탐구 2과목 등급이 각각 1등급, 2등급일 경우 2과목 평균 등급인 1.5등급을 소수점까지 그대로 반영), 2개 과목 평균을 절사(가톨릭대 지역균형전형, 대구가톨릭대 교과전형 예: 탐구 2과목 등급이 각각 1등급, 2등급일 경우 2과목 평균 등급인 1.5등급에서 소수점 0.5를 절사하고 즉, 버리고 1등급으로 반영), 2개 과목 평균을 올림(경북대 교과우수자전형, 울산대 잠재역량전형 예: 탐구 2과목 등급이 각각 1등급, 2등급일 경우 2과목 평균 등급인 1.5등급에서 소수점 첫째 자리에서 올림하여 반영. 즉, 소수점 0.5를 반올림하여 2등급으로 반영)하는 대학이 있다. 연세대(서울), 연세대(미래)는 과탐1, 과탐2로 분리하여 반영한다.

---

1   의대 '교과전형' 분석 글은 2025학년도 대학입학전형 시행계획(2023. 4. 26.)에 근거해 작성됐습니다. 최종 수시모집 요강을 확인 바랍니다.

지역인재전형을 제외한 일반전형을 실시하는 교과전형 의대는 24개교며, 332명을 선발한다. 이중 일괄전형을 실시하는 대학은 19개교다. 단계별 전형은 6개교며, 모두 면접을 치른다. 일괄전형이지만 가톨릭대는 인·적성 면접과 연세대(미래)는 의학적 인성면접을 본다.

의대 교과전형은 다른 전형과 비교해 예측가능성이 높다. 내신으로 정량평가를 하기 때문이다. 특목고 학생들에게 유리하다고 알려진 의대 종합전형에 비해, 일반고의 학업역량이 있고 공부 습관을 잘 갖추고 있는 우등생에게는 가장 매력적이고 예측가능한 전형이다. 이 전형으로 입학한 학생들의 중도 이탈률은 종합전형 다음으로 낮은 경향성을 보여서 대학도 선호한다. 하지만 의대 교과전형의 합격선은 대부분 1점대 초반이고, 수능 최저도 매우 높다. 진입 장벽이 그만큼 높다는 뜻이다. 교과전형이지만 인·적성 면접 또는 다중 미니 면접(MMI)을 치르는 대학도 있다. 따라서 본인에 맞는 전형을 찾아서 치열하게 준비해야 하는 최고 난도의 전형인 점을 명심해야 한다.

끝으로, 2024학년도 의대 수시모집 교과전형 평균 경쟁률은 11.28로 종합전형 20.00, 논술전형 258.62에 비해 낮았으며, 정시모집 6.63보다는 높았다.

2024학년도 의예과 교과전형 최종등록자 합격선을 살펴보면, 지방의 연세대(미래) 교과우수자전형 평균 등급은 1.29, 전남대 지역인재전형은 50%CUT 1.12, 70%CUT 1.17, 조선대 일반전형은 50%CUT 1.09, 70%CUT 1.1, 대구가톨릭대 교과전형은 50%CUT 1.17, 85%CUT 1.20등급이었다. 반면, 서울의 상위권 의대의 교과전형 내신 합격선은 슈퍼 내신 그 자체다. 가톨릭대 지역균형전형은 지원자의 최고 등급 1등급, 평균 등급 1.12, 최저 등급 2.57이었지만, 최초합격자·최종등록자의 최고, 평균, 최저 등급은 1.00이었다. 경희대 지역균형전형은 50%CUT 1.00, 70%CUT 1.00, 합격자 등급 평균은 1.01이었다.

의대 교과전형은 전형 요소에 수능 최저, 면접, 교과평가 등도 있지만 무엇보다도 지원과 당락을 결정하는 첫 번째 조건은 전국 최고의 '슈퍼 내신 성적'임을 잊지 말자.

● 2025학년도 의대 전형별 최종 '모집 인원' (2024. 5. 30.) 발표 이후 추가 분석 글

> 대규모 의대 증원은 교과전형 증원으로 이어졌다. 일반전형 기준으로 인하대 14명, 가천대 10명, 가톨릭관동대 5명, 강원대 1명, 건양대 50명, 을지대 15명, 순천향대 2명, 충북대 12명, 계명대 7명, 대구가톨릭대 6명, 동국대(WISE) 8명, 영남대 4명, 고신대 2명, 경상국립대 7명, 전북대 5명, 제주대 6명이 증원돼서, '2025학년도 대학입학전형 시행계획(2023. 4. 26.)'에서 발표한 332명보다 154명이 증원된 486명을 의예과에서 모집한다.

● 2025학년 의대 전형별 모집 인원 비교 (일반전형 기준)

(단위 수: 명)

전형 유형	2025 대입 시행계획	최종 모집 인원	증원 인원
교과전형	332	486	154
종합전형	626	790	164
논술전형	94	156	62
수능전형	868	1,062	194
합계	1,920	2,494	574

* 위 자료는 2025학년도 수시모집 요강에 근거해 작성됐습니다. 최종 수시모집 요강을 확인 바랍니다.

〈표〉 교과전형(지역인재전형 제외) 실시 대학 현황(24개 대학, 2025학년도)

지역	대학명	전형명	모집인원	전형 방법	수능 최저학력기준
서울	가톨릭대	지역균형	10	학생부100 (인·적성 면접)	국, 수(미/기), 영, 과(2, 절사) 4개 합 5등급, 史4
서울	경희대	지역균형	22	교과·비교과70+교과종합평가30	국, 수, 영, 탐(2) 중 3개 합 4등급, 史5
서울	고려대	학교추천	18	학생부80+서류20	국, 수, 영, 과(2) 4개 합 5등급, 史4
서울	연세대	추천형	15	학생부100	국, 수(미/기), 과1, 과2 중 국 또는 수 포함 1등급 2개, 영3, 史4
인천	인하대	지역균형	26	학생부100	국, 수, 영, 탐(2) 중 3개 각 1등급
경기	가천대	학생부우수자	15	학생부100	국, 수(미/기), 영, 과(2, 절사) 중 3개 각 1등급
강원	가톨릭관동대	일반	20	학생부100	국, 수(미/기), 영, 과(2, 절사) 중 3개 합 4등급
강원	강원대	일반	11	학생부100	국, 수, 영, 과(1) 중 3개 합 5등급, 수학, 과탐 포함 필수
강원	연세대(미래)	교과우수자	16	학생부80+면접20(의학적 인성)=인·적성 면접	국, 수(미/기), 영, 과1, 과2 중 4개 합 5등급, 영2, 史4
대전	건양대	일반학생(최저)	50	1단계(5배수): 학생부100 2단계: 1단계80+면접20(MMI면접)	국, 수, 영, 과(2, 절사) 중 3개 합 4등급
대전	건양대	일반학생(면접)	15	1단계(3배수): 학생부100 2단계: 1단계80+면접20(MMI면접)	수능 최저 미적용
대전	을지대	지역균형	20	학생부95+면접5(인성면접)=인·적성 면접	국, 수, 영, 과(1) 중 4개 합 5등급
대전	충남대	일반	20	학생부100	국, 영, 과(2) 중 2과목과 수(미/기) 3개 합 4등급, 수학 포함 필수
충남	순천향대	교과우수자	12	학생부100	국, 수, 영, 탐(2) 4개 합 6등급, 확통 선택 시 또는 과탐 2과목 미선택 시 각각 0.5등급 하향
충북	충북대	학생부교과	16	학생부100	국, 수(미/기), 영, 과(1) 중 3개 합 4등급, 수학 포함 필수
대구	계명대	일반	13	1단계(10배수): 교과80+출결20 2단계: 1단계80+면접20(MMI면접)	국, 수(미/기), 영, 과(1) 중 3개 합 3등급
대구	계명대	면접	10	1단계(20배수): 교과80+출결20 2단계: 1단계80+면접20(MMI면접)	국, 수(미/기), 영, 과(1) 중 3개 합 4등급

경북	대구가톨릭대	교과	10	1단계(7배수): 교과80+출결20 2단계: 1단계80+면접 20(MMI면접)	국, 수(미/기), 영, 과(2, 절사) 중 3개 합 4등급
	동국대 (WISE)	교과	17	학생부100	국, 수(미/기), 과(1) 3개 합 4등급
		불교추천인재	3	학생부100	국, 수(미/기), 영, 과(1) 중 3개 합 4등급
	영남대	일반학생	12	학생부90+출결10	국, 수, 영, 과(1) 4개 합 5등급, 史4
		의학창의인재	8	1단계(7배수): 교과90+출결10 2단계: 1단계70+면접30 (인·적성 면접)	국, 수, 영, 과(1) 4개 합 5등급, 史4
부산	고신대	일반고	30	1단계(10배수): 교과80+ 출결20 2단계: 1단계90+면접10 (인·적성 면접)	국, 수, 영, 과(1) 3개 합 4등급, 수학 포함 필수 확통 선택 시 3개 합 3등급, 수학 포함 필수
경남	경상 국립대	일반	16	학생부100	국, 수(미/기), 영, 과(2, 절사) 중 3개 합 4등급, 수학 포함 필수
	인제대	의예·약학	27	1단계(5배수): 학생부100 2단계: 1단계80+면접 20(MMI면접)	국, 수(미/기), 영, 과(1) 4개 각 2등급
광주	조선대	일반	16	학생부100	국, 수(미/기), 영, 과(1) 중 3개 합 5등급, 수학 포함 필수
전북	전북대	일반학생	24	학생부100	국, 수(미/기), 영, 과(2, 절사) 4개 합 5등급
제주	제주대	일반	14	학생부100	국, 수(미/기), 영, 과(2, 절사) 중 3개 합 6등급, 수학 포함 필수
합계			486		

* 위 자료는 2025학년도 수시모집 요강에 근거해 작성됐습니다. 최종 수시모집 요강을 확인 바랍니다.

● 의대 학생부교과전형 핵심 체크

경쟁률
- 일반적으로 의대 경쟁률 높은 순: 논술 〉 종합 〉 교과 〉 수능
- 학생부 수준이 최상위권이 아닌 지원자는 '종합전형' 지원 꺼림
- 수능 성적이 최상위권이 아닌 지원자는 '수능전형' 지원 꺼림
- 매우 높은 경쟁률과 수학, 과학 논술 부담으로 '논술전형' 지원 꺼림

교과성적
- 의대 대입전형 중 내신 성적 가장 높음
- 합격선 추정: 수능 최저(有) 1.2~1.3 / 수능 최저(無) 1.0~1.1 이내에서 합격선 형성됨
- 의대 증원으로 내신 합격선 하락 예상함

수능최저
- 논술전형과 더불어 대입전형 중 가장 높음
- 의대 증원으로 수능 최저가 충족된다면 실질경쟁률 낮아질 것으로 예상함

면접고사
- 다중미니면접(MMI): 상황판단능력, 문제해결력 등을 묻는 면접 형태
- 인·적성 면접: 의사가 갖추어야 할 인·적성과 자질을 묻는 면접 형태

입학결과
- 최근 3개년 내신 합격선 확인 중요함
- 전형방법, 내신 반영 교과, 수능 최저 유무·기준, 면접 유무·종류 등 합격선 변동 요인 확인 중요함
- 동점자 처리 기준 중요함
- 충원 합격 비율 중요함
- 수능 최저충족률 중요함
- 수능 최저를 통과한 지원자의 실질경쟁률 중요함

학생부종합전형[2]

2025학년도 종합전형은 전국 33개 대학에서 58명 늘어나 905명을 모집한다. 전체 모집인원 3,016명 대비 30.0%에 해당되며, 의대 수시모집 전형 중 두 번째로 많은 학생을 선발하는 전형이다. 일반전형 649명, 지역인재전형 156명, 기회균형 특별전형 지역인재전형이 15명이다. 교과전형과 비슷한 수치지만 지역인재전형이나 기회균형특별전형 등을 제외한 일반전형 인원만 따진다면, 교과전형이 332명이고, 종합전형이 626명으로 두 배에 가까운 모집 인원이다. 특히, 서울·인천·경기 12개 의대에서 일반전형 모집 인원이 412명이므로 종합전형 대부분은 수도권 대학에서 선발한다고 볼 수 있다. 따라서 지역인재전형을 지원하지 못하는 수도권 학생들은 종합전형 대비를 3년 동안 면밀히 해야 한다. 이는 역차별 논란이 제기되는 이유다.

수능 최저가 높게 설정된 경우 합격자의 교과성적이 낮아질 수 있기 때문에 의예과 종합전형에서도 수능 최저충족 여부가 지원 여부를 결정하는 중요한 판단요소다. 2025학년도 경우 지역인재전형을 제외한 30개 대학 중 13개 대학이 수능 최저를 미적용하는 점이 교과전형, 논술전형과 가장 큰 차이점이다. 다만, 교과전형에 비해 높은 경쟁률을 보이지만, 수능 최저를 적용하는 대학의 실질경쟁률은 낮다.

고려대(학업우수형), 이화여대(미래인재), 중앙대(CAU융합형인재), 한양대(추천형, 서류형), 가톨릭관동대(가톨릭지도자추천), 충남대(종합Ⅰ서류), 순천향대(일반학생), 충북대(학생부종합Ⅰ, 학생부종합Ⅱ), 경북대(일반학생) 9개 대학은 서류100%전형이며, 나머지 21개 대학은 단계별 전형에서 면접을 치른다. 고려대 종합전형 학업우수형은 제시문 기반 면접을 시행하고, 계열적합형은 2024학년도부터 제시문 기반 면접과 인·적성 면접을 포함하는 MMI면접을 봤다. 하지만 2025학년도에는 학업우수형이 서류 100% 일괄전형으

---

2   의대 '종합전형' 분석 글은 2025학년도 대학입학전형 시행계획(2023. 4. 26.)에 근거해 작성됐습니다. 최종 수시모집 요강을 확인 바랍니다.

로 바뀌면서 면접이 없어졌다. 중앙대는 2024학년도와 달리 CAU융합형인재는 일괄전형으로, CAU탐구형인재는 단계별 전형으로 학생을 모집한다. 한양대는 2024학년도의 종합전형 39명을 종합전형 추천형 25명과 서류형 30명으로 나누어 선발한다. 추천형과 서류형의 중복지원은 할 수 없다.

의대 종합전형에서는 입학사정관 2인 이상이 제출된 전형 자료를 대상으로 평가기준별로 종합적·정성적으로 평가를 실시하는 '서류 기반 면접'이 기본이다. 다만, 의사들의 윤리의식에 대한 요구가 높아지면서 의예과 대입에서 '인·적성 면접'과 '다중 미니 면접(MMI)'이 강화되는 추세다. 서류 기반 면접과 다중 미니 면접은 주로 수시모집에서 인·적성면접은 수시 또는 정시모집에서 실시되고 있다.

특히, 다중 미니 면접(MMI)은 지원자가 짧은 시간 내에 다수의 면접실마다 주어진 상황의 제시문을 분석하고 해결방안을 답하는 과정을 평가한다. 각 면접실마다 2~3인의 면접관이 각기 다른 평가 항목으로 질문한다. 요컨대, 상황 판단 능력, 문제해결 능력, 의사소통능력, 의학을 전공하는 데 필요한 자질과 기초소양, 적성과 인성을 종합적으로 평가하는 면접 유형이다. 수학, 과학 교과 등의 지식을 요구하는 문제가 아니라 다양한 유형의 창의적인 문제가 출제되고 있다. 제시문에서 상황을 제시하고 그 문제해결 과정과 상황 판단능력, 논리적 사고력을 평가하므로 '상황 기반 면접'으로도 불린다. 지원자는 일정 시간 동안 여러 개의 방을 돌며 면접을 치르게 되는데, 현재 실시되는 모든 면접 형태 가운데 인성 영역을 가장 심층적으로 평가한다. 2025학년도 수시모집에서 다중 미니 면접(MMI)을 실시하는 대학은 가톨릭대, 건양대, 계명대, 고려대, 대구가톨릭대, 부산대, 서울대, 성균관대, 아주대, 연세대, 울산대, 인제대, 한림대가 있다. 반면, 수시모집에서 인·적성 면접을 실시하는 대학은 가톨릭대, 고신대, 연세대(미래), 영남대, 을지대가 있다.

학생부 미기재·미반영 항목이 대폭 늘어나고, 2024학년도부터 자소서가 폐지됨에 따라 종합전형의 서류평가는 학생부만으로 평가하게 됐다. 하지만 의대를 준비하는 전국의 최우수 우등생들의 학생부는 상향평준화가 되었기 때문에 변별이 결코 쉽지 않다. 따라서 교육과정과 학생부가 지원 여부와 당락을 판단하는 중요한 요소다. 의대 전공과 관련 있는 수학, 과학, 영어 교과목 이수현황과 노력 그리고 적절성 및 주도성을 면밀히 살핀다는 점을 유의해야 한다. 전공 연계 과목의 성취도는 물론 높아야 한다. 교과 세부 능력 및 특기사항·창의적 체험활동(자율활동, 진로활동, 동아리활동) 특기사항의 기재 내용은 우수한 지원자 중 자신을 드러낼 수 있는 주머니 속의 송곳과 같다. 즉, 지원자의 수학·과학 이수 단위가 높고, 교육과정·학교프로그램이 잘 구비된 고등학교가 절대적으로 유리하다. 평범한 일반고 학생들이 의대 종합전형 지원을 망설이는 이유다. 교육부는 학생평가가 아닌 학교평가 아니냐는 의구심에 귀를 기울이길 권한다.

끝으로, 2024학년도 의대 수시모집 종합전형 경쟁률은 20.00으로 교과전형 11.28, 정시모집 6.63 보다는 높고, 논술전형 258.62에 비하면 낮은 경쟁률을 보였다.

종합전형은 교과전형에 비해 내신 합격선의 꼬리가 긴 편이다. 아주대 종합전형 ACE전형의 경우 최종등록자 내신 최고 등급은 2022학년도 1.15, 2023학년도 1.17, 2024학년도 1.07, 내신 평균 등급은 2022학년도 2.13, 2023학년도 1.94, 2024학년도 1.68, 내신 최저 등급은 2022학년도 3.29, 2023학년도 3.50, 2024학년도 2.49로 교과전형보다는 내신 합격선의 폭이 넓다는 것을 알 수 있다. 그렇다고 2~3등급대 합격자 학생들이 일반고 출신이라고 단언하기는 어렵다. 종합전형의 특성상 특목고 출신 학생으로 분석하는 게 일반적이다. 예컨대, 일반고 학생 합격률이 높은 중앙대 CAU융합형인재전형은 2024학년도에 11명 모집에 경쟁률은 42:1이었고, 충원율은 81.8%였다. 합격자 등급 평균은 1.4이었다. 반면, 특목고 학생 합격률이 높은 CAU탐구형인재전형은 11명 모집에 경쟁률은 37.5:1이었고, 충원율은 154.5%였다. 합격자 등급 평균은 1.7이었다.

의대 종합전형은 교과전형과 달리 내신 위주의 선발이 아닌 정성평가를 포함한 종합평가지만, 서울의 최상위권 의대 종합전형의 내신 합격선은 무척 높다. 경희대 네오르네상스전형은 50%CUT 1.04, 70%CUT 1.05, 합격자 등급 평균은 1.31이었다. 수도권 주요 의대는 충원율도 높지 않다.

종합전형은 전형 요소에 서류평가, 면접 평가, 수능 최저 등도 있지만 무엇보다도 지원과 당락을 결정하는 첫 번째 조건은 전국 최고의 '슈퍼 내신 성적'임을 잊지 말자.

● 2025학년도 의대 전형별 최종 '모집 인원' (2024. 5. 30.) 발표 이후 추가 분석 글

대규모 의대 증원은 종합전형 증원으로 이어졌다. 일반전형 기준으로 성균관대 25명, 가천대 13명, 인하대 26명, 아주대 20명, 가톨릭관동대 3명, 강원대 1명, 한림대 18명, 충남대 13명, 단국대(천안) 25명, 건국대(글로컬) 2명, 경북대 8명, 동국대(WISE) 5명, 경상국립대 2명, 전남대 3명이 증원돼서, '2025학년도 대학입학전형 시행계획(2023. 4. 26.)'에서 발표한 626명보다 164명이 증원된 790명을 의예과에서 모집한다.

〈표〉 종합전형(지역인재전형 제외) 실시 대학 현황(30개 대학)

지역	대학명	전형명	모집 인원	전형 방법	수능 최저학력기준
서울	가톨릭대 (서울)	학교장추천	25	1단계(4배수): 서류100 2단계: 1단계70+면접30(MMI면접)	국, 수(미/기), 영, 과(2, 절사) 중 3개 합 4등급, 史4
		가톨릭지도자 추천	2	1단계(4배수): 서류100 2단계: 1단계70+면접30(MMI면접)	수능 최저 미적용
	경희대	네오르네상스	29	1단계(3배수): 서류100 2단계: 1단계70+면접30(서류기반면접)	수능 최저 미적용
	고려대	학업우수형	29	서류100	국, 수, 영, 과(2) 4개 합 5등급, 史4
		계열적합형	15	1단계(5배수): 서류100 2단계: 1단계50+면접50(MMI면접)	수능 최저 미적용
	서울대	지역균형	39	1단계(3배수): 서류100 2단계: 1단계70+면접30(MMI면접)	국, 수(미/기), 영, 과(2) 중 3개 합 7등급(물리학 I , II, 화학 I , II 중 1개 필수)
		일반전형	49	1단계(2배수): 서류100 2단계: 1단계50+면접50(MMI면접)	수능 최저 미적용
	성균관대	탐구형	50	1단계(5배수): 서류100 2단계: 1단계70+면접30(인·적성 면접)	수능 최저 미적용
	연세대	활동우수형	45	1단계(4배수): 서류100 2단계: 1단계60+면접40(인·적성 면접)	국, 수(미/기), 과1, 과2 중 국 또는 수 포함 1등급 2개 이상, 영3, 史4
	이화여대	미래인재	18	서류100	국, 수, 영, 탐(1) 4개 합 5등급
	중앙대	CAU융합형인재	10	서류100	수능 최저 미적용
		CAU탐구형인재	15	1단계(3.5배수): 서류100 2단계: 1단계70+면접30(서류기반면접)	수능 최저 미적용
	한양대	추천형	25	학생부종합평가100	국, 수, 영, 탐(1) 중 3개 합 4등급
		서류형	30	학생부종합평가100	수능 최저 미적용
인천	가천대	가천의약학	33	1단계(5배수): 서류100 2단계: 1단계50+면접50(서류기반면접)	국, 수(미/기), 영, 과(2, 절사) 중 3개 각 1등급
	인하대	인하미래인재	42	1단계(3배수): 서류100 2단계: 1단계70+면접30(서류기반면접)	수능 최저 미적용
경기	아주대	ACE	40	1단계(3배수): 서류100 2단계: 1단계70+면접30(MMI면접)	국, 수, 영, 탐(2) 4개 합 6등급

강원	가톨릭 관동대	가톨릭지도자 추천	5	서류100	국, 수(미/기), 영, 과(2, 절사) 중 3개 합 5등급
	강원대	미래인재Ⅱ	10	1단계(3배수): 서류100 2단계: 1단계60+면접40(서류기반면접)	수능 최저 미적용
	연세대 (미래)	학교생활 우수자	15	1단계(6배수): 서류100 2단계: 1단계70+면접30(인·적성면접)	국, 수(미/기), 영, 과1, 과2 4개 합 5등급, 영2, 史4
	한림대	학교생활우수자	43	1단계(5배수): 서류100 2단계: 1단계70+면접30(MMI면접)	국, 수(미/기), 영, 과(2) 중 3개 합 4등급, 영어 포함 시 영어 1등급
대전	충남대	종합Ⅰ(일반)	20	1단계(3배수): 서류100 2단계: 1단계667+면접333(서류기반면접)	국, 영, 과(2) 중 2과목과 수(미/기) 3개 합 5등급, 수학 포함 필수
		종합Ⅰ(서류)	9	서류100	
충남	단국대 (천안)	DKU인재 (면접형)	40	1단계(3배수): 서류100 2단계: 1단계70+면접30(서류기반면접)	국, 수(미/기), 영, 과(2) 중 3개 합 5등급, 수학 포함 필수
	순천향대	일반학생	12	서류100	수능 최저 미적용
충북	건국대 (글로컬)	Cogito자기추천	14	1단계(3배수): 서류100 2단계: 1단계70+면접30(MMI면접)	국, 수(미/기), 영, 과(2, 절사) 중 3개 합 4등급, 史4
	충북대	학생부종합Ⅰ	4	서류100	수능 최저 미적용
		학생부종합Ⅱ	4	서류100	국, 수(미/기), 영, 과(1) 중 3개 합 5등급, 수학 포함 필수
대구	경북대	일반학생	31	서류100	국, 수(미/기), 영, 과(2, 소수점 반 올림) 중 3개 합 4등급, 과탐 포함 필수
	계명대	일반	5	1단계(7배수): 서류100 2단계: 1단계80+면접20(MMI면접)	수능 최저 미적용
경북	동국대 (WISE)	참사람	10	1단계(5배수): 서류100 2단계: 1단계70+면접30(서류기반면접)	국, 수(미/기), 영, 과(1) 중 3개 합 4등급
울산	울산대	잠재역량	14	1단계(5배수): 서류100 2단계: 1단계50+면접50(MMI면접)	국, 수(미/기), 영, 과(2, 소수점 반 올림) 중 3개 합 4등급, 史4
경남	경상 국립대	일반	4	1단계(3배수): 서류100 2단계: 1단계80+면접20(서류기반면접)	국, 수(미/기), 영, 과(2, 절사) 중 3개 합 6등급, 수학 포함 필수
광주	전남대	고교생활우수자Ⅰ	13	1단계(6배수): 서류100 2단계: 1단계70+면접30(서류기반면접)	국, 수(미/기), 영, 과(2) 중 3개 합 5등급, 수학 포함 필수
	조선대	면접	10	1단계(5배수): 서류100 2단계: 1단계70+면접30(서류기반면접)	국, 수(미/기), 영, 과(1) 중 3개 합 5등급, 수학 포함 필수
전북	전북대	큰사람	5	1단계(3배수): 서류100 2단계: 1단계70+면접30(서류기반면접)	국, 수(미/기), 영, 과(2, 절사) 4개 합 6등급
	원광대	학생부종합	26	1단계(5배수): 서류100 2단계: 1단계70+면접30(서류기반면접)	국, 수, 영, 과(2) 중 3개 합 6등급, 수학 포함 필수
합계			790		

* 위 자료는 2025학년도 수시모집 요강에 근거해 작성됐습니다. 최종 수시모집 요강을 확인 바랍니다.

● 의대 종합전형 핵심 체크

경쟁률
- 일반적으로 의대 경쟁률 높은 순: 논술 〉 종합 〉 교과 〉 수능
- 학생부 미기재·미반영 영역 증가와 자소서 폐지 이후 경쟁률 상승 추세임

교과성적
- 교과전형보다 합격선 폭이 넓음
- 합격선 추정: 수능 최저(有) 1.6~1.9 / 수능 최저(無) 1.2~1.5 이내에서 합격선 형성됨
- 의대 증원으로 내신 합격선 하락 예상함

수능최저
- 교과·논술전형과 달리 수능 최저를 미적용하는 대학이 상대적으로 많음
- 일반적으로 교과·논술전형에 비해 한 단계 낮은 수능 최저기준 적용함

면접고사
- 다중 미니 면접(MMI): 상황 판단 능력, 문제해결력 등을 묻는 면접 형태
- 인·적성 면접: 의사가 갖추어야 할 인·적성과 자질을 묻는 면접 형태
- 제시문 기반 면접: 수학·과학 학업역량을 묻는 면접 형태
- 서류 기반 면접: 제출 서류 확인 면접 형태

교육과정 & 학교프로그램
- 전공 연계 교과목 이수 현황과 노력 그리고 주도성 및 적절성 평가함
- 전공 연계 수학·과학·영어 교과목 성취도와 교과세특, 창체 기록 중요함
- 수학·과학 이수 단위가 높으면 유리함
- 교육과정·학교프로그램이 잘 갖춰진 고등학교 유리함

입학결과
- 최근 3개년 내신 합격선, 서류평가·면접 평가 성적 중요함
- 전형 방법, 수능 최저 유무·기준, 면접 유무·종류 등 합격선 변동 요인 중요함
- 충원 합격 비율 중요함
- 수능 최저충족률 중요함
- 수능 최저를 통과한 지원자의 실질경쟁률 중요함

논술전형[3]

전국 40개 의대 중 차의과대학 1개 대학만 의학전문대학원을 운영하고 있으며, 39개 의대 중 9개 대학만이 수시모집 논술전형에서 의예과 신입생을 선발한다. 2023학년도 한양대에 이어 2024학년도에는 울산대가 의예과 논술전형을 폐지했다. 논술전형 모집 인원은 2023학년도 128명, 2024학년도 116명, 2025학년도 109명으로 매년 감소하는 추세지만, 의대 정원이 증가하면 논술전형 인원도 비례해서 늘어날 것이다. 2025학년도 부산대의 의예과 논술전형 15명은 지역인재전형이므로, '부산, 울산, 경남 지역에 소재하는 고등학교의 전 교육과정(고등학교 입학일부터 졸업일까지)을 이수한 국내 정규 고등학교 졸업(예정)자, 「초·중등교육법」 제2조에 따른 고등학교 외 고교 졸업 동등 학력자는 지원 자격에서 제외함' 지원 자격에 해당하는 자만 지원할 수 있다. 즉, 부산, 울산, 경남 이외 지역의 학생들은 응시할 수 없다.

의대 쏠림현상이 매년 심해지고 있으며, 의대 논술전형은 모집 대학과 모집 인원이 적고, 논술고사 시험일이 모두 수능 이후에 실시되므로 경쟁률이 상상 그 이상으로 높다. 엄청난 경쟁률을 이겨내고 의예과 논술전형에 합격할 파훼법을 살펴보면,

첫째, 수능 최저 통과 여부다. 전국 9개 의예과 논술전형 실시 대학은 수능 최저를 모두 적용하며, 그 충족 기준이 매우 높다. 2024학년도 중앙대 논술전형 의학부의 경우 국어, 수학, 영어, 탐구(2과목 평균 반영) 4개 영역 등급 합이 5, 한국사는 4등급 이내의 매우 높은 수능 최저를 요구했다. 그럼에도 불구하고 19명 모집에 3,865명이 몰려 경쟁률은 203.42:1까지 치솟았다. 하지만 수능 최저를 통과한 실질경쟁률은 44.5:1로 경쟁률이 뚝 떨어진다. 경희대 논술우수자전형의 의·약학 계열 수능 최저충족률은 2022학년도 65.30%, 2023학년도 68.2%, 2024학년도 60.2%였다. 2024학년도 경희대 의예과는 15명

---

3   의대 '논술전형' 분석 글은 2025학년도 대학입학전형 시행계획(2023. 4. 26.)에 근거해 작성됐습니다. 최종 수시모집 요강을 학인 바랍니다.

372   의대 진로 진학 특강

모집에 2,814명이 몰려 경쟁률은 187.6:1이었다. 논술 응시자 중 수능 최저를 통과한 수능 최저충족률은 39.1%로, 수능 최저를 통과한 실질경쟁률은 73.3:1로 수능 최저를 통과하면 경쟁률이 대폭 하락한다. 아주대 의학과 논술우수자전형의 경우 2024학년도 10명 모집에 3,982명이 몰려 경쟁률은 398.2:1이었다. 수능 최저충족률은 2022학년도 41.0%, 2023학년도 51.2%, 2024학년도 43.8%를 보였다. 특히, 의대 정원이 대폭 증가한 2025학년도 의대 입시에서 수능 최저를 통과하면 예년보다 합격에 유리할 것으로 보인다. 논술전형의 수능 최저 통과율은 수능 난이도에 따라 매년 상이할 수밖에 없다. 수능 최저가 높게 설정된 경우 합격자의 교과성적과 논술성적도 낮아질 수 있기 때문에 수능 최저 충족 여부가 논술전형 지원 여부를 결정하는 가장 중요한 판단요소다. 즉, 수능 최저가 높을수록 실질경쟁률은 낮아지는 게 핵심이다. 수능 최저를 통과한 학생들의 논술 시험지만 평가자가 채점한다는 점 잊지 말자.

둘째, 논술고사 역량이다. 논술고사는 선행학습영향평가 기준에 위반되면 안 되기 때문에 고등학교 교육과정 내에서 출제된다. 따라서 시험이 쉽다고는 단언할 수 없지만, 시험 범위가 고등학교 교육과정 내로 지정되어 있으므로 지원자가 아닌 합격자의 논술 평균점수는 높다. 아주대 논술우수자전형의 경우 최종등록자 백분위 70% 컷에 해당하는 학생의 논술 환산점수는 2022학년도 60.00, 2023학년도 65.00, 2024학년도 74.50점으로 높았다. 중앙대 2024학년도 의대와 약대의 논술전형 지원자의 논술 평균 점수는 60.1점이었지만, 합격자는 91.7점으로 매우 높았다. 또한 수학과 과학 교과 학업역량이 부족한 학생은 의예과 논술전형에 지원하는 것은 지양해야 한다. 경희대, 연세대(미래), 아주대의 경우는 수학뿐만 아니라 과학논술도 치르기 때문에 과학 교과 학업역량도 중요하다. 의학계열을 제외하고는 자연계 논술전형은 수리논술만 치르지만, 의학계열 논술전형은 수학논술과 과학 논술을 함께 출제하는 대학도 있다. 경희대, 연세대(미래), 아주대가 그렇다. 경희대, 연세대(미래)는 과학 교과목 중 물리학(Ⅰ, Ⅱ), 화학(Ⅰ, Ⅱ), 생명과학(Ⅰ, Ⅱ) 중 1개 선택이다. 아주대는 생명과학Ⅰ, Ⅱ 지정이다. 수능 최저로 과학탐구 영역을 반영할 때 가톨릭대, 연세대(미래)는 Ⅰ+Ⅱ 및 Ⅱ+Ⅱ 중 선택해야 한다. 과목명이 다른 2개의 과목에 반드시 응시해야 하며, 동일 분야Ⅰ+Ⅱ 응시는 불인정한다. 경북대의 경우 2024학년도부터 의대, 치의대, 수의대에 의학논술을 도입하였다.

2025학년도 대입에서는 계열 구분이 없는 고교 교육과정의 특성을 반영하여 수능 선택과목에 관계없이 자연, 공학, 의학계열 모집 단위에 지원이 가능한 대학이 증가했다. 2025학년도 기준 선택과목 필수 반영을 폐지한 대학은 건국대, 경희대, 광운대, 국민대, 서울과기대, 성균관대, 세종대, 숭실대, 아주대, 연세대, 이화여대, 인하대, 중앙대, 한국항공대, 한양대, 한양대(ERICA) 총 17개 대학이다. 이 대학 중 의예과를 선발하는 경희대, 성균관대, 아주대, 인하대, 중앙대가 수학(미적분, 기하) 및 탐구(사회탐구, 과학탐구) 선택과목 제한을 폐지한 것이다. 하지만 미적분 등 자연계열 수험생이 주로 선택하는 교과목이 출제되는 수리논술을 실시하므로 인문계열 학생은 사실상 지원하기 어렵다.

셋째, 학생부 교과성적이다. 논술전형 학생부 반영 비율은 20~30%이므로, 교과성적의 실질영향력은 낮다. 2024학년도 아주대 논술우수자전형의 경우 최종등록자의 내신 평균등급은 2.55, 내신 최저 등급은 6.24로 합격자의 내신 폭이 매우 넓다. 다만, 동점자 처리 기준으로 교과성적이 반영된다면 당락에 영향을 미칠 수 있다. 논술전형은 동점자가 많은 편이기 때문이다. 연세대(미래) 의예과의 경우 논술 100% 전형이지만, 동점자가 발생시 수학, 과학 교과성적 순으로 선발한다. 경희대, 성균관대, 연세대(미래)는 학생부 교과성적 반영 없이 논술고사 100%로 선발한다.

끝으로, 2024학년도 의대 수시모집 논술전형 평균 경쟁률은 258.62로 종합전형 20.00, 교과전형 11.28, 수능전형 6.63보다 매우 높은 경쟁률을 보였다. 하지만 충원 합격 비율은 매우 낮다. 예를 들어 2024학년도 경희대 의예과 경쟁률은 187.6:1이었지만, 충원 합격은 2번까지로 충원율은 13.3%에 불과했다. 2023학년도에도 경쟁률은 197.5:1이었지만, 충원 합격은 단 한 명도 없었다. 2024학년도 아주대 의학과는 10명 모집에 경쟁률은 398.2:1이었지만, 충원 합격은 없었다. 2023학년도는 3명, 2022학년도는 2명으로 충원 인원이 적었다. 2024학년도 중앙대 논술전형 의학부 충원율은 26.3%로 매우 낮다. 즉, 의대 논술전형은 교과전형, 종합전형, 수능전형보다 충원율이 유독 낮다는 점 유의해야 한다.

의대 논술전형은 지원할 대학의 최근 3개년 대학별 기출문제 및 모의논술, 선행학습영향평가 결과보고서, 논술가이드북을 활용해 출제 기준, 출제 교과 및 범위, 출제 유형, 예시답안을 숙지해야 '슈퍼 경쟁률'을 극복할 수 있다는 점 잊지 말자.

● 2025학년도 의대 전형별 최종 '모집 인원' (2024. 5. 30.) 발표 이후 추가 분석 글

대규모 의대 증원은 논술전형 증원으로 이어졌다. 일반전형 기준 아주대 10명, 성균관대 5명, 인하대 7명이 증원돼서, '2025학년도 대학입학전형 시행계획(2023. 4. 26.)' 에서 발표한 94명(부산대 지역인재전형 제외)보다 62명이 증원된 156명(부산대 지역인재전형)을 의예과에서 모집한다.

2025학년도 가천대가 논술전형에서 의예과 40명을 새롭게 모집하므로, 의대 논술전형 실시 대학은 9개 대학에서 10개 대학으로 1개 대학 늘었다. 가천대 의예과 전형방법은 논술 100%이며, 수능 최저는 3개 영역 각 1등급이다. 과탐 적용 시 2과목 평균(소수점 절사)이다. 출제 영역은 수학 I , 수학 II , 미적분으로 8문항을 80분 이내에 풀어야 한다. 배점은 문항별 상이하다. 가천대 측은 시뮬레이션 결과 경쟁률은 150:1, 수능 최저충족률은 15% 정도를 예상했다.

〈표 1〉 논술전형 실시 대학 현황(부산대 지역인재전형 10개 대학, 2025학년도)

지역	대학명	전형명	모집 단위	모집 인원	전형 방법	수능 최저학력기준
서울	가톨릭대 (서울)	논술전형	의예과	19	학생부20 + 논술 80	국, 수(미/기), 영, 과(2, 절사) 중 3개 합 4등급, 史4, 과탐(동일 분야 I +II 응시 불가)
	중앙대	논술전형	의학부	18	학생부20 + 학생부(출결)10+논술70	국, 수, 영, 과(2) 4개 합 5등급, 史4 영어 등급 반영 시 1등급과 2등급을 통합하여 1등급으로 간주하고 수능 최저충족 여부를 산정함
	경희대	논술우수 자전형	의예과	15	논술100	국, 수, 영, 탐(2) 중 3개 합 4등급, 史5
	성균관대	논술우수 전형	의예과	10 (+5명)	논술100	국, 수, 영, 탐(2) 중 3개 합 4등급
인천	인하대	논술우수 자전형	의예과	12 (+7명)	학생부30 + 논술70	국, 수, 영, 탐(2) 중 3개 각 1등급
경기	아주대	논술우수 자전형	의학과	20 (+10명)	학생부20+논술80	국, 수, 영, 탐(2) 4개 합 6등급
	가천대	논술전형	의예과 (신설)	40 (+40명)	논술100	국, 수(미/기), 영, 과(2, 절사) 3개 각 1 등급
강원	연세대 (미래)	논술우수 자전형 (창의인재 전형)	의예과	15	논술100	국, 수, 과1, 과2 중 3개 영역 1등급 이상, 영2 및 史4, 과탐(동일 분야 I + II 응시 불가)
대구	경북대	논술AAT 전형	의예과	7	학생부30+논술70	국, 수(미/기), 영, 과(2) 3개 합 4등급, 과탐 포함 필수
부산	부산대	논술전형 (지역인재 전형)	의예과	22 (+7명)	학생부30+논술70	국, 수(미/기), 영, 과(2) 중 3개 합 4등급, 史4, 수학 포함 필수
합계				178		

* 위 자료는 2025학년도 수시모집 요강에 근거해 작성됐습니다. 최종 수시모집 요강을 확인 바랍니다.

〈표 2〉 논술전형 논술고사 실시 대학 현황(부산대 지역인재전형 포함 10개 대학, 2025학년도)

지역	대학명	전형명	고사 시간	논술 유형(문항수) *하위 소문항수는 제외	수리논술 출제 범위	과학논술 출제 범위
서울	가톨릭대 (서울)	논술전형	100분	수리논술 (2~4문항)	수학, 수학Ⅰ, 수학Ⅱ, 확률과 통계, 미적분	미출제
	중앙대	논술전형	120분	수리논술 (4문항)	수학, 수학Ⅰ, 수학Ⅱ, 기하, 확률과 통계, 미적분	미출제
	경희대	논술 우수자전형	120분	수리논술 + 과학논술 (각 4문항)	수학, 수학Ⅰ, 수학Ⅱ, 기하, 확률과 통계, 미적분	물리학(Ⅰ,Ⅱ), 화학(Ⅰ, Ⅱ), 생명과학(Ⅰ,Ⅱ) 중 1개 선택
	성균관대	논술 우수전형	100분	수리논술 (3문항)	수학, 수학Ⅰ, 수학Ⅱ, 기하, 확률과 통계, 미적분	미출제
인천	인하대	논술 우수자전형	120분	수리논술 (3문항)	수학, 수학Ⅰ, 수학Ⅱ, 미적분	미출제
경기	아주대	논술 우수자전형	120분	수리논술 + 과학논술 (2문항)	수학, 수학Ⅰ, 수학Ⅱ, 미적분	생명과학(Ⅰ,Ⅱ) 지정
	가천대	논술전형 (신설)	80분	수리논술 (8문항)	수학Ⅰ, 수학Ⅱ, 미적분	미출제
강원	연세대 (미래)	논술 우수자전형 (창의 인재전형)	120분	수리논술 + 과학논술 (각 2문항 이내)	수학, 수학Ⅰ, 수학Ⅱ, 기하, 미적분	물리학(Ⅰ,Ⅱ), 화학(Ⅰ, Ⅱ), 생명과학(Ⅰ,Ⅱ) 중 1개 선택
대구	경북대	논술AAT 전형	100분	수리논술과 의학논술 (3문항 내외)	수학, 수학Ⅰ, 수학Ⅱ, 미적분 ■ 수학과 의학논술	미출제
부산	부산대	논술전형 (지역인재 전형)	100분	수리논술 (3문항)	수학, 수학Ⅰ, 수학Ⅱ, 기하, 미적분	미출제

* 위 자료는 2025학년도 수시모집 요강에 근거해 작성됐습니다. 최종 수시모집 요강을 확인 바랍니다.

〈표 3〉 논술전형 논술고사 경쟁률(부산대 지역인재전형 9개 대학, 2024학년도)

지역	대학명	전형명	모집 단위	모집 인원	지원 인원	경쟁률
서울	가톨릭대	논술전형	의예과	19	4,308	226.74
	중앙대	논술전형	의학부	19	3,865	203.42
	경희대	논술우수자전형	의예과	15	2,814	187.60
	성균관대	논술우수전형	의예과	5	3,158	631.60
인천	인하대	논술우수자전형	의예과	8	5,286	660.75
경기	아주대	논술우수자전형	의학과	10	3,982	398.20
강원	연세대(미래)	논술우수자전형 (창의인재전형)	의예과	15	3,878	258.53
대구	경북대	논술AAT전형	의예과	10	1,745	174.50
부산	부산대	논술전형 (지역인재전형)	의예과	15	964	64.27
계				116	30,000	258.62

〈표 4〉 논술전형 논술고사 유형(부산대 지역인재전형 10개 대학, 2025학년도)

대학명	논술 유형
가톨릭대(서울), 가천대(의예과 신설), 부산대, 성균관대, 인하대, 중앙대	수리논술
경희대, 연세대(미래)	수리논술 + 과학 선택 (물리학 I , II / 화학 I , II / 생명과학 I , II)
아주대	수리논술 + 생명과학 I , II
경북대	수리논술 + 의학논술

* 위 자료는 2025학년도 수시모집 요강에 근거해 작성됐습니다. 최종 수시모집 요강을 확인 바랍니다.

● 의대 논술전형 핵심 체크

경쟁률
- 일반적으로 의대 경쟁률 높은 순: 논술 〉종합 〉교과 〉수능
- 의대 대입전형 중 경쟁률 가장 높음
- 경쟁률 가장 높고, 충원율 가장 낮음

교과성적
- 내신 성적 실질영향력 낮음
- 논술고사 동점자가 많으므로 대학별 내신 성적 동점자 처리 기준 중요함
- 의대 증원으로 내신 합격선 하락 예상함

수능최저
- 대입전형 중 교과전형과 더불어 수능 최저 가장 높음
- 의대 증원으로 수능 최저가 충족된다면 실질경쟁률 낮아짐

논술고사
- 수학, 과학 학업역량(=수능 수학, 과학 성적) 매우 중요함
- 수능 모의고사 수학, 과학 성적이 지속적으로 1등급 이상이 나와야 함
- 선행학습영향평가 결과보고서, 논술가이드북 중요함
- 3개년 대학 기출문제 및 모의논술을 통해 출제 경향 숙지가 중요함
- 출제 기준, 출제 과목, 출제 범위, 출제 유형, 예시 답안, 채점 기준 중요함

입학결과
- 최근 3개년 논술 수학, 과학 합격선 중요함
- 동점자 처리 기준 중요함
- 충원 합격 비율 중요함
- 수능 최저충족률 중요함
- 수능 최저를 통과한 지원자의 실질경쟁률 중요함
- 전형 방법, 내신 성적, 수능 성적, 논술 유형 · 출제 과목 · 출제 범위 등 합격선 변동 요인 확인 중요함

수능전형[4]

정부가 의대 모집 정원을 늘리면서 2025학년도 의예과 입시는 요동치고 있다. 의대에 입학할 절호의 기회라는 낙관적 예상으로 너나없이 N수·반수에 나설 것으로 예상한다. 특히, 졸업생은 내신 성적과 비교과에 부담이 없는 정시모집 수능전형으로 대거 몰릴 것으로 보인다.

2025학년도 의대 선발 인원은 수시모집 1,927명, 정시모집 1,089명 총 3,016명이다. 정시모집 의예과는 39개 대학에서 일반 868명, 지역인재 221명을 선발한다. 단, 이 수치는 의대 정원 증원이 반영되지 않은 인원이다. 2025학년도 정시모집 수능위주전형은 정시모집은 1,089명을 모집하여 2024학년도 모집 인원 1,144명보다 55명 감소하였다. 전체 모집 인원 3,016명 대비 36.1%에 해당되며, 의과대학 전체 전형 중 가장 많은 학생을 선발하는 전형이다. 모집군별로 살펴보면, 가군 15개 대학 389명, 나군 17개 대학 566명, 다군 7개 대학 134명을 모집한다. 가군보다 나군 모집 인원이 177명이나 많고, 다군은 대학 수는 7개, 모집 인원은 134명으로 적어서 가, 나군보다 경쟁률이 높고, 충원 합격 비율도 높은 편이므로 예측가능성이 낮다. 따라서 가군, 나군에 합격 지원 전략을 수립해야 한다. 모집군 변동은 2025학년도에 인하대가 다군에서 가군, 조선대와 충남대가 가군에서 나군으로 이동했으며, 2022학년도부터는 7년 만에 서울대가 정시모집 군을 가군에서 나군으로 이동했다.

지역인재전형을 제외한 일반전형으로는 가군 319명, 나군 423명, 다군 126명 총 868명을 선발한다. 연세대(일반전형), 한림대(일반전형)는 단계별 전형으로 면접을 치른다. 가톨릭대(일반전형), 아주대(일반전형Ⅰ)는 일괄전형이지만 면접이 있다. 고려대 교과우수자전형은 학생부교과 20%와 수능성적 80%를 합산하여 12명을 선발한다. 서울대(지역균형

---

4   의대 '수능전형' 분석 글과 자료는 2025학년도 대학입학전형 시행계획(2023. 4. 26.)에 근거해 작성됐습니다. 최종 정시모집 요강을 확인 바랍니다.

전형, 일반전형)는 2023학년도부터 일괄전형이 지역균형전형에서 교과평가 40%, 단계별 전형인 일반전형 2단계에서 교과평가 20%를 반영한다. 부산대는 2024학년도 수능 100% 전형에서 '수능 80%+학업 역량평가 20%'로 전형 요소를 변경했다. 학업역량평가는 고등학교 교육과정 이수 노력 및 적절성을 평가한다.

정시모집에서 인·적성 면접을 치르는 대학 중 가톨릭대, 아주대는 수능 성적 95%와 면접 성적 5%를 합산해 선발하며, 연세대, 한림대는 2단계 면접 성적 10%를 반영한다. 가톨릭대(일반전형 의예과 신설)는 적격(P)/부적격(F) 판단 기준으로만 활용하던 인·적성 면접을 성적 5%로 합산하는 방식으로 변경했다. 한림대도 수능 100%에서 단계별 전형으로 바꾸어 MMI면접(인성면접 50%+상황면접 또는 모의상황면접 50%)을 도입했다. 가톨릭관동대, 경북대, 고려대(일반전형), 서울대, 성균관대, 울산대, 인제대는 면접을 적격(P)/부적격(F) 판단 기준으로만 활용한다. 경북대는 2024학년도에 신설됐다.

이화여대는 인문계열을 별도로 모집하지만, 선택과목 제한이 없어 자연계열 학생 지원도 가능하다. 의대는 정시 수능에서 수학과 과학탐구 영역에 높은 비율을 적용하므로, 수학 및 과학 수능 성적이 당락을 결정짓는다. 가톨릭대, 고려대, 서울대, 전남대, 전북대, 충남대는 영어를 비율로 반영하지 않고 가점 혹은 감점 방식을 적용한다. 강원대, 경상국립대, 경희대, 아주대, 연세대, 이화여대, 인하대, 중앙대 등은 미적분이나 기하, 과탐 선택 시 가산점을 부여한다. 나군의 조선대는 유일하게 탐구 영역에서 과탐 1과목을 반영한다.

2025학년도부터 계열별 수학 및 탐구 응시 과목을 폐지한 대학이 많다. 고려대·원광대는 수학을, 경희대·성균관대·아주대·연세대·이화여대·인하대·중앙대·한양대는 수학 및 탐구 선택과목 지정을 폐지해 확률과 통계·사회탐구 응시자의 진입장벽을 낮췄다. 하지만 대부분 대학은 미적분·기하 및 과학탐구 선택 시 가산점을 부여하므로 유의해야 한다. 수학 선택과목에 제한을 두지 않았던 경상국립대는 2025학년도부터 미적분·기하 응시자만 지원할 수 있다.

단국대(천안), 성균관대, 인하대, 중앙대, 한양대는 수능 영역별 반영 비율을 변경했다. 성균관대는 수능 영역별 반영 비율을 A형(국어20, 수학40, 탐구30, 영어10)과 B형(국어30, 수학40, 탐구20, 영어10) 두 유형으로 나눠 이 중 상위 성적을 반영하는 방식으로 변경했다. 인하대는 한국사 비율을 5% 반영했으나 2025학년도부터 감점 형식이다.

정시모집 지역인재전형은 가군에 경상국립대(20명), 동아대(14명), 인제대(19명), 전남대(17명), 나군에 부산대(20명), 영남대(18명), 전북대(29명), 제주대(8명), 조선대(28명), 충남대(26명), 충북대(14명), 다군에 고신대(8명) 12개 대학에서 221명을 선발한다. 가군 70명, 나군 143명 다군 8명이다. 부산대 지역인재전형만 수능80%+서류20%며, 나머지 11개 대학은 수능 100% 전형이다.

끝으로, 2024학년도 의대 정시모집 평균 경쟁률 6.63은 수시모집 교과전형 11.28, 종합전형 20.00, 논술전형 258.62에 비해 의대 대표 전형 중 가장 낮은 경쟁률이다.

수도권 주요 의대는 정시모집 합격선이 높기 때문에 충원율도 살펴봐야 한다. 아주대의 경우 정시모집 인원은 10명인데, 충원 인원은 2022학년도 14명, 2023학년도 1명, 2024학년도 2명으로 충원율이 높지 않다. 하지만 경희대의 경우 2024학년도 모집 인원 44명에 292명이 몰려서 6.6:1이었다. 충원 인원은 147명으로 충원율은 334.1%로 높다. 나군 경희대와 가군에 복수합격한 학생들이 연쇄 이동했기 때문이다. 이렇듯 대학마다 처한 상황이 다르다는 점도 유의해야 한다.

의예과 정시모집 합격선은 '슈퍼 수능 성적'으로 매우 높다. 2022학년도 정시모집 성균관대 의예과 최종등록자 영역별 백분위 70%CUT은 국어 100, 수학 100, 탐구는 99였다. 2024학년도 경희대 의예과 최종등록자 상위 70%CUT은 국·수·탐 평균 백분위가 98.67이었고, 최종등록자 상위 80% 평균은 국어 99.14, 수학 99.77, 탐구 98.16, 국·수·탐 평균 백분위는 99.02, 영어는 1.14등급이었다. 아주대 의학과 일반전형1의 최종등록자 백분위 70%CUT은 2022학년도 98.50, 2023학년도 97.33, 2024학년도 98.83이었다. 수능에서 네 개 이하로 틀렸다는 얘기다. 세밀하고 꾸준한 수능 준비가 없다면 의예과 정시전형 합격이 쉽지 않다는 의미다.

의대 정시모집은 전형 요소에 면접, 교과평가 등도 있지만 무엇보다도 지원과 당락을 결정하는 첫 번째 조건은 전국 최고의 '슈퍼 수능 성적'임을 잊지 말자.

2025학년도 의대 전형별 최종 '모집 인원' (2024. 5. 30.) 발표 이후 추가 분석 글

대규모 의대 증원은 수능전형 증원으로 이어졌다. 일반전형 기준으로 가군은 성균관대 40명, 건양대 2명, 동아대 15명, 경상국립대 5명, 전남대 5명이 증원됐다. 나군은 아주대 40명, 한림대 5명, 건국대(글로컬) 10명, 충북대 13명, 영남대 1명, 부산대 8명, 전북대 2명, 제주대 9명이 증원됐다. 다군은 가톨릭관동대 13명, 단국대(천안) 15명, 대구가톨릭대 6명, 동국대(WISE) 5명이 증원됐다. '2025학년도 대학입학전형 시행계획(2023. 4. 26.)'에서 발표한 일반전형 868명보다 194명이 증원된 1,062명을 의예과에서 모집한다.

〈표〉 수능전형 실시 대학 현황(30개 대학, 지역인재전형 제외)

〈가군〉

지역	대학명	전형명	모집인원(명)	전형 방법	수능 활용 지표	수능 영역별 반영 비율	비고
서울	가톨릭대	일반	37	수능95+면접5	표+백	국30+수(미/기)40+과30	• 인·적성 면접(성적 반영) • 영어·한국사 감점 방식
	고려대	교과우수	12	학생부20+수능80	표+백	국31.25+수37.5+과31.25	• 인·적성 면접P/F • 교과성적 20% 반영 • 영어 감점 / 한국사 가점 방식
		일반	27	수능100	표+백		
	성균관대	일반	50	수능100	표+백	국30+수40+영10+과20	• 인·적성 면접P/F • 한국사 감점 방식
	연세대	일반	47	1단계(2.5배수):수능100 2단계: 1단계90+면접10	표+백	국22.2+수33.3+영11.1+탐33.3	• 인·적성 면접(성적 반영) • 과탐 3% 가산
	한양대	일반	52	수능100	표+백	국25+수40+영10+탐25	
인천	가천대	일반	15	수능100	백	국25+수(미/기)30+영20+과25	
	인하대	일반	16	수능100	표+백	국25+수35+영10+탐30	• 수 3% 가산 • 과탐 3% 가산
강원	강원대	일반	15	수능100	백	국20+수30+영20+과30	• 수(미/기) 10% 가산
대전	건양대	일반학생	14	수능100	백	국20+수30+영20+과30	

지역	대학명	전형명	모집인원	전형 방법	수능활용지표	수능 영역별 반영 비율	비고
대구	경북대	일반학생	22	수능100	표+백	국25+수(미/기)37.5+영12.5+과25	• 인·적성 면접 P/F
부산	동아대	일반학생	20	수능100	표	국25+수(미/기)25+영25+과25	• 과탐Ⅱ 5% 가산점
울산	울산대	수능	10	수능100	표+백	국20+수(미/기)30+영19+과30+한1	• 인·적성 면접 P/F
경남	경상국립대	일반	11	수능100	표	국25+수(미/기)30+영20+과25	• 과탐 5% 가산
	인제대	수능	18	수능100	표	국25+수(미/기)25+영25+과25	• 인·적성 면접P/F
광주	전남대	일반	20	수능100	표	국30+수(미/기)40+과30	• 영어·한국사 가점 방식
	합계		386				

〈나군〉

지역	대학명	전형명	모집인원(명)	전형 방법	수능활용지표	수능 영역별 반영 비율	비고
서울	경희대	일반	44	수능100	표+백	국20+수35+영15+탐30	• 과탐 과목당 4점 가산
	서울대	지역균형	10	수능60+교과평가40	표	국33.3+수(미/기)40+과26.7	• 인·적성 면접(P/F) • 물리학Ⅰ,Ⅱ, 화학Ⅰ,Ⅱ 중 1개 포함 필수 • 교과평가 반영 • 영어·한국사 감점 방식
		일반	29	1단계(2배수): 수능100 2단계: 1단계80+교과평가20	표		
	이화여대	수능	8(인문)	수능100	표+백	국30+수30+영20+탐20	• 과탐 과목당 6% 가산
			50(자연)	수능100	표+백	국25+수30+영20+탐25	
	중앙대	일반	42	수능100	표+백	국30+수35+탐35	• 과탐 5% 가산
경기	아주대	일반Ⅰ	50	수능 95+면접 5	표+백	국20+수40+영10+탐30	• 인·적성 면접(성적 반영) • 수(미/기) 3% 가산
강원	연세대(미래)	일반	21	수능100	표+백	국22+수(미/기)33+영11+과33+한1	
	한림대	일반	35	1단계(5배수): 수능100 2단계: 1단계90+면접10	표	국20+수(미/기)40+영10+과30	• 인성면접50%+상황면접 또는 모의상황면접50%=MMI면접

대전	을지대	일반II	15	수능100	백	국30+수30+영10+과30	
	충남대	일반	13	수능100	표	국25+수(미/기)45+과30	•영어·한국사 감점 방식
충북	건국대 (글로컬)	일반	20	수능100	백	국20+수(미/기)30+영20+ 과30	
	충북대	일반	25	수능100	표	국20+수(미/기)30+영20+ 과30	
경북	영남대	일반학생	18	수능100	백	국25+수35+영10+과30	
부산	부산대	수능	33	수능80+서류20	표	국20+수(미/기)30+영20+ 과30	•학업역량평가 20% 반영 -고등학교 교육과정 이수 노력 및 적절 성을 평가
광주	조선대	일반	24	수능100	백	국25+수(미/기)35+영25+ 과(1) 15	•과탐 1과목 반영
전북	원광대	일반	22	수능100	표	국28.57+수28.57+영 14.29+과 28.57	
	전북대	일반	31	수능100	표+백	국30+수(미/기)40+과30	•영어·한국사 가점 방식
제주	제주대	일반학생	21	수능100	백	국20+수(미/기)30+영20+ 과30	
합계			511				

〈다군〉

지역	대학명	전형명	모집인원(명)	전형방법	수능활용지표	수능 영역별 반영 비율	비고
강원	가톨릭관동대	일반	33	수능100	백	국20+수30+영20+탐30	•인·적성 면접(P/F) •가산점 ① 또는 ② ① 과탐 2과목 선택 시 평균의 5% 가산 ② 화Ⅱ 또는 생Ⅱ 선택 시 평균의 7% 가산
충남	단국대(천안)	일반학생	40	수능100	표+백	국25+수(미/기)35+영15+과25	•과탐Ⅱ 5% 가산점
	순천향대	일반학생	30	수능100	백	국20+수30+영30+탐20	•수 10% 가산 •과탐 10% 가산
대구	계명대	일반	20	수능100	백	국25+수(미/기)25+영25+과25	
경북	대구가톨릭대	일반	18	수능100	표+백	국30+수(미/기)30+영15+과25	
	동국대(WISE)	일반	14	수능100	백	국25+수(미/기)35+영20+과20	•과탐Ⅱ 5% 가산
부산	고신대	일반	10	수능100	표	국20+수(미/기)30+영30+과20	
합계			165				

의대 수능전형 핵심 체크

경쟁률
- 일반적으로 의대 경쟁률 높은 순: 논술 〉 종합 〉 교과 〉 수능
- 일반적으로 의대 전형 경쟁률 중 가장 낮은 경쟁률

교과성적
- 수능100%전형: 교과성적 미반영함
- 고려대(교과우수자전형): 교과성적 20% 반영함
- 의대 증원으로 내신 합격선 하락 예상함

수능성적
- 등급: 국수영탐 평균 1등급에서 합격선 형성됨
- 누적 백분위: 2%~0.3% 이내에서 합격선 형성됨
- 백분위 점수: 288점~300점(96%~100%) 이내에서 합격선 형성됨
- 국·수·탐 틀린 개수: 1개~4개(수도권 및 주요 의대) 이내에서 합격선 형성됨
- 의대 증원으로 수능 합격선 하락 예상함
- 최상위권 의대 수능 합격선은 변화가 적을 것으로 예상함

서류평가
- 서울대(지역균형전형, 일반전형): 지역균형전형 교과평가 40% 반영, 일반전형 20% 반영함
- 부산대(수능전형): 학업역량평가 20% 반영함

면접고사
- 다중 미니 면접(MMI): 상황 판단 능력, 문제해결력 등을 묻는 면접 형태
- 인·적성 면접: 의사가 갖추어야 할 인·적성과 자질을 묻는 면접 형태
- 정시모집에서 면접 성적 반영 대학: 가톨릭대, 아주대, 연세대, 한림대
- 정시모집에서 적격(P)/부적격(F) 판단 대학: 가톨릭관동대, 경북대, 고려대(일반전형), 서울대, 성균관대, 울산대, 인제대

교육과정 & 학교프로그램
- 전공 연계 교과목: 이수 현황과 노력, 주도성 및 적절성 평가함
- 전공 연계 수학·과학·영어 교과목 성취도와 교과세특, 창체 기록이 중요함
- 지원자의 수학·과학 이수 단위가 높으면 유리함
- 교육과정·학교프로그램이 잘 갖춰진 고등학교 유리함

입학결과
- 최근 3개년 수능 및 내신 성적 합격선 중요함
- 전형 방법, 내신 및 수능 반영 교과, 수능 가산점, 내신 성적, 수능 성적, 서류평가, 면접 종류·유무 등 합격선 변동 요인 중요함
- 충원 합격 비율 중요함

수능전형 백분위 반영 대학[5]

〈표 1〉 의대 수능전형 백분위 반영 대학(지역인재전형 제외, 12개 대학, 2025학년도)

모집군	대학명(모집 인원)
가군	가천대(15명), 강원대(15명), 건양대(12명)
나군	조선대(가군→나군, 24명), 건국대(글로컬, 10명), 영남대(17명), 을지대(대전, 15명), 제주대(12명)
다군	가톨릭관동대(20명), 계명대(20명), 동국대(WISE, 9명), 순천향대(30명)

〈표 2〉 의대 수능전형 백분위 반영 대학(지역인재전형 제외, 12개 대학, 2025학년도)

〈가군〉

지역	대학명	전형명	모집 인원 (명)	전형 방법	수능 활용 지표	수능 영역별 반영 비율	비고
인천	가천대	일반	15	수능100	백	국25+수(미/기)30+영20+과25	
강원	강원대	일반	15	수능100	백	국20+수30+영20+과30	수(미/기) 10% 가산
대전	건양대	일반학생	12	수능100	백	국20+수30+영20+과30	
합계			42				

---

5   이 자료는 2025학년도 대학입학전형 시행계획에 근거해 작성됐습니다. 최종 정시모집 요강을 확인 바랍니다.

〈나군〉

지역	대학명	전형명	모집 인원 (명)	전형 방법	수능 활용 지표	수능 영역별 반영 비율	비고
대전	을지대 (대전)	일반II	15	수능100	백	국30+수30+영10+과30	
충북	건국대 (글로컬)	일반	10	수능100	백	국20+수(미/기)30+영20+과30	
경북	영남대	일반학생	17	수능100	백	국25+수35+영10+과30	
광주	조선대 (가군→나군)	일반	24	수능100	백	국25+수(미/기)35+영25+과(1) 15	과탐 1과목 반영
제주	제주대	일반 학생	12	수능100	백	국20+수(미/기)30+영20+과30	
	합계		78				

〈다군〉

지역	대학명	전형명	모집 인원 (명)	전형 방법	수능 활용 지표	수능 영역별 반영 비율	비고
강원	가톨릭 관동대	일반	20	수능100	백	국20+수30+영20+탐30	•인·적성 면접(P/F) •가산점 ① 또는 ② ① 과탐 2과목 선택 시 평균의 5% 가산 ② 화II 또는 생II 선택 시 평균의 7% 가산
충남	순천향대	일반 학생	30	수능100	백	국20+수30+영30+탐20	•수 10% 가산 •과탐 10% 가산
대구	계명대	일반	20	수능100	백	국25+수(미/기)25+영25+과25	
경북	동국대 (WISE)	일반	9	수능100	백	국25+수(미/기)35+영20+과20	•과탐II 5% 가산
	합계		79				

수능전형 과탐 상위 1과목 반영 대학

2025학년도 의대 수능전형에서 과탐 영역 상위 1개 과목을 반영하는 대학은 나군의 조선대가 유일하다. 의학계열로 넓혀서 살펴보면, 가군의 동신대 한의예과가 탐구(사탐/과탐) 영역은 상위 1개 과목을 반영한다. 참고로, 2025학년도 수능전형에서 인하대는 다군에서 가군, 조선대와 충남대는 가군에서 나군으로 모집군을 이동했다.

● 의학계열 수능전형 과탐 탐구 상위 1과목 반영 대학

구분	대학명	모집군	탐구 반영영역
의대	조선대	나군	과탐
치대	조선대	나군	과탐
약대	조선대	나군	과탐
한의대	동신대	가군	탐구
수의대	-	-	-

지역인재특별전형[6]

학령인구 감소 및 지역인재의 수도권 유출 등 지방대학의 위기를 극복하기 위하여 「지방 대학 및 지역균형인재 육성에 관한 법률 시행령(이하 지방대학육성법 시행령)」이 2021년 개정되었다. 이에 따라 2023학년도 대입전형부터 지방대학 의대, 한의대, 치대, 약대의 지역인재 최소 입학 비율을 40%(강원·제주 20%), 지방대학 간호대학의 최소 입학 비율을 30%(강원·제주 15%), 지방대학 한약학과 40%로 규정하였다. 정리하면, 지방 의대 26곳은 지방대학육성법 시행령에 따라 지역인재 선발 의무 비율인 40% 이상을 채워야 한다. 강원·제주는 20% 이상이다.

2022학년 중학교 입학자부터는 '비수도권 중학교 및 해당 지역 고등학교 전 교육과정 이수' 및 '본인 및 부모 모두 해당 지역 거주'로 지역인재 요건이 강화된다. 지역인재 의무 선발 규정은 2023학년도 대입전형부터, 선발 대상 규정은 2022학년도 중학교 입학자부터 적용된다는 의미다.

지방대학육성법 시행령 개정에 따라 의학 및 간호계열 의무 선발 비율이 상승하여 지역인 재특별전형(이하 지역인재전형)의 모집 인원이 계속 증가하고 있다. 따라서 지방 수험생은 지원할 대학별 지원 자격, 모집 인원, 전형유형, 전년도 입시 결과 등의 내용을 면밀히 확인하여 지역인재전형 지원 전략을 수립해야 한다. 지역인재전형은 교과전형의 비율이 다른 전형에 비해 매우 높고, 지역 자격 조건 제한이 있기 때문에 지역에서 의학계열을 희망하는 내신이 우수한 학생들이 선호하는 전형이다.

요컨대, 지역인재전형은 해당 지역 학생들에게는 수시 및 정시 지원 시 매우 유리한 전형이다. 일반전형만 지원 가능한 수도권 학생에 비해 희망하는 의대에 지원할 기회가 더 주

---

6   의대 '지역인재전형' 분석 글과 자료는 2025학년도 대학입학전형 시행계획(2023. 4. 26.)에 근거해 작성됐습니다. 최종 수시 및 정시모집 요강을 확인 바랍니다.

어지는 셈이며, 수도권 지원자와 경쟁하지 않고 해당 지역 학생끼리만 경쟁하는 큰 이점이 있기 때문이다. 또한, 지역인재전형이 일반전형에 비하여 수능 최저가 낮은 대학이 많고, 수능 최저충족률도 일반전형보다 낮은 편이다. 내신 · 수능성적 합격선 역시 일반전형보다 지역인재전형이 상대적으로 낮게 형성된다. 수도권 학생들에 대한 역차별의 불공정 논쟁이 제기될 수 있는 이유다.

의대 정원이 대폭 증가하고 지역인재전형 최소 입학 비율이 40% 이상으로 늘어난다면, 당연히 지역인재전형 선발 인원이 증가하므로 수도권 학생들과 지역 학생들의 유불리가 한층 상충될 것이다. 지역 최우수 학생들이 의대 진학을 위해 지역인재전형에 몰리는 경향은 강화되고, 내신 합격선도 내려갈 수 있기 때문이다. 강원도와 제주도의 경우 지역인재전형으로 입학할 수 있는 최소 입학 비율이 20%로 타지역 40%에 비해 낮다. 하지만 인구수가 적어서 의대 입학의 최대 걸림돌인 수능 수학 1등급 학생 비율이 적을 수밖에 없다. 의대 정원이 증가됐지만, 할당된 지역인재전형 모집 인원을 다 채우지 못할 가능성도 제기되는 이유다. 또한, 의대 정원이 늘어나고 이에 따라 지역인재전형 선발 인원이 늘어날 경우 의대뿐만 아니라 치대, 한의대, 수의대, 약대의 전형별 선발 인원, 수능 최저 완화에도 지대한 영향을 미칠 것이다. 또한, 대부분 지방 의대가 정시는 전국 단위 선발 비율이 높고, 지역인재전형은 수시에서 주로 선발하고 있다. 따라서 지역인재전형 도입 후 수시모집 수도권 의대 경쟁률은 올라가는 추세다. 2025학년도 의대 '모집 인원'에서 지역인재전형 비율이 가장 높은 대학은 전남대로 무려 78.8%나 된다. 그 다음은 경상국립대 72.5%, 부산대는 69.3% 순이다.

구체적으로 의대 '일반전형'과 '지역인재전형' 유불리를 살펴보자.

〈표 1〉을 보면, 인제대학교 '지역인재전형'과 '일반전형' 모집 인원과 수능 최저는 동일한 조건이지만 어디가 50%와 70%CUT은 지역인재전형이 낮은 점을 확인할 수 있다. 수도권 지원자와 경쟁하지 않고 해당 지역 학생끼리만 경쟁하는 큰 이점이 작용했다고 추정할 수 있다.

<표 1> 인제대 의예과 어디가 50%, 70%CUT (2023학년도)

전형명	모집 인원	지원 인원	충원 인원	경쟁률	실경쟁률	어디가 50%CUT	어디가 70%CUT	수능 최저학력기준
지역인재	28	228	14	8.14	5.43	1.07	1.09	국, 영, 수, 과(1) 각 등급이 2등급 이내
의예, 약학, 간호	28	219	15	7.82	5.09	1.02	1.06	국, 영, 수, 과(1) 각 등급이 2등급 이내

〈표 2〉, 〈표 3〉을 살펴보면, 대구가톨릭대학교 '지역인재전형'과 '일반전형' 모집 인원은 차이가 나지만 수능 최저는 동일한 조건으로 대학발표 입학 결과 85%CUT은 지역인재전형이 낮은 점을 확인할 수 있다. 인제대와 마찬가지로 수도권 지원자와 경쟁하지 않고 해당 지역 학생끼리만 경쟁하는 큰 이점이 작용했다고 추정할 수 있으며, 지역교과우수자전형이 교과우수자보다 모집 인원이 4배 가까이 많은 점도 충분히 작용했다고 볼 수 있다.

<표 2> 대구가톨릭대 의예과 대학 발표 입학 결과 85%CUT (2023학년도)

전형명	모집 인원	평균	85%CUT	수능 최저학력기준
지역교과우수자	19	1.24	1.35	국, 영, 수, 과(1) 3개 영역 등급 합 4 이내
교과우수자	5	1.22	1.24	국, 영, 수, 과(1) 3개 영역 등급 합 4 이내

<표 3> 대구가톨릭대 의예과 대학 발표 입학 결과 85%CUT (2024학년도)

전형명	모집 인원	평균	85%CUT	수능 최저학력기준
지역교과	18	1.28	1.31	국, 영, 수, 과(2개 평균, 소수점 절사) 3개 영역 등급 합 4 이내
교과	5	1.17	1.20	국, 영, 수, 과(2개 평균, 소수점 절사) 3개 영역 등급 합 4 이내

〈표 4〉 거점국립대 일반전형 vs 지역인재전형 입시 결과 70%CUT (2023학년도)

[출처: 한국대학교육협의회]

대학명	전형 유형	지역인재전형				일반전형			
		모집인원	경쟁률	충원인원	등급	모집인원	경쟁률	충원인원	등급
강원대	학생부교과	14	10.29	8	1.26	10	17.20	26	1.10
경북대	학생부종합	34	8.41	5	1.53	22	41.36	11	2.19
경상국립대	학생부교과	24	10.88	44	1.11	10	14.70	17	1.23
전남대	학생부교과	67	8.82	42	1.10	14	17.00	18	1.12
전북대	학생부교과	43	9.95	8	1.52	29	22.14	8	1.36
제주대	학생부교과	7	5.57	8	1.34	13	17.77	36	1.04
충남대	학생부교과	20	10.75	27	1.20	23	11.91	29	1.13
충북대	학생부교과	7	12.14	17	1.12	4	43.25	11	1.15

● 지역인재특별전형

● 자격 기준

「지방대학 및 지역균형인재 육성에 관한 법률 시행령」 제10조제1항에 따라 해당 지방대학이 소재한 지역의 고등학교에서 입학부터 졸업까지의 모든 교육과정을 이수하고 졸업(예정)한 자

● 운영 기준

지역인재 특별전형을 실시할 때는 「지방대학 및 지역균형인재 육성에 관한 법률 시행령」 제10조 관련 [별표]에 따라 지역 범위를 설정하여야 함

※ 대학이 소재하는 해당 지역을 기준으로 설정하되, 해당 지역 내 구체적 범위는 대학이 설정

· 해당 지역의 범위는 보다 세분화할 수 없음(시·군·구 단위로 설정 불가)
· 고교 유형별로 구분하여 지원 자격을 제한할 수 없음
· 졸업예정자만을 대상으로 지원 자격을 설정할 수 없음

※「지방대학 및 지역균형인재 육성에 관한 법률」에 따른 선발 안내

○「지방대학 및 지역균형인재 육성에 관한 법률」제15조, 「지방대학 및 지역균형인재 육성에 관한 법률 시행령」에 따라 학생을 선발하여야 함

○ 의과대학, 한의과대학, 치과대학, 약학대학 및 간호대학 등의 경우, 법령에서 정한 학생 입학비율 이상이 되도록 하여야 함

  − 학생 입학비율은 지역인재 전형을 포함한 전체 전형에서 해당지역의 고등학교를 졸업한 인원의 비율로「지방대학 및 지역균형인재 육성에 관한 법률 시행령」제10조 관련 [별표]를 따름

○ 2028학년도 적용 예고 사항 (2022학년도 중학교 입학자부터 적용)

  •「지방대학 및 지역균형인재 육성에 관한 법률」제15조2항, 「지방대학 및 지역균형인재 육성에 관한 법률 시행령」제10조제1항에 따라 각 호의 요건을 모두 충족한 자

    − 수도권이 아닌 지역에 소재한 중학교 및 해당 지방대학이 소재한 고등학교에서 입학부터 졸업까지의 모든 교육과정을 이수, 졸업하고 재학기간 내에 해다 학교가 소재한 지역에 거주한 자

● 지방대학 및 지역균형인재 육성에 관한 법률 시행령

[별표] (개정 2021. 9. 24.)

* 해당 지역의 범위 및 학생 최소 입학 비율 등(제10조 관련)

※ 지방대학(법 제15조 제2항에 따른 해당 지역의 범위 및 학생 입학 비율)

가. 의과대학, 한의과대학, 치과대학 및 약학대학(한약학과는 제외)

해당 지역	범위	학생 최소 입학 비율
1) 충청권	대전광역시, 세종특별자치시, 충청남도, 충청북도	40%
2) 호남권	광주광역시, 전라남도, 전라북도	40%
3) 대구 · 경북권	대구광역시, 경상북도	40%
4) 부산 · 울산 · 경남권	부산광역시, 울산광역시, 경상남도	40%
5) 강원권	강원도	20%
6) 제주권	제주특별자치도	20%

나. 간호대학

해당 지역	범위	학생 최소 입학 비율
1) 충청권	대전광역시, 세종특별자치시, 충청남도, 충청북도	30%
2) 호남권	광주광역시, 전라남도, 전라북도	30%
3) 대구 · 경북권	대구광역시, 경상북도	30%
4) 부산 · 울산 · 경남권	부산광역시, 울산광역시, 경상남도	30%
5) 강원권	강원도	15%
6) 제주권	제주특별자치도	15%

다. 한약학과

해당 지역	범위	학생 최소 입학 비율
비수도권	「수도권정비계획법」 제2조제1호에 따른 수도권이 아닌 지역	40%

● Q & A

1. 타 지역 학생들도 지역인재전형 지원이 가능한가요?

답변: 물론 가능합니다. 예를 들어 2025학년도 전북대 지역인재전형은 다음과 같이 1유형, 2유형으로 나누었습니다. 지역인재 1유형의 경우 호남권 소재 고등학교 전 교육과정을 이수하고 졸업(예정)자는 이 전형에 지원이 가능합니다. 예를 들어, 중학교까지 수도권 지역에 살다가 고등학교 때만 해당 지역 고등학교를 졸업했어도 지역인재 1유형에 지원이 가능합니다. 반면, 전북대의 지역인재 2유형의 경우는 부 또는 모와 학생 모두가 고등학교 전 교육과정을 마칠 때까지 전북 지역에 거주해야 합니다. 따라서 학생만 전북 지역에 거주한 경우는 지원 자격이 안 됩니다. 요컨대, 타 지역에서 중학교까지 졸업 후에 상산고를 다닌 학생들은 지역인재 1유형만 지원할 수 있으나 지역인재 2유형은 지원할 수 없습니다. 특히, 2022학년 중학교 입학자부터 '비수도권 중학교 및 해당 지역 고등학교 전 교육과정 이수' 및 '본인 및 부모 모두 해당 지역 거주'로 지역인재 요건이 강화된다는 점에 유의해야 합니다.

지역인재 1유형	■ 호남권(전라북도, 전라남도, 광주광역시)에 소재하는 고등학교에서 전 교육과정(입학부터 졸업까지)을 이수하고 졸업(예정)한 자 ※「초·중등교육법」제2조에 따른 고등학교 외 고교 졸업 동등 학력자는 지원 자격에서 제외
지역인재 2유형	■ 전라북도에 소재하는 고등학교에서 전 교육과정(입학부터 졸업까지)을 이수하고 졸업(예정)한 자로서 입학부터 졸업까지 부 또는 모와 학생 모두가 전북지역에 거주한 자 ※「초·중등교육법」제2조에 따른 고등학교 외 고교 졸업 동등 학력자는 지원 자격에서 제외

2. 지역인재전형의 해당 지역 안에서 지역을 구분하여 선발이 가능한가요?

답변: 물론 가능합니다. 원광대의 2025학년도 지역인재전형 I 은 지원 자격이 전북 또는 호남권(전라북도·전라남도·광주광역시) 소재의 동일 지역 내 고등학교에서 입학 일부터 졸업일까지 전 교육과정을 이수한 졸업(예정)자입니다. 그런데 지역을 ①전북권 ②호남권(전라북도·전라남도·광주광역시) 2개 지역으로 구분하여 모집합니다. 의예과의 경우 2025학년도에 전북권은 33명, 호남권은 10명을 선발할 예정입니다. 반면, 전남대의 경우는 호남권(전라북도, 전라남도, 광주광역시)에 소재하는 고등학교에서 전 교육과정(입학부터 졸업까지)을 이수하고 졸업(예정)한 자를 호남권을 세부적으로 구분하지 않고 선발합니다.

3. 지역인재전형은 학생부교과전형으로만 선발하나요?

답변: 아닙니다. 학생부종합전형, 정시모집 수능전형으로도 선발합니다. 원광대의 경우 2025학년도 지역인재전형Ⅰ, 지역인재전형Ⅱ는 학생부종합전형으로 의예과를 선발합니다. 그리고 지역인재전형을 정시모집에서도 선발할 수 있습니다. 전남대의 경우 수능 지역인재전형에서 2025학년도 기준 수능 100%로 44명을 선발할 예정입니다.

4. 지역 대학 중 지역인재전형을 선발하지 않는 대학이 있나요?

답변: 네, 맞습니다. 단국대(천안)는 지역인재전형으로 단 한 명도 선발하지 않습니다. 2025학년도 기준 총 27개 지방 의대 중 수도권 소재 단국대(죽전)의 이원화 캠퍼스 단국대(천안)는 지역인재전형 적용 대학이 아니기 때문에 지역인재전형을 선발하지 않습니다.

● 의대 지역인재전형 핵심 체크

경쟁률
- 일반적으로 의대 경쟁률 높은 순: 논술 〉 종합 〉 교과 〉 수능
- 지원 자격 제한으로 해당 지역 최우수 학생들끼리 경쟁하는 구도이므로 지역인재전형이 일반전형에 비해 상대적으로 경쟁률이 낮음
- 의대 증원에 따른 지역인재전형 비율과 모집 인원 증가로 경쟁률 하락 예상함

교과성적
- 일반전형에 비해 낮은 내신 합격선의 유리함
- 의대 증원으로 내신 합격선 하락 예상함
- 지역인재전형은 교과전형 비율이 매우 높음. 따라서 '높은 내신 성적+수능 최저충족'이 가능한 지역 최우수 학생 쏠림현상이 뚜렷함

수능성적
- 정시에서 지역인재전형 선발 비율이 30% 남짓이고, 지역 의대 대부분은 정시에서 전국 단위 선발 비율이 높음
- 의대 증원으로 수능 합격선 하락 예상함
- 수도권 수능 일반전형에 비해 낮은 수능 합격선의 유리함

수능최저
- 일반전형에 비해 낮은 수능 최저의 유리함

면접고사
- 다중 미니 면접(MMI): 상황 판단 능력, 문제해결력 등을 묻는 면접 형태
- 인·적성 면접: 의사가 갖추어야 할 인·적성과 자질을 묻는 면접 형태
- 서류 기반 면접: 제출 서류 확인 면접 형태

입학결과
- 최근 3개년 내신 및 수능 합격선 중요함
- 일반전형, 농어촌전형 합격선과 비교해 지원해야 함
- 전형 방법, 내신 및 수능 반영 교과, 수능 가산점, 수능 최저, 면접 종류·유무 등 합격선 변동 요인 중요함

농어촌전형[7]

농어촌학생 특별전형(이하 농어촌전형) 지원 자격은 「고등교육법 시행령」 제29조 제2항 제14호 '가'목에 해당하는 사람이다.

> 가. 학교의 장이 정하는 농어촌 지역 또는 「도서 · 벽지 교육진흥법」 제2조에 따른 도
>   서 · 벽지의 학생

농어촌전형은 읍 · 면 지역 및 도서 · 벽지 지역에 거주 및 그 지역 학교에 재학한 학생들을 대상으로 입학 정원의 4% 이내(모집 단위별 입학 정원의 10% 이내)에서 선발한다. 또한, 농어촌학생 지원자격을 고른기회전형에 포함해서 선발하기도 한다.

수시 의대 농어촌전형은 대부분 높은 수능 최저를 적용하고 있다. 수능 최저의 충족 여부가 합격의 1차 관문이다. 의과대학 농어촌전형 선발 인원이 매우 적고, 농어촌 학교 최고 우등생이 지원하기 때문에 일반전형에 비해 합격선 차이가 거의 없거나 더 높은 경우도 있다. 의대 지원에서 농어촌전형이 안정 지원이 될 수 없다는 의미다. 따라서 일반전형, 지역 인재전형을 함께 고려한 지원 전략을 수립해야 한다. 예를 들어 2024학년도 대구 가톨릭 대 교과전형 합격자 평균 입결을 비교해보면, 일반교과전형은 1.17, 지역교과전형(지역인 재전형) 1.28, 농어촌전형 1.5로 농어촌전형과 다른 교과전형의 성적 차이가 크지 않다.

의대 농어촌전형은 정시 선발 인원도 증가 추세다. 의대 농어촌전형으로 우수한 학생들이 대거 빠져나가기 때문에 정시에서 의외의 좋은 결과를 얻을 수도 있다. 사실 농어촌전형의 로또는 수시가 아니라 정시다. 수능 공부를 끝까지 놓지 않는다면 또 다른 기회가 주어질 수 있다.

---

7   의대 '농어촌전형' 분석 글과 자료는 2025학년도 대학입학전형 시행계획(2023. 4. 26.)에 근거해 작성됐습니다. 최종 수시 및 정시모집 요강을 확인 바랍니다.

구분	유형 I (부모+본인 중·고 6년 거주)	유형 II (본인 초·중·고 12년 거주)
지원 자격	농어촌(읍, 면) 소재 중·고등학교의 6년 전(全) 교육과정을 입학에서 졸업까지 모두 이수한 자로서 부모와 본인 모두 읍·면 지역에 거주한 자	농어촌(읍, 면) 소재 초·중·고등학교의 12년 전(全) 교육과정을 입학에서 졸업까지 모두 이수한 자로서 해당 기간에 읍·면 지역에 거주한 자

〈표〉 농어촌전형 실시 대학 현황(31개 대학, 2025학년도)

대학명	시기	전형명	전형 유형	모집 인원	수능 최저학력기준			전형 방법
					반영 영역	등급 기준	비고	
서울대	수시	기회균형 (사회통합)	종합	7	미적용			1단계(2배수): 서류100 2단계: 1단계70+면접30
고려대	수시	고른기회	종합	5	미적용			1단계(3배수): 서류100 2단계: 1단계50+면접50
한양대	수시	고른기회	종합	3	미적용			학생부종합평가100
인하대	수시	농어촌학생	종합	2	미적용			서류100
충남대	수시	학생부종합Ⅲ (농어촌학생)	종합	2	미적용			1단계(3배수): 서류100 2단계: 서류66.7+면접33.3
충북대	수시	농어촌학생	종합	1	미적용			서류100
한림대	수시	농어촌학생	종합	2	미적용			1단계(5배수): 서류100 2단계: 1단계70+면접30
순천향대	수시	농어촌학생	종합	2	미적용			서류100
원광대	수시	농어촌학생	종합	2	미적용			1단계(5배수): 서류100 2단계: 1단계77+면접23
전남대	수시	농어촌학생	교과	2	국, 수(미/기), 영, 과(2)	3개 합 6등급	수학 포함	학생부100
가천대	수시	농어촌(교과)	교과	1	국, 수(미/기), 영, 과(2)	3개 합 4등급	소수점 절사	학생부100
단국대 (천안)	수시	농어촌학생	종합	2	국, 수(미/기), 영, 과(2)	3개 합 5등급	수학 포함	1단계(5배수): 서류100 2단계: 1단계70+면접30
건양대	수시	농어촌학생	교과	2	국, 수, 영, 과(2)	3개 합 5등급	소수점 절사	1단계(5배수): 교과100 2단계: 1단계80+면접20
경북대	수시	농어촌학생	종합	2	국, 수(미/기), 영, 과(2)	3개 합 5등급	소수점 올림	서류100
경상 국립대	수시	농어촌학생	종합	3	국, 수(미/기), 영, 과(2)	3개 합 6등급	수학 포함, 소수점 절사	1단계(3배수): 서류100 2단계: 1단계80+면접20
연세대 (미래)	수시	농어촌학생	종합	2	국, 수(미/기), 영, 과1, 과2	4개 합 6등급	영2, 史4 동일과목 Ⅰ,Ⅱ 불가	서류80+면접20

건국대 (글로컬)	수시	농어촌학생	교과	2	국, 수(미/기), 영, 과(2)	3개 합 5등급	史4, 소수점 절사	1단계(5배수): 학생부100 2단계: 1단계70+면접30
동국대 (WISE)	수시	농어촌	교과	2	국, 수(미/기), 영, 과(1)	3개 합 4등급		학생부100
가톨릭관 동대	수시	농어촌학생	교과	2	국, 수(미/기), 영, 과(2)	3개 합 5등급	소수점 절사	학생부100
을지대 (대전)	수시	농어촌학생	교과	2	국, 수, 영, 과(1)	4개 합 6등급	과탐 2과목 응시 필수	학생부95+면접5
조선대	수시	농어촌학생	종합	2	국, 수(미/기), 영, 과(1)	3개 합 5등급		서류100
영남대	수시	농어촌학생	교과	3	국, 수, 영, 과(1)	3개 합 4등급	史4	학생부100
대구 가톨릭대	수시	농어촌학생	교과	2	국, 수(미/기), 영, 과(2)	3개 합 4등급	소수점 절사	학생부100
고신대	수시	농어촌	교과	3	국, 수, 영, 과(1)	3개 합 5등급	수학 포함 수(확통) 1등급 하향	1단계(10배수): 학생부100 2단계: 1단계90+면접10
동아대	수시	농어촌학생	종합	2	국, 수, 영, 과(1)	3개 합 6등급		서류100
서울대	정시 나군	기회균형 (농어촌학생)	수능	1	미적용			수능100 적성·인성면접(P/F)
연세대	정시 가군	고른기회 (농어촌학생)	수능	1	미적용			1단계(3배수): 수능100 2단계: 1단계90+면접10
계명대	정시 다군	농어촌	수능	3	미적용			수능100
고려대	정시 가군	농어촌	수능	3	미적용			수능100 적성·인성면접(P/F)
아주대	정시 가군	농어촌	수능	1	미적용			수능95+면접5
경희대	정시 나군	농어촌	수능	1	미적용			수능100

● 의대 농어촌전형 핵심 체크

경쟁률
- 일반적으로 의대 경쟁률 높은 순: 논술 〉 종합 〉 교과 〉 수능
- 모집 단위별 선발 인원이 적어서 경쟁률 높음

교과성적
- 의대 일반전형(교과전형)과 함께 가장 높음
- 합격선 추정: 모집 인원이 매우 적고, 농어촌학교 최고 우등생이 지원하는 전형이므로 일반전형 합격선과 유사함
- 의대 증원으로 내신 합격선 하락 예상함

수능성적
- 의대 일반전형(교과전형)보다 한 단계 낮은 수능 최저 수준 또는 동일한 수준 수능 최저 또는 수능 최저 미적용함
- 의대 증원으로 수능 최저가 충족된다면 실질경쟁률 낮아질 것으로 예상함

면접고사
- 다중 미니 면접(MMI): 상황 판단 능력, 문제해결력 등을 묻는 면접 형태
- 인·적성 면접: 의사가 갖추어야 할 인·적성과 자질을 묻는 면접 형태

입학결과
- 최근 3개년 내신 및 수능 합격선 중요함
- 일반전형, 지역인재전형 합격선과 비교해 지원해야 함
- 전형 방법, 내신 및 수능 반영 교과, 수능 가산점, 수능 최저, 면접 유무·종류 등 합격선 변동 요인 중요함

장애인 등 대상자 특별전형[8]

'장애인 등 대상자 특별전형'은 다른 수험생에 비하여 학습 기회가 적었거나 공부를 하는 데 어려움이 있었던 장애인 혹은 특수교육대상자 학생을 위한 대학입시 특별전형이다. 의대 역시 이 전형에서 극소수지만 선발하고 있다. 장애인전형, 장애인학생전형, 장애인 등 대상자전형, 특수교육대상자전형, 기회균형(특별)전형, 고른기회(특별)전형, 고른기회전형(특수교육 대상자) 등의 명칭으로 사용되고 있다.

이 전형은 다른 전형과 마찬가지로 같은 조건의 학생들끼리 경쟁하여 선발하는 입시제도며, 통상적으로 교육 여건이 열악한 장애인 학생을 위한 특별전형인 만큼 일반전형에 비해 내신 합격선은 낮은 편이다. 하지만 의대에 개설된 이 전형은 개설된 대학이 많지 않고, 더욱이 극소수 인원만 선발하기 때문에 내신 합격선이 높은 편이다. 매년 지원자와 합격자들의 성적이 천지 차이여서, 다른 전형과 달리 뚜렷한 내신 성적대를 정의 내리기는 힘들다. 대다수 대학이 이 전형의 입시 결과를 발표를 꺼리는 이유가 이 때문이다.

8　의대 '장애인 등 대상자 특별전형' 분석 글은 2025학년도 대학입학전형 시행계획과 수시모집 요강에 근거해 작성됐습니다. 최종 수시 및 정시모집 요강을 확인 바랍니다.

● 가톨릭관동대 수시모집 교과전형 '기회균형전형' - 장애인은 경증 장애인도 가능

- 모집 인원: 2명
- 지원 자격

	호수	대상자
「고등교육법 시행령」 제42조의 6 제1항	1호	• 장애인 등 대상자 • 농어촌학생 • 특성화고교졸업자 • 기초생활수급자, 차상위계층, 한부모가족 지원대상자
	2호	• 국가보훈대상자
	3호	• 서해 5도학생
	4호	• 자립지원 대상자
	5호	• 북한이탈주민이나 제3국 출생 북한이탈주민 자녀
	6호	• 만학도

- 전형 방법: 학생부100%
- 수능 최저: 국어, 영어, 수학(미적분, 기하 중 택1), 탐구(과학탐구 2개 과목 평균 등급, 소수점 이하 절사)중 상위 3개 영역 등급의 합이 5 이내

● 한양대 수시모집 종합전형 '고른기회전형' - 장애인은 경증 장애인도 가능

- 모집 인원: 3명
- 지원 자격: 지원 자격 중 '특수교육대상자' 지원 자격에 해당함
  「장애인복지법」 제32조에 의하여 장애인 등록이 되어 있는 자로서 「장애인 등에 대한 특수교육법」 제15조 및 동법 시행령 제10조의 선정 기준에 의한 자
- 전형 방법: 학생부종합평가 100%
- 수능 최저: 미적용

● 연세대 수시모집 학생부종합전형 정원 외 '고른기회전형(특수교육 대상자)' - 장애인은 중증 장애인만 해당

- 모집 인원: 13명(모집 단위 전체 인원)
- 지원 자격: 국내·외 고등학교 졸업자(2025년 2월 졸업예정자 포함) 또는 법령에 의하여 고등학교 졸업 이상의 학력이 있다고 인정한 자(고등학교 졸업 학력 검정고시 합격자 포함)로서 다음 중 하나에 해당하는 자
  - 「장애인복지법」 제32조에 의하여 장애인 등록을 필한 장애의 정도가 심한 장애인
  - 「국가유공자 등 예우 및 지원에 관현 법률」 제4조 등에 의한 상이등급자로 등록(1급부터 6급까지만 인정)되어 있는 자
- 전형 방법: 서류평가 100%
- 수능 최저: 미적용

● 연세대(미래) 수시모집 학생부종합전형 정원 외 '특수교육 대상자전형' - 장애인은 중증 장애인만 해당

- 모집 인원: 5명(모집 단위 전체 인원)
- 지원 자격: 국내·외 정규 고등학교 졸업자(2025년 2월 졸업예정자 포함) 또는 법령에 의하여 고등학교 졸업 이상의 학력이 있다고 인정한 자(고등학교 졸업학력 검정고시 합격자 포함)로서 다음 중 하나에 해당하는 자
  - 「장애인복지법」 제32조에 의하여 장애인 등록(중증 장애인만 해당)이 되어 있는 자 / *중증장애인은 장애등급 폐지 전 1~3등급에 준함
  - 「국가유공자 등 예우 및 지원에 관현 법률」 제4조 등에 의한 상이등급자로 등록(1급부터 7급까지만 인정)되어 있는 자
- 전형 방법: 서류평가 80%+의학적 인성면접(의학적 인성) 20%
- 수능 최저: 국어, 영어, 수학(미적분, 기하 중 택1), 과학탐구1, 과학탐구2 중 4개 영역 등급 합 6 이내, 영어 2등급 및 한국사 4등급 이내

● 서울대 정시모집 학생부종합전형 정원 외 '기회균형특별전형(특수교육 대상자)' - 장애인은 중증 장애인만 해당

- 모집 인원: 2명
- 지원 자격: 아래의 각 항을 모두 충족하는 자

    가) 고등학교 졸업자(2025년 2월 졸업예정자 포함) 또는 법령에 의하여 고등학교 졸업 이상의 학력이 있다고 인정한 자

    나) 「장애인복지법」 제32조에 의하여 장애인 등록이 되어 있는 자 중 '장애의 정도가 심한 장애인' 또는 「국가유공자 등 예우 및 지원에 관현 법률」 제4조 및 제6조에 의해 등록이 되어 있는 자 중에서 「장애인 복지법」에 의한 '장애의 정도가 심한 장애인' 기준에 상응하는 자

- 전형 방법: 서류평가 60%+면접 40%
- 수능 최저: 미적용